A forma do real

Dados Internacionais de Catalogação na Publicação (CIP)
(Câmara Brasileira do Livro, SP, Brasil)

Català Domènech, Josep M.
A forma do real / Josep M. Català Domènech ; [tradução Lizandra Magon de Almeida]. – São Paulo : Summus, 2011.

Título original: La forma de lo real.
Bibliografia.
ISBN 978-85-323-0702-6

1. Comunicação 2. Comunicação visual 3. Estética 4. Imagem 5. Imagem - Análise 6. Imagem (Filosofia) 7. Percepção visual 8. Representação mental 9. Semiologia I. Título

11-00287   CDD-302.2

Índices para catálogo sistemático:
1. Estudos visuais : Comunicação   302.2
2. Imagens : Estudos : Comunicação   302.2

Compre em lugar de fotocopiar.
Cada real que você dá por um livro recompensa seus autores
e os convida a produzir mais sobre o tema;
incentiva seus editores a encomendar, traduzir e publicar
outras obras sobre o assunto;
e paga aos livreiros por estocar e levar até você livros
para a sua informação e o seu entretenimento.
Cada real que você dá pela fotocópia não autorizada de um livro
financia um crime
e ajuda a matar a produção intelectual em todo o mundo.

A forma do real
Introdução aos estudos visuais

Josep M. Català Domènech

summus
editorial

Do original em língua espanhola
LA FORMA DE LO REAL
Introducción a los estudios visuales
Copyright © 2008 by Josep M. Català Domènech
Esta tradução, cujos direitos foram reservados pela Summus Editorial,
foi publicada mediante acordo com a Editorial UOC.

Editora executiva: **Soraia Bini Cury**
Editora assistente: **Salete Del Guerra**
Assistente editorial: **Leonardo Gonçalves**
Tradução: **Lizandra Magon de Almeida**
Projeto gráfico e diagramação: **Pólen Editorial**
Capa: **Marcio Soares**
Imagem da capa: ***Fenacistoscópio – Casal dançando* (c1893),
de Eadweard Muybridge (1830-1904)**
Impressão: **Sumago Gráfica Editorial**

Summus Editorial
Departamento editorial
Rua Itapicuru, 613 – 7º andar
05006-000 – São Paulo – SP
Fone: (11) 3872-3322
Fax : (11) 3872-7476
http://www.summus.com.br
e-mail: summus@ summus.com.br

Atendimento ao consumidor
Summus Editorial
Fone: (11) 3865-9890

Vendas por atacado
Fone: (11) 3873-8638
Fax : (11) 3873-7085
e-mail: vendas@summus.com.br

Impresso no Brasil

Sumário

Introdução 7

1. Polissemias e poliformas da imagem 11
Alfabetização visual 15
Visão e corpo 17
Imagem e visão 19
Percepção e sociedade 21
Modalidades da imagem 23
Análise da imagem 31
Maneiras de ver 43
A imagem técnica 46

2. Percepções 51
Ecologia da percepção visual 51
A visão do limite 52
Proxemia 58
Gestalt 62
História da percepção 69

3. Breve história das imagens 77
A arte e a imagem 83
A história começa agora 85

4. Formas da imagem 127
Espelho, reflexo 127
A forma do espaço da imagem 129
Molduras e janelas 131
Moldura e transmidialidade 134
O formato dos meios 137
A moldura e a cultura 140
Arquitetura hipertextual 151
Moldura, corpo, olhar 153

5. A representação do espaço e do tempo na imagem 155
Pensamento visual 159
O tempo e o espaço, da reprodução ao conceito 163
O tempo complexo 165
A visualização do espaço-tempo 168
A ética do capitalismo tardio: a publicidade e o espaço complexo 170
A alegoria como arquitetura do espaço-tempo 175
A nova visibilidade cultural 178
O nascimento de uma percepção 181
O sonho da tecnologia 185
O futuro é a interface 193

6. Transdisciplinaridade da imagem: cinema e arquitetura 199
Encontros e desencontros 199
Fenomenologia espaçotemporal do cinema 201
O diretor e o arquiteto 203
A arquitetura cinematográfica 205
A sequência cinematográfica e o futuro do cinema 209

7. Retórica visual 211
O sentido figurado 211
A expansão da metáfora 214
A imagem metafórica 216
Formas da metáfora 218

8. Modos de exposição 223
Os quadrinhos como modo de exposição 227
Imagem, texto, som 233
Televisão, *videogames* e mundos possíveis 237

9. Identidade visual 241
Imagem e forma 241
O retrato e o corpo 243
Formas do eu 246
A identidade fragmentada 249
Arquiteturas do imaginário 252
Modelos mentais 256
Avatares 257

Bibliografia 263

Introdução

Com frequência a pergunta chega terrivelmente mais tarde do que a resposta.
Oscar Wilde

O conceito de manual pode ser entendido de formas muito diversas. Há uma boa distância entre a acepção literal da palavra, que indica algo que pode ser executado com as mãos, até a ideia mais literária do termo, que se refere a um livro que contém o essencial de uma matéria. Na verdade, qualquer livro, por sua estrutura e também pela própria história do meio, pode ser considerado, inicialmente, algo manual.

O segundo significado, por sua vez, é mais complexo, já que se refere à percepção cultural de um saber. Um manual, no sentido de compêndio de conhecimentos, só pode surgir no momento em que se considera que esses conhecimentos estão completos, e nesse caso manual é sinônimo de livro de instruções. E os livros de instruções, geralmente enfadonhos quando se referem a dispositivos complexos e bastante inúteis quando pretendem dar conta de dispositivos simples, são relacionados com o conhecimento especializado. De maneira que um manual é o produto de uma disciplina especializada que considera um campo praticamente fechado de conhecimento. E tudo isso provém de uma cultura que, por sua vez, crê que seja factível e desejável que esse tipo de mordaças sejam produzidas.

Não creio, no momento atual, que os estudos visuais que estão apenas começando e ainda travam as primeiras batalhas para encontrar seu espaço entre as disciplinas universitárias sejam um campo de conhecimento do qual se tenha dito praticamente tudo. Sequer os estudos da imagem, que os precederam, chegaram a alcançar a plenitude, porque mal conseguiram se libertar da ampla sombra da história da arte, a qual, apesar de sua importante tradição, ainda crê que lhe falta muito a dizer. Um manual de estudos visuais, portanto, era um empreendimento impossível, talvez até um oximoro, ao qual sequer me propus. Pareceu-me, ao contrário, muito mais produtivo propor as bases para um pensamento do visual.

Ensinar a pensar volta a ser uma tarefa primordial na universidade contemporânea, uma vez que ela, firmada em um conhecimento prático sem o componente reflexivo, não só se verá condenada ao fracasso como, de forma mais dramática, está sentenciada a produzir meros agregados a um sistema industrial-tecnológico onipresente e pouco interessado nos benefícios que o pensar geraria na economia da sociedade globalizada.

Fala-se muito da sociedade do conhecimento, mas tem-se a impressão de que, com esse rótulo que soa tão bem, não se faz outra coisa além de promover uma forma a mais de mercadoria da qual, evidentemente, o pensamento fica excluído, pois não se sabe o que fazer com ele. É difícil predizer se a partir das instâncias políticas e administrativas alguém se atreverá a promover, em um futuro mais ou menos próximo, a necessidade de uma verdadeira sociedade do pensamento capaz de gerir a si própria de maneira ao mesmo tempo racional e emocionalmente equilibrada.

Não acredito nisso porque é uma questão de mentalidade, e a ideologia dominante neste momento não contempla a necessidade de pensar, essencialmente porque ela não pensa. Esse desejo, porém, não faz mais do que propor uma utopia que é, como todas as utopias, irrealizável: não fará nunca uma sociedade perfeita e que talvez melhor não haja. Mas o fato de que nem sequer se contemple a possibilidade de o pensamento tomar parte das equações do saber contemporâneo promovidas por aí afora é uma demonstração inequívoca da má-fé que se esconde por trás dos planos recorrentes de reforma universitária. Ou talvez a prova do pouco valor deles.

Se ensinar a pensar é a primeira tarefa dos novos ou renovados docentes que enfrentam a linha de fogo do poder nas trincheiras da sala de aula, ensinar a pensar a imagem é o movimento estratégico mais importante nessa dura batalha contra o apagão mental que se promove em toda parte. A alfabetização universal é, pelo menos nas sociedades ocidentais, concreta. Um êxito, poderíamos dizer, se não fosse pelo fato de que essa alfabetização mal consegue fazer que os cidadãos superem os primeiros níveis do que se supõe que deve ser a capacitação cultural, fator necessário para a convivência proposta ao nível que interessa a nós, seres humanos – que não é o nível proposto pelas grandes corporações multinacionais e governos adjacentes. Estes nos falam por meio de imagens e nós também lhes respondemos com configurações visuais de nossa identidade, mas mediante processos que não são conscientes nem controlados por nós e, às vezes, sequer por eles. Bernard Stiegler fala de uma miséria simbólica contemporânea, à qual se soma uma miséria do imaginário. Em geral isso se resume a uma miséria da expressão e das emoções. É necessário, é urgente, portanto, ensinar a pensar as imagens para que esse processo se sobreponha ao da alfabetização e fomente nos estudantes um verdadeiro pensamento complexo capaz de fazer frente aos desafios de uma sociedade atual igualmente complexa.

Portanto, nas páginas seguintes não se encontrará um manual de instruções, mas simplesmente um caminho traçado em meio a um grande bosque. É um convite a percorrer esse caminho, que não é o único possível, mas aquele que eu decidi traçar para percorrer esse bosque até suas regiões mais frondosas. E, assim como o criador de uma senda espera que quem a frequente faça uso de suas próprias forças para avançar por ela, encorajo igualmente o leitor a utilizar sua imaginação, sua capacidade reflexiva, para compreender aquilo que o caminho vai lhe mostrando. É nesse sentido que o pensamento pode ser também, como queria Voltaire, uma forma de ação, uma práxis – o que demonstra até que ponto a práxis sem pensamento é uma má práxis.

As imagens são lugares complexos nos quais se reúne o real, o imaginário, o simbólico e o ideológico, e nos quais, portanto, iniciam-se constelações de significados que é possível perseguir indefinidamente no sentido do sujeito ou do social. Isso implica que qualquer tentativa de catalogação, qualquer mapa, seja acima de tudo uma traição, apesar de ser uma traição necessária. Faz relativamente pouco tempo que escrevi um longo tratado, talvez longo demais para os sofridos leitores, sobre a imagem complexa (Català, 2005) cuja virtude, se é que tem alguma, vejo agora que pode ser a de complementar e justificar as lacunas que este ensaio sobre o pensamento visual que o leitor tem em mãos deixa entrever.

Agradeço à UOC pela oportunidade que me deu de refletir mais uma vez sobre as imagens, assim como de colocar por escrito as outras reflexões que a multidão de estudantes da Universidad Autònoma de Barcelona (UAB) teve de tolerar ao longo dos anos de minhas aulas – de Teoria da imagem, primeiro, Estética da imagem, depois, e finalmente Estudos visuais, que é como as venho chamando durante os dois ou três últimos cursos (endossado por um programa oficial que ainda pensava que a estética da imagem tinha que ver com a teoria das cores ou algo do gênero, conforme dizia o descritivo caduco que herdei com a disciplina). No caso era eu quem, nas aulas, acompanhava pessoalmente esse passeio pelo bosque.

Espero que o livro que aqui se inicia cumpra a mesma função de acompanhamento aos futuros estudantes da imagem, tanto meus como de outrem. A todos eles peço desculpas por não ter tido mais tempo para esclarecer e aprofundar muitas das questões que permanecem obscuras ou só esboçadas nas páginas que seguem. O tempo, que antes costumava ser o que de mais simples e abundante havia, agora é o que há de mais precioso e complexo, mas espero que a paixão pelo visual que exala do livro supra seus evidentes defeitos. Finalmente, queria agradecer ao Instituto de la Comunicación (Incom) da UAB e em especial a meu amigo e colega José Luis Terrón, professor dessa universidade, por ter tido a amabilidade de me deixar reproduzir, com algumas modificações, uma aula que preparei há algum tempo para o site que a instituição tem na internet.

O autor

1. Polissemias e poliformas da imagem

A ciência é a estética da inteligência.[1]
Gaston Bachelard

Perguntarmo-nos o que é uma imagem significa que já percorremos parte importante do caminho que nos leva à compreensão dos fenômenos visuais, já que a pergunta implica estarmos em condições de compreender que a existência das imagens não tem nada de natural nem estas possuem algum tipo de vínculo básico com a realidade. Nosso conhecimento avançou sempre por esse tipo de vitórias sobre o que se considera implícito, o que se dá por compreendido, e uma das últimas conquistas desse processo racional é o que concerne à nossa visão e aos processos estéticos, emocionais e comunicativos que podemos estabelecer por meio de suas representações e se articulam mediante o que chamamos de imagens. O mundo e a humanidade poderiam existir sem imagens, mas seriam um mundo e uma humanidade essencialmente distintos.

Esse processo de estranhamento é menos ainda uma operação fácil, uma vez que a imagem sempre caminhou pela fronteira que separa o natural do construído e, em grande parte do tempo, se viu fortemente atraída por uma atitude naturalista ou realista que alegou que sua função primordial era assemelhar-se tanto à realidade que acabasse se confundindo com ela. Essa postura foi, curiosamente, a contrapartida exata daquela outra que desconfiava da imagem pela mesma razão: porque copiava a realidade.

Assim, as mais antigas lendas que circulam sobre as origens da arte nos relatam as histórias daqueles artistas, como Zeuxis, cujas pinturas eram tão perfeitas que não se distinguiam da realidade, de maneira que quando pintava uvas, por exemplo, os pássaros se lançavam a bicá-las. Outros atingiam níveis ainda mais altos de perfeição em suas operações miméticas. Assim, Parrasios, em uma disputa sobre perfeição estética, conseguiu enganar o próprio Zeuxis pintando uma cortina que este quis retirar para ver o suposto quadro que estava embaixo: uma boa imagem não era só aquela capaz de enganar os pássaros, mas também o mais perito dos seres humanos.

Os mitos fundadores são difíceis de erradicar e ainda hoje as imagens digitais tendem a privilegiar essa condição hiper-realista do visual, como podemos comprovar no cinema e nos *videogames*. A tecnologia, que não está isenta de seus próprios mitos,

---

1. Do que se poderia deduzir que a estética está destinada a ser a inteligência da ciência.

também não fica alheia a essa tendência, e assim vemos como proliferam as câmeras de vídeo (ou as acopladas a robôs) que propugnam um tipo de imagens que seriam alheias aos atributos do olhar humano e, supostamente, alcançariam por isso o maior grau de realismo possível.

Em contrapartida a essa postura, temos o mito da caverna de Platão e todas as suas consequências ideológicas que propõem um tipo de desconfiança das imagens baseada precisamente em uma firme crença em seu realismo, um realismo que torna quase certa a possibilidade de que substituam perversamente o contato com o verdadeiro real. De ângulos diferentes, Baudrillard, com sua teoria do simulacro (1987), e Guy Debord (2002), com sua denúncia da sociedade do espetáculo, são duas manifestações contemporâneas desse mito ancestral.

Tanto os que aplaudem o realismo fundamental das imagens com base na estética como os que o denunciam apoiados na ética concedem à imagem um pequeno grau de manobra, ao sujeitá-la, positiva ou negativamente, a uma função estritamente mimética. São posturas que podemos ver repetidas ao longo da história, com momentos-chave em que as imagens experimentam processos cruciais de reconversão. Localizamos esses pontos de transição no Renascimento, no Século das Luzes, na modernidade do século XIX e na atualidade pós-moderna. Em todas essas ocasiões, as duas posturas antitéticas mas igualmente realistas reconfiguraram suas posições mútuas, mas sempre atirando para fora qualquer pensamento que quisesse entender as imagens de outra maneira que não o âmbito constituído por elas. No Renascimento, uma disputa famosa entre os representantes de duas eras que se cruzavam é representativa disso: Johannes Kepler e Robert Fludd. Certamente também é importante nessa mesma época a constituição das técnicas da perspectiva pictórica como forma hegemônica de representação, mas trataremos disso em outro momento.

Kepler (1575-1630) é o representante prototípico do novo espírito científico que estava tomando forma na Europa no princípio do século XVII, enquanto Fludd (1574-1673) pertence intelectualmente a um passado de tradição neoplatônica cuja importância está desvanecendo. Ambos se envolvem em uma disputa prolongada em torno de um dos livros de Fludd sobre a essência metafísica do real. O livro era repleto de ilustrações intrigantes cuja pretensão não era só didática, mas fundamentalmente ontológica, ou seja, representativa da verdadeira forma da realidade. Foram precisamente essas imagens e suas pretensões que chamaram a atenção de Kepler, que em suas indagações astronômicas também fazia uso de imagens – ainda que de características supostamente muito distintas.

Não se pode dizer que Kepler conceda um lugar insignificante às imagens em seu pensamento, mas ele entende que a relação delas com a realidade é muito diferente da que Fludd propõe. Uma das imagens mais famosas de toda a história da ciência é o modelo do sistema solar que Kepler constrói mediante um conjunto de poliedros situados uns dentro dos outros como caixas chinesas. Para o astrônomo, essa imagem é uma metáfora da realidade; porém, por sua biografia, que nos informa como ele veio a conceber essa estrutura que lhe serviu para descobrir a razão que determina a órbita dos planetas em torno do Sol, sabemos o papel importante que o visual teve em seu pensamento. Kepler forjou sua hipótese sobre as órbitas planetárias ao estabelecer analogias entre elas e as principais figuras geométricas – quadrado, retângulo, pentágono, hexágono e circunferência – que coincidiam com os cinco planetas conhecidos até então. Para ele, no entanto, essas figuras não eram simples estruturas matemáticas, mas constituíam um conglomerado de significados metafísicos, físicos e matemáticos visualizados através delas.

Os poliedros de Kepler eram imagens das ideias arquetípicas de Deus, que ele utilizava para perceber o mundo da melhor forma possível. Foi precisamente essa crença que o levou a intuir que devia mudar um primeiro modelo formado por figuras planas, que não funcionava, por outro, o definitivo, composto por corpos sólidos, considerados mais perfeitos e forçosamente, portanto, mais próximos de Deus. Anterior a esses conceitos, tanto ontológica como temporalmente, está a imagem de Deus como esfera. Recordemos a esse respeito a não menos célebre definição de Deus promulgada por Nicolau de Cusa: Deus é uma circunferência cujo centro está em toda parte e a circunferência em lugar algum. É essa ideia de Deus como círculo o que confere à esfera um caráter divino e o que fez Kepler, que tinha situado o círculo como culminação de seu modelo (o círculo correspondia a Saturno, o último planeta conhecido), trocar essa circunferência inicial por uma esfera e, a partir daí, ir substituindo os outros corpos planos por seus homólogos tridimensionais. Tudo isso nos indica até que ponto, nos alvores da ciência, as ideias científicas e as religiosas estavam próximas umas das outras.

As imagens, portanto, estão igualmente presentes no pensamento científico de Kepler e no pensamento metafísico de Fludd, e em ambos os casos há nelas uma carga metafísica importante, mas o astrônomo já não está disposto a conceder-lhes um papel essencial em sua busca de conhecimento, enquanto Fludd ainda defende firmemente a visualização dos conceitos.

Fludd argumenta contra Kepler que a alma não chega ao seu conhecimento pelos números, mediante a divisão das coisas em partes, mas buscando unidades na multiplicidade da experiência obscura e oculta, e que o faz mediante a criação de imagens unitárias. Essas imagens poderiam muito bem ser as figuras geométricas utilizadas por Kepler e, na realidade, Fludd faz uso de figuras geométricas em suas composições. É muito instrutivo, portanto, ver como uma mesma figura tem usos distintos que assinalam a fronteira entre dois imaginários contrapostos.

No caso de Kepler, também estamos diante de um pensamento fundamentado em imagens, mas o astrônomo estabelece uma distinção entre "o jogo da imagem" e a "imagem objetiva". Por meio desta última, os objetos do mundo são representados diretamente na alma: assim, a visão, diz ele, é produzida por meio de uma imagem formada na superfície côncava da retina. Ou seja, a realidade destila uma imagem formada e essa imagem é observada pela alma. A partir daqui, vê-se claramente de que forma nasce a ideia da representação como substituta da imagem retiniana e, por conseguinte, como cópia da realidade. Kepler só concebe as imagens dessa maneira: inclusive seu modelo platônico do sistema solar não deixa de ser uma forma de conseguir ver a verdadeira realidade, ou seja, aquela criada por uma escrita divina regida pelas matemáticas e figuras geométricas correspondentes. É por isso que ele acusa Fludd de fazer imagens poéticas, no sentido da *poiesis* de Aristóteles, ou seja, da transposição da significação própria de um substantivo para outro significado distinto.

Nesse sentido, quando Fludd fala, por exemplo, de *pirâmides espirituais* ou de *oitavas espirituais*, está transformando, segundo Kepler, motivos religiosos-espirituais em predicados de nomes matemáticos e musicais, transferindo-se "emblematicamente" do verbal para o visual, o que começa a ser a direção errônea nesse momento, aquela que não se deve tomar. Além disso, como se fosse pouco, as imagens de Fludd não são simples dispositivos retóricos de caráter imaginário, mas ele as materializa e as mostra em seu livro como representantes do que considera formações reais.

Obviamente esses dois tipos de representação, que coincidiam em uma mesma época, tinham de se chocar entre si, apesar de terem tantas coisas em comum. Torna-se muito instrutivo colocar um tipo de imagem junto de outro porque isso nos permite observar que em uma das representações se esconde o que na outra é mostrado, ou seja, os elementos ideológicos e metafísicos. A nova era se proporá a expulsar das representações todos os elementos subjetivos, emocionais ou metafísicos que as da época anterior teriam nutrido.

Encontramo-nos agora, quase quatro séculos depois, em uma situação inversa àquela na qual o enfrentamento entre Fludd e Kepler acontecia. A tendência que conduzia à imagem transparente, que era o correlato de um conhecimento igualmente desarraigado, termina seu ciclo; começa uma era na qual a imagem se torna opaca e impõe, portanto, sua presença como um espaço cheio de sintomas e tensões. A corrente que Kepler inaugurava nos levou a um tipo de conhecimento que cumpriu sua função com grande êxito, mas também eliminou do panorama epistemológico uma série de questões absolutamente necessárias para a compreensão da complexidade das sociedades atuais. Não se trata de regressar à concepção mágico-religiosa que Fludd tinha do mundo, o que ficou definitivamente para trás, mas de recuperar aquela densidade que a tradição do filósofo inglês concedia às representações visuais.

Em 1996, a revista norte-americana de teoria e crítica de arte *October*[2] publicou uma pesquisa feita com renomados especialistas sobre a chamada *cultura visual* como novo campo de estudos. Os resultados da pesquisa inauguraram um debate, cujos ecos ainda não silenciaram,[3] sobre a possibilidade de uma cultura especificamente visual ou da existência de um fenômeno visual puro.

Os meandros pelos quais essa discussão se deslocou ao longo dos anos – começando pelos esforços da nova disciplina por se separar da história da arte tradicional e a resistência desta a deixar-se transbordar – podem nos recordar a disputa entre

---

2. *October*, n° 77, verão de 1996.
3. Ver a revista *Estudios Visuales*, n° 2, dezembro de 2004.

Kepler e Fludd, só que com as tendências alteradas, como afirmei. Mitchell (*apud* Brea, 2005, p. 24), do centro da atual polêmica, indica que "a cultura visual é o campo de estudo que se nega a dar por certa a visão que insiste em teorizar, criticar e historiar o processo visual em si mesmo". Seja o que for a cultura visual, esta configura, como indicam as palavras de Mitchell, o fim da ideia de uma representação e uma visão desproblematizadas, o que nos leva a considerar a condição política do conhecimento existente – tanto nos atos de visão como na materialidade do objeto contemplado – um de seus mais dramáticos campos de batalha.

Mieke Bal (2004), também no âmbito da mencionada polêmica, afirma que é necessário dar mais importância aos atos de visão do que aos objetos (imagens) contemplados, mas eu acredito que seja um erro pender a balança para um dos lados, ainda que seja só para corrigir a tendência de privilegiar os objetos sobre o olhar, típica dos estudos estéticos. Ambos os polos devem interessar igualmente aos estudos visuais, embora a descoberta dos atos perceptuais, como construções complexas compostas dos parâmetros do olhar e do objeto, seja especialmente importante para eles. Vale a pena ter presente "os intrincados nós afetivos e cognitivos que todo ato perceptual constitui, [já que] o nó 'poder-conhecimento' nunca está ausente da visualidade, não só cognitivamente; além disso, o poder é exercido precisamente por meio da amarração" (Bal, 2004, p. 20). É óbvio que a geometria desses nós está mais perto da manejada por Fludd do que daquela de que Kepler se orgulhava.

Alfabetização visual

Na imagem, a condição polissêmica que aparece em segundo lugar na linguagem apresenta-se ao espectador de imediato, o que faz com que seja confundida com a própria ambiguidade do mundo. Mas, na realidade, isso é um engano, pois a imagem, inclusive a mais simples, a mais puramente iconográfica, é uma construção que se superpõe à realidade e sintetiza a ambivalência desta em uma direção determinada. Por intermédio da língua, vamos do exato ao polissêmico, enquanto com a imagem do polissêmico nos dirigimos ao concreto por um processo de compreensão de sua estrutura visual.

A escrita, em nossa civilização, se apoia basicamente sobre a transparência de sua materialidade, enquanto a imagem se baseia na necessidade de fazer que essa materialidade seja opaca, ou seja, que detenha o olhar em vez de deixá-lo passar rumo a outro lugar. Enquanto aprender a ler significa aprender a apagar o suporte material do escrito para internalizar e automatizar seus mecanismos simbólicos, aprender a ver implica tornar visível a materialidade do figurado para construir sobre ele uma nova simbologia. Trata-se de dois mecanismos cognitivos antagônicos, embora ambos confluam para um processo de conhecimento parecido.

Da equiparação dessas funções constrói-se o conceito de alfabetização visual (*visual literacy*), que não deixa de ser contraditório, pois atribui à imagem formas de atuação semelhantes às de um texto. Assim se chega a considerar a possibilidade de "ler as imagens" ou até se espera que as estas "falem", nos digam algo. Como James Elkins (2003, p. 128) aponta, se a noção de *visual literacy* significasse algo, implicaria o fato de "sermos capazes de ler imagens, de desmembrá-las como um escrito, de lê-las em voz alta, de decodificá-las e de traduzi-las". Todas essas ações são metáforas do que realmente se pode fazer com as imagens ou do que as imagens são capazes de fazer. Metáforas que pretendem nos ajudar a compreender, pela perspectiva dos textos, algo que não podemos descrever pela perspectiva das próprias imagens.

Alguns estudantes, impulsionados pela ideia contrária, pretendem que as imagens falem por si sós e apresentam a nós, docentes, trabalhos compostos apenas de imagens, sem comentário algum[4]. As imagens, obviamente, não falam, já que não emitem som algum, nem propõem significados da maneira como o fazem palavras ou textos. Isso não quer dizer que não expressem nada – isso só pode acontecer se equipararmos expressão a expressão linguística. Em todo caso, acreditar que as imagens falam é utilizar, como eu disse, uma metáfora para tentar explicar o que fazem, sem chegar a compreender adequadamente o que é e como funciona essa atividade.

Seja ela qual for, é necessário traduzir essa atividade das imagens para a linguagem que utilizamos para nos comunicar, se quisermos explicá-la. Não se deve considerar, entretanto, que esse processo de tradução seja a prova de uma suposta debilidade expressiva da imagem, mas sim entendê-lo como um complemento necessário do visual, quando este deixa de pertencer exclusivamente ao campo da experiência estética e se transforma em um fenômeno ligado ao conhecimento. Utilizar a linguagem é fazer as imagens falarem, o que não é o mesmo que impor a elas uma linguagem distinta da sua, como acontece quando as tratamos como objetos linguísticos.

Explicar as imagens com palavras é uma atividade tão produtiva quanto explicar as palavras com imagens. Por isso o dito popular segundo o qual *uma imagem vale mais do que mil palavras* é tão enganoso. Essa conhecida afirmação não é correta, entre outras coisas, porque são necessárias mil palavras para compreender a imagem e comunicar essa compreensão. Mas isso não quer dizer que a imagem funcione como um texto nem que necessite de tais palavras para cumprir sua função. Devemos entender que nossas atividades mentais são híbridas, conjuntos funcionais compostos pelo visual e o verbal em constante interação; portanto, mesmo que essas experiências possam se separar, seu resultado consciente não pode. Podemos nos deixar levar pela experiência estética diante de uma imagem bela, sem tentar explicar o que sentimos com palavras, assim como podemos ler um texto sem prestar atenção às atividades

---

4. John Bergen tem certa culpa nesse sentido, já que seu famoso livro *Modos de ver* (1975) traz alguns capítulos nos quais as imagens pretendem falar por si sós. Esse gesto encontra eco na chamada escola de Warburg: essencialmente em seu criador Aby Warburg, que confeccionou, no início do século passado, alguns atlas visuais famosos que relacionavam imagens da história da arte em termos simplesmente visuais.

relacionadas com o visual que se produz em nossa imaginação em contato com a carga imaginativa que o texto acarreta. Porém, se quisermos participar conscientemente desses processos não teremos outro remédio além de combinar ambos os dinamismos. Em todo caso, devemos levar em conta que a expressão visual é fundamentalmente distinta da expressão linguística.

O conceito de alfabetização visual pode ser recuperado superando o paradoxo antes mencionado, se o entendermos não como uma expressão literal (o visual organizado verbalmente), tampouco metafórica (o alfabeto como uma maneira de descrever a estrutura da imagem), mas como a enunciação da condição híbrida do conhecimento e das condições cognitivas que comporta. Alfabetização visual significa, portanto, aprender a conhecer os fenômenos visuais, ou seja, aprender a expressar verbalmente o que se produz visualmente. Mas para isso é necessário saber o que se produz visualmente no âmbito intrínseco da imagem: só assim poderemos dizer algo de fato novo e útil sobre ela.

Trata-se, por conseguinte, não de aprender uma "linguagem" da imagem que nos permita desenvolver uma "escrita" visual ou até mesmo "falar" ou "pensar" mediante o uso de imagens, mas de desenvolver a sensibilidade necessária e adquirir os conhecimentos correspondentes para saber como pensam as imagens, como contêm e indicam ideias e emoções. É assim que as imagens podem conduzir os processos reflexivos: esclarecendo ideias ou propondo-as.

Visão e corpo

Para compreender a complexidade da visão não é necessário recorrer a seus fundamentos fisiológicos. É um erro descer a esses níveis orgânicos para apreciar mecanismos que se desenvolvem fundamentalmente em outro plano, apesar de terem, sem dúvida, um substrato instalado na condição física do corpo humano. Fora os casos em que, por alguma patologia, essas funções do corpo não se desenvolvem normalmente e por isso provocam uma distorção básica do que é percebido, a condição fisiológica da visão pertence a um universo completamente distinto daquele em que nos interessa instalar os estudos visuais. Na realidade, aproximarmo-nos da fenomenologia visual por meio do fisiológico seria tão tolo quanto se, para aprender a escrever ou para saber o que é a escrita, nos empenhássemos em conhecer como funcionam os músculos da mão. Para buscar uma analogia mais precisa, seria como se para compreender a música devêssemos primeiro examinar a fisiologia do aparelho auditivo.

Essas comparações não são totalmente inúteis, pois descrevem exatamente o que fazem aqueles que querem iniciar os estudos visuais partindo da fisiologia do olho – compartilham da mesma ideia de que elaborações essencialmente tão complexas como podem ser a escrita, a música ou a imagem dependem essencialmente daqueles órgãos e sentidos que lhes servem de plataforma corporal. As atuais neurociências incorrem, do meu ponto de vista, em um erro parecido quando pretendem buscar no cérebro a localização dos fenômenos da visão e esgotá-los com isso. Não resta dúvida de que a base fisiológica desses fenômenos está localizada nas conexões neuronais que se desenvolvem no córtex, como também não cabe duvidar que a visão ficará distorcida se uma dessas áreas, por alguma razão, ficar incapacitada.

O neurologista Oliver Sacks escreveu diversos livros instrutivos a esse respeito. Casos como o do homem que confundiu sua mulher com um chapéu (2002) ou os que narra em seu estudo *Um antropólogo em Marte* (1997) ilustram bem a relação existente entre o cérebro e a realidade. O cineasta Joaquín Jordá também realizou dois documentários, "Monos como Becky" [Macacos como Becky] (1999) e "Más allá del espejo" [Além do espelho] (2006), nos quais narra sua experiência depois de sofrer um acidente vascular cerebral que afetou temporariamente seu cérebro e distorceu sua capacidade de compreender o mundo real.

Tudo isso não faz senão confirmar a tese, sustentada em capítulo próximo no qual trataremos da percepção, de que construímos a realidade com base em certos parâmetros biológicos básicos. Mas esse conhecimento nos leva a considerar a necessidade de estabelecer uma plataforma comum fora da qual a realidade, assim como a concebemos, não existe. De maneira que, como fazem Sacks e Jordá, quando tratamos as distorções patológicas da percepção, as incluímos em sua condição normal, como exceções que não a anulam mas a explicam.

Essas áreas de conhecimento, que são muito genuínas e tratadas adequadamente pelas neurociências ou pela psicobiologia, não devem nos afetar de forma direta, já que nós empreendemos os estudos visuais de um nível mais complexo. Com base nessa plataforma, se tivéssemos de examinar os resultados das agnosias e das alexias descritas por Jordá e Sacks, deveríamos fazê-lo de uma perspectiva semiótica e perguntar-nos pelo significado das distorções no cenário que nossa realidade configura, tanto em sua vertente ecológica como socialmente construída.

Digamos por enquanto que as funções fisiológicas são comuns a todos os seres humanos, formam o que poderíamos denominar de horizonte de realidade fora do qual nada significativo é possível (quando existe uma patologia que interfere nesse horizonte, os sujeitos recompõem sua visão para lhe dar sentido, ou seja, para incluí-la nas expectativas desse horizonte, o que não quer dizer que os resultados sejam sempre lógicos ou racionais, mas tampouco o são todos os dos indivíduos que não padecem de nenhuma distorção visual). Portanto, podemos deixar de lado essas funções fisiológicas, considerando-as um fator não determinante dentro da esfera humana a que todos pertencemos, da mesma maneira que não é essencial para compreender a psicologia de um indivíduo o fato de que tenha braços e pernas. É, ao contrário, muito relevante saber como são usados (ou como são supridos, no caso da infelicidade de haver a falta dessas partes do corpo), mas isso já pertence a um âmbito distinto do simplesmente morfológico: o âmbito cultural, social, antropológico e até tecnológico no caso dessas carências e suplementos.

Não nos precipitemos a negar, contudo, a função do corpo nos processos cognitivos, já que sua presença nestes é indubitável. Trata-se de encontrar o lugar a partir do qual o corpo, em toda sua extensão, tanto morfológica quanto fisiológica, atua. As propriedades do corpo humano configuram indubitavelmente determinada ecologia da visão que influi em seus parâmetros epistemológicos, mas isso só é relevante quando os comparamos com os de outros animais. Como logo veremos, não é exagero fazermos essa comparação para compreender melhor as características de nosso mundo visual, mas instalar-nos nesse substrato seria, como digo, contraproducente, já que nos submergiria de novo na condição natural da qual interessa nos afastar, se é que queremos compreender verdadeiramente a fenomenologia da imagem.

A visão, em sentido geral, não está só relacionada com os olhos. Na verdade, podemos dizer que vemos também por meio do corpo, já que o campo de visão e as experiências que dele derivam estão conectados à posição do corpo em relação à realidade que o rodeia, assim como toda a experiência visual tem que ver com os estímulos que são recebidos do entorno por meio do corpo em sua totalidade. Além disso, não resta dúvida de que, de maneira resumida, nossa visão não é outra coisa que não a propriedade de um corpo. Mas tudo isso só pode ter sentido para nós se o considerarmos a partir do momento em que já temos uma ideia clara do que significa a visão e das relações que ela mantém com o que chamamos de imagem. Considerar isso um apriorismo seria nublar nossa perspectiva.

Imagem e visão

Como eu disse antes, o visual – não só a imagem propriamente dita – é sempre um fenômeno complexo que circula por entre diferentes plataformas e níveis de significado, todos eles inscritos na visualidade.

Por um lado, temos tudo o que se refere aos processos de cognição, nos quais se fundamentam e se combinam os mecanismos de identidade social, ligados ao imaginário, e os de identidade individual, relacionados à percepção entendida como experiência existencial.

Fora da imagem, o espectador (ou ator, nos processos de interatividade contemporâneos) situa-se diante dela de uma maneira que determina a percepção que se tem dela, ao mesmo tempo que a própria imagem, ou fenômeno visual, o coloca em uma posição social que articula sua identidade dentro desse marco. Perceber, ser receptor ou usuário de uma imagem, significa em primeiro lugar iniciar um jogo entre a identidade social e a identidade individual.

Dentro da imagem, em sua própria estrutura, instalam-se os resultados de uma imaginação que também se divide nos âmbitos social e individual, pois pertence ao autor entendido ao mesmo tempo como indivíduo e como fator da sociedade que o acolhe e o produz. Essa imaginação embaralha valores e ideias em uma reconfiguração constante que vai do figurativo ao discursivo sem nunca se deter definitivamente em um dos polos, exceto quando finalmente se materializa em uma imagem.

Por outro lado, também devemos levar em conta, porém, que a imagem, em seu processo de configuração, constitui a cristalização da série de parâmetros culturais e estilísticos que formam o contexto do qual a imaginação se nutre.

Não se trata de considerar que as imagens são a soma de todos esses fatores, nem de supor que constituem a visualização concreta de algum deles. As imagens procedem, ao contrário, do processo de circulação de um significado que transita por todos eles expondo a cada momento uma parte desse fluxo. Talvez seja por isso que as imagens em movimento que irrompem na cultura do século XIX podem ser consideradas a extensão lógica dos fenômenos visuais de caráter estático que até aquele momento predominavam. Nesse sentido, o movimento seria, entre tantas outras coisas, a expressão desse fluxo significativo que caracteriza toda imagem, mas que só nas que estão em movimento se torna explícito e se transforma em plataforma para novas expressões do significado. Se aceitarmos essa premissa, veremos que adquire sentido certa teleologia das tecnologias audiovisuais que culminam no computador – considerado, como se sabe, um dispositivo equiparável ao cérebro humano.

Contra os que insistem em uma história da imagem que avançaria sempre em direção a um realismo cada vez maior, ou seja, rumo a uma equivalência crescente em relação à realidade, poderia ser feita outra proposta que, da perspectiva tecnológica, nos indicaria que primeiro a fotografia, então o cinema, mais tarde a televisão e finalmente a imagem digital aproximariam de maneira crescente as representações visuais das mentais. Isso significa dizer que as tecnologias não seriam cada vez mais realistas ou objetivas, mas mais subjetivas. É isso o que parece depreender-se da verdadeira história da imagem técnica que se inicia fundamentalmente com a fotografia.

Mas não convém se deter jamais em visões lineares da história, uma vez que esta é muito mais complexa do que parece: em nosso caso, por exemplo, é possível que ambas as versões do desenvolvimento das imagens tenham razão ou que nenhuma das duas o tenha, visto que o que aconteceu durante os últimos dois séculos foi, com toda segurança, resultado da combinação dessas duas tendências, ao lado da intervenção de outras menos evidentes.

Tudo isso pode parecer muito complicado, mas na realidade não é. Trata-se simplesmente de colocar sobre a mesa os mais variados fatores que constituem a fenomenologia visual e sua materialização no que denominamos imagens para poder levá-los em conta na hora de interpretar o que vemos, tanto diretamente da realidade como por intermédio de sua representação ou expressão visual. Damos ênfase assim não tanto a certos códigos determinados da imagem ou da sociedade que os produz, como os que Barthes propunha para a literatura em *S/Z* (1980) ou os que postulava em suas aproximações da semiótica do visual, mas sim aos múltiplos mecanismos – sociais, subjetivos, estéticos, antropológicos, tecnológicos etc. – que intervêm na formação das imagens, que assim nos são apresentadas como formações compostas por diversas camadas que interagem entre si. Só dessa maneira seremos capazes de compreender a imagem e o visual.

Percepção e sociedade

Umberto Eco se perguntava se a semiótica está na base da percepção ou se, ao contrário, é a percepção que está na base da semiótica. Isso significa que se trataria de determinar se percebemos as coisas com base em certos parâmetros semióticos dados – e portanto construídos culturalmente – ou se, ao contrário, percebemo-nas tais como são e então iniciamos sobre essa visão transparente e absoluta um processo de análise semiótica. Não acredito que Umberto Eco se questione sobre a dicotomia entre a possibilidade de que vejamos sem pensar ou de que necessariamente pensemos o que vemos, mas que há em suas investigações algo mais fundamental.

A pergunta de Eco é pertinente porque traça a fronteira entre duas epistemologias contrapostas: uma, naturalista, que deixa tanto a visão como a realidade fora do processo perceptivo e instala a produção de significado em uma subjetividade do observador de caráter plenamente fortuito; a outra, culturalista, que considera que o próprio processo construtivo já vem determinado socialmente e, portanto, não podemos ver se não for através de um determinado filtro culturalmente construído.

Aqueles que pretendem começar a estudar a fenomenologia da visão por sua fisiologia são os mesmos que optariam por considerar que a ação semiótica é sempre posterior à visão propriamente dita: para eles, o processo de ver nada tem de complexo e, portanto, limita-se a colocar o real em contato com um olho equipado com os mecanismos correspondentes (ou, para a neurociência, em contato com a adequada disposição neuronal). Daí que esses mecanismos lhes pareçam transcendentais. Entretanto, o processo de ver é tudo menos simples.

Antes de continuar, fixemo-nos por um momento no fato de que a pergunta de Eco implica em si a aceitação do caráter linear dos processos perceptivos, tanto se a resposta opta por um tipo de epistemologia como por outro. Isso ilustra a presença dos modelos mentais nas tomadas de posição ideológicas, inclusive naquelas que se pretendem neutras, como acontece com as científicas. Eco, pelo menos nesse caso, ao fazer a pergunta, inscreve-se em um determinado modelo mental caracterizado por sua condição linear e mecanicista. Uma postura que encontramos, por sua vez, expressa de formas muito distintas.

Assim, por exemplo, Alain Renaud (*apud* Anceschi, 1990, p. 14) afirma que a imagem é a representação do visível: mostra a visibilidade cultural. Também aqui o processo comunicativo implícito é unidimensional, ainda que essa unidimensionalidade pareça diluir-se um pouco ao se relacionar com um fenômeno como a cultura, que é muito amplo. Mas, mesmo assim, assume-se uma geografia implícita – de um lado está a cultura e de outro a imagem, e ambas se comunicam ou se correspondem mediante um processo que não parece admitir contradições nem fissuras. Já vimos que isso não é assim, que ver e representar são formas afins do mesmo, geradas por interações mútuas e com outros fatores que não admitem linearidades nem mecanismos. Vale a pena ter em conta essa presença de marcos conceituais latentes na hora de analisar os fenômenos visuais, já que neles os modelos mentais se fazem essencialmente visíveis.

Com sua proposta, Renaud, por sua vez, responde à pergunta de Eco privilegiando o caráter construído da percepção, mas de alguma forma parece transferir o peso dessa construção para a própria sociedade, à condição visual desta. Não apenas nossa visão estaria culturalmente condicionada para agir de determinada maneira, mas a própria sociedade, em confabulação com a visão, estabeleceria uma determinada visibilidade, um regime do visível. A afirmação de Renaud é essencialmente realista, ainda que implique algo fundamental, isto é, que o real não coincide com a totalidade do mundo, mas que é uma forma social, uma forma construída socialmente. É o que constata, com mais contundência, Deleuze, a partir das ideias de Foucault (1986, p. 66) – "Cada formação histórica vê e deixa ver tudo que pode, em função de suas condições de visibilidade" –, de onde se conclui que o visível é aquilo que se pode ver, o que a sociedade deixa ver e institui que há de ser visto.

Essas posições são mais complexas do que a de Eco, embora ambas respondam à pergunta dele na mesma direção: vemos o que é possível ver; por isso a semiose vem antes da percepção. Fica no ar, entretanto, a seguinte pergunta: a estrutura semiótica está instalada primordialmente na sociedade ou na própria capacidade perceptiva? É a sociedade que constitui seu próprio realismo ou, ao contrário, nossa percepção já está formada, de maneira que vemos seletiva e valorativamente? Minha opinião é que ambas as coisas são corretas, mas isso não quer dizer que sejam intercambiáveis. Cada parte possui sua função e essas funções não têm por que coincidir nem histórica nem estruturalmente. Não se produz, portanto, uma relação mecanicamente ajustada entre a sociedade e os processos perceptivos de seus membros (como também não existe um mesmo regime visível para todas as sociedades e todas as suas diferentes partes, nem para todos os sujeitos perceptivos pertencentes a elas).

Dito isso, devemos ter em conta que as propostas de Renaud e Deleuze, apesar de sua consistência e eficácia, continuam sendo filhas de uma ideia fundamentalmente errônea, sem que isso queira dizer, se me permitem o paradoxo, que não sejam certas. O que acontece é que sua inscrição ao marco inicial que mencionei impede que desenvolvam toda a sua eficácia. Provêm da ideia de que os processos perceptivos se fundamentam primordialmente em um intercâmbio direto entre o receptor e o real, mediado pela visão organizada semioticamente. Já vimos antes que esses fenômenos são mais complexos do que o que se deduz dessa proposição e que, além disso, não são organizados linearmente, mas de forma arquitetônica e até orgânica. Não são nem unidirecionais nem se mantêm estáticos; trata-se, ao contrário, de processos que podem ser captados total ou parcialmente, mas estão sempre presentes por meio de uma totalidade em movimento contínuo.

Modalidades da imagem

Não há apenas uma modalidade de imagem. Dizendo de outra maneira, as imagens podem ser muitas coisas ao mesmo tempo, e quase sempre o são. Para começar o que evidentemente será um longo processo de leitura, aprendizagem, compreensão e assimilação visual correta das imagens, podemos dividi-las segundo suas diferentes funções primárias (Figura 1):

1. Função informativa (a imagem constata uma presença);
2. Função comunicativa (a imagem estabelece uma relação direta com o espectador ou usuário);
3. Função reflexiva (a imagem propõe ideias);
4. Função emocional (a imagem cria emoções).

Dessa classificação se depreende de imediato que dificilmente essas funções podem aparecer separadamente, mesmo que, com base em uma perspectiva estritamente pragmática, possam se desenvolver práticas que privilegiem alguma das funções sobre as demais.

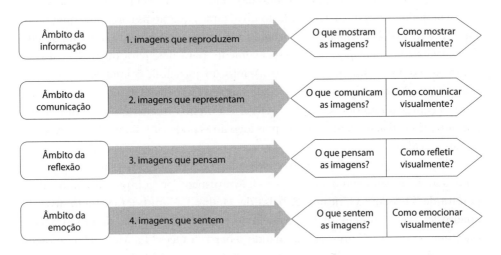

Figura 1

Função informativa da imagem

Se contemplarmos as imagens pelo aspecto da informação, consideraremos que são aquelas que reproduzem algo de cuja existência alguém quer nos informar. Nesse caso, uma primeira aproximação desse tipo de imagens pode ser efetuada respondendo-se à pergunta sobre o que não estão mostrando. Possivelmente sua função informativa se esgote na constatação daquilo que vemos concretamente nelas – é uma constatação e ao mesmo tempo uma descrição. A intensidade desse processo descritivo dependerá do formato da imagem, do fato de ser ou não uma imagem em movimento, por exemplo.

Isso nos leva a uma interrogação ainda mais fundamental: como as coisas são mostradas visualmente? Um pesquisador realista não se faria essa pergunta, sobretudo depois da invenção da fotografia – período em que, na verdade, aparecem as imagens que pretendem ser puramente informativas. Para esse pesquisador, não haveria outra coisa além de um processo mimético, automático, de impregnação da imagem, de maneira que esta reproduziria literalmente o real. É curioso como continuamos considerando que isso é assim até mesmo em imagens, como as pictóricas, nas quais o processo de exibição tem um caráter criativo e, portanto, nada automático. A fotografia nos levou a pensar, retroativamente, que todas as imagens que mantêm determinadas relações miméticas com o real são equivalentes a sua reprodução mecânica e automática. O que devemos fazer, em vez de nos deixar levar pela inércia realista que as imagens técnicas destilam, é, ao contrário, projetar sobre elas os métodos de interpretação que obtivemos das imagens claramente construídas.

Há muitos tipos de imagem informativa, tantos quanto as coisas que queiramos expor por meio delas: uma foto de jornal é uma imagem informativa, mas um quadro de Delacroix também pode sê-lo, especialmente para nós, para quem é fácil contemplá-lo como documento histórico. A foto do jornalista é informativa em um primeiro nível quando aparece no jornal, mas seu fator estético pode adquirir valor fora do contexto da notícia a que se refere. Da mesma maneira, no quadro de um pintor o primordial é o fator estético, mas logo atrás pode vir o fator informativo, se o quadro é realista.

Às vezes, esse fator informativo pode aparecer em primeiro plano até em uma obra que é fundamentalmente um produto artístico – e consumida como tal. A pintura de Théodore Géricault "A balsa da Medusa" é um bom exemplo disso. O quadro foi executado em 1816, em meio ao escândalo resultante de uma tragédia marítima ocorrida três anos antes, quando o barco francês "La Meduse" naufragou a cerca de cinquenta milhas da costa do Senegal e uma balsa improvisada que transportava quase 150 pessoas, a maioria tripulantes do barco, foi abandonada pelos botes de salvamento que levavam o capitão e os passageiros aristocráticos, os quais inicialmente a estavam arrastando. O quadro de Géricault é uma obra de arte que, em seu momento, teve função informativa para a sociedade francesa em cujo imaginário a tragédia e a infâmia do acontecimento tentavam ganhar forma. Para nós, entretanto, essa primeira função informativa (mas também emotiva) deixou de ter um sentido imediato, e a obra nos chega primordialmente por meio de um dos fatores iniciais: o artístico.

Função comunicativa da imagem

Neste tópico nos referimos àquelas imagens que pretendem, de maneira essencial, estabelecer uma relação direta com seus espectadores ou usuários, seja para induzi-los a uma ação, instruí-los sobre determinado processo ou simplesmente transmitir-lhes uma informação específica de interesse ou utilidade imediatos. Todas as imagens têm uma função comunicativa, já que são confeccionadas para se relacionar com alguém – mesmo que seja só com o próprio autor, nos casos mais extremos –, mas isso não impede que possamos isolar da miríade de imagens possíveis aquelas cuja função específica é estabelecer essa comunicação e obter um resultado imediato dela.

Em grande medida, as imagens da propaganda política e as publicitárias pertencem essencialmente ao âmbito da comunicação, mesmo que possam ser também emotivas, por exemplo. Uma imagem ou um processo visual destinado a dar instruções sobre determinada atividade também é uma boa demonstração desse tipo de imagens. Se as imagens informativas se limitam a reproduzir, as comunicativas representam. As primeiras reproduzem algo e, portanto, informam dessa presença. Por exemplo, os desenhos realizados pelos primeiros exploradores que viajavam para o Novo Mundo. Seu interesse era reproduzir as plantas, a paisagem e as pessoas que viam para transportar essa reprodução à metrópole. Representar implica algo mais que simplesmente reproduzir.

Isso não quer dizer que existam imagens que só reproduzem sem representar, mas recordemos que estamos falando de funções e não da fenomenologia completa das imagens. Representar implica estabelecer uma distância formal do referente. Nesse sentido, a imensa maioria das imagens representa algo, inclusive aquela que só pretende reproduzi-lo.

Portanto, a pergunta que devemos nos fazer diante de uma imagem comunicativa é o que ela pretende comunicar; dessa forma desativaremos a função estritamente comunicativa das outras camadas que possam estar incorporadas nela. Esse processo analítico é importante em função da clareza das diferentes funções que uma mesma imagem pode desenvolver e também porque nos permite indagar como são efetuados os processos de comunicação, isolando dessa maneira um dos mecanismos retóricos possíveis. Essas operações não têm como objetivo necessariamente a confecção de uma taxonomia de todas as imagens possíveis, mas sua produtividade se encaminha para a compreensão das formas distintas pelas quais uma imagem – qualquer imagem – pode se relacionar com quem a observa ou a usa. Devemos ter em conta, entretanto, que o alcance estético e operacional dessas funções varia conforme o tipo de imagem e pode experimentar transformações muito drásticas, não só nas imagens em movimento como nas que propõem algum tipo de interatividade.

Até o momento, isolamos as funções informativa e comunicativa e, portanto, podemos deixar abertos esses dois aspectos para ampliá-los posteriormente.

Função reflexiva da imagem

Outorgar às imagens uma função reflexiva pode levar facilmente à falsa ideia de que estamos nos referindo ao pensamento de seu autor expressado por meio de suas imagens. Nesse caso, todas as imagens teriam uma função reflexiva, já que não há nenhuma que não tenha uma intenção atribuível a quem a fez e essa intenção, por menor que seja ou por mais que esteja escondida por trás de uma prática artesanal, implica determinadas ideias e seu processamento. Nesse sentido, todas as imagens seriam também, além de informativas e comunicativas, reflexivas.

Mas é necessário aprofundar um pouco mais esse aspecto para determinar que existem dois tipos de imagem mais ativamente reflexivas. O primeiro tipo se refere àquelas utilizadas por seu autor expressamente para expor seu pensamento. Não são, portanto, imagens que provêm de uma reflexão externa a elas ou que contenham um processo reflexivo como um componente a mais de sua estrutura, mas imagens expressamente escolhidas ou confeccionadas para que se pense a partir delas. Estaríamos descobrindo aqui, quase de passagem, uma nova dobra na fenomenologia visual: o uso das imagens de arquivo ou de imagens "de segunda mão", que se desenvolveriam a partir das fotomontagens e colagens até chegar aos filmes atuais feitos com sequências antigas ou aos filmes-ensaio.

Levemos em conta essa nova modalidade paralela, a qual aprofundaremos mais adiante. Mas lembremos que essa subcategoria de imagens reflexivas não provém só do uso do arquivo, entendido em sentido geral. Eu já disse antes que também podem ser imagens produzidas diretamente para fundamentar uma reflexão. A imagem digital é uma boa fonte desse tipo de imagens, por sua capacidade transformativa, mas não é a única. Na verdade, qualquer tipo de imagem pode ser confeccionado para expressar um pensamento por meio de sua estrutura, o que não quer dizer que todas as imagens contenham essa qualidade em si mesmas. Para isso, essa estrutura deve ter como fundamento principal propor uma reflexão.

Ron Burnett se pergunta como pensam as imagens em um livro de mesmo título: *How images think* (2004), mas a resposta que os leitores obtêm não se refere ao tipo de imagens de que estamos falando, mas às modalidades contemporâneas da imagem, especialmente aquelas mais relacionadas com o computador, das que se extraem os fundamentos fenomenológicos. Não se trata, portanto, de saber como as imagens podem chegar a *pensar*, mas de partir do princípio de que todas – especialmente as contemporâneas – pensam e de examinar como o fazem. No entanto, não é esse o nosso propósito.

Tampouco estamos nos referindo a imagens que nos façam pensar, porque todas nos fazem pensar de uma maneira ou de outra: o pensamento não é aqui o resultado da imagem, tampouco a imagem é exatamente o resultado de um pensamento, mas este se encontra inscrito, em seu desenvolvimento, na própria imagem. São imagens utilizadas para pensar e, portanto, poderíamos denominá-las imagens-pensamento, usando esses novos conceitos híbridos que são tão necessários em um momento em que aparecem novas configurações para as quais não temos denominações concretas.

O segundo tipo de imagens ativamente reflexivas se relaciona com aquelas em cuja visualidade está implícito um pensamento que, por isso, expõem de maneira que poderíamos denominar autônoma: imagens que pensam por si mesmas, além da intenção expressa do autor ou do uso reflexivo que este queira lhes dar. Isso é possível?

Se recuperarmos a ideia exposta anteriormente sobre a visibilidade social – aquilo que determinada sociedade permite ver e estabelece que é significativamente visível –, perceberemos que as imagens realmente podem expressar um pensamento por si sós, já que mediante sua presença e ausência elaboram o negativo desses limites da visibilidade. Determinadas imagens, por sua relação com setores social e culturalmente sensíveis em determinado momento, são mais suscetíveis que outras de ocasionar esse significado especial e, estudando-as, podemos ver o fundamento epistemológico de um pensamento social. O que acontece no social pode ser transportado ao individual. Se recorrermos aos conceitos da psicanálise – sem adotar plenamente os fundamentos da teoria –, podemos nos referir a imagens que são sintomáticas de um pensamento inconsciente e, portanto, revelam os mecanismos profundos de pensamento.

É óbvio que, nesses casos, não estamos nos referindo a processos reflexivos racionais, mas a pulsões sociais e individuais fundamentadas em estruturas mentais que, se verbalizadas, correspondem a um pensamento, por mais padronizado que seja. As ideologias estão relacionadas com esse tipo de pensamento e, portanto, também podemos rastrear certas estruturas ideológicas em determinadas imagens. Tudo isso nos leva, além disso, a descobrir a riqueza significativa das imagens. Umas mais do que em outras, mas em geral todas elas, são um recipiente de expressões variadas e complexas que é necessário desentranhar. Digamos, ainda que de passagem, que esse processo de desentranhamento significa, entre outras coisas, pensar as imagens. Essa possibilidade de pensar as imagens se desenvolve, como vemos, mediante uma série de operações hermenêuticas como as que estamos explicitando por meio desta série de descrições.

Pensar as imagens não é, por sua vez, pensar com as imagens, e nem o ato em si cobre essa última operação, já que as imagens expressam por si sós um pensamento ou um processo de pensamento independentemente da intenção com que tenham sido feitas. Proponhamos outro exemplo do funcionamento das imagens. Mieke Bal se pergunta como a arte pensa. Trata-se, em princípio, de uma questão parecida com a que Burnett lança no terreno das imagens contemporâneas, mas que parte das imagens clássicas para chegar à sua vertente artística. De qualquer forma, a resposta oferecida por Bal (1999, p. 23) está mais próxima do fenômeno de certas imagens que pensam por seus próprios meios: "Certas ideias há muito tempo esquecidas emergem conjuntamente com formas e cores, motivos e tons, superfícies e substâncias, no 'pensamento' dos artefatos visuais contemporâneos". É isso que nos indica a autora, propondo outro caminho pelo qual as imagens *pensam*.

Função emocional da imagem

Quando se fala de emoções relacionadas com a imagem, pensa-se imediatamente na emoção estética articulada pela história da arte desde seu início como disciplina do ciclo cultural que provém do Renascimento. Entretanto, durante o século passado, esse tipo de emoção se fez muito mais complexa do que tinha sido até o momento, uma vez que experimentou diversas transformações.

Mais uma vez é preciso reafirmar agora que todas as imagens participam de uma maneira ou de outra das funções que temos estudado. Portanto, também é uma prerrogativa de todas as imagens o despertar de algum tipo de emoção no espectador. Fica no ar a seguinte questão: nossas emoções básicas estarão ligadas ao visual de uma maneira muito mais direta do que se vinha pensando? Ou seja, a emoção estética seria mais do que a ponta de um iceberg que contém toda nossa arquitetura emocional? De maneira que o que chamamos estética não seria mais do que uma forma de qualificar uma propriedade emocional intrínseca de toda função visual, estivesse ou não ligada à produção do que se considerou o correlato dessa estética, ou seja, a beleza. Portanto, nós não nos emocionaríamos somente diante do belo (nem sequer levando em conta que essa é uma apreciação subjetiva), mas nos emocionaríamos, em certo grau ou outro, diante do visível, diante do que vemos e, mais ainda, se o vemos representado. A representação visual seria, assim, uma forma de controlar nossas emoções diante do visível.

Também poderia ser aplicada ao ouvido uma função parecida de interface com nossas emoções. Mas não estou seguro de que possamos afirmar que qualquer tipo de som desperte emoções, a menos que consideremos emocional qualquer tipo de alteração de nosso espírito, o que é perfeitamente possível. Mas, ainda nesse caso, deveríamos considerar um fator acrescido ao visual nesse campo. Podemos estar de acordo que ambos os sentidos, a audição e a visão, são dispositivos igualmente emocionais em seus fundamentos, mas pode ser que o ouvido, talvez por uma questão cultural que os cegos não compartilhariam, seja um sentido paradoxalmente mais realista do que a visão.

De qualquer forma, a função estética está muito mais escondida na estrutura auditiva do que na visual; para alcançá-la, é necessário elaborar bem mais o som do que a imagem. O fato de que nos demais sentidos – olfato, paladar e tato – seja mais difícil alcançar uma emoção básica e, sobretudo, controlá-la, prova que existe uma hierarquia nesse aspecto, por mais que ela seja culturalmente construída e, consequentemente, que possa ser modificada em algum momento[5].

---

5. É possível que isso não funcione no caso de determinados especialistas, como os *gourmets* e os *sommeliers*, ou quando existe um impedimento sensorial, como acontece com os cegos. Mas esses são casos excepcionais e, além disso, continua sendo difícil elaborar uma estética desses sentidos que vá além de um catálogo de impressões mais ou menos racionalizadas.

Segundo Wollheim (1999, p. 3), as emoções são um fenômeno mental que surge da interação entre os estados mentais e as disposições mentais:

> Quando, como acontece normalmente, um acontecimento externo causa um estado mental, a cadeia causal que vai do primeiro ao segundo passa através de diversas disposições relevantes, que filtram o acontecimento externo. Se o acontecimento externo determina o estado mental no qual a cadeia termina, o faz somente em conjunção com essas disposições.

Mais uma vez nos encontramos diante de um exemplo do pensamento linear que já detectamos antes e continua fundamentando nossa forma de pensar. Talvez se o examinarmos da perspectiva da visão, e por acréscimo do visual, possamos variar substancialmente esse enfoque.

Nossa visão se sustenta em determinados estados mentais de caráter emocional, não tanto por serem o resultado de acontecimentos externos, mas porque a construção cultural dessa visão – ou seja, aquilo que podemos ver e o modo como podemos ver – já implica a existência de estados mentais-emocionais ligados a ela, em consonância com determinados acontecimentos externos. Nesse caso, é necessário ampliar o conceito de acontecimento externo para deslocá-lo de sua concepção tradicionalmente pontual – um estímulo, um dado, um objeto – até uma ideia mais desenvolvida desse conceito.

Um acontecimento não pode ocorrer separado de outros acontecimentos nem de um cenário que os acolhe, assim como não pode ser compreendido nem assimilado se não tiver relação com atores ausentes implicados em cada um dos fatores assinalados. Assim, não é necessário supor que dispomos de um armazém de estados mentais aplicáveis a cada um dos acontecimentos externos possíveis, inclusive os inesperados; basta admitir que os estados mentais-emocionais estejam relacionados com um número determinado de paisagens do real que possam ser combinadas entre si para produzir situações novas. Não há uma mecânica das emoções que as relacione diretamente com os acontecimentos, ou vice-versa.

A qualidade dessas paisagens do real pode ser compreendida precisamente quando as colocamos em relação às paisagens equivalentes do pensamento, como as denomina Martha C. Nussbaum (2008). Essas paisagens do pensamento são primordialmente paisagens emocionais que filtram os trânsitos cognitivos nas diversas direções em que estes circulam: mente-realidade, memória-presença, símbolo-imaginação, razão-paixão etc.

Dessa perspectiva, as imagens propriamente ditas seriam a representação emocional dessa confluência entre paisagens reais e emocionais. Significa dizer que constituiriam a plasmação visual dos estados mentais resultantes de experimentar o real por intermédio de uma emoção. Nesse contexto, as imagens emocionais seriam aquelas que colocariam esse fator emocional em primeiro plano, como expressão inequívoca desse fator ou de algum de seus correlatos, enquanto no resto esse fator poderia ser um entre tantos, ainda que cognitivamente falando se pudesse considerá-lo, como eu disse, fundamental.

Não termina aqui, entretanto, a descrição das relações que se estabelecem entre o emocional e o visual. Muitos fatores determinam esses nexos, como a existência das imagens técnicas – que, em princípio, poderiam distorcer a abordagem estabelecida, já que se considera que esse tipo de imagem, a partir da fotografia, elimina exatamente qualquer vestígio de subjetividade na captação do real. Portanto, é de supor que, no momento em que essas imagens intervêm, as emoções ficariam absolutamente alijadas do processo. Ao longo deste livro, comprovaremos que essa postura é uma ilusão que depende mais de um desejo, quer dizer, de uma emoção, do que de uma realidade. Basta apontar agora o fato de que a objetividade, ou carência de emoções, é uma emoção em si que também se experimenta emocionalmente.

Se voltarmos agora ao conceito de estética, poderemos compreender melhor como este se transforma, segundo apontei antes, em uma série de funções mais complexas. Por exemplo, a publicidade atual poderia ser considerada uma forma herdeira da antiga função estética do Romantismo, encarregada da educação dos sentidos ou, mais diretamente, do conceito do século XIX de educação sentimental. Só que nesse caso trata-se de uma educação industrializada da sensibilidade ou das emoções que tem uma finalidade externa a esses aspectos.

A antiga educação preparava os receptores para desfrutar com mais intensidade dos fundamentos geradores da própria função educativa. Ou seja, a educação estética se encaminhava para o desfrute dos valores estéticos (por exemplo, as manifestações ligadas à beleza ou ao sublime). A nova função educativa da publicidade almeja, ao contrário, produzir o consumo e, portanto, converte a estética em instrumental. O que importa não é, por exemplo, que se saiba apreciar a beleza de um automóvel, mas que este se transforme no substituto de qualquer beleza possível (mesmo que só seja no lapso de tempo que transcorre entre a mensagem publicitária e a culminação do consumo, nesse caso a compra do automóvel).

Isso não elimina o fato de que, entretanto, a publicidade seja um dos melhores exemplos de imagem emocional. Toda imagem persuasiva o é, assim como a propaganda política: são imagens que colocam o caráter emocional de toda visualidade em primeiro plano e o utilizam como motor para estimular determinados estados mentais e para provocar, finalmente, uma ação concreta. Nesse sentido, existe nelas o germe do que se denomina interatividade e que caracteriza grande parte das imagens contemporâneas – especialmente as relacionadas com o computador e, de forma concreta, com os *videogames*.

Para compreender a importância fenomenológica disso é preciso recorrer ao que dissemos sobre a relação entre imagem e emoção, mas também a essa noção de interatividade que tem sua origem em regiões que parecem não ter nada que ver com sua noção moderna, como as que acolhem a publicidade ou a imagem persuasiva em geral.

Análise da imagem

A pré-história da imagem

Como já estamos vendo, é possível aproximar-se da imagem por muitos caminhos distintos. Alguns deles são enganosos, já que a usam como isca para falar mais do caminho que se supõe levar-nos a ela do que dela mesma. Acontece assim com a aplicação à fenomenologia visual dos grandes relatos teóricos que nossa cultura articulou de forma totalizadora e excludente, desde o marxismo até a psicanálise, da linguística ao existencialismo, para citar os mais relevantes.

Em todos esses casos, quando sua metodologia e seus princípios são aplicados ao universo visual, a peculiaridade deste se torna eclipsada pelo filtro imposto pela teoria correspondente: a imagem serve mais de exemplo dos pressupostos teóricos que de outra coisa. Isso não quer dizer que uma aproximação da imagem canalizada por essas disciplinas não seja relevante. É, mas de forma subsidiária – primeiro é necessário saber interrogar diretamente a imagem, explorar sua fenomenologia antes de empenhá-la em uma operação que já tem seus interesses particulares e ignora as peculiaridades do visual.

Os tipos de imagem com que deparamos são incontáveis e aumentaram ainda mais nos dias de hoje, quando se iniciou uma simbiose muito profunda entre o visual e o tecnológico. Além disso, os estudos visuais não devem restringir-se às imagens especificamente visíveis, mas também aos fenômenos mentais relacionados com elas – da mesma forma que não só é imagem o objeto material oferecido aos nossos olhos como alternativa à realidade que o ultrapassa, mas tudo que essa realidade nos oferece à visão, seja natural ou artificialmente construído.

O certo é que, da perspectiva da fenomenologia da visão, o natural não é mais que uma base que nossa percepção se encarrega de modificar por meio de uma série de modelos culturalmente construídos. Mieke Bal (2004, p. 27) considera que "os objetos têm certa elasticidade aos significados projetados sobre eles: são lugares nos quais a formação discursiva se entrecruza com certas propriedades materiais". É por isso que realidade e imagem tendem a se abastecer ou equiparar, no sentido de que ambas são o resultado de uma mesma cultura agindo em distintos níveis. Para Paul Virilio, todas as imagens formam uma esfera do visual em cujo interior suas múltiplas fenomenologias interagem incessantemente.

Em uma época mais clássica que a nossa, uma sistematização dos diferentes tipos de imagem poderia servir para traçar o mapa da realidade visual do momento, mas na atualidade só podemos utilizá-la como ponto de partida da busca de uma rede de implicações da qual não é possível enxergar um fim; já não existem as imagens puras e sua impureza está em contínua mutação. Ao longo deste livro se tentará explicitar diversos aspectos dessa rede mutante, mas para começar talvez seja conveniente recorrer a uma das classificações tradicionais e começar por ela, apesar de suas carências evidentes.

Ao tentar responder à pergunta "o que é uma imagem?", W. J. T. Mitchell (1987) parte para a descrição dos diferentes tipos que tentei resumir no quadro a seguir (Figura 2). Trata-se de estabelecer os limites dentro dos quais se movia o fenômeno visual em nossa cultura até há bem pouco tempo: que queriam dizer os filósofos, os cientistas, os artistas quando falavam de imagem? O esquema parte de um tópico que, apesar de seu evidente reducionismo, influenciou profundamente a concepção de imagem tida por nossa cultura. Segundo essa ideia assimilada culturalmente, o conceito de imagem equivaleria ao de analogia, parecença ou semelhança.

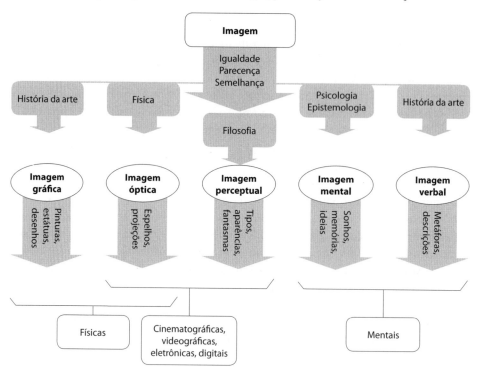

Figura 2

Não parece que essa equivalência fosse de todo correta nem na pré-história, se é que queremos remontar a ela para pensar nas origens da imagem. A reprodução visual sempre teve outras funções além das meramente miméticas, ainda que tenham sido estas as que durante um longo período tenham parecido mais atraentes. As imagens que sempre estiveram relacionadas com a técnica, como a magia e a religião, e estabeleceram uma ponte muito interessante com a expressão oral e escrita – sem nos esquecermos certamente de seu vínculo transcendental com a imaginação. Não se trata, porém, de dar a entender que Mitchell ignora essas vertentes, mas de constatar, com sua proposição inicial, o fato de que imagem e cópia foram sinônimos durante muito tempo e que, para muitos, ainda continuam sendo, o que dificultou e dificulta a perfeita compreensão dos fenômenos visuais.

Mitchell divide as imagens com base nas diferentes disciplinas que se ocuparam delas: a história da arte, a física, a filosofia e a psicologia. Continuamos instalados na época clássica, já que ao longo do século XX essas disciplinas variaram consideravelmente, embora também tenham se ocupado mais ou menos do mesmo tipo de imagens básicas, como as que são enumeradas pelo autor: gráficas, ópticas, perceptuais, mentais e verbais. Os diferentes tipos de imagem que se agrupam no interior de cada uma dessas tipologias pertencem a uma série de categorias que vale a pena esclarecer, porque em alguns casos se superpõem quando penetramos em suas características mais particulares.

Assim, por exemplo, as imagens que aparecem durante a Segunda Revolução Industrial e cuja fenomenologia alimenta a visualidade contemporânea – imagens técnicas – podem ser consideradas tanto ópticas como perceptuais. Além disso, se por um lado são imagens físicas, ou seja, imagens estáveis que podemos ver, por outro não têm a consistência nem a estabilidade das imagens gráficas propriamente ditas. Finalmente, estão situadas a meio caminho entre a imagem física e a mental, já que são essencialmente fenomênicas.

Agora já sabemos do que se falava até bem pouco tempo quando a cultura se referia às imagens. Não foram só os estudos visuais que mudaram esse panorama – embora tenham contribuído para aumentar o grau de sensibilidade sobre os fenômenos visuais (na realidade, sua aparição vem a ser muito mais um sintoma da mudança de sensibilidade do que um motor desses fenômenos) –; a complexidade dos meios contemporâneos e o incremento da cultura visual propriamente dita conseguiram superar a barreira imposta pelas antigas ideias e, em consequência, ampliaram consideravelmente o campo da imagem.

Interrogar a imagem

Jean-Pierre Dautun (1995, p. 15), em obra em que propõe dez exemplos de análise visual, um pouco à maneira dos antigos manuais, afirma que "ver uma imagem é realizar um ato muito complexo que se aplica ao mesmo tempo sobre o sujeito que mostra (o conteúdo da imagem) e os meios empregados para mostrá-la a nós (o suporte da imagem)". Efetivamente, quando analisamos uma imagem não podemos separar o conteúdo do que Dautun denomina suporte, mas é necessário precisar o que queremos dizer com suporte para compreender a proposta.

Quando Dautun fala de suportes, na verdade está se referindo a duas coisas distintas que apresenta como se fosse uma só: a imagem e o meio. Cada imagem pertence a um meio determinado e é produto de uma técnica concreta (na atualidade, as técnicas se transformaram em tecnologias que reúnem um conglomerado de técnicas mais simples). Uma escultura, uma pintura ou uma fotografia pertencem, respectivamente, ao meio escultórico, ao meio pictórico e ao meio fotográfico, e a fenomenologia de todos esses meios ultrapassa os limites da obra, ou imagem, concretamente. Essa obra tem, contudo, sua fenomenologia particular que não pode ser resumida simplesmente às propriedades do meio, assim como as características gerais deste, seu modo de exposição, não podem ser deduzidas só do alcance da tecnologia correspondente. São três níveis de uma mesma realidade, que é necessário compreender de forma separada, ainda que atuem em conjunto. Por isso, pode ser um erro opor suporte a conteúdo, sem matizar as diferentes manifestações possíveis do primeiro, as quais no obrigam necessariamente a contemplar o segundo também com base em uma perspectiva mais rica, já que, como bem diz Dautun, ambos devem ser analisados conjuntamente.

Mas não é fácil realizar a operação unitária que Dautun (1995, p. 15) propõe e pela qual examinamos o conteúdo através do suporte e o suporte através do conteúdo, já que "o conteúdo da imagem salta à vista, mas o conjunto de operações pelas quais esse conteúdo pôde nos saltar à vista não se manifesta; bem ao contrário: está mascarado por aquilo que salta à vista. O que nos é mostrado com facilidade dissimula o trajeto que foi efetuado para se manifestar: o trajeto de nosso olhar". A imagem mimética tem a peculiaridade de estabelecer uma série de mecanismos que são ao mesmo tempo forma de exposição e forma de ocultamento – o cinema clássico é um exemplo desse tipo de linguagem geradora de um alto grau de realismo que serve simultaneamente para ocultar o funcionamento dessa linguagem, que está longe de ser realista. Por isso quando vemos uma imagem realista tendemos a confundi-la com a realidade; por isso também quando nos é pedido que descrevamos uma imagem, costumamos descrever seu conteúdo, ignorando os recursos visuais que o compõem. Para Dautun (1995, p. 16),

> é necessário buscar o caminho pelo qual a imagem nos é imposta, os meios pelos quais atua em nós. Já que somos nós que a fazemos falar – o que nos diz não provém dela, mas de nós mesmos –, o que vem dela é aquilo que nos leva a dizer. Portanto, o que é preciso buscar é o conjunto de meios que nos levaram a perceber algo, e então tirar conclusões dessa percepção. É necessário descobrir como a imagem conduz, determina (organiza e até, de fato, manipula) nossa percepção, dirige nosso olhar e com ele as ideias que surgiram desse olhar orientado dessa maneira. Trata-se de aprender a olhar como funciona nosso olhar.

Eis aqui um projeto realmente complexo que culmina nessa operação necessária de desentranhar visualmente o visual, essa parte do visual ligada ao nosso olhar e que responde ao que existe na imagem para completar esse olhar.

Existem várias formas de interrogar a imagem. Algumas delas, básicas e tradicionais, contemplam-na como documento e tratam de categorizá-la segundo uma série de dados básicos. A operação é executada mediante a descrição da imagem, sua interpretação e estabelecimento do contexto. Dessa forma, ela fica imobilizada e pronta para ser arquivada, considerando erroneamente que, mediante esse processo de catalogação, já a compreendemos.

Mas não podemos nos deter nesse exercício prático porque as imagens, sobretudo as atuais, não costumam ser dirigidas a um arquivo, como acontecia anteriormente, mas muitas vezes a operação se inverte e as imagens surgem do arquivo para voltar a ser utilizadas: o fenômeno do arquivo, desse arquivo que é mais uma fonte de visualizações do que um receptáculo destas, é crucial para compreender a visualidade contemporânea. Assim testemunham as diferentes formas cinematográficas que se baseiam nesses fenômenos de apropriação de imagens diversas ou de utilização de imagens de arquivo para funções diferentes das que tinham em seu contexto original.

Segundo Laurent Gerverau (2000, p. 14), a história da arte conheceu, na hora de se aproximar da imagem, duas grandes tendências que dão espaço a três funções inter-relacionadas: "De um lado, o catálogo, a descrição, que leva ocasionalmente à interpretação. De outro, a vontade de conceituar, de classificar, de agregar também um juízo de valor. Agem, portanto, três funções gerais que frequentemente se superpõem – catálogo e descrição, classificação e interpretação, apreciação e juízo de gosto".

Agora todas as imagens nos concernem, das mais antigas às mais modernas, das mais humildes às mais enfáticas, das mais simples às mais complicadas. Todas merecem uma aproximação complexa que amplie os limites da descrição e da interpretação clássicas, com base em perguntas como: de que a imagem é composta? Ou: aonde vai a imagem? Isso significa que não se trata só de entender como a imagem é composta (sua estrutura), mas também saber quais elementos e materiais que a compõem não estão diretamente ligados a seu mecanismo representativo, a sua funcionalidade – que mestiçagens e hibridações, desejos e pulsões manifesta ou desperta. Trata-se de ir além do superficial e rastrear os fios que ligam a imagem a outras imagens e aspectos. Assim penetramos na imagem, vamos além de sua superfície e descobrimos seu substrato inconsciente que a desliga do contexto imediato a que pertence.

Perguntar-se aonde vai a imagem supõe ampliar consequentemente o alcance de sua interpretação: não pedimos à imagem que nos transmita sua informação estrita, aquela para cuja comunicação parece ter sido criada, mas demandamos que ela nos conte seus segredos, aqueles que ninguém procurou manifestar quando a confeccionou nem ninguém espera realmente receber, mas que estão nela. Pedimos a ela, portanto, que nos diga para onde se dirige, pois sabemos que não há um significado preciso que a imobilize no tempo, mas que ela tem um alcance muito mais amplo. Dessa forma, interferimos na imagem, pois nos propomos a utilizar sua inércia para viajar com ela até o futuro, ou seja, para que nos ajude a compreender nosso presente na viagem até o futuro.

Walter Benjamin falava das imagens dialéticas, por meio das quais uma época sonha com seu porvir. Na realidade, não se trata somente de que existam algumas imagens concretas que, em cada era, cumpram essa função, mas que esta se encontra em toda imagem – é uma parte, ainda que muitas vezes oculta, desta, uma parte que é necessário saber desentranhar.

Finalmente, é necessário substituir o conceito de contexto pelo de ecologia. Há uma diferença essencial entre ambos: o contexto é estático, estabelece suas conexões de uma vez por todas e está ligado indiscriminadamente a muitas imagens e fenômenos ao mesmo tempo. Já a ecologia implica um aspecto em contínuo movimento, em contínua interação, um aspecto que, além disso, é específico de uma imagem ou de um fenômeno determinados. A imagem está situada em um contexto, mas se nutre e é resultado de determinada ecologia.

Articulei todas essas possibilidades de aproximação da imagem na Figura 3. Parte dela, a que se refere ao método de análise tradicional, provém do livro esclarecedor de Laurent Gervereau sobre visão, compreensão e análise das imagens (2000). É um resumo de seu sistema, que assenta as bases para um primeiro trabalho de organização do material visual. Vale a pena considerá-lo porque, antes de interrogar em profundidade as imagens, é necessário saber de que imagens se trata – se provêm de uma revista ou jornal, se são ilustrações de um romance ou de um tratado científico. Enfim, de que tipo de documento visual estamos falando. Queremos conhecer também seu estilo, sua técnica, sua temática. Procuraremos seu significado no momento em que foi confeccionada e no lugar em que apareceu, e nos perguntaremos em seguida se esse significado mudou com o tempo – como sem dúvida deve ter ocorrido.

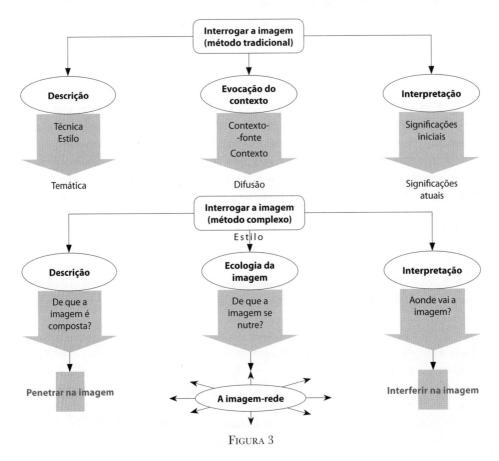

Figura 3

Levemos em conta também que muitos dos materiais com os quais deparamos na atualidade passaram por meios distintos: a fotografia de um jornal do início do século XX pode aparecer em um livro de história, ser reproduzida em uma revista do final do mesmo século ou incluída em uma reportagem de televisão. É necessário considerar essas migrações, tanto para esclarecer as origens reais da imagem em questão como para compreender a função que ela possa desenvolver em seu novo contexto. John Berger, a propósito do estudo clássico que Benjamin faz das transformações sofridas pelas imagens no momento em que podem ser reproduzidas tecnicamente (1973), refere-se às mudanças transcendentais que as imagens artísticas sofreram desde o momento em que começaram a ser reproduzidas nos livros. A partir daí, não só perdiam suas raízes concretas e passavam a poder ser contempladas em qualquer lugar, como também o tamanho delas se relativizava, já que todas tendiam a ter o mesmo no livro que as reproduzia, quando na realidade era bastante possível que a diferença de tamanho entre elas fosse muito grande. A experiência das imagens pode, portanto, mudar por fatores diversos que devem ser levados em conta.

A segunda parte do esquema, que se refere a um possível método complexo, constitui minha proposta de abertura do procedimento tradicional de classificar as imagens com base em sua descrição, contextualização e interpretação, com a finalidade de conceituar o fenômeno contemporâneo da imagem-rede, ou seja, a imagem multirrelacionada e, portanto, que resiste à classificação.

As experiências da imagem

Posicionemo-nos diante de uma imagem, ou de qualquer experiência visual (inclusive uma paisagem ou a rua de uma cidade podem servir), e tratemos de elucidar quantos tipos de experiência se depreendem dessa visão. Serão muitos, sem dúvida, alguns deles circunstanciais, outros mais fundamentados no que a imagem ou conjunto de imagens representam, mas chegaremos a delimitar uma série de experiências básicas possíveis que podem ser encontradas – em um grau ou outro de intensidade – em todas as manifestações visuais, inclusive aquelas que parecem surgir da própria natureza.

Benjamin dizia que em nossa era da técnica, a realidade era uma flor impossível e certamente o é, já que não só desapareceu devido a sua reprodução constante nos meios, como também eles acabaram criando em nós hábitos de visão que nos fazem contemplar o natural, quando conseguimos estar diante dele verdadeiramente (até que ponto uma paisagem é absolutamente natural?), por meio de esquemas artificiais. Mas isso é só uma forma contemporânea de ver e não necessariamente deve ser avaliada de maneira negativa, uma vez que estejamos conscientes de sua existência.

Na Figura 4, pretendo expor de maneira dinâmica o conjunto dessas experiências básicas possíveis e os campos epistemológicos que se depreendem delas.

Em primeiro lugar podemos entender a imagem como expressão. Estou falando de uma expressão particular ou subjetiva, dependendo de se tratar do projeto de um autor ou de uma encomenda. Nos dois casos, estamos diante de uma expressão, mas a expressão será de uma categoria muito distinta se for um anúncio publicitário ou uma obra de arte. Com isso não pretendo fazer julgamentos, mas estabelecer categorias funcionais. Quando falamos de expressão tendemos a pensar em sua versão autoral, mas na realidade, ao longo da história da arte, houve muito poucas manifestações visuais que respondessem a esse critério de forma tão estrita como pensamos. O que acontece é que tendemos a aplicar a toda manifestação artística (e a considerar artísticas muitas coisas que não o são) o mesmo critério que extraímos de uma ideia romântica do autor que se impôs em nossa cultura e que a percorre subterraneamente apesar de acreditarmos tê-la erradicado. Isso não quer dizer que a maioria das obras não tenha um autor ou não queira expressar algo, mas que muitas vezes essa autoria é uma questão secundária e a expressão não corresponde aos desejos diretos desse autor, mas que pode ser, por exemplo, a expressão das ideias de um patrão ou de uma empresa. Devemos nos acostumar a questionar os conceitos de autor e de expressão, mas não abandoná-los por completo porque podem continuar nos sendo úteis para compreender o fenômeno visual. Procuremos, entretanto, que sua presença não nos oculte outras manifestações tão ou mais importantes.

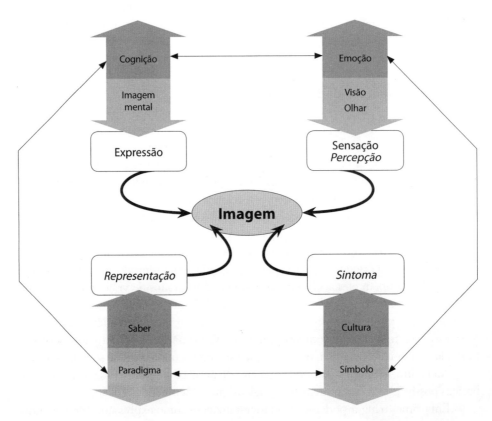

Figura 4

Quando falamos de expressão, não estamos nos referindo, como afirmei, à confecção de uma obra de arte, mas também à experiência do mundo como artista. Ver o mundo pelos olhos da arte é um tipo de experiência que não está só reservado aos artistas, ainda que eles concentrem essa virtude de maneira acentuada. Na realidade, todos nós experimentamos o mundo pelos olhos dos artistas que criaram as visualidades formadoras de nossa cultura. Alguém disse certa vez que Picasso tinha mudado drasticamente a forma de ver as coisas no século XX. Isso está correto, mas não aconteceu repentinamente: em certo dia de 1907, quando o artista expôs ao público "Les demoiselles d'Avignon", a revolução visual que essa pintura indubitavelmente supunha foi pouco a pouco se transladando a espaços culturais mais amplos, passou de um artista a outro, até alcançar a cultura popular. Em longo prazo, Picasso nos influenciou a todos.

Pode ser ainda que essa seja uma maneira muito elitista de considerar as coisas, já que, na realidade, a cultura popular já tinha provocado sua revolução formal, mais ou menos ao mesmo tempo que Picasso efetuava a dele. Pensemos, por exemplo, na revista em quadrinhos e na experiência fragmentária de realidade que pressupõe, em relação à pintura realista, a fragmentação da página em vinhetas. Esse não é um processo estético equiparável, em nível básico, com o cubismo? Se considerarmos assim, veremos que quando a nova visualidade instaurada por Picasso alcança a cultura popular, não faz mais do que regressar ao ponto de partida e tornar consciente para a maior parte da população ocidental algo que sua sensibilidade já tinha experimentado.

É certo que, durante o século XX, a pintura – ou seja, a imagem considerada eminentemente artística – teve mais prestígio que outras manifestações interpretadas como inferiores justamente por serem populares. Portanto, um pintor parecia ter maior possibilidade de afetar a cultura que um desenhista de história em quadrinhos, apesar se ser muito possível que este chegasse a um número maior de pessoas do que aquele. São vias distintas, cada uma com ritmo e fenomenologia próprios: não é necessário que menosprezemos uma para salvar a outra. A noção de sintoma, que proporei em seguida, esclarecerá esse ponto. Mas fiquemos, no momento, com um fenômeno importante que a história de Picasso e sua revolução visual ilustram perfeitamente: as grandes manifestações artísticas, mais do que provocar revoluções nas formas de ver, ajudam a tomada de consciência de mudanças que já tinham sido experimentadas por outras vias. A obra de Picasso acaba constatando o que o olho já sabia por outros meios, mas essa constatação implica um salto qualitativo na potência do olhar e constitui talvez a verdadeira revolução.

A expressão é um fator ligado, pois, à obra de arte, não porque esta seja única em suas descobertas, mas porque é a única capaz de pensá-las e expressá-las de maneira que acabem provocando a tomada de consciência sobre mudanças perceptivas que outros meios simplesmente aplicam sem conhecer.

O conceito de expressão nos leva também ao campo da cognição e, uma vez nele, desemboca no de imagem mental, um território ambíguo do qual se quis prescindir durante muito tempo. Mas, como aponta Hans Belting (2004, p. 31), "as imagens mentais e psíquicas de uma época (os sonhos e os ícones) se relacionam de maneira tão complexa umas com as outras que não é possível dissociá-las claramente, se não for em um sentido positivamente material".

Se o fator expressivo se refere à vertente ativa da imagem, ao motor que a gera, os conceitos de sensação e percepção relacionam-se com sua vertente passiva, a recepção. As teorias da comunicação, em grande parte herdeiras de uma tradição cibernética, nos mantiveram acostumados demais a considerar que as relações entre os emissores e receptores são sempre lineares, de modo que as mensagens sejam emitidas primordialmente para alcançar seu destino e que, se não conseguem ou se só o fazem parcialmente, é culpa de algum tipo de distorção do sistema, o que se costuma denominar ruído. Mas essa proposição, que é adequada para máquinas criadas com um propósito concreto, não funciona da mesma forma com os seres humanos nem com as comunicações culturais, especialmente as de caráter visual. Nesses casos o *ruído* supera o propósito comunicativo e se transforma assim no fator mais importante da comunicação.

Nem todas as mensagens chegam a seu destino, nem o receptor interpreta exatamente a mensagem da forma que o emissor pretendia. Além disso, as mensagens que este cria e envia (se é que podemos continuar empregando essa nomenclatura) sempre são muito mais complexos do que era estritamente necessário. A teoria da comunicação entre dispositivos foi criada para eliminar exatamente essa complexidade, considerada desnecessária e contraproducente, o que abriu caminho para uma ideia da comunicação baseada na clareza, simplicidade e efetividade linear das mensagens. Entretanto, a comunicação humana, quando não está relacionada com as máquinas (se estamos em um avião, queremos que o piloto seja capaz de interpretar mensagens claras e diretas), é precisamente o exato contrário, o que é uma de suas distinções necessárias.

Portanto, não podemos esperar que as relações que unem a expressão da imagem com sua percepção sejam simples. Estão em jogo, por exemplo, as emoções, que podem ser efetivamente provocadas e controladas, mas que distorcem a efetividade comunicativa. As máquinas não têm emoções e, por isso, pode-se esperar delas uma grande segurança nesse campo, mas não dos seres humanos que constituem um olhar sobre a visão, ou seja, uma capacidade pessoal de ver conscientemente, algo que se mantém fora do alcance de uma máquina. Tudo isso fundamenta uma determinada ecologia da expressão visual que deve ser levada em conta ao se analisar as imagens. Isso não nos leva a uma incapacidade completa de descobrir seu significado ou a forma pela qual este se transmite, mas deixa essas funções sempre abertas a outras interpretações, a outras descobertas.

O conceito de imagem-rede, a que antes me referi, encontra aqui um de seus primeiros exemplos: a imagem, a mensagem, não é um sinal que parte do emissor como um raio de luz em busca de um receptor que a recebe isolado de qualquer outro fenômeno, mas o ponto central de uma constelação cujo fulgor se expande em todas as direções, algumas das quais alcançam os receptores, que por sua vez também são núcleos de outra constelação receptiva aberta igualmente em múltiplas direções (Figura 5).

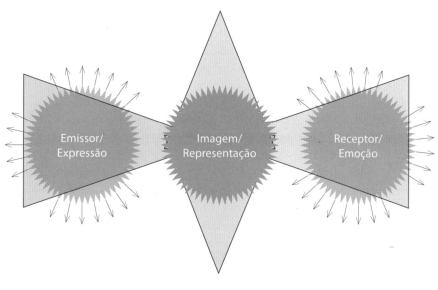

Figura 5

A comunicação visual tem outra vertente, que se encontra entre a expressão, como vontade geradora da imagem, e a recepção, como instância que a acolhe. Trata-se da representação, que corresponde ao que a teoria das mensagens denominaria meio. A vontade expressiva, seja do tipo que for, produz representações que são as que chegam ao receptor. A representação seria assim uma construção no meio do caminho entre o emissor e o receptor, organizada segundo um código comum a ambos. Felizmente, é muito mais do que isso.

A representação nos coloca no mundo da imagem propriamente dita mas não o esgota, porque nem todas as imagens são representações. Não podemos pensar, portanto, que a representação é simplesmente um equipamento comunicativo. Aqui também nos é útil a metáfora da rede, já que a mesma configuração que atribuímos ao autor/emissor e ao espectador/receptor devemos considerar adequada para a representação, que não só está relacionada com esses dois polos como, uma vez criada, adquire autonomia.

Nem todas as ações humanas perseguem necessariamente a comunicação. Nem toda a comunicação se origina de um ato voluntário dirigido a produzi-la expressamente. O campo do visual está repleto de fenômenos oferecidos à visão e ao olhar sem a necessidade de ter sido gerados para essa contemplação concreta. Guy Debord se queixava, nos anos 1960, que uma sociedade baseada no espetáculo estava se formando, o que era verdade. Mas o fenômeno ultrapassava as inquietudes do filósofo francês: além de se produzir uma atrofia das manifestações socioculturais, que se transformavam em simples espetáculos superficiais, como ele temia, também brotava essa independência da imagem que mencionei – a imagem sem emissor nem receptor fixos, a imagem como espetáculo estrito mas por ele dotada de um poder próprio do qual o visual carecia antes. O menosprezo da cultura tradicional com relação à ameaça representada pela espetacularização da sociedade tinha como contrapartida o incremento do potencial epistemológico e cultural da própria imagem, como pudemos comprovar ao longo dos anos que se passaram desde que Debord lançou sua famosa afirmação.

Grande parte das imagens que nos rodeiam são autônomas, pois as recebemos descontextualizadas e, portanto, as interpretamos em um primeiro momento como construções independentes. Até nos meios mais direcionados, como a televisão, experimentamos esse fenômeno, por exemplo com o *zapping*. Antes que determinado programa consiga atrair nossa atenção de espectadores e, por conseguinte, nos introduzir na rede comunicativa supostamente simples (vimos que nunca o é, mas os programadores dos canais de televisão continuam pensando assim) para que nos transformemos em simples receptores, as imagens (e os sons, assim como o fragmento da trama narrativa) nos atraíram por sua autonomia. O mesmo acontece quando folheamos uma revista e vemos superficialmente as fotografias exibidas nela, sem conhecer o contexto de onde surgem, e muitas vezes nem o que representam com base em parâmetros informativos. Ou quando contemplamos uma antiga fotografia em um álbum que não pertence a nosso entorno familiar. O que se projeta sobre nós é sempre o puramente visual, o visual autônomo.

Barthes, em seu livro *A câmera clara*, estabelece o conceito de *punctum* para delimitar esse aspecto de uma fotografia, esse detalhe às vezes inadvertido, que atrai diretamente um determinado tipo de espectador. É um elemento que foi captado ao acaso porque é independente do fator comunicativo da fotografia, quer dizer, de suas pretensões gerais. Poderíamos considerar que essa autonomia da imagem a que me refiro, e que muitas vezes é uma autonomia provisória que se produz antes de ser captada por sua função comunicativa, é como um *punctum* que aparece na esfera do visual que nos rodeia. Algo que nos chama a atenção para além dos dispositivos que o fenômeno visual incorpora por vontade de seus criadores/emissores para nos chamar a atenção. Olhamos ao redor em uma rua e descobrimos uma relação de objetos (mobiliário urbano, árvores, pedestres, luzes, anúncios) que adquire um significado de imediato, ainda que apenas emotivo, que ninguém construiu para nós. Avançamos pelas salas de um museu, não aquelas onde estão as pinturas mais famosas, mas as menos concorridas onde há quadros desconhecidos, e de imediato uma imagem nos atrai. Não sabemos de quem é nem o que representa, mas nos aproximamos para contemplá-la. Estabelecemos assim uma comunicação particular, privada, com a imagem à margem do fenômeno comunicativo propriamente dito, de tal maneira que nos colocamos na posição adequada para compreender a imagem em sua visualidade pura, essa que alguns atualmente negam, mas deve ser considerada fator da construção visual.

Ron Burnett estabelece uma hipótese muito radical, mas também muito interessante, quanto à relação da imagem com o espectador. Considera que o processo de visualização, que se relaciona, segundo esse autor, com a criatividade humana, não é único nem está ancorado na imagem propriamente dita, mas deve ser criado pelo espectador de maneira que, por exemplo, uma foto qualquer possa, em dado momento, se transformar na imagem que melhor documenta os sentimentos desse espectador, apesar de não ter nada que ver com ele e tampouco ter sido feita com esse propósito (Burnett, 2004, p. 13).

Em relação à visualidade pura que se depreende dessa ampla fenomenologia que acabo de esboçar, especialmente a proposta de Burnett, tem antecedentes nos estudos visuais efetuados na Alemanha no final do século XIX, onde autores como Robert Vischer desenvolveram o conceito de empatia em relação à obra de arte. A empatia (*Einfuhlung*) era uma maneira de se projetar na obra e transformá-la, ao mesmo tempo que se transforma o próprio espectador.

Essa possível condição autônoma de uma imagem, que não faz senão acrescentar uma camada de complexidade a sua fenomenologia multifacetada, nos leva ao conceito de sintoma, ligado às visualizações. As imagens, além de ser expressões que se transformam, pela forma representativa ou formativa, em visões emocionais que despertam o olhar do espectador, têm – com base em um aspecto dessa função autônoma que destaquei – a capacidade de ser sintoma dos aspectos da cultura que as criou ou das pulsões de seu criador (seja este um indivíduo ou uma empresa), assim como da condição dos espectadores. As imagens são uma efervescência de sintomas que se expressam, entre outras coisas, por intermédio de sua estrutura visual, sendo preciso saber interrogá-la para extrair esse tipo de significado que a percorre sob a superfície.

Maneiras de ver

Hans Belting, em seu estudo sobre a antropologia das imagens, distingue o visível do visual para diferenciar aquilo que podemos ver porque os órgãos de visão nos permitem da forma histórica que essa visibilidade adquire. Com isso ele quer dizer que, se no princípio existe uma realidade absolutamente visível, logo essa capacidade global se amolda às características de cada cultura, abrindo caminho para o visual: "Nossa percepção está submetida à mudança cultural, enquanto nossos órgãos sensoriais não se modificaram desde tempos imemoriais", afirma Belting (Belting, 2004, p. 33). Seria uma distinção impecável, se não tivéssemos de considerar a existência dos meios que se interpõem entre visual e o visível, meios que possuem, segundo o próprio autor, uma estrutura psicotécnica determinada e um aspecto histórico dado.

É certo que nossa visão não foi modificada como dispositivo fisiológico e que, por isso, sempre nos ofereceu uma mesma gama de visibilidade (não podemos ver nada abaixo da radiação infravermelha nem acima da ultravioleta, por exemplo), mas precisamos ter em conta que a visão tem transformado à medida que inventamos dispositivos que não só a ampliam como também modificam seus fundamentos.

Quando falamos de meios, não nos referimos apenas a determinados instrumentos técnicos, mas também às teorias que os acompanham. Às vezes, essas teorias permanecem na escuridão devido à presença operacional dos instrumentos, dando assim a impressão de que não existem. Em outros casos, entretanto, é a teoria que ocupa o lugar mais visível, e dela emanam múltiplas técnicas encarregadas de ir plasmando seus parâmetros até que, no final, a teoria original também parece se desvanecer diante da importância das técnicas que a representam.

A pintura renascentista, organizada sob as regras da perspectiva, é um bom exemplo dessa última possibilidade: não só criou um novo tipo de imagens, mas também uma nova maneira de ver o mundo, diferente da que havia até então. Essa maneira de ver se prolongou até a atualidade, embora hoje, quando contemplamos uma fotografia ou um filme, tendamos a esquecer que estamos sob sua influência. Ao contrário, os telescópios e microscópios fazem parte da outra categoria que parece não ter um fundamento inicial, apesar de sua estrutura de funcionamento implicar uma determinada visão da natureza e do cosmo. São instrumentos que não só permitiam um aumento da capacidade de visão natural como também inauguravam um novo tipo de visão artificial, uma visão técnica.

Poderíamos considerar que esses aditamentos técnicos à visão fazem parte do visível, que são uma variante da intervenção da cultura no campo do visual, mas que quase nunca foram considerados assim, sequer por aqueles que estão dispostos a aceitar a divisão entre o visível e o visual proposta por Belting. Acho necessário distinguir, dessa forma, o que modifica culturalmente nossa visão ao longo da história, criando categorias do visível ou formas históricas de ver, daquilo que pretende ampliar tecnicamente o visual. No primeiro caso, o visível é uma categoria antropológica generalizada para uma cultura concreta, enquanto no segundo se coloca como uma visão especializada que pretende ampliar tecnicamente a extensão do visível para transformá-lo em visual por meio da técnica.

Encontramo-nos, portanto, diante de três formas distintas de ver e não de duas, como pensávamos, já que não se trata de distinguir apenas entre a visão cultural e a visão natural – com seu correlato naturalizador pelo qual a técnica não faria mais do que ir ampliando a categoria do visual –, mas é necessário acrescentar a essas duas a categoria do tecnicamente visível, que supõe uma inovação especialmente importante para o mundo contemporâneo, cuja forma primordial de ver está relacionada com a técnica:

Formas de ver		
Visual (visão natural)	Visível (visão cultural)	Visualizável (visão técnica)

Figura 6

Os meios[6] se dividem geralmente em artísticos ou expressivos e técnicos. Os primeiros se referem às maneiras pelas quais as imagens são construídas – pintura, desenho, escultura, fotografia, cinema, televisão etc. Os segundos, aos dispositivos que fazem funcionar essas maneiras – dos pincéis às câmeras, passando pela imprensa. À combinação de uma ou outra categoria, junto com as plataformas de exposição que geram – tela, filme, DVD etc. –, costuma-se denominar suporte. Mas existem dispositivos técnicos e estruturas tecnológicas inteiras que não pertencem a nenhuma dessas categorias diretamente e sustentam uma determinada visão fundamental: por exemplo a visão científica, que, por sua vez, influi na estrutura básica dos suportes expressivos e de seus diferentes níveis – e além disso gera um tipo especial de imagens.

De tudo isso se deduz que não existe uma categoria absoluta do visual ligada à capacidade natural do sentido da visão, e por isso nem é possível distinguir radicalmente entre o visual e o visível. O visível é um enigma que permanece como tela de fundo ideal sobre a qual transcorre uma série de fenômenos visuais sempre em mutação. Norman Bryson (1983, p. 10) já denunciou a opinião contrária que se expressou tradicionalmente no mundo da história da pintura com a ideia de que as transformações visuais das obras de arte se concentrariam nas mudanças anedóticas, superpostas sempre a um fundo essencial que permaneceria inalterável: "A história tem lugar neste relato, mas só como um espetáculo que muda superficialmente mas cujas alterações não afetam o substrato básico e imutável". Trata-se de uma concepção baseada na estrutura do espaço newtoniano, entendido como um recipiente de qualidades absolutas que acolhe as múltiplas variações do mundo físico.

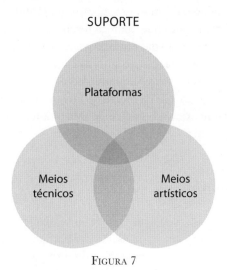

Figura 7

---

6. Mais adiante, em outro capítulo, aprofundaremos esse conceito, tão importante e ao mesmo tempo tão problemático.

Nós já não podemos nos abrigar nessa crença, pois sabemos que uma imagem não só expõe as mudanças estilísticas do visual como também as mudanças mais drásticas e profundas do visível. Em outras palavras, a diferença indiscutível entre, vamos supor, uma "Anunciação" de Piero della Francesca (1416-1492) e um videogame como "Gran Thef Auto" (2008), separados por mais de quinhentos anos, não reside na diferença óbvia de estilos representativos ou na não menos elementar transformação das formas de vida que se mostram, mas ambas as figurações expressam concepções radicalmente distintas do mundo, de sua estrutura e visibilidade.

Demos, portanto, a volta na concepção clássica e agora entendemos que as imagens expressam acima de tudo a existência de um fundo, de uma estrutura básica fundamentalmente mutante ao longo do tempo, à qual se agregam, formando um conjunto inextricável, as mudanças históricas expressas de maneira superficial por meio do estilo ou das técnicas artísticas ou representativas, assim como a exposição das variações usuais que a superfície do mundo histórico experimenta. Um interior de Balthus, vamos dizer, não pode compensar um interior de Hogarth porque os dois artistas encaravam a pintura de maneira distinta – e, além disso, os personagens representados se vestem de forma distinta, mostram comportamentos distintos em lugares que obviamente experimentaram variações ao longo de quase dois séculos. Mas além de Balthus (1908-2001) e de Hogarth (1697-1764) algumas concepções do espaço físico e dos espaços mentais fundamentalmente muito diferentes os separam. Ambos eram observadores atentos da vida cotidiana, e suas formas certamente tinham mudado entre o século XVIII e o século XX, mas o importante é que tinham maneiras diferentes de ver e que essas perspectivas se sobrepuseram às próprias mudanças históricas e modificaram sua visibilidade. Fizeram isso, porém, no sentido correspondente a essas mudanças históricas, de maneira que aparece resumido neles o estilo visual da época no conglomerado que a expressão das distintas transformações que os afetam se supõe: transformações da superfície e da relação entre as coisas, na forma técnica de expressá--las pictoricamente e no sistema do mundo, físico e psicológico, em que acontecem. Esse último nível não surge apenas da mente do artista, como uma concepção própria a que se chega racionalmente, mas pertence também à tecnologia que utiliza, a qual impõe sua maneira cultural particular de ver as coisas.

A imagem técnica

Podemos entender aqui como tecnologia uma aliança entre os meios e os dispositivos técnicos utilizados nestes, os quais não têm por que ser exclusivos desses. Assim, por exemplo, o cinema, que é um meio, utiliza dispositivos fotográficos e fonográficos, assim como técnicas provenientes de outros meios (música, literatura etc.).

Vivemos em uma época de imagens técnicas que se iniciou no começo do século XIX, com a invenção da fotografia, ainda que na verdade todas as imagens tenham sido confeccionadas por meio de uma técnica ou de outra: a antiguidade das técnicas de desenho ou de escultura se perde no horizonte primário de nossa história. De qualquer maneira, a intervenção da técnica nesse tipo de imagens que qualificamos expressamente como técnicas é muito mais substancial do que a que afeta imagens anteriores. Uma imagem técnica é aquela que foi produzida diretamente por um dispositivo tecnológico.

Essas imagens surgiram em conjunção com o nascimento de meios industriais, fundamentalmente distintos dos meios anteriores. O cinema, a televisão, o computador, a internet, os celulares, esses tipos de novos meios. Os meios clássicos, por sua vez, sofreram um processo de industrialização que modificou os modos de produção e consumo, mas não se pode dizer que isso tenha implicado uma mudança das técnicas fundamentais para produzi-los. Precisamos levar em conta, porém, os processos de hibridação e confluência que caracterizam a sociedade atual e realmente podem derivar em mudanças fundamentais nesses meios. Mas nesse caso já não estaremos falando de pintura, escultura e teatro, mas de algo distinto. Os meios industriais, ao contrário, implicam o uso de uma nova estrutura tecnológica e novas formas de produção e consumo que determinam a forma das imagens que geram.

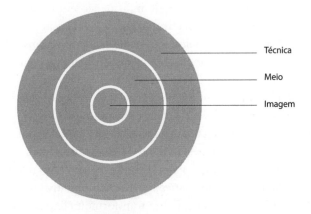

Figura 8

A atual arte eletrônica ou a web arte configuram imagens altamente relacionadas com a técnica. Essa relação difere, por sua vez, da que era estabelecida nas primeiras imagens técnicas, nas quais se tinha a impressão de que a técnica era um elemento transparente que permitia o contato entre a imagem e a realidade de maneira mais perfeita do que a intervenção direta do ser humano. Tratava-se de uma visão da técnica cuja condição ideológica se manifesta na atualidade com as citadas tendências, já que nelas o que a imagem mostra é exatamente a estética de uma capacidade tecnológica. Com isso, é a materialidade dessa tecnologia e a linguagem correspondente o que se situa em primeiro plano e permite a perfeita compreensão das relações entre a técnica e a realidade.

Um aspecto importante a considerar quanto à realidade tecnológica atual é o que Bernard Stiegler denomina "ecologia industrial do espírito". Outra vez devemos tomar cuidado com um novo mito da tecnologia que aparece quando se começou a resolver o anterior, relativo à transparência representativa. Como diz Stiegler (2008, p. 12), "o capitalismo tem necessidade de controlar os comportamentos e para isso desenvolve técnicas de captação do desejo". Não podemos separar facilmente a tecnologia moderna, sobretudo aquela ligada à representação, desse uso para a captação e gestão do desejo. Não é possível, portanto, considerar que a complexa realidade tecnológica que nos rodeia seja composta apenas por meios.

O conceito de meio é tudo menos inocente; implica, ao contrário, uma ideia, muito assentada em nossa cultura, de que nada deve se interpor, e nada se interpõe, entre nós e a realidade. Que tudo que inventamos para nos comunicar com ela constitui simplesmente uma ajuda para chegar mais facilmente a suas distintas facetas, mas que uma vez cumprida a função podemos retirar o instrumento e teremos obtido uma visão tão limpa da realidade como se a tivéssemos obtido com nossos olhos (supondo que pudesse ser pura nesse caso). É a moderna teoria da comunicação que, aplicando a metáfora do jornalismo do século XIX, propõe o conceito de meio para qualquer sistema de transporte de informação entre um emissor e um receptor. O meio é, segundo essa perspectiva, um simples mensageiro. E como nos indica uma frase muito popular nos meios, não se deve culpar o mensageiro.

Entretanto, já na modernidade, os mensageiros começaram a controlar as notícias e assim deixaram de ser simples meios entre um extremo e outro da cadeia comunicativa para se transformar em gestores dela e de seus conteúdos. À medida que a indústria da informação (e outras indústrias afins, como a da representação) vai se tornando cada vez mais complexa e novas formas de tecnologia são criadas, com suas linguagens correspondentes, para servir às suas finalidades, denominá-la meio deixa de ter sentido. A menos que entendamos o termo como relativo a um meio ambiente, a uma ecologia tecnoinformativa, tecno-representativa ou tecnopersuasiva. Segundo Stiegler (2008, p. 35), "o capital se transformou efetivamente em uma estética completa. Pelas marcas, pela modelagem das formas de vida. O capitalismo é o que fabrica os modos de vida dos indivíduos". Isso quer dizer, entre muitas outras coisas, que as imagens técnicas que surgem desse âmbito estão impregnadas de determinada intencionalidade. Não pode haver, portanto, imagens neutras, muito menos se essas imagens surgem de um âmbito tecnológico que cumpre funções determinadas.

É necessário, por conseguinte, analisar as imagens não só em relação à realidade que pretendem representar diretamente como também em relação a essa outra realidade que efetivamente representam por surgirem de uma determinada ecologia estética tecnoindustrial. Uma camada se superpõe à outra em toda imagem, de maneira que não é possível prescindir desse filtro ao fazer valorações sobre determinada visualidade – inclusive quando esta se apresenta em uma posição pretensamente neutra.

Isso não quer dizer que as imagens sejam invalidadas pelo fato de não ser puras. São os rescaldos do mito da imagem realista por excelência, do mito dos meios transparentes, o que nos faz suspeitar das imagens que não cumprem esses requisitos, o que nos leva a rechaçar as imagens contaminadas. Jamais existiram imagens puras; o que acontece é que agora os sistemas que se imiscuem nelas são mais complexos, só que isso não as faz menos genuínas, e sim mais interessantes. Não se pode dizer que todas as imagens mintam pelo fato de que o que representam seja o resultado de interesses determinados e de uma tecnologia destinada a executá-los. Só mentem as imagens destinadas diretamente a mentir, mas isso muitas fizeram ao longo da história, sem necessidade de tecnologias complexas.

Não estamos, pois, diante de um problema de veracidade, mas de complexidade. As representações visuais de hoje devem ser tratadas sob o critério de que são de grande complexidade e, portanto, seu discurso visual é expansivo: não está focalizado em uma forma ou uma temática, mas se abre em diversas constelações de significado. Não se deve desconfiar, portanto, da representação visual, mas da incapacidade de compreender sua complicada execução. Até quando a imagem mente de maneira ostensiva é necessário saber detectar a parcela de verdade que ela contém.

2. Percepções

Ecologia da percepção visual

Steven Pinker afirma, em seu livro *Como a mente funciona* (2007), que a visão de um robô não é nada parecida com a do ser humano. Se pudéssemos ver o mundo pelos olhos de um robô não contemplaríamos uma espécie de filme ao qual a informação seria sobreposta (tipo de visualização que a realidade aumentada propõe), mas estaríamos diante de uma série de colunas de números diversos. A abordagem não deixa de ser desconcertante já que sempre acreditamos que a câmera – cinematográfica, fotográfica, de vídeo – era uma extensão do olho humano e, portanto, era capaz de *ver*. Teria, consequentemente, qualidades que funcionariam em ambos os sentidos: poderia nos oferecer visões como as que nossos olhos fornecem e, ao mesmo tempo, conferir a uma máquina, um robô, uma capacidade de visão igual à nossa. No entanto, as câmeras não veem, se limitam apenas a converter a informação visual em um formato que é visível para nós. O robô não tem necessidade desse passo adicional, basta-lhe a informação primária, as colunas de números, para agir em conformidade. Ainda assim, a proposta de Pinker – que em seu livro explica que o robô veria uma página cheia de colunas com números – é enganosa, uma vez que o robô sequer veria essa página, e sim a informação diretamente processada pelo computador central. Em suma, um robô não pode ver.

Os filósofos racionalistas como Locke tinham uma concepção da mente semelhante à que sugere que um robô, uma máquina, vê como nós. Para eles, durante o processo da visão humana se formava uma imagem no interior da mente que era a réplica exata do que viam os olhos. Sem dúvida, essa concepção foi influenciada pela *câmara escura*, em cujo interior se forma uma imagem de maneira semelhante àquela que esses pensadores consideravam que se formava na mente humana. Mas esse conceito está longe da realidade, pois, para que nosso sistema perceptivo pudesse funcionar como eles queriam, a mente deveria possuir um olho interior com o qual visse a imagem projetada nesse lugar. Da mesma forma, nosso robô deveria ter, como diz Pinker, algum homúnculo em seu interior para ver o que as câmeras que fazem as vezes de olhos lhe mostram e até, devo acrescentar, para ver os dados nos quais a imagem se transformou se a visão fosse o modo de processá-los, o que não é. É, portanto, indubitável que ver implica algo mais do que a captação de luz pelos órgãos da visão ou por algum instrumento técnico, já que, caso se limitasse a isso, o robô também veria.

Também não podemos concordar com os cognitivistas quando afirmam que a visão é formada por uma dupla operação: o ato de captar a realidade por meio dos olhos e o processamento dessa informação na mente. Se fosse apenas isso, nós ainda estaríamos no estágio do robô, uma vez que teríamos reduzido a visão da imagem à assimilação de sua equivalência, numérica ou de outro tipo. Ou seja, em vez de confundir o robô com um ser humano, teríamos confundido o ser humano com um robô.

Há outra forma de compreender o fenômeno da visão e da assimilação correspondente ao visto, que não implica nem a necessidade de um olho da mente capaz de ver as imagens projetadas nele nem um centro de processamento limitado a interpretar a informação abstrata. Ver implica a consciência de estar vendo – capacidade que nenhum robô possui, tendo de se limitar, portanto, a processar informações como qualquer dispositivo tecnológico, por mais complexo que seja. Sem consciência da visão não há visão propriamente dita, o que não quer dizer que tenhamos substituído o olho da mente por um elemento mais ambíguo denominado consciência, mas que cumpriria as mesmas funções visuais. Não é assim porque o fenômeno não consiste em ver uma imagem captada pelos órgãos da visão e transportá-la, transformada em informação, para outra área do corpo, mas reside no fato de que o fenômeno visual é criado no momento em que há uma consciência em ação que forma as imagens. A imagem visível seria, assim, uma função mental a mais, comparável às emoções ou às ideias. Comparáveis mas não iguais, porque uma imagem não é nem uma emoção nem uma ideia, embora possa estar conectada a elas. Ver, consequentemente, é pensar a realidade, em um grau ou outro de intensidade.

O que acontece então com os animais? Não veem, já que não são capazes de pensar ou de se emocionar? A pergunta não deixa de ser capciosa, porque cada vez mais biólogos estão convencidos de que os animais têm certa capacidade de pensamento e de emoção, cujo grau obviamente varia de acordo com a complexidade evolutiva da espécie. Isso nos permitiria supor que alguns animais são capazes de ver de forma parecida à nossa, o que provavelmente é certo. No entanto, há algo nessa visão animal que a distingue da nossa e isso está ligado à capacidade da consciência. Os animais não têm a nossa capacidade e, portanto, sua formação e gestão da visualidade são menores. Eles não têm, por exemplo, a capacidade de *observar*, que é uma forma consciente de ver, isto é, uma consciência da consciência, esta sim exclusivamente humana.

A visão do limite

Durante milênios, os filósofos estiveram em posição semelhante à de um jogador que jogasse em um espaço vazio e escuro e contemplasse como todas as bolas que lança se perdem na sombria imensidão. Finalmente, no final do século XIX (estou generalizando muito), as bolas começaram a voltar: tinham chegado ao fundo desse espaço desconhecido e, ao bater contra o limite, voltavam para o lançador. Creio que Nietzsche foi o primeiro a experimentar esse frontão que demarcava o limite de nosso pensamento. A partir do filósofo alemão, o pensamento do século XX só pôde avançar tendo em conta esse movimento duplo de uma bola que vai e vem: quanto maior a força com que é lançada, maior a velocidade de regresso. Essa experiência é o que dá lugar a uma dobra necessária da atividade reflexiva que volta sobre si mesma. Daí a consciência da consciência de que se falava há pouco. Daí, também, outras experiências essenciais no pensamento dos últimos cem anos, desde a teoria dos sistemas, tal como expressada por Niklas Luhmann, sobre a fenomenologia do observador, até os escritos de desconstrução de Derrida. Mas isso não deve ser visto como uma anomalia, pois agora o jogador está jogando o jogo como realmente deve ser jogado.

Se aplicarmos essa parábola à visão, nos daremos conta de que a visão humana expressa intrinsecamente essa experiência do limite no momento em que desenvolve a capacidade de olhar. Olhar é, portanto, ver o limite da nossa visão, significa ver a imagem inclusive na própria realidade: ver a realidade como imagem. É importante manter essa noção para compreender a distância que nos separa da camada fisiológica, de um lado, e da própria visão animal, de outro. Não é que a visão dos animais seja pura fisiologia, mas eles não constroem imagens, e não o fazem porque são incapazes de olhar: não veem o limite do real na imagem, mas a realidade é para eles um vazio sem fim.

Como se pode ver algo em um vazio como esse? A resposta pode ser encontrada nas ideias de pesquisadores como Gregory Bateson e Jakob Von Uexküll, que falam de uma ecologia da percepção. Vou me concentrar nas propostas de Uexküll, já que as abordagens de Bateson têm caráter mais amplo e abrangem principalmente as formas de pensamento.

Para o autor (1965, p. 25), os corpos, dos mais simples aos mais complexos, constroem seu campo de percepção, seu mundo, de acordo com sua capacidade de interagir com o entorno:

> Cada meio constitui uma unidade fechada em si mesma, na qual cada parte vem determinada pelo significado que recebe do sujeito desse meio. De acordo com seu significado para o animal, a cena em que desenvolve seu papel vital inclui um espaço mais ou menos grande no qual os lugares são completamente dependentes, em número ou tamanho, do poder discriminador dos órgãos sensoriais desse animal. O espaço visual de uma menina é o nosso, o de uma vaca abarca um campo, enquanto seu raio não tem mais do que trinta centímetros no ambiente de uma formiga e poucos centímetros no de uma cigarra. Em cada espaço, a atribuição dos lugares é diferente. O fino mosaico que a formiga tateia ao caminhar sobre o caule de uma flor não existe para a mão da jovem e menos ainda para o focinho da vaca.

Os animais podem *ver* no vazio do real por meio da construção de um espaço próprio que preenche esse vazio. Essa ação constitui um princípio de olhar, mas sem imagem, já que nesse "olhar", nesse comunicar-se com o espaço circundante, não existe consciência do limite. O princípio da construção do olhar humano que desemboca na noção de imagem se fundamenta no mesmo princípio que Uexküll estabelece para a percepção animal, mas é nossa capacidade de conceber o limite do real o que nos permite contemplar nosso mundo como imagem a ser explorada visualmente além da estrita relação funcional com os elementos do entorno. Se vemos, inicialmente, o mundo como cheio, enquanto o animal depara com um mundo vazio, é porque para nós cada objeto do nosso meio é como o frontão do jogador sobre o qual falei antes: nosso olhar rebate no objeto e volta para nós, enquanto a visão do animal o atravessa e se perde.

Todos os objetos que povoam o ambiente são potencialmente acessíveis ao nosso olhar, enquanto o animal apenas percebe aqueles que se relacionam com sua cota de possíveis ações. Os limites do nosso ambiente não são dados apenas por nossa capacidade de atuar sobre os objetos que o compõem (embora a morfologia do corpo humano determine um marco fundamental nesse sentido); através de nossa visão consciente, ou seja, o olhar, somos capazes de transcender esse primeiro limite. Mas esse poder emana da nossa capacidade de ver, de ser conscientes visualmente desse horizonte e, portanto, de transformar nossa visão passiva na visão ativa do olhar. É por isso que nosso olhar é essencialmente complexo e capaz de fundamentar uma reflexão complexa sobre o mundo. Não é em vão, portanto, que a descoberta do poder desse olhar, a partir sobretudo das vanguardas artísticas nascidas no final do século XIX, coincida com a consciência dos limites do pensamento sobre o real inaugurada por Nietzsche e continue com pensadores como Wittgenstein e Derrida, entre muitos outros.

Podemos dizer, portanto, que enquanto o sujeito animal atua por uma seleção dos objetos do entorno impulsionada pelos estímulos dos elementos pertinentes a ele, o ser humano tem a capacidade de escolher, em princípio, com o que quer interagir em seu entorno. Um responde aos estímulos do entorno, o outro estimula ele próprio o entorno; um vai preenchendo o vazio primordial com as interações a que se vê ligado, o outro vai *esvaziando* o universo, primordialmente cheio, para ir modelando-o segundo suas necessidades. Uma imagem, dessa perspectiva, é a visualização de um processo de modelagem, isto é, a visualização de um olhar.

Vamos ver agora como, segundo Uexküll, a construção do mundo é produzida pelos organismos animais. Para o biólogo, todos os animais são sujeitos capazes de agir em seu ambiente, embora esse grau de ação varie de acordo com a complexidade do organismo. Portanto, somente alguns deles são capazes de construir um território, um mundo próprio, o meio, a partir dessa ação. Quanto mais complexo o organismo, mais complexo o meio em que habita.

Não devemos confundir esse conceito de "sujeito" com o sujeito humano, uma vez que a noção proposta por Uexküll é limitada – implica simplesmente que certos animais são capazes de dotar-se de um território e que esse território é uma criação completamente subjetiva, ou seja, própria, o que não significa que o processo seja consciente, como deveria ser se o sujeito fosse um ser humano.

Embora o conceito de *meio ambiente* tenha se popularizado em nossa cultura e seja utilizado para denominar nosso entorno natural, Uexküll faz uma distinção entre o *ambiente* e o *meio*. O ambiente é o entorno objetivo do sujeito, composto por um conjunto determinado de objetos que, em relação ao mundo animal, são produtos da natureza – eu o chamo de entorno para evitar confusão. O meio constitui, ao contrário, o mundo próprio do organismo que se forma a partir das relações estabelecidas entre os objetos do entorno escolhidos pelo sujeito para com eles interagir. Essa rede de relações tem caráter ecológico porque constitui um conjunto interdependente. Nem os conceitos, também populares, de *habitat* ou ecossistema se ajustam às propostas do biólogo, já que tal como costumamos entendê-los implicam uma concepção estática e superficial do entorno, por mais que nos pareçam substitutos adequados para o conceito tradicional da natureza, ainda mais vago.

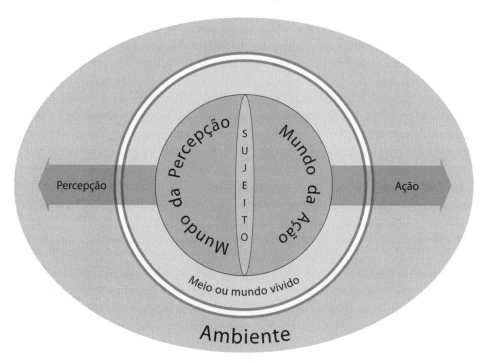

FIGURA 9

A visão de Uexküll transcende, portanto, as noções de ecologia e meio ambiente popularizadas ao lhes outorgar maior intensidade. Não se trata somente de cenários naturais, repletos de objetos autônomos, nos quais nós, seres humanos, agimos positiva ou negativamente, mas de mundos, ou nichos, associados à existência de determinados organismos e constituídos de acordo com uma relação íntima com esses organismos. A partir da observação do entorno, não podemos ter uma ideia do território subjetivo do organismo como aconteceria se este se encontrasse nesse *habitat* como um objeto a mais e, portanto, o ecossistema fosse uma simples soma de todos os objetos naturais que o compõem. É mais ou menos assim que vemos quando pensamos em um ecossistema: um conjunto de elementos em interação, mas que pode ser entendido como se estivéssemos contemplando um mapa. Porém é muito mais do que isso. James Gibson (1979, p. 129) diz que "na ecologia, um nicho é um conjunto de características ambientais adequadas a um animal, no qual ele se ajusta metaforicamente". Esse ajuste metafórico que rege a existência do nicho determinado, segundo Gibson, impede que suas qualidades sejam determinadas por uma simples observação do entorno e do organismo correspondente.

Como esse ajuste metafórico age com o entorno mencionado por Gibson, dando lugar ao universo próprio? O universo próprio de um organismo (*Umwelt*) é composto, segundo Uexküll, por vários mundos. O que o sujeito percebe torna-se seu mundo da percepção, enquanto o que faz é seu mundo da ação. O conjunto formado por esses dois mundos é o mundo vivido do animal, ou seja, o meio ou universo próprio (Figura 9). Daqui se deduz que o organismo transforma metaforicamente os elementos do entorno para acomodá-los a esses mundos, ou, dito de outra maneira, interpreta o entorno por meio das necessidades do mundo da percepção e do mundo da ação.

Pode parecer estranho usar um conceito retórico como o da metáfora para explicar as ações que consideramos praticamente naturais. Devemos entender que o conceito de metáfora refere-se aqui a um mecanismo pelo qual um ato ou um objeto são interpretados por meio de outro ato ou outro objeto. Isso nos ajuda a entender a maneira complexa pela qual a realidade se forma, mesmo para organismos menos sofisticados do que o nosso. Segundo Uexküll, porém, na formação de nosso meio as imagens intervêm concretamente, enquanto no caso dos animais elas não podem ser separadas claramente da funcionalidade das interações com os objetos. As metáforas que regem essas interações são, portanto, metáforas sem imaginação, mais ligadas às ações do que às percepções. Em nosso meio humano, são produzidas imagens ativas, que correspondem às ações que executamos ao agir com os objetos do meio e se misturam profundamente com as imagens perceptivas que os órgãos sensoriais oferecem. Se no meio animal até mesmo as imagens perceptivas perdem grande parte de sua qualidade figurativa por depender essencialmente das ações, no nosso caso até mesmo estas dão lugar a imagens – imagens que Uexküll qualifica de ativas.

Essas abordagens sobre a ecologia humana relacionadas com a visão podem nos ajudar a compreender mais adiante o fenômeno contemporâneo da interatividade, que é regido por parâmetros muito semelhantes, exceto que, em vez de serem baseados no ambiente natural, o fazem no entorno tecnológico. A interação, e especificamente as imagens-interface, também atua por meio de intercâmbios metafóricos entre ações e percepção, entre imagens ativas e imagens perceptivas.

Para finalizar esse ponto, quero esclarecer algo que tem relação com o que foi dito no capítulo anterior sobre a semiose, ou seja, a questão de que, se quando vemos, aplicamos à realidade um conjunto de estruturas de significado que configuram nossa percepção. Sem dúvida as abordagens ecológicas estabelecidas até agora corroboram essa possibilidade. Mas poderia parecer que existe certa contradição com o fato de que as teorias de Uexküll e Gibson falam da construção de mundos próprios a partir da interação com o entorno e, ao contrário, a abordagem semiótica de Deleuze, Renaud e Eco (e, com eles, Foucault) implica uma relação com o entorno orientada por uma determinada organização mental de tipo simbólico. A contradição, por sua vez, poderia resultar mais flagrante ainda quando esses autores se referem concretamente ao que a sociedade permite ver ou não, e isso não parece casar muito bem com minha ideia de que tudo que existe está disponível à visão humana por sua opacidade que contrasta com a transparência da visão do animal. Vamos tentar elaborar essas supostas contradições para compreender melhor todas as posições em jogo.

Devemos começar delimitando o uso de abordagens ecológicas que podemos fazer nos estudos visuais e advertir que, se de um lado nos servem para compreender o funcionamento básico da percepção humana, esta se desenvolve em um meio muito mais complexo do que o do animal. Do ponto de vista da ciência da etologia, que, no campo da biologia, estuda o comportamento animal, podemos propor hipóteses gerais que abranjam os mundos animal e humano em conjunto a fim de conhecer os mecanismos gerais por meio dos quais os organismos se relacionam com o entorno. É o que fizemos neste capítulo. Mas, no momento em que queremos entender os mecanismos perceptivos do ser humano concretamente, devemos elaborar mais profundamente os conceitos que a etologia nos fornece.

Não se trata somente de o ser humano viver em sociedade e de esta constituir um meio construído com base em um processo se seleção do entorno e que, portanto, as funções básicas de interação direta com a realidade de todo ser humano se vejam condicionadas por esse meio em geral (como acontece também com os animais que se organizam em grupos). Por isso, não deveria nos surpreender que, apesar do potencial do ser humano de relacionar-se visualmente com todo o entorno, a sociedade impõe sobre ele seus filtros particulares. Em contrapartida, o cérebro humano, desde o momento em que pode se considerar humano, se desenvolve interior e exteriormente. Nesse último caso, forma o que Roger Bartra denomina exocérebro, composto pela relação do homem com suas ferramentas: a técnica amplia as faculdades mentais, fazendo que se projetem sobre o mundo por meio de ações mediadas por instrumentos. É fácil ver até que ponto essa variante complica as observações feitas pelos biólogos e os etólogos, mas também até que ponto ela se relaciona com essas observações.

As ações humanas são potencializadas por ferramentas cada vez mais complexas que, portanto, desenvolvem conexões cada vez mais íntimas e profundas com a percepção, de maneira que o meio se amplia não só horizontalmente, em sua superfície, mas também verticalmente, em profundidade. Assim como as interações do animal com o meio são quase sempre diretas, ou seja, relacionam sua morfologia com os elementos do entorno, no caso do homem são quase sempre indiretas, isto é, por meio de um utensílio ou técnica (quero dizer que pode ser também um gesto aprendido pela mão nua). Isso faz que a resposta do meio também possa ser indireta, ainda mais metafórica do que a relacionada com a interação animal, uma vez que nesse caso a metáfora não implica somente um intercâmbio de funções, mas também uma transformação do ambiente por intermédio de determinada ferramenta que carrega um conhecimento acumulado. É por esse processo complexo de ações e gestos que a própria percepção vai se afinando e pode converter-se em olhar, em capacidade de interrogar os objetos do meio ambiente.

Proxemia

Cada organismo, como acabamos de ver, tece seu mundo vivido em um mesmo espaço físico que compartilha com outros mundos. Mas, além de analisar a maneira como todo mundo vivido se instala nesse espaço comum, é igualmente necessário saber como se relaciona com os outros mundos que também o habitam. Dessa maneira, deparamos com a própria estrutura da realidade, composta pelas diferentes áreas de influência dos organismos que se apropriaram do espaço físico.

Quando chegamos ao ponto de ter de falar da realidade, encontramos sempre o mesmo problema, e é um problema visual, de ponto de vista: como relacionar o espaço objetivo que vemos com nossos olhos com o espaço de caráter subjetivo por meio do qual esse espaço objetivo adquire significado? As ciências tradicionais resolveram o dilema valorizando a observação objetiva acima de todas as demais, mas à medida que essas ciências evoluem para a complexidade, com a ajuda de outros campos da ciência mais recentes – como a antropologia ou as próprias abordagens etológicas sobre as quais falamos –, torna-se evidente a importância da vertente *subjetiva* como assentamento de uma vivência que transforma as coisas, que lhes confere a verdadeira dimensão real de seu funcionamento.

Por intermédio da visão contemplamos o estado ideal das coisas, tendemos a compreendê-las isoladas de todo funcionamento e, portanto, de toda temporalidade que as modifique. Tendemos, além disso, a projetar sobre elas sua condição essencial, a ideia geral que temos de cada uma delas. É por isso que, embora pareça paradoxal, a abordagem idealista não é o subjetivo, já que este surge de uma observação próxima à fenomenologia das coisas por uma combinação do que vemos com o que sabemos sobre o que vemos. Mas essa abordagem não resulta em uma imagem clara e precisa, objetiva, das coisas envolvidas em sua fenomenologia particular, e por isso às vezes se pretende que esse tipo de compreensão seja menos confiável do que o que coincide plenamente com a visão e também pode se tornar uma imagem superficialmente coincidente com ela.

Que a abordagem fenomenológica não é idealista também podemos comprovar com o que acabamos de dizer sobre a relação do espaço físico com os nichos ecológicos em que está dividido. Essa divisão não pode ser vista de fora, objetivamente, já que o espaço não se modifica por um processo de divisão que parte das características físicas desse espaço, mas é uma função da maneira como o espaço é percebido, utilizado e habitado: desses processos surge uma divisão que é *invisível*, mas nem por isso menos real. Diante desse problema, a representação visual deve dar um giro de 180 graus. Já não é a visão que nos ajuda a entender a realidade, mas para isso devemos recorrer à *visualização*, isto é, colocar o fenômeno em imagens por intermédio de diversos recursos visuais. Em casos como esse, não é a visão, portanto, que nos ajuda a compreender, mas a imagem. Isso deve servir para nos lembrar, mais uma vez, que visão e imagem não são exatamente o mesmo.

Esclareçamos um pouco mais essa questão. Para isso consideremos a possibilidade de que os fenômenos tenham forma, uma forma que corresponderia ao conjunto de manifestações visíveis do fenômeno em particular. A forma de um fenômeno seria equivalente, portanto, à estrutura dos atos que o compõem. Mas, como vimos, os atos não podem se separar das percepções, visuais ou de outro tipo, já que seu funcionamento depende do campo em que se apliquem, o qual é delimitado por uma dialética entre atos e percepções. Por conseguinte, seria necessário adicionar à forma dos fenômenos essa variável perceptiva que é visível apenas parcialmente através dos atos, mas tendo em conta que sua presença faz que estes percam um pouco de sua própria visibilidade, ao serem modificados pelas percepções. Portanto, chegamos a que os fenômenos têm uma forma que é em parte visível e em parte invisível.

O pintor Cézanne tinha muita consciência disso e dedicou toda a sua obra a tentar elaborar imagens que fossem capazes de dar conta dos fenômenos em sua dupla vertente visível e invisível, objetiva e subjetiva, sem prejuízo de nenhuma das duas perspectivas. Seu trabalho é especialmente importante, do nosso ponto de vista, porque foi realizado com imagens, confiando portanto à visualização toda a carga que uma experiência fenomênica comporta. Durante anos, Cézanne se dedicou a pintar o monte Sainte Victoire, situado no sul da França, de diferentes pontos de vista e em diferentes horas do dia. O que tentava captar a todo momento era a formação do fenômeno na combinação de seus diferentes elementos, tanto os objetivos – nos quais estava incluída, naturalmente, a mudança de luz –, como as impressões subjetivas causadas por esses elementos no pintor, como sujeito que as observava e as compreendia. Cada quadro de Cézanne supõe, portanto, a forma de um fenômeno no momento de seu aparecimento através do olhar do pintor. O conjunto de seus quadros pode ser considerado equivalente, por sua vez, ao mapa da forma fenomênica total – mapa necessariamente incompleto, já que a realidade é capaz de oferecer uma infinidade de instâncias fenomênicas. No entanto, conclusões interessantes podem ser tiradas da contemplação desse conjunto, sobre as características do fenômeno. Em contrapartida, cada um dos diferentes quadros que compõem esse mapa equivale à imagem do processo de apropriação de um espaço determinado: no caso de Cézanne, o monte Saint Victoire. Cada um deles supõe a analogia visual do processo de construção de um espaço particular que relacionava o pintor à paisagem que rodeia a montanha.

A vontade de encontrar essa confluência entre o espaço objetivo e o espaço subjetivo nos leva ao aspecto seguinte da reconfiguração do espaço físico pelos organismos, mas aqui devemos deixar para trás os animais e abordar apenas o que concerne ao ser humano, o único capaz de considerar esse problema de maneira tão profunda como faz Cézanne. Os atos pictóricos deste pintor pertencem ao âmbito da cultura, mas para alcançá-lo é preciso transitar previamente por outros níveis. Eu dizia anteriormente que era necessário considerar a maneira como o espaço físico é compartilhado. Num primeiro momento, vemos que esse é o trabalho da etologia, ou seja, da biologia. O próximo passo consistirá em deixar para trás a biologia e passar ao campo da antropologia.

Muito bem, mas podemos chegar à antropologia tão facilmente saindo da biologia? Quando abandonamos o nível biológico no qual estávamos instalados ao apresentar as teorias de Uexküll, não vamos cair diretamente no social, como poderíamos supor ao anunciar a necessidade de nos posicionar na perspectiva antropológica. Antes desse último passo, é necessário superar um espaço intermediário. Trata-se da área da cultura.

Talvez neste momento, a partir do que acabo de dizer, surja uma série de perguntas interessantes: se do biológico passamos para o cultural, isso implica que a sociedade é um produto da cultura? Não pensamos sempre que a cultura era um produto social? Se para alcançar o nível do social devemos primeiro passar pelo nível cultural, isso significa que as pinturas de Cézanne, que tínhamos qualificado de atos complexos, são susceptíveis de ser superadas por um ato ainda mais complexo que pertenceria ao âmbito do social? Não seria isso uma contradição? O que haveria no social que permitiria adquirir uma consciência superior das relações com o espaço senão as que Cézanne investiga em seus quadros?

Os quadros de Cézanne ainda pertencem à cultura; é com base nela que se obtém o nível de consciência necessário para abordar o exercício que essas pinturas supõem. Mas estamos falando de dois aspectos diferentes do que chamamos cultura. Cada sociedade cria sua própria cultura, é certo, mas também determinadas estruturas sociais provêm de um estrato cultural mais amplo que as gera. Existem, portanto, dois tipos de cultura: uma infraestrutural e outra superestrutural – uma constitui a plataforma elementar que rege a forma como se desenvolve a estrutura de determinada sociedade; a outra é produto final dessa organização social.

O sociólogo Raymond Williams (1983), por exemplo, depois de confessar que a palavra cultura lhe parece uma das mais complicadas do idioma inglês (suponho que isso também seja verdade em outros idiomas), entende que há duas maneiras de considerar a cultura: "As culturas específicas e variáveis de diferentes nações e períodos, e as culturas específicas e variáveis dos grupos sociais e econômicos que existem em uma nação". Creio que ambos os aspectos da cultura pertencem a esferas fenomenológicas distintas, conectadas entre si pela estrutura social. As culturas das diferentes nações e períodos engendram o tecido social, que por sua vez gera produtos culturais partindo dos grupos sociais e econômicos que formam este tecido. Uma coisa é, por exemplo, a estrutura de parentesco de determinada sociedade; outra, a obra de arte que expressa essa estrutura. A questão pode ser facilmente dirimida recorrendo-se a dois conhecidos teóricos da cultura. De um lado, o antopólogo Stuart Hall (1997), para quem cultura é "o que de melhor tem sido pensado e dito em uma sociedade [...] a soma das grandes ideias". De outro, de Raymond Williams, que considera a cultura como um modo de vida.

O antropólogo Edward T. Hall concebeu o termo "proxemia" para delimitar o problema dessa dupla concepção e das possíveis interações decorrentes dela. Segundo esse autor (1971, p. 13), a proxemia é "o conjunto de observações e teorias concernentes ao uso que o homem faz do espaço como produto cultural específico". Esse uso do espaço é mais básico do que um quadro de Cézanne, ao qual forçosamente antecede.

Vamos tentar estabelecer a genealogia da construção do espaço cultural que, a partir dos nichos ecológicos, culmina nos espaços sociais. Segundo Hall (1971, p. 129), os cientistas partem de uma base fisiológica universal à qual a cultura confere estrutura e significado:

> Há que se referir inevitavelmente a este fundamento sensorial pré-cultural quando os modelos proxêmicos de duas culturas diferentes são comparados. Portanto, já consideramos duas manifestações proxêmicas. A primeira, infra-estrutural, que diz respeito ao comportamento e está enraizada no passado biológico do homem. A segunda, pré-cultural, é fisiológica e pertence em grande medida ao presente. Um terceiro nível, microcultural, é aquele em que a maior parte das observações proxêmicas se situa.

Na Figura 10 combino as propostas de Uexküll e Hall sobre os diferentes níveis de relação com o espaço, introduzindo minha hipótese sobre as relações entre cultura e sociedade. Estas duas últimas não são áreas de percepção e atuação como as anteriores, mas de criação: as instituições sociais, as representações ou imagens são elementos que revelam o tipo de relação com o espaço que os demais estratos se encarregam de construir camada por camada.

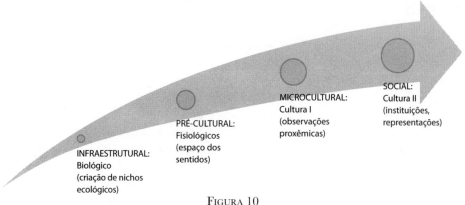

Figura 10

Do ponto de vista da imagem, podemos dizer que os dois primeiros níveis não produzem fenômenos visíveis: temos de visualizá-los, isto é, construir sua equivalência visual. O processo equivale a simbolizar os fenômenos para melhor compreendê-los. O terceiro nível, o microcultural, que corresponde à primeira fase da cultura, é o que gera fenômenos visíveis, por exemplo, no comportamento dos indivíduos de determinada esfera cultural. Os antropólogos, Hall entre eles, se encarregaram de estudar as diferentes maneiras como cada cultura entende as relações espaciais e temporais e como essas relações se expressam sob as formas estruturais dessa sociedade ou em atividades culturais.

Mas até no reino animal podemos ver manifestações desse nível microcultural. Por exemplo, sempre chamou a atenção a maneira como os pássaros costumam pousar sobre os fios elétricos, respeitando uma distância estrita entre eles. Trata-se, evidentemente, da manifestação de um espaço próprio que não se pode dizer que provenha de uma ação consciente dos pássaros. James Elkins, em sua introdução aos estudos visuais (2003, p. 65), apresenta a fotografia de alguns pássaros nessa disposição, o que ele considera um mistério, o qual "se tornou mais profundo no momento em que me dei conta de que os observadores de pássaros fazem o mesmo, distribuem-se ao longo de uma passarela deixando mais ou menos um metro de distância entre si". Tampouco os observadores atuam em plena consciência ao agir dessa maneira; é um costume tão adquirido que não é necessário pensar a respeito. Trata-se de dois aspectos de um mesmo nível que Hall denomina microcultural e comporta esse tipo de condutas inconscientes, estabelecidas por regras culturais profundas. A fotografia do fenômeno dos pássaros que Elkin introduz no livro pertence, no entanto, ao outro nível cultural, já que, ao mesmo tempo que nos mostra a visualização do primeiro fenômeno correspondente ao microcultural – vemos uma série de fileiras pássaros distribuídos regularmente por uma série de fios elétricos –, supõe um ato consciente de reprodução do acontecimento com o uso de uma elaborada tecnologia gerada em nível cultural superior.

Gestalt

O termo alemão *Gestalt* significa "forma" e é em torno desse conceito que se criaram, em princípios do século XX, dois grandes paradigmas ideológicos: a filosofia da forma e a psicologia da forma. Interessa-nos separar essa segunda proposta porque nos permite dar um passo a mais no conceito de percepção que estamos examinando.

Afirmei anteriormente que deixaríamos de lado o plano básico da fisiologia do sentido da visão porque pensei que seria inútil entrarmos em um campo que não agrega nada ao estudo da percepção visual relacionada à imagem: a fenomenologia da imagem se desenvolve em um âmbito distinto e superior ao que é fisiologicamente comum a todos os organismos dos seres humanos. Por isso aludimos às propostas ecológicas, primeiro, e às antropológicas, depois. Esses são os territórios nos quais o puramente fisiológico começa a se diferenciar em mecanismos multifatoriais que nos ajudam a compreender a complexidade intrínseca do ato de perceber – entendido não como mecanismo passivo, mas como função ativa diretamente relacionada com o entorno. Chegamos agora a um novo nível no qual todos os demais culminam, antes de finalmente entrar no que seria o olhar subjetivo, o que inclui desde as noções sociais e culturais (gênero, classe etc.) até a identidade pessoal. Tudo isso deve ser estudado, no entanto, em outra parte, uma vez que pertence aos mecanismos culturais, aqueles que antes qualifiquei de "Cultura II" e já não se manifestam mais no nível infraestrutural, como geradores de mundos, mas em um nível superestrutural, como produtos representativos desses mundos. O novo nível de percepção é o estudado pela psicologia da forma, comumente denominada *Gestalt*.

A psicologia da forma lida com os mecanismos básicos da percepção, entendendo que esta não é uma atividade diretamente ligada ao olho e desprovida de qualidades, mas se desenvolve através de uma série de condições prévias que modificam essa visão. Depois do nosso périplo epistemológico pela ecologia e antropologia, pode parecer que voltamos agora às condições básicas da visão, mas não devemos nos confundir. Na realidade, o caminho que nos trouxe até aqui nos permite estar em condições de compreender as diferenças básicas entre as duas posições: uma coisa é a visão, a outra a percepção. A fisiologia contempla o olho como um órgão corporal que tem uma propriedade, a visão, isenta de quaisquer condicionantes; ver, neste caso, é como respirar. Ao contrário, a psicologia da forma baseia-se na ideia de que o órgão da visão está imerso em um campo cognitivo que determina diretamente a maneira de ver, não de uma perspectiva semiótica, que corresponderia à pergunta que mencionei anteriormente sobre se o processo semiótico vem antes ou depois da visão, mas de uma perspectiva formal. A semiose é o processo pelo qual se estabelece o significado da visão, enquanto a Gestalt se ocupa da forma da visão. Essa forma, porém, não tem ligação com o olho, é uma qualidade da percepção. O olho possui uma estrutura própria (pupila, cristalino, retina etc.) que nos permite ver, que permite a existência da visão, mas a percepção é algo diferente que se sobrepõe à simples visão. A percepção é regida por uma série de leis que constroem o fundamento material de nossa visão. A Gestalt se ocupa concretamente da forma como o mundo visual se constrói. Ou, como dizem os partidários da chamada inteligência visual, que consiste em uma derivação moderna da antiga psicologia da forma: "O que você vê é, invariavelmente, o que a sua inteligência visual constrói" (Hoffman, 1998, p. 12).

Na Figura 11 expõe-se essa série de níveis de complexidade da percepção em ordem ascendente, que vai do puramente fisiológico até a percepção propriamente dita, baseada em um mundo vivido e em uma série de regras antropológicas que regem o primeiro nível da cultura. Por que situo as estruturas gestálticas no último nível e não, por exemplo, no segundo, depois do fisiológico, onde talvez se casariam melhor com o fato de que são uma série de regras que buscam condicionar nosso modo de ver de forma básica? A resposta é muito simples: colocá-las em segundo lugar implicaria que se tornassem condições primordiais para o funcionamento dos outros dois níveis, que os meios ecológicos e as formas de comportamento cultural fossem, de alguma forma, filtrados pela estrutura formal da percepção, o que não é bem verdade.

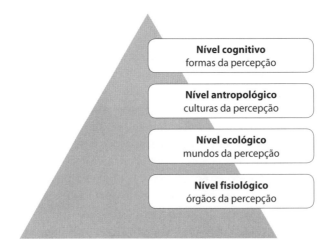

Figura 11

O fato de que a construção visual do mundo seja regida por uma série de leis fundamentais não interfere nesses mecanismos, embora a disposição do gráfico da Figura 11 tampouco queira indicar que a função gestáltica será determinada pelos níveis anteriores. Esses devem ser entendidos simplesmente como meios, o biológico e o cultural, que constituem fases distintas de um processo de humanização: são os mundos em que a função cognitiva da percepção é produzida em seguida como ato concreto de ver segundo certos parâmetros determinados. Pode-se também pensar na possibilidade, porém, de um sistema perceptivo do tipo ecológico que compreendesse todos esses níveis inter-relacionados, com o que poderíamos propor o estudo de um possível filtro gestáltico que determinaria de alguma maneira os mecanismos que conduzem à criação do próprio mundo, ou da forma como se percebe culturalmente o espaço e o tempo. Se fosse assim seria difícil, e inútil, discriminar causas e efeitos dentro dessa esfera fenomenológica e, portanto, deveríamos entender a Figura 11 de maneira bem distinta ou apresentar o fenômeno de forma diferente.

A psicologia da forma tem raízes kantianas, assim como a sua homóloga, a filosofia da forma. Recordemos que Kant supunha que nossa compreensão do mundo é determinada por condições prévias (*aprioris*) que determinam a maneira como concebemos esse mundo. Essas condições fundamentais são o espaço e o tempo. Partindo dessa proposta básica se desenvolve a ideia de que há uma série de condições subsidiárias que estabelecem os mecanismos primordiais da percepção, da mesma maneira que os filósofos da forma pensam em uma possível série de formas simbólicas que determinam a compreensão do mundo em geral ou o entendimento que se tem dele em determinada época. Ernst Cassirer, em sua obra fundamental, *Filosofia das formas simbólicas* (1998), escrito nos anos 1920, fala da linguagem e dos mitos como uma dessas construções simbólicas categóricas. Os arquétipos de Carl Gustav Jung poderiam ser considerados, por sua vez, outra aplicação dessa tendência neokantiana. Mas os pressupostos da Gestalt são mais modestos do que tudo isso.

A psicologia da forma se desenvolve, principalmente, com base nos estudos de três pesquisadores que trabalharam na primeira metade do século XX: Max Wertheimer, Wolfgang Kohler e Kurt Koffka.

Wertheimer chamou a atenção para o fato de que não é necessário nenhuma experiência passada nem qualquer construção lógica para entender os elementos básicos da expressão visual: seu significado é percebido, pelo menos, de maneira tão direta e espontânea quanto a forma e a cor de um objeto. Dessa maneira, antecipa-se a possibilidade de uma geometria dos elementos expressivos – que descreveria suas características com precisão igual àquela com que nossa geometria presente é capaz de descrever a diferença entre uma linha reta e uma linha curva.

Essas ideias são transportadas facilmente para a expressão artística, assinalando uma diferença entre a Gestalt aplicada à percepção visual mais ampla e aquela aplicada à representação. Ou seja, a Gestalt como condicionante da forma de ver e a Gestalt como indicativo da maneira de construir formas expressivas. Kandinsky, em seus escritos sobre arte (1996), transforma esse mesmo tipo de sensibilidade em um método para criar e compreender uma pintura como a abstrata – que, ao abandonar o figurativo, parece referir-se diretamente a essa estrutura básica da percepção que a teoria da Gestalt propõe. O pintor também aplicou esses preceitos ao curso sobre expressão visual que proferiu na Bauhaus durante a década de 1920 (Kandinsky, 1998).

Mas quem melhor desenvolveu a ideia da percepção visual concebida como processo de pensamento foi Rudolf Arnheim. Para ele, trata-se de examinar as condições da percepção visual como fundamento de uma possível forma de pensamento da visão que se desenvolveria não só no nível mental, a partir portanto dos dados fornecidos por esta, mas no próprio espaço da percepção.

As proposições de Arnheim remontam a antes do próprio Kant, concretamente a Espinoza, para quem a noção de ordem não se impõe à natureza, sendo inerente a ela. Arnheim considerava muito interessante a ideia de Espinoza de que a existência mental e a existência física são aspectos de uma mesma realidade e que, portanto, se refletem uma na outra. O filósofo Wittgenstein aplicou esse mesmo fundamento para a filosofia da linguagem, afirmando, por exemplo, que a gramática é um espelho da realidade. É conhecida sua manifestação de que "o que a linguagem e a realidade têm em comum é a estrutura lógica que os fatos e as proposições compartilham, seu isomorfismo". Segundo ele, um fato é uma composição de coisas, ao mesmo tempo que uma proposição é uma composição de palavras. Essa estrutura formal que serve de ponte entre linguagem e realidade é do mesmo tipo que a existente, segundo a teoria da Gestalt, entre as expressões e sua percepção psicológica. Podemos entender também a afirmação de Wittgenstein no sentido, mais próximo de nossos interesses, de que os fatos e as descrições são semelhantes entre si porque ambos são imagens que mantêm uma estrutura básica comum: os fatos formam, em sua estrutura, uma composição visual, uma imagem, e as descrições se baseiam em uma imagem (mental) desses fatos.

Arnheim (1985) afirma que "a visão não consiste na captação mecânica de elementos, mas sim na apreensão de esquemas estruturais significativos". Em geral, as teorias da Gestalt surgiram como reação às propostas atomistas da percepção que consideram que nossos sentidos captam elementos isolados, sensações diversas que logo se agrupam em nossa mente. Para a Gestalt, a percepção tem que ver sempre como um campo perceptivo total, cujas leis de equilíbrio físico se relacionam com propriedades da vida psíquica. Segundo Arnheim, "a Gestalt é um estilo científico que se opõe ao atomismo, que é o método de explicar os fenômenos mediante a soma de efeitos, qualidades e funções de elementos isolados".

A Gestalt tende a buscar formas gráficas que expressem estados mentais: é a teoria da citada geometria dos elementos expressivos, que se refere ao isomorfismo entre processos físicos e psicológicos. Assim, as características dinâmicas, digamos, da timidez são idênticas tanto se esboçamos a curva que um homem tímido traça ao se aproximar da sala de seu chefe, como se usamos um gráfico da sucessão de seus impulsos psicológicos de inibição e propulsão. É por isso que podemos qualificar de tristes os movimentos de um bailarino: não porque vimos com frequência que as pessoas tristes se comportam de maneira semelhante, mas porque os elementos dinâmicos da tristeza estão fisicamente presentes nesses movimentos e podem ser percebidos diretamente[7].

Encontramos antecedentes dessa abordagem nas ideias românticas do poeta Novalis (1772-1801), para quem a "paisagem é o corpo ideal de um determinado tipo de mente". Os pintores expressionistas compartilhavam uma ideia parecida sobre a expressão emocional por meio das formas. O pintor suíço Arnold Bocklin, na época do simbolismo do século XIX, também considerava que as paisagens eram imbuídas de alma. Isso nos remete às paisagens antropomórficas do Barroco, cujas formas, vistas de determinada maneira, revelam os traços de um ser humano. Nesse caso, porém, a noção é didática, explica visualmente o que para Novalis era, para utilizar palavras da Gestalt, um *isomorfismo*:

> Está claro que a teoria da Gestalt da expressão enfrenta neste ponto não só o problema de explicar como os processos psíquicos podem ser inferidos a partir da conduta corporal, mas também que a tarefa primordial consiste em tornar plausível o fato de que a percepção da forma, o movimento etc., pode transmitir ao observador a experiência direta de uma expressão estruturalmente semelhante à organização da configuração de estímulos observados. (Hogg, 1975)

---

[7]. Essas manifestações sobre o isomorfismo são uma paráfrase das ideias de Arnheim.

Os esquemas perceptivos, formados pela conjunção de uma série de forças de caráter, em minha opinião, tanto psicológico como físico –, afetam tanto as imagens como as percepções visuais: construímos a visão tal como o pintor constrói o mundo visual, ou vice-versa. Por meio dessas forças se desenvolve um vocabulário perceptivo que Arnheim constrói a partir das noções de equilíbrio, figura, forma, crescimento, espaço, luz, cor, movimento, dinâmica e expressão. Segundo Arnheim (1985),

> o que uma pessoa ou um animal percebe não é somente um conjunto de objetos, cores e formas, de movimentos e tamanhos. É, talvez, acima de tudo, uma interrelação de tensões direcionais. Essas tensões não são algo que o observador acrescenta por conta própria à imagem estática. Ao contrário, são inerentes a qualquer percepção como o tamanho, a forma, a localização ou a cor. Já que têm magnitude e direção, essas tensões podem ser descritas como "forças psicológicas".

Na Figura 12, são expostas as leis fundamentais da Gestalt. Dentre todas elas, a mais interessante para nossos objetivos, que se concentram na imagem, ou seja, no produto final da percepção, é a última, que se refere às relações entre figura e fundo.

Segundo essa lei, não vemos nunca (e portanto não construímos) figuras isoladas; elas sempre estão relacionadas com um fundo, de maneira que se esse fundo aparentemente não existe, a própria presença da figura o cria. Encontramos um exemplo desse fenômeno ao contemplar uma figura sobre um fundo branco (um desenho feito em um papel). Em princípio, consideramos que a página em branco corresponde a um vazio e, portanto, não existe o fundo propriamente dito. No entanto, a presença da figura sobre essa página nos torna conscientes dela, seu vazio se converte em um suporte completamente preenchido. Em uma pintura isso é ainda mais evidente, mesmo que o pintor tenha preferido não aplicar pigmento nas partes da tela que não foram utilizadas. É por isso que a moldura dos quadros é de especial significação, pois constitui a maneira de tornar evidente o espaço do fundo, a plataforma diegética que sustenta o mundo no qual a figura existe.

Em fotografia, ou seja, na forma essencial da fotografia, a não retocada, vemos claramente que fundo e figura andam sempre juntos, sem possibilidade da separação: pode-se valorizar a importância de um ou de outro, como nos retratos, nos quais o fundo pode ser circunstancial; ou como nas paisagens, onde o circunstancial pode ser a figura ou o primeiro plano. Mas não há maneira de fazer uma fotografia sem fundo (nem tampouco há maneira de imaginá-la) – em todo caso, pode ser que fundo e figura sejam misturados e acabem mostrando uma combinação de ambos. Apesar disso, a relação existe e, queiramos ou não, tendemos a distinguir em qualquer imagem aquilo que consideramos primordial e aquilo que consideramos secundário.

PROXIMIDADE	Quando observados nas mesmas circunstâncias, os objetos mais próximos tendem a ser percebidos conjuntamente, formando parte de uma unidade visual ou conceitual.
SEMELHANÇA	Todos os estímulos semelhantes tendem a ser percebidos como parte da mesma configuração.
CONTINUIDADE	Estímulos com formas análogas são percebidos juntos.
FECHAMENTO	Existe uma tendência perceptiva a fechar as formas que aparecem incompletas.
COERÊNCIA ESTRUTURAL OU PREGNÂNCIA (LEI DA BOA FORMA)	Os estímulos tendem a agrupar-se compondo a forma mais simples, ordenada, regular, simétrica ou estável de todas as possíveis.
FUNDO E FIGURA	O significado visual de uma figura só adquire plenitude quando se leva em conta o fundo em que se encontra registrada e com o qual constitui uma unidade dialética.

Figura 12

Essa relação entre fundo e figura cria, no campo da psicologia da Gestalt, alguns paradoxos interessantes que têm sido explorados em diversas áreas para mostrar os problemas da cognição. Um desses paradoxos visuais aparece nas ilustrações que mudam dependendo de como se olha. A mais famosa é a conhecida combinação de pato e coelho: trata-se de um desenho que, dependendo de como se olha, nos mostra a silhueta de um pato ou a de um coelho. O interessante é que não é possível ver as duas figuras ao mesmo tempo, apesar de sabermos que as duas estão representadas no desenho; uma vez que descobrimos o mecanismo, é necessário escolher entre uma ou outra. Antes de nos darmos conta dessa possibilidade, pode ser que fiquemos presos a uma das possibilidades, sem conseguir passar à outra.

Esse fenômeno parece dar razão aos partidários da teoria da consistência da percepção visual, de sua independência de outros fenômenos cognitivos e reflexivos. Efetivamente, como digo, embora tenhamos consciência de que no desenho existem as duas figuras, nossa visão continua discriminando fundo e figura. Se vemos o pato, quer dizer que as partes que configuram o coelho tornaram-se fundo. E vice-versa. Cada uma das configurações que constituem a dupla figura se chama também *gestalt*. Nesse caso, *gestalt* significa configuração visual unitária: um determinado mundo visual estanque, cujos elementos obedecem a uma lei estrutural comum. Ao mudar a perspectiva da figura, saltamos, então, de uma *gestalt* para outra. Isso nos dá a medida de até que ponto é possível considerar a possibilidade, como queria Arnheim, de um pensamento perceptivo, ou seja, exclusivamente visual.

Uma vez estabelecidas as bases desse pensamento perceptivo por meio dos postulados da Gestalt, podemos considerar sua extensão a outros níveis mais flexíveis, menos sujeitos a leis rígidas e não necessariamente tão separados de outros processos cognitivos, mentais ou reflexivos.

As tendências atuais da neurociência parecem recorrer, de abordagens absolutamente distintas, a pressupostos similares. Para elas, tudo que experimentamos é na realidade uma fabricação da nossa imaginação. Dizem que, apesar de nossas sensações parecerem adequadas e precisas, não necessariamente reproduzem a realidade física do mundo externo. Muitas experiências da vida diária certamente refletem os estímulos físicos que chegam ao cérebro. Mas os mesmos mecanismos neuronais que interpretam os *inputs* reais dos sentidos também são responsáveis por nossos sonhos, nossas quimeras e nossas falhas de memória. Em outras palavras, o real e o imaginário compartilham a mesma física no cérebro (Martinez-Conde e Macknik, 2006). O uso que as neurociências fazem das ilusões visuais de todo tipo para comprovar esses postulados as aproxima ainda mais das teorias da Gestalt, apesar de sua insistência na localização cerebral, neuronal, de todos esses fenômenos que a psicologia da forma entendia como pertencentes à própria percepção. Em todo caso, isso não altera o fato de que as leis perceptivas possam ter uma base neuronal, o que sem dúvida têm (outra coisa é até que ponto essa base é significativa em si mesma), do mesmo modo que a localização cerebral dos fenômenos não impede que haja uma série de manifestações, como as que essas ilusões visuais apresentam, cuja fenomenologia concreta não pode ser explicada assinalando-se simplesmente o ponto do cérebro em que estão enraizadas.

História da percepção

O enfoque ecológico da percepção visual nos permite estabelecer as bases para compreender essa faculdade de uma perspectiva complexa, complexidade que aumenta quando consideramos que, além de estar presa ao ambiente, à conduta e à morfologia, a percepção também tem sua história. Fritjof Capra (2003, p. 63) combina essas duas perspectivas, a ecológica e a histórica, quando insiste no fato de que todo ser vivo tem sua história e, por isso, a estrutura viva é sempre o registro de seu desenvolvimento anterior. Remetendo-se à teoria da cognição de Santiago, Capra diz que a cognição "não é a representação de um mundo com existência independente, mas sim a produção contínua de um mundo mediante o processo de viver" (p. 64). É nesse sentido que nos convinha deixar as formas gestálticas da percepção para o último nível, como foi mostrado na Figura 11, já que de certa forma pretende estar fora da história. Iríamos longe demais se discutíssemos as condições dessa possibilidade, mas acredito que não é um grande inconveniente examinar a história da percepção, entendida como as formas culturais de ver, à margem de uma estrutura que pretende fixar os parâmetros que regem a construção do mundo visual em um sentido básico.

Antes de examinar a história da percepção, convém sabermos primeiro a que nos referimos quando a examinamos de uma perspectiva histórica, já que até agora consideramos um aspecto diferente, mais básico, da percepção, que é anterior àquele em que o histórico se desenvolve. Agora, porém, vamos entrar em outro capítulo no qual subjetividade e cultura se interconectam.

Para Merleau-Ponty, perceber é posicionar-se diante de algo por meio do corpo. Novamente, voltamos a deparar com a necessidade de situar o corpo no espaço da representação do que parece ser o grande ausente, apesar de, como o próprio Merleau-Ponty (1964, p. 16) aponta, "é pelo empréstimo de seu corpo que o pintor muda o mundo na pintura". Em primeiro lugar, posicionar-se quer dizer tomar consciência de si mesmo, ou seja, pensar a si mesmo visualmente e, portanto, situar-se no espaço. Estes são todos atos de consciência, mas de uma consciência externa – são atos de extro-versão em vez de introversão. Ao posicionar-se, o corpo se faz presente em sua relação com o espaço, e isso significa o ato de situar no exterior certos processos reflexivos que costumavam ser efetuados no interior da mente.

É, portanto, pela tomada de consciência que o pintor, ou qualquer artista, transforma, como aponta Merleau-Ponty, o mundo em uma representação. Com isso, recupera-se a ideia de uma possibilidade de pensar com o corpo ou, como já vinha acontecendo desde tempos imemoriais, com as ferramentas que implicam uma extensão dele próprio, assim como com os instrumentos que constituem uma extensão do cérebro. Na verdade, portanto, tomar consciência do corpo em relação à representação significa atualizar uma forma de *pensamento técnico*, de reflexão prática, tão antiga ou mais do que a reflexão propriamente dita que, a partir dos gregos, tendeu a ser internalizada de maneira hegemonizante.

Pelo pensamento toma-se consciência da mente, e com a percepção toma-se consciência do corpo. Por isso, o ato de perceber não consiste apenas em olhar para fora, mas também em ver-se refletido de fora, como se estivéssemos diante de um espelho – só que a imagem no espelho é assumida por nós mesmos na mente e, nesse caso, a mente é assumida por meio do corpo. O corpo sempre é um elemento fundamental da representação. A perspectiva pictórica, por exemplo, funciona com o posicionamento do espectador em um lugar muito concreto em relação à representação pictórica, mas esse espectador está ausente da pintura como também está o corpo do pintor que, ao pintar, já tinha se situado, ainda que mentalmente, no lugar que o corpo do espectador teria de ocupar depois. Quando o pintor introduz a imagem do próprio corpo na representação – como faz Velázquez em "As meninas" ou como acontece nos autorretratos –, produz-se um desequilíbrio nas abordagens representativas tradicionais. Mas a imagem pictórica costuma incorporar o corpo do pintor apenas virtualmente, pela construção de um olhar. O mesmo acontece mais tarde com as imagens técnicas, como a fotografia ou o cinema. Também aqui o corpo está virtualmente presente, posicionado pela estrutura do olhar que estabelece o enquadramento, mas nesse caso há um elemento a mais na equação que deve ser levado em conta: a câmera.

A câmera está presente no ato de confecção da imagem, eliminando teoricamente a subjetividade do autor com sua presença. Mas essa presença do aparelho técnico estabelece um vínculo material mais potente com as imagens criadas do que o do próprio corpo do artista a que suplanta. O pintor poderia imaginar seu posicionamento diante da imagem e, a partir desse ato imaginativo, desenvolver a representação como se não estivesse presente. Já que a pintura, por mais realista que seja, provém do ato mental assinalado, pode evitar uma presença que foi idealmente composta (mesmo que logo se materialize quando o espectador põe efetivamente seu corpo onde a imaginação do autor tinha situado o dele virtualmente). Mas a câmera não produz, em princípio, atos imaginários; ao contrário do pintor, posiciona-se realmente onde tem de estar para confeccionar o tipo de olhar proposto. Por isso sua desaparição da fotografia é mais escandalosa do que a ausência do corpo do pintor na pintura, já que supõe a obliteração clara de um aspecto da realidade representativa. Qualquer fotografia mostra assim um ponto cego, um buraco negro precisamente no local onde a imagem se forma, no que no teatro se denomina a quarta parede e que impede que os espectadores e o público se sintam em uma mesma realidade. No teatro, essa quarta parede é uma convenção, já que não está lá realmente, separando o mundo do espectador do mundo da cena. A câmera não é, entretanto, uma convenção, mas um elemento material que se interpõe entre o corpo do fotógrafo que permanece junto dela e a realidade que se pretende fotografar, e portanto sua omissão no campo da imagem significa mutilar de alguma maneira o realismo pretendido. As imagens técnicas são, por isso, imagens deficitárias, mas acima de tudo, põem em evidência esse déficit do sistema de representação tradicional.

A noção primitiva da técnica fotográfica que acompanhou sua invenção consistia em considerá-la uma continuação da fenomenologia da representação pictórica que abundaria dramaticamente na eliminação do corpo, e do sujeito, do campo da representação. Mas a realidade supõe exatamente o contrário: é verdade que a fotografia, como produtora de imagens técnicas por meio de uma câmera, estabelece a linha fronteiriça que separa dois sistemas perceptivos distintos, mas o novo sistema não supõe a continuação do anterior por outros meios, como se tem acreditado, mas a constituição de uma novidade absoluta que implica a presença do corpo na representação e, consequentemente, o discernimento de sua ausência. Trata-se de um novo tipo de percepção do corpo que modifica a própria essência das representações e descortina o idealismo das propostas visuais anteriores. Cabe perguntar-se o que acontece quando as técnicas atuais de digitalização parecem descorporizar outra vez as imagens: se se trata de uma volta a escopos pictóricos anteriores ou do estabelecimento de uma nova revolução que implica fenomenologias distintas. Resolveremos esse aspecto da questão em outro momento.

Uma vez estabelecido esse esboço da substancialidade do corpo nas estratégias representativas e, portanto, tendo proposto as bases da percepção que têm seu eixo nele próprio como interface com o aspecto do sujeito, passemos às modificações históricas dessa instância perceptiva. Para isso, ou seja, para repassar a história da percepção, recorrerei à proposta de Donald Lowe (1982), que se interessa especialmente pelo processo de construção da percepção burguesa.

A história da percepção é o elo que media o conteúdo do pensamento e a estrutura da sociedade. Lembremos que no meio disso fica o corpo, por isso digo que este constitui uma ponte entre a representação e o sujeito. Lowe se refere à percepção como uma experiência humana e, portanto, não pretende dizer nada sobre a neurofisiologia nem sobre a teoria behaviorista da percepção, disciplinas que procuram analisar o aspecto científico dela. A ciência, como já dissemos, não pretende estudar a conduta humana, mas a conduta das coisas, o que a leva muitas vezes a transformar o ser humano em coisa. Existe uma infinidade de fenômenos fora desse processo de coisificação que é necessário analisar, mas para isso é preciso aceitar a validade epistemológica desse outro campo humano proposto por Lowe, que entende a percepção da mesma forma que Merleau-Ponty – ou seja, como uma tomada de contato do sujeito com o mundo. Essa tomada de contato compreende o sujeito como perceptor, o ato de perceber e o conteúdo da percepção: "O sujeito que percebe, de uma posição corporizada, encara o mundo como um campo horizontal vivido. O ato da percepção une o sujeito ao percebido. E o conteúdo do percebido, resultante desse ato, afeta a maneira como o sujeito se posiciona no mundo" (Lowe, 1982, p. 1).

Para Lowe o fenômeno da percepção é um conjunto integral e reflexivo que inclui esses três aspectos. A imagem é introduzida no conjunto como a representação visual do posicionamento do sujeito no mundo a partir dos parâmetros estabelecidos pelo ato da percepção. Constitui, consequentemente, a materialização do conteúdo da percepção e contribui com sua presença para reforçar essa posição do sujeito que, por meio da imagem, se faz consciente de sua relação com o mundo (Figura 13). A imagem não faz parte dos mecanismos estabelecidos por Lowe a partir das premissas de Merleau-Ponty, mas a introduzo como um possível passo que transcende esses mecanismos perceptivos básicos e os leva a um nível de consciência superior, suscetível de originar obras de arte, que implicam mais um passo no processo. No momento em que introduzimos a visualização no ciclo perceptivo, o ato de ver se transforma em um olhar plasmado na imagem, que pode desembocar em um ato de reflexão visual como é a obra de arte. A imagem é, pois, primeiro um ato de consciência que transcende a simples percepção e conduz a um possível processo reflexivo.

A proposta de Lowe não é baseada somente nas ideias fenomenológicas de Merleau-Ponty, mas pretende continuar o trabalho de Michel Foucault sobre as epistemes que o filósofo francês propõe em suas obras *As palavras e as coisas* (2006) e *Arqueologia do saber* (1990). Foucault considera que o discurso é governado por uma série de regras epistêmicas inconscientes e que essas regras mudam de uma época para outra: as ideias e as ações (como representar, falar, classificar ou trocar) de um determinado período são regidas por um eixo central característico, como pode ser, por exemplo, a noção de semelhança. Uma proposta parecida é encontrada no conceito de regimes escópicos elaborado por Martin Jay em sua obra *Campos de fuerza* (2003), na qual ele se refere concretamente à evolução das formas de ver.

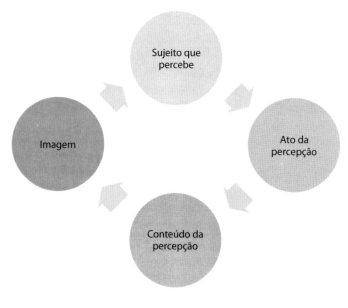

Figura 13

A cultura se desenvolveu, segundo Lowe, em quatro etapas, cada uma das quais organizando e englobando o conhecimento de maneira completamente diferente das demais, em quatro paradigmas diferentes da manifestação cultural. Essas etapas são: oral, caligráfica, tipográfica e eletrônica (Figura 14).

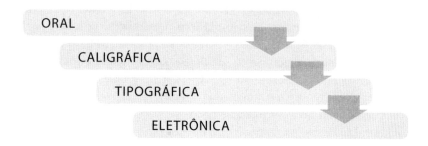

Figura 14

Na etapa *oral*, não há linguagem escrita, não existe o texto e, portanto, não se produzem registros permanentes. A fala tende a combinar uma série de funções que em uma cultura tipográfica estão compartimentalizadas, ela funciona como comunicação e como conhecimento. Só se transformam em conhecimento os fenômenos baseados em fórmulas já existentes ou que são lugares-comuns. O novo e o que é muito diferente tende a ser esquecido. O conhecimento costuma ser tradicional, não especializado e pouco analítico.

A etapa *caligráfica* se distingue pela introdução de uma linguagem escrita (seja ideográfica ou alfabética) e sua preservação por algum tipo de manuscrito. A fala e o conhecimento são separados. É introduzido um novo ideal, o da lógica abstrata, formal. A tradição oral persistiu da Idade Média até o Renascimento, e por isso o conhecimento da escrita foi, durante muito tempo, o patrimônio de uma elite muito reduzida. Durante esse período, ler significava ler em voz alta e as pessoas confiavam mais na tradição oral do que no registro escrito: considerava-se mais o que se ouvia do que o que se podia ler (por alguns poucos).

Essas duas etapas, a oral e a caligráfica, pertencem à ordem epistêmica que Foucault denomina anagógica e na qual tudo, inclusive o conhecimento e o conhecedor, é baseado na existência absoluta de Deus.

A etapa seguinte é a *tipográfica*. A revolução tipográfica da metade do século XV instaura a cultura, nova e mais dinâmica, do meio impresso. O impacto da revolução tipográfica sobre a cultura caligráfica foi muito mais rápido do que o que esta teve sobre a oral. A impressão disseminou os textos e provocou a consciência das diferenças – portanto da comparação. Padronizou textos, calendários, dicionários, mapas e outros apoios visuais. Assim, exaltou o valor do enunciado exato e pictórico. A familiarização com a ordem alfabética, os números arábicos, os sinais de pontuação, os índices e as seções dos livros sistematizaram o pensamento. Se a cultura caligráfica tinha descoberto o pensamento abstrato, a cultura tipográfica introduziu um novo ideal de conhecimento objetivo, a ciência.

A cultura caligráfica nunca havia superado a conexão oral entre o falante e o conteúdo de um conhecimento que ainda era organizado em formas fechadas: retórica, polêmica, disputa. A imprensa padronizou a comunicação, tornando-a independente de um falante particular ou de um determinado manuscrito – antes corpos inteiros de conhecimento dependiam da transmissão pessoal de um mestre, mas o novo conteúdo, despersonalizado e formalizado, era acessível a qualquer leitor. Fez também que o conhecimento se transladasse inteiramente ao conteúdo, transformando, por exemplo, a escrita em invisível ao padronizá-la com os novos tipos de imprensa que perdiam a marca individual da caligrafia.

A etapa da cultura *eletrônica* corresponde ao século XX. Trata-se de uma cultura da comunicação baseada em meios eletrônicos como o telégrafo, o telefone, o fonógrafo, o rádio, o cinema, a televisão, o vídeo, o computador etc. Poderíamos acrescentar a eles os meios digitais, que Lowe não contemplava em seu momento porque eram muito incipientes, mas existe a possibilidade de que formassem uma nova etapa. A nova cultura eletrônica se superpõe à antiga cultura tipográfica sem desalojá-la completamente. Trata-se de uma cultura de transição (possivelmente no sentido da etapa *digital*), comparável à transição que aconteceu no século XVI entre a cultura caligráfica e a tipográfica. Essa transição implica fundamentalmente a passagem de uma comunicação baseada no tipo (de imprensa) a uma baseada no bit. Enquanto os tipos são fixos, os bits são simplesmente unidades estatísticas, ou seja, uma tradução matemática de uma linguagem ou imagem existentes. Portanto, a lógica da ciência objetiva está sendo substituída pela lógica binária da ciência do computador. A velha estabilidade dos tipos de imprensa está sendo trocada pelo novo conhecimento das estatísticas e das probabilidades.

O desenvolvimento da percepção ao longo dessas etapas distintas, a penúltima das quais correspondendo, segundo Lowe, à sociedade burguesa, é produzido por uma concatenação dos meios de comunicação predominantes em cada uma delas, a hierarquia dos sentidos e as características da ordem epistêmica correspondente. Assim, por exemplo, na sociedade burguesa prevalece o meio tipográfico; a visão é o sentido privilegiado e a característica principal da ordem epistêmica é o desenvolvimento no tempo. Na Figura 15 são apresentadas as diferentes épocas históricas e os fatores comunicativos, sensoriais e epistêmicos correspondentes em cada uma delas.

O método de Lowe consiste em construir constelações nas quais intervêm os sentidos hierarquizados e os meios pelos quais se administra a cultura, entendendo que tudo isso forma um sistema interconectado que pode ser descrito com base em um eixo central que organiza todo o conjunto. A consciência desse tipo de organizações em que a cultura e a percepção se interrelacionam para dar lugar a uma organização complexa nos permite examinar as construções visuais de uma perspectiva muito mais ampla e frutífera do que nos poderia fornecer a análise individual dos objetos, situados em seu contexto histórico. A história se transforma assim em uma estrutura orgânica na qual as representações visuais cumprem a função de materializar seus sintomas profundos. Não são o único mecanismo pelo qual isso se produz, mas sim o mais claro, já que as imagens mostram diretamente a estrutura do mundo no qual foram confeccionadas. São construções simbólicas, mas seus símbolos estão invertidos: na construção literária os símbolos são portas de entrada para um mundo construído, possível, enquanto na imagem são portas de saída de uma paisagem visual que os acolhe em sua visualidade hegemônica como elemento constitutivo desse mundo. As letras não são o material de que o mundo é construído, mas os traços visuais de uma imagem, os objetos que a compõem, é que constituem a materialidade desse mundo.

Como aponta Goodman (1995, p. 33),

> não há uma maneira correta de escrever, pintar ou perceber "o mundo", mas existem, ao contrário, muitos modos igualmente corretos, mesmo que entrem em conflito – e consequentemente, na verdade, muitos mundos reais. Devemos, então, pesquisar os critérios de correção das representações de todo tipo, em todos os meios, e dentro dos diversos sistemas simbólicos de cada variedade, que sejam compatíveis com tal multiplicidade.

Meio de comunicação	Hierarquia dos sentidos	Ordem epistêmica
IDADE MÉDIA A caligrafia se impõe à oralidade	A audição e o tato são mais importantes do que a visão	Anagogia
RENASCIMENTO Da caligrafia para a tipografia	Da audição e tato para a primazia da visão	Similitude
SOCIEDADE ESTATAL A tipografia se impõe à oralidade e à caligrafia	A visão se impõe à audição e ao tato	Representação no espaço
SOCIEDADE BURGUESA A tipografia é apoiada pela fotografia	Extensão da visão	Desenvolvimento no tempo
SÉCULO XX A eletrônica se impõe à tipografia	Extrapolação da visão e do som	Sistema sincrônico

Figura 15

3. Breve história das imagens

Não é fácil criar uma história das imagens, por mais modesta que seja. Há vários aspectos que dificultam essa tarefa, e o primeiro deles é que já não estamos tão inclinados como antes a aceitar uma organização dos acontecimentos do passado no formato linear e teleológico que costumamos chamar de história. Não é que duvidemos que a história exista, já que é óbvio que uma série de acontecimentos de todo tipo se sucedeu antes de o momento presente chegar; no entanto consideramos que o que nos precede não é um relato perfeitamente organizado, mas constitui, pelo contrário, um conjunto de elementos muito mais caótico do que a disciplina, em sua modalidade clássica, nos deu a compreender.

  Mas é necessário organizar o conhecimento de alguma maneira para compreendê-lo, e por isso precisamos convir que essa organização, qualquer que seja, não constituirá mais do que uma forma entre outras de ver as coisas. Podemos chegar a um consenso sobre a validade dessas organizações e, em alguns casos – como os que se referem a datas ou dados concretos –, inclusive podemos considerar que alcançamos um grau muito alto de certeza, mas em geral o significado da história, ou seja, as relações de causa e efeito, a explicação dos acontecimentos etc., dependerá do tipo de organização que tenhamos escolhido. Antes utilizamos um sistema alternativo à linearidade com as propostas de Lowe – baseadas em grande medida em Foucault, a quem cabe o mérito de ter inaugurado esse tipo de metodologia. Trata-se de deixar o desenvolvimento temporal para as grandes mudanças de paradigma e concentrar a análise no interior desses territórios, onde essencialmente são produzidas relações hierárquicas e processos de interação entre elementos constitutivos da ordem paradigmática.

  No caso de uma possível história das imagens, o problema se complica porque existiram muitos paradigmas visuais e, ainda que algum deles tenha se tornado hegemônico sobre os demais durante um período mais ou menos longo, nunca nenhum deles desapareceu por completo. Não estamos diante de uma série de maneiras de representar e visualizar a realidade que se sucedem uma após a outra, com uma perfeição sempre crescente em sua capacidade de reproduzir o real. Não é assim, apesar de tudo parecer indicar o contrário. Se, por exemplo, comparamos ainda que superficialmente as imagens eletrônicas de alta definição ou as projeções cinematográficas atuais, ainda melhores, com uma pintura pré-renascentista, podemos ter a impressão de que avançamos muito no sentido da qualidade da representação no que vagamente denominamos realismo. Mas a perfeição material não corresponde necessariamente à complexidade representativa, nem as diferentes técnicas são necessariamente comparáveis entre si com base em um prisma tão superficial quanto esse.

Poderíamos criar, portanto, muitas histórias diferentes da imagem, dependendo do paradigma visual escolhido, sem contar que no interior de cada paradigma as variações e matizes nos proporiam a possibilidade de outras histórias paralelas ou às vezes até contraditórias. Não nos esqueçamos tampouco da existência de possíveis hibridações entre os paradigmas, assim como entre as correntes no interior de cada um deles. Diante de um panorama como esse, pode-se cair na tentação de deixar, literalmente, de história e contentar-se com algum tipo de classificação abstrata: já que o desenvolvimento temporal não nos oferece nenhuma garantia de veracidade, limitemo-nos ao espaço, poderíamos dizer. Como se sua simples descrição pudesse nos oferecer maiores doses de objetividade do que a tentação de uma metafísica temporal que, segundo essa abordagem, não seria mais do que uma ilusão. Mas talvez seja tarde demais para renunciar ao fator temporal em uma época em que espaço e tempo se mesclam irremediavelmente, como mostram as formas de representação mais contemporâneas, do cinema aos *videogames*. A fenomenologia do século XX e a do início do XXI nos mantêm prisioneiros da proposta reinante no século XIX, a história, uma vez que nos obriga a reconsiderá-la de cima a baixo.

Cabe empreender, em contrapartida às pulsões do caos ou da simples estrutura sem tempo, uma história social das imagens, de como estas foram utilizadas nas diferentes épocas. Dessa maneira talvez resolvêssemos a dificuldade apresentada pelas inúmeras disparidades que apontei e então prestaríamos de alguma forma a atenção devida a seu desenvolvimento temporal. Mas muitas vezes uma história desse tipo nos oculta o aspecto principal das imagens: sua forma, os dispositivos retóricos que utilizam, como resolvem os problemas da representação etc. Em contrapartida, dedicar a atenção somente à forma das imagens pode nos fazer perder de vista que as características dessa forma variam de acordo com sua utilização, e com isso acabaríamos por não detectar tampouco muitos fenômenos que são o produto da acumulação que produz a mudança. O ideal é combinar esses diferentes tipos de aproximação – buscar no paradigma sociocultural um marco que permita um tipo estável de organização epistemológica e permanecer ao mesmo tempo atento aos dispositivos formais dos processos de visualização correspondentes, assim como à sua genealogia.

A câmera fotográfica é, por exemplo, uma invenção do século XIX, mas as características formais do tipo de imagens que produz não são compreensíveis em toda sua amplitude a menos que se considerem as raízes ideológicas ancoradas na antiga *câmera escura*, da mesma maneira que a fenomenologia cinematográfica permanece em grande medida oculta, a menos que se considere a evolução do fator movimento como parte das representações fotográficas ao longo desse mesmo século. Podemos categorizar os relatos históricos como quisermos, mas finalmente se imporão as conexões, as ramificações que conectam os distintos fenômenos e finalmente nos conduzem àquilo que estamos procurando: uma fenomenologia complexa da visualização.

Alguns autores adotaram o duplo enfoque social-formalista sobre o qual comentei, sem que necessariamente algum deles tenha desembocado no tipo de história em rede que considero desejável. A combinação tende, entretanto, a um tipo de pseudoerudição, como os trabalhos de Panofsky ou Gombrich especialmente comprovam. Sobre a obra do primeiro, Francisco Calvo Serraller (Panofsky, 1986, p. 13) dizia precisamente, no prólogo de um de seus livros, que foi "uma reação a essa tendência constante da historiografia artística de propor seu método de trabalho dentro da dicotomia do positivismo erudito e do formalismo idealista, ou seja, entre documentalistas ou *connaisseurs* e filósofos da arte". Essa reação deu lugar, no caso de Panofsky e outros, a uma interessante mistura de erudição e formalismo que apontou um possível caminho de saída da dicotomia tradicional. De qualquer forma, não há métodos puros e assim, em alguns casos, privilegia-se mais o sociocultural e, em outros, o formal.

Também varia, sem dúvida, a maneira como se encara cada uma dessas perspectivas, porque há muitas variáveis na cultura e na sociedade, como há diversidades nos dispositivos formais. O mencionado E. H. Gombrich é o autor de mais destaque, para nossos interesses, da tendência mais erudita dessa corrente, e seus inúmeros estudos sobre a imagem nos oferecem uma série de perspectivas que combinam muito sabiamente o social e o formal, ainda que evitem cuidadosamente o filosófico. O melhor livro para se introduzir em seu universo é *Arte e ilusão* (1998), mas qualquer um de seus manuais é igualmente ilustrativo (embora alguns deles privilegiem a história da arte acima da de outro tipo de imagens mais atuais). Gombrich sempre é, porém, um observador atento das imagens e não só das imagens artísticas, o que o torna um precursor dos estudos visuais.

Recentemente valorizou-se a figura de Aby Warburg, com quem esses estudiosos mantiveram um contato estreito por meio da chamada Escola de Warburg, fundada em torno da importante biblioteca criada por ele em Hamburgo e transferida para Londres antes da Segunda Guerra Mundial devido à ascensão do nazismo ao poder. A aproximação de Warburg dos fenômenos visuais é absolutamente original e de suma importância para a sensibilidade vigente no âmbito desse tipo de manifestações. Suas ideias influenciaram toda uma corrente de pensadores da imagem, entre os quais podemos citar os mencionados Panofsky e Gombrich, ainda que nenhum deles tenha chegado a se tornar um verdadeiro continuador destas.

A originalidade de Warburg se baseia principalmente em sua sensibilidade quanto aos valores temporais da imagem, especialmente as facetas dinâmicas e emotivas da temporalidade, o que o torna, apesar de dedicar sua atenção a imagens do passado, um fiel representante da fenomenologia de uma época que contemplava o nascimento de um novo tipo de imagens nas quais se combinavam os fenômenos espaciais com os temporais, como acontece com o cinema. Apesar de nunca ter-se ocupado especialmente desse meio, suas ideias sobre a evolução das imagens renascentistas nos dizem mais sobre a essência do fenômeno cinematográfico do que muitos manuais que hoje em dia se dedicam à matéria. Sua visão histórica nos interessa mais por sua metodologia, refletida na forma idiossincrática de organizar sua biblioteca, do que pelas descobertas cronológicas.

O que é preciso procurar em Warburg são os conceitos que, segundo ele, organizam a história das imagens, as temporalidades complexas que a percorrem, os anacronismos, as sobrevivências que rompem sua estrutura linear e que as correntes principais da disciplina não souberam detectar. Foi o teórico francês Georges Didi-Huberman (2000) quem mais se dedicou a recuperar a figura e as ideias de Warburg. Didi-Huberman desenvolveu também um importante trabalho de análise das imagens a partir dessas ideias transcendentais, que nos afastam do pensamento mecanicista do século XIX para nos introduzir a formais mais fluidas de reflexão que se coadunam muito melhor com a sensibilidade do século XXI.

Em outros autores, como David Freedberg, o próprio uso da imagem determina sua relação com a sociedade que a acolhe. Em seu livro *El poder de las imágenes* (1992) podemos repassar a história da representação visual com base nas maneiras diversas como a imagem foi utilizada, por exemplo pela religião ou pela política. Não é uma forma ruim de começar a compreender até que ponto o visual se introduz em nosso tecido social, assim como em nossa imaginação.

Barbara Maria Stafford (1993, 1994), por sua vez, nos oferece uma perspectiva baseada nas funções que as imagens tiveram no projeto fundacional do Iluminismo. Ela analisa as imagens agrupadas sob uma visão geral que determina todas elas como uma característica da época: a imagem do corpo, a didática do Iluminismo etc. Trata-se de um enfoque arriscado, mas produtivo, já que permite compreender muito bem certas facetas da representação visual, ainda que à custa de deixar de fora outras não menos significativas. Esse enfoque é similar, quanto à sua proposição geral, ao que é adotado por Jonathan Crary ao estudar as mudanças ocorridas na percepção durante o século XIX (1993, 1999). A hipótese de Crary é que existem diferentes tipos de visão, diferentes formas de ver (como anunciava John Berger em seu livro já citado com o mesmo título), que determinam a forma e o uso das imagens de uma época. Durante o século XIX teria sido produzida uma mudança fundamental nesse sentido, teríamos passado de observador incorpóreo dos séculos XVII e XVIII, cujas proposições estariam enraizadas na metáfora da *câmera escura*, à presença fenomenológica desse corpo no XIX. Ou seja, as imagens abstratas da ciência da óptica teriam aberto caminho para os fenômenos psicofisiológicos que caracterizam os chamados brinquedos ópticos, pelos quais a fenomenologia do movimento chegava às imagens e que precisavam de uma *visão corporal* para existir em todas as suas dimensões.

As teorias de Crary foram muito discutidas, especialmente por autores de tendências neopositivistas de raiz anglo-saxônica, uma tendência que há muitos anos vem atacando os pressupostos gerais de Foucault, a quem consideram a origem de todos os males dos quais Crary seria uma das manifestações. Assim, W. J. Thomas Mitchell (2004, p. 21) o acusa basicamente de reducionismo e de não fundamentar adequadamente suas propostas gerais, assim como de não levar em consideração as verdadeiras experiências da recepção, "aquilo que as pessoas gostavam de olhar, como descreviam o que viam, como compreendiam a experiência visual por meio das imagens ou do espetáculo da vida diária". Em geral, Mitchell se mostra contrário aos grandes relatos totalizadores que "transpassam todos os estratos, exercendo sua força sobre uma 'só superfície social'" (2004, p. 22). Isso lhe permite criticar tanto as propostas de Foucault como as de Panofsky, a quem vê como pseudo-herdeiros do idealismo alemão.

Mitchell encontra no Panofsky de *La perspectiva como forma simbólica* (1987) as mesmas tendências à generalização metafísica que descobre em Crary, apesar de reconhecer que a perspectiva daquele é muito mais ampla e polidimensional do que a deste. O tipo de crítica que Mitchell representa é pouco produtivo e menos ainda generoso intelectualmente, já que se baseia na negação radical de uma perspectiva epistemológica para a qual não oferece alternativa, limitando-se a considerá-la infrutífera de uma perspectiva não menos metafísica do que a que se quer erradicar – só que nesse caso a ideia global, o grande relato totalizador, encontra-se escondido atrás da pretensão positivista de estar buscando a verdade das coisas no único lugar onde se considera que podem estar. O que importa aos teóricos dessa tendência não é tanto demonstrar que determinada teoria possa estar equivocada, mas negar a possibilidade de qualquer tipo de teoria ou metalinguagem. Mitchell é um grande teórico da imagem e ele próprio reconhece, entretanto, que "qualquer reflexão teórica sobre a cultura visual que seja interessante terá de considerar sua historicidade, e isso suporá necessariamente alguma forma de abstração e generalização sobre espectadores e regimes visuais" (2004, p. 22).

Por isso, creio que não há que dar muita atenção nesse sentido aos partidários dessa tendência, já que paralisaríamos todo o processo reflexivo que pretendesse ir além da mera descrição empírica – o que em nosso campo seria especialmente nefasto. Além disso, um dos postulados mais característicos desses teóricos, que eles expressam direta ou indiretamente, é o de que, no fundo, não há muita diferença entre os fenômenos atuais e os do passado: a cada nova proposta fenomenológica são opostos exemplos de situações parecidas em épocas passadas, o que não deixa de expressar uma posição essencialmente conservadora, ainda que apenas de forma latente.

Mas o mesmo Mitchell é capaz de superar essa visão tão limitada da fenomenologia visual e assim, apesar de não partir de concepções gerais em seus estudos, acaba chegando à descrição de fenômenos muito distantes do concreto, que são a parte mais interessante de suas pesquisas. Os pesquisadores puritanos desse tipo se esquecem com demasiada frequência de que a filiação a uma corrente epistemológica determinada é mais uma questão de temperamento pessoal do que um imperativo ético, e que as disciplinas culturais e humanistas não são necessariamente científicas no sentido estrito do termo.

Quero acreditar que a delimitação de certas formas simbólicas que caracterizam determinado período cultural, sem que por isso o monopolizem, não é necessariamente contraditória com a descrição dos fenômenos concretos, nem sequer no caso de o resultado desta última operação parecer divergir da primeira. Se ambas parecem estar bem fundamentadas em uma investigação rigorosa e honesta, o que se terá de fazer é buscar uma ponte que as una em vez de se ver obrigado a excluir, por princípio, uma delas. Só quando a pesquisa empírica desmente repetidamente a proposta estrutural é que se terá de revisar os fundamentos desta. Mas deve-se observar que há diferença, nesse caso, com relação ao método científico. Para Popper, basta que haja um resultado contraditório em um experimento científico para se questionar a validade da proposta, enquanto em disciplinas como a dos estudos visuais a contradição por si só não invalida nada – o que faz é abrir o campo fenomênico com novas perspectivas. Isso desde que se mantenha, é claro, o rigor necessário na hora de desenvolver as propostas.

Na verdade essas maneiras diferentes de entrar no mundo prolixo da imagem não são excludentes. Como disse antes, os diversos paradigmas visuais não se anulam uns aos outros, mas, em todo o caso, se sobrepõem e permutam seu grau de importância e eficácia, não sendo necessário por isso rechaçar as aproximações diferentes aos fenômenos visuais extraídas de cada um deles. De qualquer maneira, pode-se afirmar que Gombrich ocupa uma posição muito mais empirista do que a demonstrada por Stafford e Crary, cuja perspectiva é mais global. Os três poderiam ser considerados representantes de um arco conceitual no qual Gombrich ocuparia um extremo, com matizes, e os outros dois o outro, igualmente matizado. É muito possível que Gombrich concordasse com Mitchell sobre a amplitude excessiva das propostas de Crary, mas seu amplo conhecimento da cultura e a diversidade de seus interesses fazem que, talvez apesar dele mesmo, suas análises às vezes tendam a propor a existência de tendências que superam o mero nível dos fatos e apontem características originais. Pode-se dizer que, enquanto uns privilegiam a observação das imagens em relação a seu entorno, outros contemplam primeiro a existência de uma ideia global que determina o funcionamento desse entorno, e a partir dessa constatação examinam as imagens e tiram conclusões. As duas perspectivas são necessárias e a elas se soma a de um historiador como Freedberg, mais interessado nas diferentes funções da imagem, sem se importar em demasia nem com sua forma nem com sua inserção em uma globalidade determinada, apesar de não poder deixar de apelar para tendências sócio-históricas para fundamentar suas descrições. Nenhuma dessas perspectivas e das outras tantas que tentam explicar a dimensão histórica dos fenômenos visuais precisa ser ignorada por nós nem nos será inútil, já que todas elas vão compondo, ao expor suas diferentes facetas, uma realidade que é basicamente poliédrica.

Resta-nos assinalar a existência das tendências mais expressamente formalistas, como a de Henrich Wolfflin, que contemplam a história da imagem, na verdade a da imagem artística, partindo de uma série de períodos caracterizados pela interação de diversos aspectos formais abstratos, como o linear e o pictórico, o superficial e o profundo, o aberto e o fechado, o claro e o indeterminado, o múltiplo e o unitário (1997), ou como um encadeamento de estilos separados do contexto social ou econômico. Não resta dúvida de que, por mais reducionista que um enfoque desse tipo possa parecer, ao contemplar por meio de filtros aparentemente muito simples uma realidade que considero polifacética e multidimensional, ele mesmo nos oferece a oportunidade de pensar aspectos da representação visual que de outra maneira nos passariam despercebidos e podem ser muito produtivos quando os combinamos com outros parâmetros. Talvez essa não seja a verdadeira história da imagem, mas fato é que não existe uma história verdadeira da imagem, e sim diferentes formas de tirar conclusões de um magma atravessado por forças de calibre e intencionalidade distintos que de repente se somam – assim como se anulam umas às outras.

O certo é que existem muito poucas histórias da imagem propriamente ditas, ou seja, histórias que não se refiram à história da arte. Basicamente, apenas um livro, que eu saiba, recebe exatamente esse título, *Historia de las imágenes*, escrito por Manlio Brusatin (1992). Trata-se de um estudo heterodoxo que, partindo do terreno da arte, ainda que considerado em níveis distintos dos tradicionais, chega até as primeiras imagens técnicas, correspondentes à fotografia e ao cinema. Francis Haskell, por sua vez, escreveu um magnífico volume intitulado *La historia y sus imágenes* (1994), mas é fácil ver que se trata da operação contrária à que estou comentando: não é uma história das imagens, mas uma aproximação das imagens da história. De qualquer maneira, constitui um bom recurso para obter um panorama geral, mesmo estando dedicado às imagens artísticas, como indica o subtítulo do volume, que esclarece que o livro é dedicado à arte e à interpretação do passado. A *Histoire du visuel au XXe. siècle*, de Laurent Gervereau (2003), é um bom compêndio da produção de imagens durante o século passado. Em geral, porém, tem um tom jornalístico e, portanto, puramente informativo. Por seu turno, um tratado como o que James Elkins publica com o título de *The domain of images* (1999) não é uma história, mas pode fazer as vezes dela, porque o autor expõe aí os diferentes tipos de imagem, revisando uma grande quantidade e diversidade de exemplos disseminados ao longo da história.

A arte e a imagem

Em todo caso, a história das imagens não pode ser equivalente à história da arte. A primeira inclui a segunda porque a arte é um tipo de imagem, mas a história das imagens ou da fenomenologia visual supõe uma superação desse enfoque puramente artístico. Durante muito tempo, a partir do século XVIII, falar de imagem foi equivalente a falar de Arte com maiúsculas, ou seja, essencialmente dos grandes mestres da pintura, escultura e arquitetura e de suas obras mais representativas. Mas, a partir de meados do século XIX, essa perspectiva se transforma em problemática quando aparecem as imagens técnicas: primeiro as fotográficas, depois as cinematográficas.

No século XX, a imagem se relacionava com meios tão diferentes que já não era possível continuar privilegiando a arte acima dos demais processos de visualização, algo que, no entanto, continuou sendo feito até o final do século. Isso embora, em seus primórdios, o historiador Aby Warburg e a escola que fundou já tivessem abalado, como afirmei, os alicerces da história da arte oficial ao orientar seu interesse não tanto para as grandes obras, mas para as representações marginais que tinham sido esquecidas, como gravuras, ilustrações, ornamentos etc. Foi uma forma de começar a se interessar pelo fenômeno da representação visual, além do valor intrínseco das obras. A partir desse momento, chegou-se paulatinamente à conclusão de que uma história das imagens não deve supor uma história dos grandes marcos da representação visual, mas das formas de visualização, as quais tanto podem surgir em uma pintura mundialmente reconhecida como no mais modesto exemplar de uma coleção de cromos.

Fica difícil aceitar esse tipo de paralelismo, que parece ser a tônica da pós--modernidade, porque dá a impressão de que através dele equiparamos o valor estético ou intelectual de manifestações culturais pertencentes a níveis tradicionalmente considerados muito diferentes. Por exemplo, Rafael Argullol, cuja cultura e sensibilidade são inestimáveis, se queixava, por ocasião de uma polêmica sobre os grafites que proliferam na cidade de Barcelona, que parecia que quem os defendia estava insinuando que um mural de Giotto tinha o mesmo valor de uma parede manchada pela pintura em *spray*. Seria um erro pensar que os maravilhosos afrescos da capela dos Scrovegni de Pádua são equiparáveis, em sensibilidade estética e capacidade representativa, a um grafite urbano atual, por mais interessante que seja – nisso Argullol tinha razão. Mas nós que afirmamos que o grafite é um tipo de arte atual não queremos estabelecer comparações desse tipo, e sim deixar claro que o grafite é uma forma visual tão representativa de determinadas pulsões estéticas contemporâneas quanto os afrescos de Giotto o foram no início do século XIV, deixando de lado o valor especificamente artístico de cada uma das formas. Se disso se quiser extrair conclusões sobre os distintos graus de sensibilidade de uma e outra época, é algo muito diferente – ainda que não deixe de ser uma operação arriscada, pois nem toda a nossa sensibilidade depende dos grafites, e tampouco a do século XIV era representada exclusivamente por Giotto. Este é, de fato, o principal problema da história da arte clássica, que estabelece valorações com base em obras-primas, esquecendo-se de que elas eram rodeadas de outras propostas nem tão excelentes, algumas das quais podiam até ser consideradas relativamente primitivas – não em relação aos grafites, que não são primitivos em si, mas como a poluição visual que muitas vezes os acompanha e pouco tem que ver com eles, apesar de também ser produzida sobre os muros da cidade, aos quais não faz mais do que sujar.

Vale a pena recordar o que dizia John Berger sobre Jackson Pollock e as consequências que o expressionismo abstrato teve sobre a pintura contemporânea. Para Berger, Pollock era um pintor com um grande talento, e suas obras nos alertam para a desintegração de nossa cultura, mas ele acrescenta que "já vimos as consequências das agora famosas inovações de Pollock: milhares de telas tachistas ou *Action* crua e arbitrariamente cobertas e 'atacadas' com pintura" (2003, p. 15). Mesmo que pareça estranho, da perspectiva da imagem estamos mais preparados para fazer esse tipo de diferenciação ou para matizá-las do que quando os estudos visuais eram dominados exclusivamente pelo enfoque artístico, já que agora prestamos atenção a todo tipo de manifestação visual e portanto não ignoramos o valor de cada uma delas – mesmo que não utilizemos essa valoração para discriminá-las de antemão e consequentemente ignorar o potencial sintomático de todas as tendências.

A história começa agora

Vou começar essa história das imagens – limitada, parcial e esquemática – pelo final, pelo presente, para evitar qualquer tentação de ver nela uma linha evolutiva que nos faça pensar que todas as tendências visuais do passado conduziram de alguma forma à atuais, que seriam assim as mais perfeitas. Além disso, para ser mais eficaz, partirei de uma série de valores estruturais que, em forma de modelo epistemológico, aplicarei a cada uma das épocas que examinar – épocas que não serão determinadas por uma aproximação de tipo histórico ou social, mas pela forma como os elementos desse modelo interagem. Na verdade, sequer serei demasiado cuidadoso, com o perdão dos historiadores, em precisar os limites temporais dessas épocas, uma vez que minha intenção é assinalar simplesmente a existência de diversos paradigmas visuais que, mesmo tendo aparecido sucessivamente, foram se sobrepondo e, portanto, não se pode dizer que comecem ou terminem em um movimento determinado. Isso não quer dizer que historiadores da arte mais preparados do que eu não pudessem fazer como Panofsky (1986, p. 22) quando indica que a arte gótica e os movimentos filosóficos equivalentes ligados à escolástica primitiva "se difundiram a partir de uma área demarcada por uma circunferência de 150 quilômetros de raio em torno de Paris e nela permaneceram concentrados durante quase um século e meio".

Na verdade, alguns historiadores do pós-modernismo atual fazem algo parecido com a operação de Panofsky quando situam o nascimento dessa tendência muito concretamente em Las Vegas, como faz Robert Venturi (1878), ou em lugares espalhados pelo planeta mas compondo uma rede substancial, segundo Perry Anderson (1998). Uso esses dois autores como exemplo porque uma história das imagens não pode prescindir da concepção pós-modernista nem se esquecer da arquitetura. E a maneira como Panofsky relaciona arquitetura e pensamento é muito interessante para as perspectivas atuais.

Não se deve considerar, entretanto, que essas estruturas "didáticas" por meio das quais organizo meu discurso tenham alguma validade real como tais, isto é, que o jogo estrito de equilíbrios que demonstram existiu em algum momento ou que sua arquitetura faz parte da paisagem da realidade, por mais amplitude que dermos a esse conceito. Bem ao contrário: devem ser consideradas ferramentas ao mesmo tempo heurísticas e hermenêuticas, ou seja, um instrumento destinado a estimular a imaginação e canalizar as perguntas pertinentes. De qualquer maneira, uma vez cumprida sua missão, essas estruturas seguramente nos terão proporcionado a radiografia de um paradigma visual determinado, cujas características não deixarão de ter alguma relação com elas. Qualquer metodologia é afetada pelos mesmos males e tem as mesmas virtudes: todas elas são ferramentas que moldam a realidade segundo sua própria morfologia e nos oferecem, portanto, apenas uma faceta das muitas que a realidade possui. Um paliativo a esse defeito pode consistir em tentar fundamentar teoricamente esses instrumentos metodológicos, mas às vezes a emenda sai pior que o soneto – já que, quanto mais fundamentado seja um método, mais seus defensores estarão inclinados a considerar sua validade absoluta e, portanto, a acreditar que equivale à forma exata do real. Acredito que seja melhor adotar essas estruturas de maneira transitória e ter consciência da validade não menos temporária dos resultados alcançados com elas, sabendo que, de qualquer forma, esses resultados não deixarão de nos ajudar a compreender aspectos gerais dos fenômenos e o fato de que são um de nossos veículos principais para conhecer o que acontece realmente.

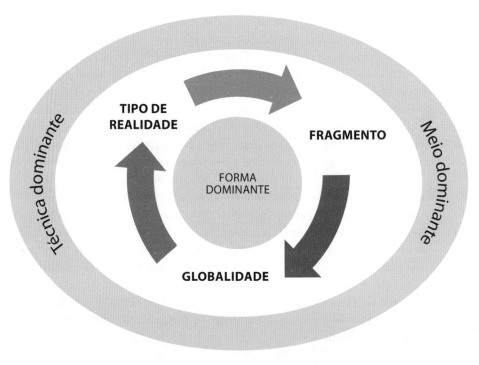

Figura 16

Os valores que pretendo utilizar são *realidade, fragmento* e *globalidade* (Figura 16). Insisto que poderíamos encontrar outros conceitos úteis a nossos propósitos, mas considero que a referência à realidade é essencial em todo tipo de imagem, inclusive as mais abstratas, e que a estrutura das representações sempre apresenta uma dialética entre suas partes e o todo que elas compõem.

Por realidade entendo o que sempre se chamou de realismo, mas com um matiz importante, e não se trata tanto de como se representa a realidade em cada momento, mas de como se concebe a realidade no momento dado: o matiz é importante porque muitas vezes uma noção superficial da representação tende a ocultar a concepção profunda que a articula. Creio que atualmente é necessário considerar que os diferentes tipos de visualidade não se devem apenas a questões de estilo, mas respondem a formas de conhecimento. O estilo se superpõe, em todo caso, a uma forma de conceber o real que é a que determina o fundamento básico de cada paradigma visual. O estilo é puramente subjetivo, enquanto a perspectiva epistemológica, ainda que também responda, em última instância, a uma determinada subjetividade, implica ao menos um consenso geral e, portanto, adquire características ontológicas, ou seja, afirma algo sobre a forma básica do real. O estilo responde a uma subjetividade particular, enquanto o conhecimento é filho de uma subjetividade geral, sociocultural. Não deve nos importar que essa forma da realidade varie segundo as épocas, mas devemos considerar que, em cada uma delas, responde ao que se considera a *realidade* e, consequentemente, é o ponto a partir do qual se constituem as imagens coetâneas, inclusive as que não têm interesse algum em representar diretamente essa realidade.

Os movimentos técnico-retóricos que correspondem aos conceitos que denomino *fragmento* e *globalidade* estão presentes em todas as épocas e determinam as forças principais que regem as formas de representação ou de explicação (nem todas as imagens representam, algumas têm maior interesse em explicar as coisas e outras cumprem ambas as funções). Em alguns momentos domina a tendência ao fragmentário, em outros é a concepção global, o conjunto, o que determina a maneira como se apresentam os produtos visuais – ainda que ambas as formas estejam sempre presentes em qualquer paradigma e o que varie seja a predominância de uma delas e sobretudo o resultado visível dessa predominância, ou seja, se o conjunto da imagem tende a nos apresentar elementos fragmentários ou se, ao contrário, os esconde por trás de um véu que torna o conjunto coeso.

Por último, resta-nos explicar o aspecto da forma dominante. Já abordei antes os problemas que uma aproximação desse tipo pressupõe e portanto não voltarei a isso agora. Direi simplesmente que, ainda que em todas as épocas se acumulem imagens de muitos tipos diferentes, imagens pertencentes a praticamente todos os estilos e a todos os paradigmas visuais que já existiram (pensemos por exemplo em nosso tempo, no qual essa proliferação é imensa), sempre há uma tendência, não exatamente estilística, que predomina sobre as demais, uma forma que não só supõe um sintoma social, mas veicula as tendências tecnológicas do momento. Uma grande quantidade de imagens de um período determinado, precisamente aquelas que supõem uma novidade em relação a períodos anteriores, demonstra essa tendência de uma maneira ou outra. A tendência em si também é uma novidade quanto a possibilidades formais anteriores, o que não quer dizer que não tenha existido nada parecido antes – simplesmente sua presença era então mais exceção do que regra. Para que não sejamos acusados de idealismo, podemos virar a proposição do avesso e considerar que são as tendências tecnológicas do momento que dão lugar às formas dominantes, mas, se pensarmos detidamente, veremos que o fenômeno é complexo demais e está sujeito a um conjunto de forças históricas amplo demais para determinar a prioridade dos agentes fenomenológicos.

É em momentos como esse que deparamos com a metafísica da linguagem e descobrimos que ela nos limita na hora de expressar corretamente o funcionamento do real: a linearidade mecanicista das frases nos leva a posições contraditórias como a anterior, e nos vemos obrigados a escolher entre diversas possibilidades que não são tão reais nem expositivas. O recurso à exposição visual por meio de um diagrama nos permitiria expressar mais claramente as coisas e por isso nos aproximaria mais de sua explicação completa. Quero dizer com isso que a representação e a tecnologia interagem de forma complexa demais para que possa ser exposta verbalmente de maneira sucinta sem incorrer em contradições. Tenhamos isso em conta quando, mais adiante, passarmos a comparar ambos os paradigmas, o linguístico e o visual.

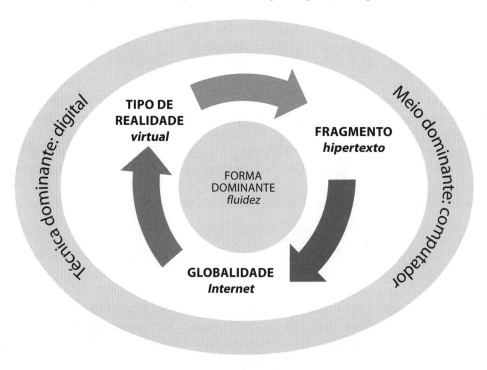

Figura 17

Esse distanciamento da forma dominante, que se relaciona de maneira direta com o que nos indica que tipo de realidade corresponde a um período determinado, será sempre consequentemente dual e expressará tanto valores tecnológicos quanto estilísticos, entendidos de uma perspectiva muito ampla, quase como formas simbólicas que regem os estilos particulares possíveis. Seguramente, aqui Mitchell voltaria a franzir o cenho e talvez não lhe faltasse razão, já que o conceito de forma simbólica é problemático e, além disso, aplicá-lo em sentido tão estrito como implica minha proposta pode parecer abusivo. Mas é preciso levar em conta que não pretendo fazer história propriamente dita; minha intenção é extrair das imagens o máximo de informação possível sobre elas e seu funcionamento, e para isso qualquer ferramenta é boa, sempre que sua coerência tenha sido comprovada convenientemente (para saber mais sobre as formas simbólicas recomendo a leitura de Ernst Cassirer e Panofsky, a menos que queiramos remontar a Kant). Em geral, a missão que empreendi tem como finalidade principal educar o olhar, o que nos permite certas liberdades que, caso contrário, deveriam ser severamente matizadas.

A era contemporânea: fluidez digital

Na atualidade, no início do século XXI, predomina a imagem digital e todo o conjunto de derivações fenomenológicas que advém dessa tecnologia. Não se trata apenas, portanto, de a tecnologia digital ter-se imposto à analógica e, por conseguinte, de que uma série de novos setores produtivos tenham se desenvolvido, como o de *videogames*, ao mesmo tempo que os antigos se modificam, como o cinema, mas é necessário compreender que a digitalização comporta um conjunto de mudanças drásticas na maneira de entender as imagens e de expressá-las – mudanças no que Crary e Berger denominariam formas de ver.

As formas de ver podem ser traduzidas em formas de olhar, ou seja, em formas conscientes de ver que abrem espaço a novos tipos de imagem, as quais desenvolvem sua fenomenologia correspondente. Essa série de transformações pode ser agrupada sob o conceito comum de fluidez. As imagens atuais são essencialmente fluidas, líquidas, poderíamos dizer, para empregar uma metáfora popular no momento. Consequentemente, o que determina as visualidades das imagens contemporâneas, o que as agrupa apesar da diversidade de meios que as veiculam, não é tanto a digitalização, seu aspecto tecnológico, mas a *fluidez* que caracteriza a aparência visual dos produtos dessa tecnologia particular. Essa condição fluida é, portanto, o resultado das características técnicas dos equipamentos digitais: as imagens adotam o aspecto de um líquido que flui e se adapta a seu entorno porque sua condição digital o permite, mas não só por isso, já que o cinema também era fluido em essência e, no entanto, tinha um suporte analógico de caráter fotoquímico. E, além disso, como veremos em seguida, a metáfora da fluidez não provém da nova realidade tecnológica, mas a precede e a acompanha vinda de outros setores.

Como podemos verificar, as transformações não são produzidas mecanicamente. A implantação de determinada técnica não desemboca de maneira automática na destilação de uma forma concreta, mas o que faz às vezes é transformar uma forma que já estava presente anteriormente em hegemônica, ainda que suas características nesse sentido não fossem detectáveis porque eram observadas de uma perspectiva diferente.

Zygmunt Bauman é quem mais utilizou a metáfora do líquido para expressar as características da cultura contemporânea, e por meio de diversos estudos propôs a validade de conceitos como modernidade líquida, vida líquida, tempos líquidos, amor líquido, arte líquida e medo líquido. Com isso pretende ressaltar o caráter fluido do mundo contemporâneo, a plasticidade dos fenômenos que lhe dão forma:

> Os fluidos, por assim dizer, não se fixam no espaço nem se atam ao tempo. De certa forma os sólidos têm uma dimensão espacial clara, mas neutralizam o impacto – e diminuem o significado – do tempo (resistem efetivamente a seu fluxo e o tornam irrelevante), os fluidos não conservam uma forma durante muito tempo e estão constantemente dispostos (e inclinados) a mudá-la [...] Em certo sentido, os sólidos cancelam o tempo; para os líquidos, ao contrário, o que importa é o tempo. (Bauman, 2006, p. 8)

Muito antes de aparecerem os estudos de Bauman, eu mesmo já tinha detectado um fenômeno similar que parecia exercer uma importante atração formal sobre as imagens contemporâneas, e para delimitá-lo estabeleci em meu ensaio *Elogio de la paranoia* (1997) o conceito de imagem líquida – com o qual queria qualificar um tipo de imagem que, essencialmente, vinha substituir a forma pela qual a imagem-movimento tinha operado até então, ou seja, por meio de colagens de tipo mecanicista, como as que regiam a montagem cinematográfica clássica. Esse novo tipo de imagem ou, melhor dizendo, essa nova forma da imagem correspondia, em meados dos anos 1990, à imagem videográfica e incipientemente à digital: em ambos os casos eram produzidas formas de exposição que privilegiavam as tomadas longas, planos que tendiam a se prolongar indefinidamente e, portanto, eliminavam a necessidade da montagem ou a transpunham para o interior do plano. Esse poderia ser considerado um novo tipo de fotomontagem em movimento, que incorporava a fluidez à fotomontagem tradicional. Desde então, essa tendência técnico-retórica não fez nada além de crescer, mas curiosamente seus antecedentes são encontrados muito antes, por exemplo no plano-sequência dos neorrealistas, que em sua época foi entendido de forma muito distinta por teóricos como André Bazin. Em meados do século passado, a tendência no sentido de fluidez visual no cinema (não só detectável nos planos-sequência propriamente ditos, mas também no alongamento temporal das tomadas) foi entendida como um incremento do realismo, enquanto no final do mesmo período concebia-se já como forma retórica ligada à fenomenologia da condição espaçotemporal das imagens em movimento, algo que os formatos videográficos e digitais claramente corroboram.

O cinema, entendido como meio, foi a primeira representação estética plenamente desenvolvida do novo conceito de espaçotemporalidade cunhado pela física no final do século XIX. Mas não foi até um século mais tarde que a nova estética foi entendida dessa maneira e desenvolvida subsequentemente. Os longos planos-sequência dos filmes de Theo Angelopoulos são um bom exemplo dessa tomada de consciência no terreno cinematográfico, mas as realizações mais claramente expressivas do fenômeno se produziram no âmbito do vídeo: obras como "Tango" (1980) ou "The orchestra" (1990), de Z. Rybczynski, são expoentes claros dessa tendência que a arte eletrônica desenvolveu com o uso de programas como Morphing, Morpheus ou Elastic reality (realidade elástica), empregados também em diversos filmes como "Willow" (1988) ou "Exterminador do futuro 2: o dia do julgamento" (1991). Neste último, os efeitos especiais mostram exemplos muito contundentes de imagens indiscutivelmente líquidas, já que é precisamente essa condição fluida do corpo do protagonista que lhe permite atravessar objetos sólidos.

As imagens digitais são, portanto, essencialmente fluidas – além de muitas outras coisas, é claro. Mas a fluidez é o que primeiro se destaca da imagem contemporânea. O meio fluido por excelência são os *videogames*, nos quais a montagem propriamente dita desapareceu e foi substituída por telas-mundo que podem ser exploradas em todas as direções, abrindo caminho para novos acontecimentos no interior de cada uma delas. A televisão também tem fluidez quando funciona como televisão e não como cinema, ou seja, quando retransmite ao vivo sem sobrepor a fenomenologia propriamente cinematográfica, como acontece na maioria das vezes. No presente momento, as imagens mais paradigmáticas às quais o conceito de fluidez se refere são as relacionadas com a realidade virtual.

Realidade virtual (RV)

Com a realidade virtual entramos no aspecto globalizador das imagens contemporâneas. Como eu disse antes, tendências fragmentárias e globalizadoras existem em todas as épocas, enquanto as características dominantes são exclusivas de uma delas. Sendo assim, é perfeitamente possível que o traço dominante, nesse caso a fluidez, ocorra em consonância com alguma das tendências persistentes ou com ambas ao mesmo tempo. De fato, o normal é que seja assim e que, nesse caso, a fluidez visual apareça tanto nas manifestações fragmentárias como nas globalizantes da imagem contemporânea.

Se a realidade virtual é o paradigma da fluidez, pelo fato de dissolver todos os elementos que se interpõem entre a visão e a representação, tendendo a fazer coincidir a realidade com a imagem, também pode ser considerado o exemplo mais claro da imagem global contemporânea, já que fundamenta uma experiência visual unitária.

Nos anos 1990, a realidade virtual configurou um salto qualitativo relativo à forma como se tinha entendido a representação visual até aquele momento. Trata-se de um dispositivo que, diante de uma série de equipamentos tecnológicos (óculos especiais, luvas sensíveis, roupa igualmente sensível e adaptada ao corpo etc.), permite uma completa imersão na imagem. O conceito de fluidez e também o de interatividade pareciam alcançar aqui seu ápice tanto em separado quanto como conjunto fenomênico. Efetivamente, a imagem fluida por excelência parece ser aquela que perde o marco de referência e se transforma em um substituto da própria realidade à qual se sobrepõe. E nesse momento, a interatividade é total, já que é o próprio observador, convertido em ator, quem provoca as mudanças na imagem com os movimentos de seu corpo.

Tudo isso está certo e, nesse sentido, não resta dúvida de que as imagens que a realidade virtual propõe não só abrem o caminho para uma nova estética como nos obrigam a refletir sobre muitos dos parâmetros que sustentavam a antiga. É ao efetuar essa reconsideração que nos damos conta de que a realidade virtual não só nos informa sobre um dos caminhos possíveis da imagem do século XXI como também, e de forma primordial, encerra o ciclo de uma forma da imagem do passado – a correspondente ao paradigma da perspectiva pictórica. Nesse sentido, a realidade virtual se revela mais como uma utopia do que como uma realidade, uma utopia que expressa um desejo muito antigo e uma tendência persistente da arte ocidental em direção a um realismo cada vez mais perfeito. Talvez seja por isso que as altas expectativas que o novo meio levantou nos anos 1990 não tenham sido atingidas – e provavelmente não o serão em um futuro próximo, já que o interesse dos pesquisadores e do público foi desviado para outras possibilidades menos radicais.

Outras formas da imagem resultaram mais funcionais para avançar pelo caminho que a própria realidade virtual propunha (como as propostas holográficas, ainda incipientes, ou a cada vez mais potente realidade aumentada, por exemplo), mas a RV foi implantada no imaginário coletivo como o farol que ilumina persistentemente o caminho do futuro, quando na realidade acontece como em todos os faróis, cuja luz dá voltas e ilumina tanto o passado como o futuro.

Logo teremos a oportunidade de examinar em profundidade o paradigma configurado pela perspectiva pictórica, mas agora devemos ter em conta apenas uma coisa: os pintores do Renascimento inventaram uma técnica capaz de criar imagens pictóricas que simularam um grau extremo de realismo. Elas aparentavam ser a própria realidade vista por uma janela. Alberti, o primeiro teórico desse sistema de representação, utilizou expressamente em seu *Da pintura*, do século XV, a metáfora da janela para explicar a impressão que as novas pinturas deviam dar. Segundo ele, um quadro devia ser como uma janela aberta para o mundo. Essa mesma ideia foi recolhida por Ortega y Gasset no início do século XX para explicar exatamente o contrário, ou seja, a arte moderna, abstrata, que se opunha ao realismo perspectivista. O filósofo espanhol afirmou em *A desumanização da arte* (1991) que ver uma pintura realista era como contemplar uma paisagem através do vidro de uma janela: a vista se concentra na paisagem e esquece o vidro. Ao contrário, quando vemos um quadro abstrato, é como se, em vez de olhar através do vidro, concentrássemos a vista nele; as formas e figuras se borrariam e não veríamos mais do que manchas de cor. Não é a eficácia didática dessa proposta o que nos interessa, nem se se ajusta ou não à experiência que propõe a arte abstrata; o interessante é a utilização da metáfora da janela ao longo de quase quinhentos anos, tanto para abrir um ciclo como para fechá-lo. Só que o ciclo realista da arte não se fechou necessariamente com as propostas estéticas de sinal contrário inauguradas pela vanguarda do início do século XX das quais Ortega y Gasset tratava; sua conclusão chegou quando a tecnologia conseguiu que fossem cumpridas as promessas que a perspectiva tinha feito no Renascimento.

Um quadro pintado com perspectiva oferecia a seu espectador duas propostas contraditórias: dizia que diante dele havia uma janela que podia ser atravessada para se chegar à realidade apresentada do outro lado, mas ao mesmo tempo indicava que essa impressão só podia ser sustentada sempre e quando o espectador não se aproximasse demais da janela que o quadro lhe apresentava. Isto é, a impressão de realidade (promessa de acessibilidade) só era possível se não fosse posta à prova, aproximando-se por exemplo do quadro, quando então seu aspecto bidimensional e opaco se poria a descoberto de imediato, acabando com a ilusão. Agora a realidade virtual nos oferece a possibilidade de atravessar essa janela e ter acesso à realidade do outro lado: a distância entre quadro e espectador na qual se baseava o ilusionismo perspectivista se anulou e é possível penetrar nas imagens. Hoje, portanto, cumpre-se a utopia fundamental do realismo, e já sabemos que as utopias não acabam quando encontram oposição, mas precisamente quando triunfam.

A realidade virtual tem, consequentemente, duas caras, uma que visa o futuro e outra que contempla o passado. A que se dirige ao futuro só será eficaz se conseguir desapegar-se dos atavismos arrastados pela que olha para o passado, ou seja, se conseguir neutralizar a necessidade de continuar incentivando a impressão de realidade. Nesse aspecto, como em outros, a impressão de realidade é um entrave às muitas possibilidades da nova técnica. Incentivar o realismo nesse âmbito é tornar bons os presságios apocalípticos de Baudrillard sobre o simulacro que se superpõe à própria realidade e a anula. Uma sobreposição desse tipo só pode ser válida se for implementada com base em uma estética diferente da realista, uma estética baseada em tendências didáticas que permitam tirar conclusões sobre a disparidade entre a realidade e sua representação, em vez de perseguir a equiparação hipnótica de ambas. Isso é o que propõe precisamente uma técnica paralela como a realidade aumentada ou alguns *videogames* (como os *videogames* sempre sobrepõem informação ao realismo das telas, em geral podemos dizer que vão por esse caminho, ainda que seu fundamento seja a perseguição de uma representação absolutamente realista).

Por fim, acabamos chamando de realidade virtual muitos dispositivos que não estão diretamente relacionados com o equipamento que permite a imersão total na imagem. Assim, acomodando-se ainda mais inclusive na tradição pictórica perspectivista, fala-se de realidade virtual para descrever as telas dos novos *videogames* ou para qualificar as páginas web que propõem cenários realistas tridimensionais em vez de telas com informação diversa distribuída sobre sua superfície. Assim como o realismo cenográfico dos *videogames* triunfou amplamente, a tendência homônima da web avança com muita lentidão, apesar de ter havido um momento em que pareceu que ia se produzir uma migração muito rápida em direção à nova forma de exposição.

Interatividade

Toda essa série de técnicas tem em comum, com exceção da fluidez fundamental de suas imagens e de sua tendência a uma concepção global da representação, sua condição interativa. A interatividade seria outra das características da imagem contemporânea, mas não a destaquei como traço fundamental no mesmo nível da fluidez – embora ambas se baseiem na digitalização – porque a interatividade em si não é um aspecto formal, não expressa uma forma das imagens. A aplicação da interatividade nas imagens gera transformações estéticas nelas, mas não podemos dizer que a interatividade seja uma forma estética. É, ao contrário, uma maneira de se relacionar com as imagens.

Tal maneira de se relacionar com as imagens é nova porque materializa os dispositivos psicológicos por meio dos quais os espectadores experimentavam as propostas visuais. Materializa-as primeiro visualizando e então dotando essa visualidade de um potencial ativo. Isso faz que o espectador não fique passivo diante da imagem, interiorizando-a para processá-la com sua imaginação, mas – invertendo todo o procedimento – passe para a atividade, canalizando os dispositivos de sua imaginação por meio das possibilidades que a própria imagem lhe oferece. Nas imagens interativas, em suas formas de representação unidas a sua forma de atuação, a imagem e a imaginação se conjugam em vez de permanecer separadas como até agora ou até a invenção do cinematógrafo – que, como veremos, já supõe um primeiro passo, ainda que limitado, no sentido dessa simbiose.

A interatividade depende diretamente do movimento: não haveria interatividade possível com as imagens (no sentido que a consideramos atualmente, não como relação psicológica) se estas não fossem previamente dotadas da possibilidade de movimento. O movimento sempre foi contemplado como uma característica necessária das imagens, e por isso sua ausência se equiparou, *a posteriori*, com um defeito. Algo muito parecido ocorreu quando o som foi incorporado à imagem cinematográfica. Essa inovação transformou injustamente o cinema mudo em um cinema incompleto. Entretanto, a interatividade nos mostra que o movimento era mais do que isso, já que abriu a possibilidade de um diálogo eficaz com as imagens e, em contrapartida, permitiu o incremento de seu naturalismo. Não resta dúvida de que esse incremento foi transcendental, uma vez que fez aparecer, com o cinema, uma nova forma de narrativa, e com a televisão logo deu lugar a novas maneiras de expor a realidade, mas levou ao esquecimento do aspecto retórico do movimento – que é o que fundamenta os princípios da interatividade na imagem.

Dessa perspectiva, o movimento não é um aspecto necessário da imagem, mas uma potência para transformá-la. O movimento desestabiliza a proverbial rigidez da imagem, não para servir a um projeto mimético de caráter narrativo como o cinema, mas para torná-la receptora da atividade subjetiva do espectador transformado em usuário-gestor. No cinema, o espectador sentado em sua poltrona se relaciona a distância com o que acontece na tela: identifica-se com o herói, emociona-se com as peripécias da trama etc. Com o *videogame*, esses movimentos mentais se transformam em ações que se aplicam à tela e causam mudanças na imagem que, por sua vez, geram outros estados mentais. O usuário-gestor se transforma, assim, em parte da imagem, sem se introduzir nela como propunha a realidade virtual, e sim mantendo uma distância que constitui um remanescente da época espectatorial, mas permite o surgimento de um novo espaço representativo-ativo que denominamos interface.

Interfaces

A interface é a novidade autêntica na imagem contemporânea. Todos os demais meios estão relacionados por uma cadeia de influências que estabelece conexões entre eles. A herança da pintura, do teatro e da literatura passa para a fotografia e o cinema, os quais a transmitem para a televisão e o vídeo, até chegar às portas do computador e dos *videogames*. Pode-se estabelecer uma genealogia que expresse as diversas transformações que experimentam os dispositivos retórico-representativos quando transitam de um meio a outro, no que supõe uma visualização progressiva deles e, embora as divergências sejam muitas, em última instância sempre nos encontraremos diante de um grau ou outro de encenação, já que o teatro é o meio fundamental de todos eles, por ser o mais antigo e o que estabelece a noção essencial de espetáculo.

Uma disposição desse tipo seria obviamente reducionista, já que não nos mostraria todas as variações possíveis, além de nos induzir a crer em uma evolução equilibrada rumo ao aperfeiçoamento crescente dos modos de representação, quando na verdade se trata de um movimento muitíssimo mais complexo no qual múltiplos aspectos interferem e, portanto, tende a ser mais caótico do que esse arranjo permitiria supor. Mas é verdade que, contemplados globalmente, os modos de representação que se sucedem em nossa cultura mostram uma unidade paradigmática que faz que todos eles possam ser resumidos a um mínimo denominador comum que recolhe uma série de parâmetros fundamentais. Estamos de acordo com o fato de que o espaço cinematográfico não é o mesmo da tragédia grega, nem o desta é de todo equiparável ao da pintura realista, mas todos esses espaços e as formas de exposição que os acompanham respondem a um mesmo tipo de imaginação que, ao longo do século XX, vai experimentando, como vimos, transformações mais radicais a partir da ruptura iniciada pelo cinema.

Podemos detectar vestígios da nova formação que a interface suporá muito antes que esta apareça como dispositivo, por exemplo na fluidificação paulatina das representações visuais que começam pelo cinema, mas esses traços incipientes não terão tomado forma até o final do século XX. O computador e os *videogames* são contemplados no princípio como um prolongamento do paradigma que está terminando, quando na verdade, por mais que possam ter os pés nele, a cabeça já está do outro lado da fronteira. Assim, Brenda Laurel faz um dos primeiros estudos inteligentes sobre o computador, equiparando-o com o teatro e a poética aristotélica

(1993), sem se dar conta de que está contemplando o pedestal sobre o qual se assenta o meio, mas não as verdadeiras implicações que estão em outra parte.

O computador serve de ponte entre um paradigma e outro, tal como lhe corresponde por ser o instrumento básico da transformação digital. Sua função é parecida com a do cinema no século XIX, mas mais radical. O cinema, ao lado da fotografia, desencadeou uma revolução extraordinária nos modos de representação, mas seus efeitos se mantiveram no interior do paradigma que os viu nascer. Com isso, esse paradigma começava a mostrar, no entanto, suas primeiras lacunas importantes: uma nova fenomenologia baseada no movimento e no uso de imagens diretamente relacionadas à realidade, assim como na intervenção profunda da tecnologia, estava se constituindo, mas as formas que saíram disso permaneceram, como afirmei, dentro dos limites do paradigma. Dessa forma, estilos à parte, o cinema pôde ser considerado continuador direto do teatro ou da novela, e a fotografia, seguidora da pintura. O computador, entretanto, se projeta para o outro lado da linha divisória e propõe um novo tipo de imagem, inédita em todos os sentidos: a interface.

Em primeiro lugar, o espaço dessa imagem não tem limites precisos como o de todas as demais, que se inscreve no interior de molduras, cenários ou telas. Ao se relacionar com o computador, as interfaces parecem circunscrever-se também à sua tela, mas não é assim de todo. A interface transborda a tela do computador, já que uma parte de seu potencial funcional pode estar dividido por dispositivos tecnológicos tais como teclados, mouses, canetas ópticas ou *joysticks*. Esses dispositivos tecnológicos devem ser considerados parte da imagem, uma vez que conectam o usuário-gestor à sua visualidade operacional: o corpo desse usuário-gestor e a representação formam uma unidade operacional que age conjuntamente.

Seria possível pensar que esses dispositivos são equivalentes aos equipamentos anteriores, que também estão relacionados intimamente aos meios correspondentes como a fotografia, o cinema, a televisão ou o vídeo e cujo vetor tecnológico é assim mesmo muito importante, mas observemos que no caso da interface produziu-se uma transformação bastante profunda. Os equipamentos anteriores eram necessários para a produção das imagens, mas, uma vez confeccionadas, eles desapareciam de vista e não se imiscuíam na forma das visualizações correspondentes. Agora, no entanto, os novos dispositivos devem estar presentes a todo momento para que a imagem atinja todo o seu potencial, para que sua visualização seja operacional, para que o novo espectador, transformado em usuário-gestor, possa se apoderar dela por meio de sua imaginação canalizada em primeiro lugar a partir desses dispositivos. Então, a própria imagem, em suas sucessivas transformações, oferecerá ao usuário-gestor novas oportunidades retóricas e, portanto, novas formas de intervenção imaginativa. Podemos considerar a possibilidade futura de que esses dispositivos tecnológicos desapareçam quando suas funções forem absorvidas por telas táteis ou sensores de movimento (e também pela captação do movimento dos olhos ou por projeções mentais, como levam a crer certas pesquisas atuais), mas ainda assim a imagem continuará transbordando a tela – já que, quando isso ocorrer, estabelecerá relações ainda mais próximas com o usuário-

-gestor. O desaparecimento dos dispositivos "mecânicos", o último vestígio desse tipo de tecnologia, suporá uma absorção por parte da imagem e do usuário-gestor de seu funcionamento: a imagem e os gestos recuperam, mediante uma operação metafórica inversa, as operações do dispositivo correspondente, o qual já foi criado para absorver metaforicamente o que eram ações e gestos naturais. Essa duplicação metafórica das possíveis representações transparentes do futuro (potencializadas por uma nanotecnologia que torne o computador praticamente invisível) transformará as interfaces em representações retóricas complexas das quais se poderá extrair uma espécie de escrita visual, fundamentada no corpo e na imaginação combinados; essas imagens interface serão representações puramente cognitivas.

No filme "Minority report" (2002), de Steven Spielberg, utilizam-se dispositivos de realidade aumentada que podem nos dar uma ideia desse tipo de transformação. Curiosamente, Jean Starobinski, ao estudar a poética de Racine, que seria uma poética do olhar, detecta nela um mecanismo parecido com essa fenomenologia de interface cujo futuro acabamos de delimitar. Diz o autor suíço (1999, p. 77) que "se aceitarmos a ideia de uma espiritualização dos gestos físicos ao transformarem-se em olhar [assim o detectou nas obras de Racine], devemos admitir a ideia inversa de uma 'materialização' do olhar, que incorpora e arca com todos os valores corporais, com todas as situações patéticas pelas quais se deixa invadir". A interface manifestaria, portanto, um momento de complexidade não só da imagem, mas também do olhar, por meio de um intercâmbio de potenciais com a gestualidade corporal que alcançaria a elaborada capacidade retórica de expressões literárias tão profundas quanto as do Barroco francês.

Mas as diferenças da nova imagem interface no que diz respeito às representações anteriores não param por aqui. Devemos ter em conta também que o espaço da interface não é só um espaço visível e, portanto, relacionado com uma superfície de demonstração (que poderia ser substituída por imagens holográficas, como já acontece, ainda que parcialmente, com a realidade aumentada), mas também um espaço virtual que em parte é projeção do computador no sentido do usuário-gestor e em parte projeção do usuário-gestor no sentido do computador. Trata-se de um espaço fenomênico cujas bases materiais se encontram, por um lado, nos dispositivos tecnológicos mencionados e, por outro, nas formas retóricas que a imagem em transformação oferece ao usuário-gestor – umas e outras são equivalentes a partir de suas diferentes posições, fora e dentro da imagem. Esse espaço fenomênico tem, além disso, uma visualização concreta nas transformações que a forma da imagem experimenta em relação às ações do corpo do usuário-gestor, expressas por intermédio dos gestos que canalizam os instrumentos tecnológicos da interface.

A poética aristotélica, na qual grande parte da arte ocidental se baseou, delimita uma série de mecanismos de relação do espectador com as representações (Aristóteles se referia basicamente à representação teatral) que giravam em torno da identificação com os personagens, e culminavam com uma experiência emocional denominada catarse. Trata-se de uma série de relações psicológico-imaginativas pelas quais a ação fictícia da cena ativa a mente do espectador com resultados, segundo Aristóteles, purificadores. A relação existe, mas à distância. A disposição arquitetônica do teatro grego, que fundamenta o estilo de todas as outras formas de representação, materializa essa distância entre o lugar em que os espectadores se situam, as arquibancadas e a cena. É produzida, portanto, uma relação imaginária entre um espectador passivo e uma representação ativa destinada a transformar a alma desse espectador. A atividade visual-física da cena se transfere para a mente do espectador, onde se transforma em atividade psíquica. Todas as formas diferentes de representação ocidentais se baseiam no mesmo dispositivo, seja no teatro, na pintura, na literatura ou no cinema, ainda que com este comece uma transformação que acabará culminando drasticamente na interface.

A interface materializa o espaço fenomênico de Aristóteles, e por isso a qualidade das relações entre representação e espectador se invertem. Já não há uma ação física de um lado e uma reação mental de outro, mas ambas se dão dos dois lados: o usuário-gestor não só experimenta transformações mentais como age fisicamente por meio de seus gestos, os quais influem na transformação da imagem, que assim recebe parte das consequências da atividade mental. A forma da representação varia não somente por seus parâmetros, mas em reação às intervenções do usuário-espectador. Ou seja, a forma da imagem é em parte um eco da imaginação desse usuário-espectador, da mesma maneira que sua imaginação é o eco das atividades da representação.

O fato de a interface materializar o espaço fenomênico não implica, entretanto, que o espaço resultante da operação e seus dispositivos retóricos ou dramatúrgicos se ajustem completamente à fenomenologia da identificação aristotélica. Em parte são equivalentes a ela, mas é preciso levar em conta que se, de um lado, a interface anula a distância tradicional entre o espectador e a representação, de outro constitui um novo tipo de distância entre ambos. Se em meio à representação de uma tragédia grega um aparelho que unisse materialmente o cenário com a arquibancada tivesse sido criado repentinamente, os espectadores teriam experimentado a sensação contraditória de estar mais unidos aos atores e ao mesmo tempo mais distanciados deles, já que o dispositivo recém-surgido que criaria uma ponte com o palco também seria uma barreira em relação a ele. Esta é a disposição da interface: uma combinação dos mecanismos de identificação e dos de distanciamento. Podemos dizer que se trata, portanto, de uma superação do enfrentamento entre duas dramaturgias que durante o século XX se opuseram: a aristotélica e a brechtiana. Se a representação clássica sempre foi aristotélica, no século XX se quis superar essa dramaturgia com técnicas que promoveram o distanciamento do espectador em relação ao que acontecia no palco, a fim de que sua transformação fosse menos emotiva e mais racional. Essas novas técnicas foram fundamentadas especialmente pela teoria e prática teatral de Bertold Brecht (1898-1956), mas houve derivações delas, como o cinema de Eisenstein (1898-1948). Essa dicotomia entre as duas proposições antitéticas da representação se resolve com a interface, na qual ambas as tendências combinam sua potencialidade para abrir caminho a uma nova estética.

Já falei da forma interface relacionando-a basicamente com representações de caráter dramático ou narrativo, mas ela não se restringe exclusivamente a esse campo. O computador é, afinal, um centro de operações muito amplo, e sua relação com o usuário se efetua sempre por meio de um tipo ou outro de interface. Portanto, as interfaces podem ter características bem distintas e ser muito simples ou muito complexas. Ao mesmo tempo, podem ser o fundamento de novas propostas dramatúrgicas, como nos *videogames,* ou de qualquer outro tipo de atividade comunicativa ou reflexiva, como pode acontecer com a dita realidade aumentada.

Realidade aumentada

Os dispositivos de realidade aumentada, geralmente compostos de um envoltório com telas transparentes para mostrar informação, oferecem uma combinação de realidade e informação, de imagens reais e virtuais, e pode-se dizer que estão relacionados com a interface, ainda que nem sempre proponham um uso interativo como o delas. Do ponto de vista da representação visual e de sua forma, no entanto, apresentam muitas similaridades com a textura das interfaces, pela sobreposição mutante de elementos visuais que exibem.

O filme de Spielberg mencionado anteriormente, "Minority report", mostra a possibilidade de um dispositivo altamente evoluído desse tipo que não só permite a combinação de imagens reais e de informação armazenada, mas ao qual se acrescenta uma grande capacidade de interação com essas mesclas. Se a fluidez das imagens, sua maleabilidade, é uma das características da visualidade contemporânea, a realidade aumentada nos dá um bom exemplo dessa característica. Seus antecedentes mais claros são encontrados nas fusões cinematográficas encadeadas e nas superposições fotográficas. Em ambos os casos, a imagem não é algo concreto, mas um momento de transição entre duas visualidades ou uma mistura de ambas. Com esses procedimentos, muitas vezes considerados secundários sobretudo na estética cinematográfica, a imagem começava a perder sua solidez proverbial ao mesmo tempo que o espaço que separava uma imagem da outra, representado pelo corte mecânico da montagem, desaparecia. Os sistemas de modificação infográfica como os citados antes (Morphing etc.) são resultado dessa tendência à dissolução de algumas imagens em outras sem solução de continuidade. Esse fenômeno deve ser visto também como um aspecto a mais das imagens globais, já que os vestígios da fragmentação desapareceram por completo nelas, embora sua substância seja composta por fragmentos amalgamados.

O fragmento na era da totalidade fluida

Como eu já disse, as formas fragmentárias e as formas globais ou totais são encontradas em todos os momentos da história da imagem. Em qualquer de seus paradigmas existem exemplos dessas tendências, por mais que alguma delas possa sobrepujar a outra em dado momento. O fragmento é uma característica da estética da modernidade – praticamente todas as vanguardas artísticas se basearam em processos de fragmentação. Mas continuamos tendo demonstrações dessa mesma tendência na atualidade, em pleno paradigma fluido, por mais que ela se apresente de forma diferente do que fazia anteriormente, quando era a forma hegemônica.

Não me interessa destacar o fato de que continuem sendo produzidas manifestações visuais baseadas no fragmento, vanguardistas ou não, pois isso não supõe mais do que uma continuação do paradigma anterior. Penso ser necessário destacar que as formas fluidas e globais da atualidade têm uma variante baseada na fragmentação, que é o hipertexto e os espaços multimídia.

O hipertexto é uma instância importante da tendência à visualização da cultura contemporânea, já que a ruptura do texto linear que comporta constitui uma maneira de transformá-lo em imagem. A linguagem hipertextual é agora o fundamento do funcionamento do computador, dos processadores de texto à internet; portanto, tendemos a não detectar sua verdadeira transcendência. Mas, quando começou a se popularizar como nova linguagem, foi usado de maneira primordial sobre estruturas literárias clássicas com as quais sua verdadeira condição revolucionária se pôs em evidência de maneira muito mais efetiva.

Essa revolução pode ser considerada, de qualquer forma, como o fundamento de uma nova corrente vanguardista continuadora da estética modernista do fragmento ou como um desvio no sentido de um essencialismo realista fundamentado nas ciências cognitivas. Digo isso porque um dos primeiros propulsores dessa linguagem, Vannevar Bush, indicava nos anos 1940 que procurava uma maneira de administrar o conhecimento que se adaptasse melhor às atividades mentais do que o que faziam os sistemas tradicionais de arquivo e extração de dados. Em seu famoso artigo "As we may think", publicado em 1945 no *Attlantic Monthly*[8], afirmava que o cérebro não pensava da maneira como agiam os sistemas tradicionais de classificação de documentos e, por conseguinte, era preciso procurar uma forma mais orgânica e fluida de executar essas tarefas, uma forma que fosse equivalente à do pensamento, que trabalha por associações livres. Essas duas tendências, a vanguardista e a realista, não são contraditórias, mas a dialética entre ambas nos dá a medida da época em que estamos vivendo, na qual um dispositivo que tende ao naturalismo dá lugar a uma estética vanguardista.

Na maioria das vezes, porém, não basta imaginar uma possibilidade ou detectar uma insuficiência – é necessário que apareça a tecnologia precisa para que essas ideias possam ser efetivas. Assim, Vannevar Bush intuiu uma mídia do futuro mas, quando se dispôs a colocá-la em prática com uma máquina desenhada por ele e denominada

---

8. Disponível em: <http://biblioweb.sindominio.net/pensamiento/vbush-es.html.> Acesso em: set. 2008.

"Memex", deparou com o obstáculo do desenvolvimento tecnológico: uma tecnologia baseada ainda em conceitos mecânicos era incapaz de articular as formas fluidas de organizar o conhecimento que o pesquisador norte-americano vislumbrava. Foi preciso esperar a invenção do computador para que a ideia encontrasse o espaço adequado para prosperar.

Mas isso não bastava, uma vez que em meados dos anos 1940, de fato, o computador já tinha sido inventado. Faltava uma reviravolta em sua concepção para colocá-lo na perspectiva adequada. Nesse momento, e até muitos anos depois, os computadores eram basicamente poderosas máquinas de calcular e nada mais. Dessa perspectiva, pouco poderiam fazer para materializar as ideias de Bush. Isso demonstra que não basta que as coisas existam materialmente para que adquiram verdadeira relevância – é necessário que ideias e tecnologia confluam em uma mesma perspectiva para que se produza uma mudança. A história se compõe de camadas de temporalidade diferente que coincidem muito de vez em quando: nos anos 1940, havia os primeiros computadores (*computers*) e existiam também as ideias de Bush, mas ambos ainda pertenciam a mundos distintos, embora compartilhassem o país e seguramente os âmbitos científicos. Acredito que tenha sido Sherry Turkle quem contou em um de seus livros que, em sua época universitária, durante os anos 1970, ainda deparou com algum professor que afirmava que o computador não poderia servir para outra coisa além de efetuar cálculos de forma cada vez mais precisa e rápida.

Foi preciso esperar uma reviravolta visual para que ambas as camadas temporais, a tecnológica e a mental, coincidissem. Isso ocorreu com as pesquisas de Douglas Engelbart (o inventor do *mouse*), que colocou em contato dois instrumentos que até então tinham permanecido estranhamente separados: o computador e o monitor de televisão. Com esse simples movimento, o que tinha sido uma caixa preta repleta de operações internas enigmáticas e incontroláveis abria uma janela para o mundo e permitia a possibilidade de controlar essas operações ocultas por meio de uma visualização metafórica. O computador moderno, que poderia realmente acolher as ideias hipertextuais de Bush, tinha nascido – e o fazia por intermédio de uma operação de visualização.

Existem muitas datas no século XX, e talvez também no XIX, em que se pode situar o momento originário da tendência em relação à cultura visual contemporânea (alguns inclusive negam que essa tendência tenha existido), mas essa confluência entre máquina de calcular e monitor de televisão, ocorrida na segunda parte do século XX, é uma das mais relevantes. Como diz Howard Rheingold (1994),

> um computador que aceita dados apenas por meio de cartões perfurados e produz respostas só em forma de rolos de papel impresso é um exemplo de interface de usuário criada para sobrepujar as necessidades das máquinas calculadoras dos anos 1950. Um computador que aceita dados por meio de toques sobre um teclado é muito melhor; um computador que aceita a informação ao se tocar uma imagem em uma tela de televisão é melhor ainda.

Essa progressão diz muito sobre as relações entre imagem e conhecimento, e no entanto costuma ser esquecida. De qualquer forma, corrobora a ideia de que o hipertexto está intimamente relacionado com a visualização: constitui uma visualização do texto. A partir daí, a linguagem hipertextual assume outras formas e se relaciona com as estruturas multimídia e com as mesmas imagens para dar forma a hiperimagens ou imagens complexas.

A imagem fractal

A geometria fractal constitui uma novidade autêntica no panorama visual do final do século XX e início do XXI. Com ela pretende-se visualizar o caos, criando o paradoxo de tornar visível – e portanto controlável – o que por definição não o é. Quando, no final do século XVIII, William Playfair se propôs a visualizar fenômenos sociais complexos, como a evolução da dívida nacional durante um século, inaugurava a era dos gráficos estatísticos que buscavam colocar em evidência as regularidades que se inscreviam no interior de dados aparentemente caóticos. Podemos pensar, portanto, que os fractais são uma continuação desse tipo de proposta racional. Mas o que a geometria fractal evidencia não é tanto a possível regularidade que se esconde no interior do caos, a verdadeira face do caos, a imagem de sua condição anárquica que se apresenta por meio de uma série de arquiteturas visuais absolutamente inesperadas.

Os fractais são imagens científicas, no sentido de que procedem da combinação de uma fórmula matemática com a capacidade do computador de visualizá-la. Mas partem de uma série de premissas inscritas no próprio tecido da natureza, da qual nos oferecem perspectivas e concepções não contempladas até aquele momento. Nas palavras do descobridor desse tipo de geometria, Benoît Mandelbrot (1997, p. 19), o fractal "revela que alguns dos capítulos mais austeros e formais da matemática têm uma face oculta: todo um mundo de beleza plástica que sequer poderíamos suspeitar". As imagens fractais são, consequentemente, uma combinação tão perfeita de ciência, arte e realidade que podem se transformar nas visualizações emblemáticas de nosso tempo.

A tendência no sentido da abstração dos mapas encontra sua contrapartida na concretude obsessiva da concepção fractal da natureza: "As nuvens não são esferas, gosta de dizer Mandelbrot. As montanhas não são cones. A luz não viaja em linha reta. A nova geometria reflete um universo que é rugoso, não arredondado; irregular, não suave" (Gleick, 1988, p. 94). Assim, um dos exemplos oferecidos no princípio da geometria fractal se referia à extensão do litoral de um país qualquer. O título de um famoso artigo de Mandelbrot era, precisamente: "Qual a extensão da costa da Inglaterra?" Um litoral tende a ser representado e medido em um nível de detalhe que, por mais que seja útil para a navegação, não corresponde exatamente à realidade, já que, se nos aproximamos dele, vão aparecendo novas configurações que complicam o que, a outra distância, parecia simples e, de certa forma, ampliam sua extensão. Os novos detalhes reproduzem em pequena escala o desenho irregular, e portanto caótico, dos níveis anteriores. Pode-se dizer então que uma costa tem uma extensão indeterminada que tende a ser infinita, pois sempre aparecerá uma porção de espaço naquele setor que estejamos examinando, por menor que seja, até que a matéria se dissolva em partículas elementares. O cálculo superficial da extensão, equivalente à visão distanciada dos mapas, não leva em conta a multidão de recortes que a costa apresenta quando é observada de perto.

Essa afirmação é uma acusação dirigida à geometria euclidiana, que, com suas figuras geométricas ideais, projeta sobre o mundo a ideia de que as formas deste tendem a uma perfeição ideal que serve de base para suas concepções e medições. A geometria fractal nos introduz em um novo universo no qual a epistemologia, longe de empurrar a visão para formas ideais do real, a conduz no sentido da perversão contínua desses arquétipos na perseguição de um realismo penetrante.

As imagens fractais nos mostram visualizações dessa proposta, já que com base em configurações visuais, às vezes de uma estranha beleza mas sempre mostrando formas barrocas, vão se desenvolvendo novas visões, à medida que o computador simula uma aproximação delas. De um ponto da imagem deriva outra paisagem fractal de grande complexidade e assim, sucessivamente, repetindo de tempos em tempos os esquemas iniciais.

Se uma face dos fractais representa o caos, a outra implica de alguma maneira a ordem, que aparece em forma de repetição. A construção das imagens fractais, como elementos puramente visuais e abstratos, se baseia na repetição constante de determinado esquema. Tomemos, por exemplo, a célebre curva de Koch, que deve seu nome ao matemático sueco Helge Von Koch, que a descreveu em 1904. Para compô-la, pensamos em um triângulo equilátero e sobre cada um de seus lados colocamos outro triângulo igual. Obtemos uma estrela de seis pontas com doze lados. Sobre cada um desses doze lados são colocados outros triângulos igualmente equiláteros, obviamente de um tamanho adequado à superfície desses lados. E assim sucessivamente, acrescentando-se pequenos triângulos ao crescente número de lados que vai aparecendo à medida que a operação avança:

> Trata-se de uma curva contínua que nunca intersecciona a si própria, já que os novos triângulos que se colocam em cada lado são sempre suficientemente pequenos para evitar que se choquem uns com os outros. Cada transformação agrega uma pequena linha no interior da curva, mas a área total permanece finita, não muito maior do que o triângulo original. Se traçamos um círculo ao redor do triângulo original, a curva de Koch nunca se estenderá além do próprio triângulo. (Gleick, 1998, p. 99)

Encontramo-nos, portanto, com a representação visual de um paradoxo segundo o qual dentro de uma área finita há uma quantidade infinita de espaço.

As ideias de Mandelbrot significaram uma virada transcendental na tendência científica a desconfiar da visualização de suas teorias, cuja fase radical teve início no princípio do século XX e alcançou o apogeu com a mecânica quântica. O cientista francês Paul Dirac (*apud* Mandelbrot, 1997, p. 41) afirmava que "as leis fundamentais da natureza não regem o mundo diretamente como aparece em nossa imagem mental, mas agem sobre um substrato do qual não podemos formar nenhuma imagem mental sem cometer desatinos". O criador da geometria fractal estava absolutamente em desacordo com esse tipo de opinião – cujas consequências, segundo ele, eram destrutivas. Os fractais inauguravam uma nova era na qual a visão e o conhecimento andariam de mãos dadas, como a centralidade do computador tanto na arte como nas ciências atuais acabou comprovando.

O caráter emblemático dos fractais tem que ver também com o fato de que visualizam as características de muitas operações realizadas pelo computador. Assim, a navegação na internet tem um caráter similar à infinita imersão em um conjunto fractal. A constante reconfiguração da rede à medida que o usuário vai entrando em contato com diferentes locais dela pode ser visualizada por meio dos fractais conglomerados. Por outro lado, a fluidez de suas transformações, a maneira como o local ou fragmentário se combina com o global nessas imagens, faz que os traços mais característicos da estética de seu tempo sejam particularizados nelas. É assim que uma nova geometria, representativa de um novo paradigma do conhecimento, se equipara com a imagem interface, cujas características se coadunam perfeitamente com a visualização que as imagens fractais nos fornecem. Se a geometria fractal é uma nova forma de ver o mundo, a imagem interface é a nova maneira de administrar o conhecimento que se depreende dessa visão.

Recordemos o que se dizia no início sobre Kepler e as relações da geometria com o novo paradigma que suas observações astronômicas inauguravam. A geometria está sempre no umbral dessas transformações, já que a compreensão da estrutura do mundo depende dela. Quando muda a concepção dessa estrutura, muda a geometria, e vice-versa.

O século da técnica

A história está cheia de pensadores que se adiantam a seu tempo. Nas páginas anteriores, vimos dois que o fizeram de perspectivas muito distintas: Aby Warburg, nos estudos visuais, e Vannevar Bush, na engenharia. Denomino-os pensadores não só porque a engenharia também é uma forma de pensamento, mas porque, no caso de Bush, foi seu pensamento que se adiantou a seu tempo, mais do que o resultado prático de tal pensamento. Na verdade, só o pensamento pode ser visionário no sentido pleno da palavra. Mas a metáfora serve para qualificar também uma época e, nesse sentido, podemos dizer que grande parte do século XIX se adiantou paradoxalmente a seu tempo, assim como grande parte do século XX viveu sob o peso do século anterior. Em muitos aspectos, foi no século XX que culminaram os grandes projetos do XIX, enquanto neste se encontravam as raízes do que seria a época atual.

É verdade que, para chegar aos prodígios atuais da tecnologia digital, era necessário passar antes pelo desenvolvimento da tecnologia mecânico-analógica que se efetuou durante o século passado, mas, uma vez alcançada a cota e diante da amplitude do novo horizonte, nos damos conta de que esse período não deixou de ser um parêntese enganoso, já que o que agora vislumbramos como possível, o que agora ilumina nosso pensamento, já era insinuado na revolução do século XIX, só que não soubemos vê-lo no século XX.

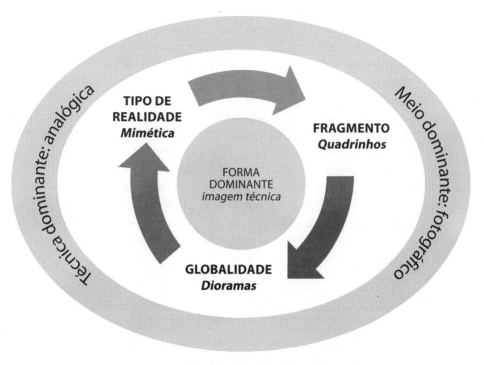

Figura 18

Duas questões são cruciais para estabelecer essa ponte anacrônica entre dois períodos de cem anos no que se refere à imagem: a questão da técnica e a do tempo. Não sei até que ponto se chegou a pensar nelas de forma conjunta, no sentido de que uma possa depender intensamente da outra, ou seja, a consciência temporal da possibilidade tecnológica. Uma novidade das imagens do século XIX é que são técnicas; trata-se de um tipo de imagem absolutamente novo, embora sua gênese possa remontar a momentos anteriores. Assim acontece com a fotografia, cuja novidade intrínseca é indubitável, mas cuja preparação remonta à tradição pictórica, à ideia da *câmera escura* e aos diferentes dispositivos utilizados pelos artistas para compor suas representações da realidade. A outra novidade é que essas imagens do século XIX são capazes de representar o movimento simplesmente acrescentando-o à imagem como um componente realista a mais dela própria. Nesse sentido, o ato não está tão afastado da tendência geral da representação do século XIX, que supostamente gira em torno de um intenso incremento do realismo. A fotografia é realista, entre outras coisas, porque incorpora a própria realidade às imagens (é produtivo pensar dessa maneira e não da forma habitual, como uma captação da realidade). Por isso, não parece estranho, e faz parte do mesmo gesto epistemológico, o fato de que o tempo também se incorpore à imagem. Por que propor isso dessa maneira? Precisamente por uma questão de enfoque tecnológico: nessa época aparece uma série de tecnologias capazes de somar o real, primeiro, e então o movimento ao espaço de representação tradicionalmente ocupado por imagens fixas compostas pela mão do homem. Primeiro vinha o espaço ancestral da representação, como um recipiente vazio, que pode ser preenchido de várias maneiras. As diferentes técnicas são as que criam essas maneiras – pintura, desenho, gravura, imagens fotográficas do real, movimento.

A incorporação do movimento às imagens, que parece ser o passo praticamente definitivo com o qual a representação e a realidade se equiparam (faltará a incorporação do som, então a cor, finalmente talvez a tridimensionalidade da realidade virtual, mas nenhum desses passos é tão relevante quanto o do movimento), leva por sua vez a uma consciência do tempo que equivale paradoxalmente a um estranhamento do real e de sua representação. Mas antes de esclarecer esse ponto, talvez convenha contemplar um exemplo de como a tecnologia e as ideias se relacionam em um período determinado. Faremos isso usando um conceito que hoje é considerado obsoleto, mas teve grande influência na compreensão do fenômeno cinematográfico: trata-se da persistência retiniana.

O mito da persistência retiniana

Persistência retiniana, ou persistência da visão, é o nome que foi dado inicialmente ao fenômeno explicativo de por que captamos o movimento. Foi Peter Mark Roget (1779-1869) quem, em 1826, assentou as bases da teoria que logo foi corroborada por muitos outros pesquisadores notáveis, como Joseph Plateau (1801--1883). Este o transferiu ao novo tipo de imagem pré-cinematográfica que começava a existir, sobretudo os dispositivos chamados brinquedos ópticos, que não só traçaram o caminho rumo ao cinema, mas constituíram em si mesmos um fenômeno de incorporação paulatina do movimento à imagem fixa.

A teoria da persistência retiniana se concentra em uma região do olho, a retina, base da percepção do movimento. Considera que toda imagem (real ou representada) permanece na retina humana em torno de um décimo de segundo antes de desaparecer por completo. É por isso que a realidade é vista como uma sequência de imagens ininterrupta, do contrário a veríamos transcorrer como uma sucessão de imagens independentes e estáticas. Se isso é transposto para um dispositivo, este deve ser capaz de produzir uma sequência de imagens fixas a uma velocidade superior a 1/10 para que o conjunto seja contemplado como uma continuidade. Se as imagens apresentam uma ligeira diferença entre si, essa diferença acumulada será vista como uma transformação da imagem, ou seja, como um movimento.

Figura 19

Essa ideia da persistência retiniana começou a ser discutida no fim do mesmo século que a viu nascer. E, quando a psicologia da Gestalt chegou ao apogeu, foi substituída por outra, denominada geralmente de *fenômeno phi*, que dava conta desse fato de maneira um tanto diversa: já não se tratava de abordar o movimento como uma série de elementos discretos, mas como um conjunto organizado pela própria percepção. São dois estilos de pensamento, cada um dos quais dá ao mesmo fenômeno um enfoque distinto segundo premissas próprias.

É verdade que, se a persistência retiniana parecia se acomodar a uma concepção mecânica do movimento e de sua reprodução, o fenômeno phi se ajustava melhor a uma ideia mais fluida dos fenômenos da visão – como a que a Gestalt sustentava – e era mais conveniente à reprodução do movimento que os dispositivos da recém-inventada televisão começavam a promover. As atuais neurociências discutem novamente o fenômeno e outorgam outra perspectiva mais ajustada a sua concepção de que as atividades humanas estão localizadas em áreas concretas do cérebro e o conhecimento dessas localizações permite seu controle. Levando em conta que as neurociências utilizam a metáfora do computador em muitas ocasiões, vemos que agora também uma concepção determinada da realidade e sua reprodução está ligada diretamente a uma tecnologia concreta.

Estas são as diferentes paridades que estive examinando (Figura 19): persistência retiniana/cinematógrafo; fenômeno phi/vídeo e televisão; neurofisiologia/imagem digital e computador. Podemos acrescentar outro fator a essas equações, fator que nos indica onde se situa a cada momento a atividade da visão. Se no século XIX, em pleno apogeu do pensamento mecanicista, a visão se localizava no olho, entendido como um aparato com uma série de partes que interagiam entre si – cristalino, íris, retina –, partes que curiosamente correspondem às da câmera fotográfica – objetiva, diafragma, emulsão –, no XXI se desloca para as atividades neuronais, situadas no cérebro. Entre ambas as abordagens, no início do século XX, com a psicologia da Gestalt, a visão se situa na área da percepção, entendida como uma esfera autônoma – tanto do olho como do cérebro – e com uma série de leis fenomênicas próprias.

O que essa abordagem nos indica é que a ciência não avança linearmente, mas por meio de paradigmas que se transformam mediante saltos qualitativos, algo que já sabemos desde Thomas Kuhn (1922-1996), mas com um acréscimo: um paradigma não só é formado por concepções científicas ou científico-técnicas, mas também por ideias estéticas e filosóficas. Em geral, podemos dizer que um conceito como o da persistência retiniana é errôneo e que esse erro, uma vez detectado, obriga a modificar os pressupostos da história do cinema, como fazem alguns pesquisadores ligados às neurociências (ainda que também haja inclinações desse tipo no âmbito da teoria cinematográfica). O conceito de persistência retiniana não fazia mais do que explicar a realidade de seu tempo, e portanto considerá-lo errôneo agora não é mais do que projetar sobre o passado o conceito de realidade que temos no presente. Em contrapartida, não se deve esquecer que essa concepção do movimento, errada ou não, deu lugar a uma tecnologia que ia do mais simples, os brinquedos ópticos (taumatrópio, zootrópio, fenacistoscópio etc.) ao mais complexo (as câmeras cinematográficas de captar e projetar imagens em movimento). Ao contemplar a estrutura básica desses últimos equipamentos complexos, observa-se que não são apenas o resultado de uma evolução perfeitamente visível no desenvolvimento dos brinquedos ópticos que resultam no cinetoscópio de Edison, mas também que os elementos que os formam e suas inter-relações são concebidos com base na explicação da percepção do movimento dada por Roget e Plateau.

Examinemos alguns dos elementos fundamentais do sistema técnico de reprodução do movimento, os fotogramas, por exemplo. O que significa o fato de os fotogramas suporem um prolongamento da atividade fotográfica, ou seja, da imagem fixa? O que significa que os fotogramas se organizem sequencialmente sobre um suporte que os desloca diante de uma janelinha? O que significa, finalmente, que cada um desses fotogramas deva se deter diante dessa janelinha durante alguns décimos de segundo? Tudo isso é o resultado de pensar mecanicamente a percepção do movimento, assim como propõe a tese da persistência da visão ou persistência retiniana. Trata-se de alimentar a retina com imagens, de forma que sua presença sincopada faça que se superponham na superfície dela, de maneira que a mente acabe discernindo apenas as diferenças existentes entre elas. O mesmo também nos indica a presença de um dispositivo tão importante quanto o obturador das câmeras de filmagem e projeção. Com ele se consegue impedir que a luz passe no momento em que os fotogramas se deslocam diante da janelinha, de maneira que as imagens cheguem à retina de forma independente.

A anatomia das câmeras é como uma radiografia da visão assim como era entendida no século XIX. Os mecanismos que as compõem são o resultado de uma desconstrução das ideias da persistência retiniana. São as figuras retóricas, materializadas, de um processo de pensamento sobre um fenômeno, figuras que delatam a concepção global desse fenômeno. Vemos assim como uma ideia, equivocada ou não, sobre a realidade se transforma em determinada técnica que age sobre essa realidade, acomodando-a a suas premissas e, portanto, tornando boa a ideia inicial.

Mas não só uma tecnologia complexa se forma ao redor da persistência retiniana, como também uma grande indústria como a cinematográfica – que tem efeitos sociais imediatos, como as chamadas guerras de patentes desencadeadas em torno do controle do mercado tecnológico. Esse conjunto de elementos forma um sistema ecológico, um mundo que é criado ao redor de uma ideia. Uma vez que esse universo se formou e está em funcionamento, já não é tão importante saber se Roget e Plateau estavam ou não corretos.

Faz-se necessário revisar, portanto, o conceito que temos de verdade científica, assim como o de verdade histórica. A ciência está longe de perseguir verdades abstratas. A atual tecnociência busca acima de tudo a utilidade das ideias, ou seja, que suas hipóteses funcionem por intermédio de determinada tecnologia desenvolvida com base nelas. As provas são assim mais funcionais do que lógicas ou essenciais: a funcionalidade tecnológica é uma garantia de verdade. Esse funcionamento, por sua vez, é obtido no interior do paradigma, e por isso a ideia fundacional só é discutida (só se discute sua *verdade*) quando se produz uma mudança de paradigma.

Em contrapartida, essa abordagem nos mostra a inutilidade do conceito positivista da história, baseado em dados, datas, nomes ou acontecimentos. Se a história fosse formada apenas por esses elementos isolados, teria de ser mudada quando um deles, neste caso o conceito da persistência da visão, fosse considerado errado. Mas se a entendemos com base em paradigmas, nos damos conta de que a descoberta do erro não modifica a verdade do paradigma, sua importância histórica: o cinema das origens, desde a concepção filosófica até a produção industrial, passa pela forma simbólica que supõe a persistência retiniana, seja essa ou não a forma mais adequada de explicar o fenômeno.

Imagem e tecnologia

Tudo isso é importante também para a própria forma das imagens, na medida em que, nesse caso, são imagens técnicas. Vilém Flusser (1990, p. 17), diz que imagens técnicas são aquelas que se originam de um equipamento, e acrescenta que, "por sua vez, os equipamentos são produto dos textos científicos aplicados; portanto as imagens técnicas são produto indireto dos textos científicos". Vejamos o que significa isso. As imagens originadas por equipamentos diferentes são produto, em segundo grau, das ideias científicas que sustentam seu funcionamento: essas ideias primeiro se transformam em máquinas e então em imagens, por meio dessas máquinas. É necessário considerar também que as ideias, por sua vez, provêm de metáforas originais por meio das quais uma cultura explica o funcionamento da realidade. Uma dessas metáforas, importante desde o Renascimento até o século XIX, é a que se baseia na *câmera escura*, cujo funcionamento despertou a imaginação de um sem--número de pensadores, cientistas e artistas ao longo dos séculos. Na atualidade, o computador é um potente gerador de metáforas que cruzam distintas divisões da ciência, especialmente as neurociências e as ciências cognitivas. Consequentemente, podemos dizer que as imagens técnicas são visualizações últimas dessas metáforas, enquanto os aparatos em si são visualizações da elaboração científica dessas metáforas originais, de seu funcionamento.

A imagem técnica é a autêntica novidade de que estamos falando. Walter Benjamin (1972) foi um dos primeiros a delimitar as características dessa mudança ao destacar a importância da fotografia. Com ela, o autor se situava em um segundo plano e deixava que a máquina tomasse seu posto: já não era a mão do autor que confeccionava a imagem, mas um mecanismo impessoal e supostamente objetivo. Se aplicarmos aqui as ideias de Flusser sobre as imagens técnicas, veremos que essa objetividade das máquinas é discutível, já que a subjetividade (o autor) que eliminam está de fato impregnando sua estrutura por meio do processo que as construiu. Mas é a crença o que vale e desenvolve uma mitologia que, ainda hoje, continua de pé na hora de discutir a relação das imagens com a realidade, especialmente as imagens fotográficas e seus longos desdobramentos que chegam até a televisão.

Fragmentação

O processo de fragmentação da imagem durante o século XIX segue por diversos caminhos. Um deles é o da cópia, apontado por Benjamin (1972), que se referia especialmente à cópia fotográfica. Esse tipo de imagem vinha a corroborar a constatação, levantada pelo mesmo autor, de que a arte estava perdendo sua aura de originalidade precisamente pelo fato de que, a partir desse momento, podia se reproduzir indefinidamente. Mas a fotografia era em si essencialmente fragmentária: não só permitia reproduzir obras de arte, diluindo assim a ideia de obra original, como seus próprios produtos já eram cópias sem original. Ao fim de pouco mais de um século, isso daria lugar à ideia e à realidade de *simulacro*, cuja presença na cultura contemporânea foi denunciada por Baudrillard. O primeiro simulacro, ou seja, a primeira cópia sem referente (a cópia de uma obra de arte é cópia de um referente, o original), apareceu com a fotografia. Mas, além disso, a fotografia, captando constantemente a realidade e convertendo-a em imagens, não fazia mais do que fragmentar o que antes constituía uma experiência unitária. Esse processo de fragmentação corria em paralelo à própria fragmentação da experiência da realidade que se produzia no início da modernidade, especialmente nas grandes cidades – onde os estímulos se multiplicavam e o tempo intensificava seus ritmos.

Mas antes de seguir adiante prestemos atenção a algo realmente notável. Com a fenomenologia da cópia, aparecia também pela primeira vez o conceito de imagem propriamente dita. Quando se começa a falar de imagem, em oposição a formas visuais concretas como um quadro ou uma gravura, é que se está tomando consciência de uma noção que se refere a uma forma visual independente de seu suporte ou de seu referente. Conceber, portanto, uma *imagem* é um fenômeno novo, precisamente porque se sobrepõe aos fenômenos visuais conhecidos. Não se trata de supor que uma forma como essa, isolada de tudo, possa existir realmente, mas a ideia nos leva a uma nova região conceitual que não existia antes, quando as imagens deveriam ser pensadas como absolutamente coligadas a seus meios, seus suportes ou até suas referências reais. Naquele momento, não havia nada parecido com uma "imagem" – existiam retratos, paisagens, naturezas-mortas, esboços, planos, mapas, emblemas etc. A fotografia, ao contrário, permitiu, entre muitas coisas, que a forma pura pudesse ser pensada isoladamente como uma manifestação particular além das suas situações contingenciais.

A fotografia produz um tipo de representação que é cópia e original ao mesmo tempo, o que significa que, em princípio, é pura visualidade, já que o referente, o real, desaparece no momento exato em que se tira a fotografia e sequer resta um original ao qual remeter, como acontece quando se fazem cópias de quadros. Como eu disse, a fotografia está ligada à técnica, a determinadas formas de representação e a estratégias ideológicas e subjetivas, e por isso nunca se apresenta com essa pureza que lhe atribuo. No entanto, o exercício de tentar contemplá-la nos indica o que realmente é uma imagem e incide na novidade da técnica fotográfica, que é capaz de dar corpo a uma ideia que exatamente nessa época começava a adquirir cidadania.

A palavra "imagem" é muito antiga em todos os idiomas, mas no século XIX adquire novos significados. Já não se refere mais a um quadro ou desenho, nem a uma propriedade mental, mas a uma forma extraída da realidade que tem validade em si, como acontece com a fotografia. O cinema levará a seu ápice esse novo fenômeno da *imagem*, uma vez que a visualidade que ele produz é uma forma visual separada claramente do suporte, algo que na fotografia não acontece: nela se pode conceber a ideia, mas imagem e suporte apresentam-se juntos, compondo o que chamamos concretamente de *fotografia*. O cinema é, ao contrário, uma forma composta por luz e movimento que *flutua* diante dos olhos do espectador, ou seja, está separada da tela onde são projetadas a combinação de fotogramas e os períodos de sombra que são a base técnica do movimento. Com razão, Didi-Huberman (2002) chama essa época de *tempo dos fantasmas*.

Se a técnica fotográfica já era um dispositivo fragmentador, que por sua vez alegorizava as mudanças da experiência da vida cotidiana, as técnicas cinematográficas foram em seu momento um procedimento fragmentador da fragmentação, já que dissolviam a unidade fotográfica em diversos fotogramas. Isso nos indica o papel de ponte entre dois mundos realizado pela fotografia, já que, se a contemplamos da perspectiva cinematográfica, observamos as qualidades unitárias da pintura que ainda se conservam nela, enquanto se a analisamos da perspectiva da pintura, o mais notável é o processo de fragmentação que supõe.

A fotografia produz incontáveis *quadros*, obriga a ver a realidade não por meio de um olhar essencial como na pintura, mas mediante um olhar provisório que está relacionado à foto anterior e à seguinte, tenham ou não sido produzidas: trata-se portanto de um corte no tempo, um buraco praticado na experiência cotidiana dele. Mas cada um desses *quadros* conserva um tipo de unidade parecido com o do quadro pictórico. O fato de podermos contemplá-los isoladamente corrobora isso – embora, por trás dessa contemplação isolada, resida uma fenomenologia da fragmentação instalada na própria facilidade com que se captou o real, em comparação com a dificuldade inerente à reprodução pictórica; essa dificuldade maior ou menor pode ser medida também temporalmente. A pintura acumula tempo em seu processo de feitura, enquanto a fotografia o elimina ao extrair de seu fluxo uma imagem *instantânea*[9].

No cinema, o *quadro*, transformado em fotograma, não pode ser contemplado diretamente, perdeu a importância. Foi retirado do interior do mecanismo para produzir um novo tipo de fenômeno. É verdade que podemos desenrolar a película de um filme e contemplar cada um dos fotogramas que a compõem, ou pará-los em uma moviola com a mesma finalidade, mas sua função não é a de ser observado dessa maneira. Assim como a fotografia constituía uma ponte entre o passado pictórico e o presente da experiência fragmentária, o cinema se instala em uma zona de transição parecida entre o presente fragmentário e o futuro reunificador.

Um filme é composto de inúmeros fotogramas, ou seja, de pequenas fotografias. Nesse sentido, sua essência como técnica é fragmentadora, obsessivamente fragmentadora: a câmara de filmar é como uma câmara fotográfica acelerada que, portanto, incrementa exponencialmente sua fenomenologia. Ora, essa fragmentação não é uma finalidade em si, mas um passo no sentido de outro tipo de experiência que se sobreporá aos fragmentos. A realidade fragmentada pela câmera volta a se recompor pelo projetor para formar uma imagem que é uma fantasmagoria da unidade que a técnica fotográfica tinha começado a desmantelar. Com base em um intenso processo técnico de fragmentação, volta-se supostamente à essência da unidade pictórica que

---

9. O tempo de exposição tem sido cada vez mais rápido desde a invenção da técnica fotográfica. A esse tempo de exposição terá de se acrescentar o tempo de processamento químico, que também vai se acelerando cada vez mais, até chegar a um ponto em que será eliminado completamente, como nas imagens digitais da atualidade.

a fotografia tinha avariado. Mas essa essência não é a mesma, já que agora a imagem tem movimento.

Pensar que o cinema é a fotografia ou a pintura em movimento é um erro, pois, como vemos, o processo não é linear, mas vai compondo e decompondo diversas fenomenologias que fazem que, a cada giro, variem completamente as experiências relacionadas aos diversos meios. Mas no cinema reside uma tensão muito forte entre a pressão fragmentadora da estética relacionada à experiência modernista, que a ruptura das vanguardas começará a representar também nesse momento, e uma tendência no sentido da recomposição da unidade perdida, que tem na psicologia da Gestalt e nas correntes filosóficas da fenomenologia suas maiores representantes.

Podemos contemplar o fenômeno cinematográfico como uma série de camadas superpostas pelas quais os processos de fragmentação e de integração se combinam. Sobre a primeira camada fragmentadora da técnica aparece o fenômeno cinematográfico que reúne os fragmentos em um fantasma protofotográfico da realidade (não é exatamente fotográfico, uma vez que é uma projeção de um conjunto combinado de fotografias ou fotogramas). Essa é a situação inicial, a que o cinema herda dos brinquedos ópticos que mexeram com a reprodução do movimento durante todo o século até acabar se transformando em equipamentos mais complexos – como o cinetoscópio de Edison –, que são a antessala da técnica cinematográfica. Sobre esse embasamento técnico, composto do par fragmentação/integração, o cinema inventa uma linguagem que apresenta as mesmas características. A linguagem cinematográfica clássica, ou seja, o conjunto de planos, é novamente um processo fragmentador da realidade, mas sobre esse primeiro gesto se sobrepõe um segundo movimento destinado a integrar o fragmentado. Na filmagem, a realidade se decompõe em vários planos; na montagem, essas unidades fragmentárias se reúnem em uma unidade tão fantasmagórica quanto a anterior: o conjunto de fragmentos produz uma imagem virtual, assim como o conjunto de planos produz um espaço virtual. Em ambos os casos, é preciso incluir o movimento nesses fenômenos.

O movimento cinematográfico é um efeito dessa dialética entre a fragmentação e a integração, mediado pela tecnologia. De um lado, a realidade espaçotemporal é cortada em pedaços e se transforma em fragmentos fotográficos. De outro, esses fragmentos são reunidos para recompor uma reprodução do movimento. Mas essa passagem do movimento real para o movimento cinematográfico não é uma simples operação mimética; na verdade, supõe uma transformação da experiência, uma nova experiência do movimento. Esta está relacionada com o tempo: com o processo cinematográfico, a unidade existencial e inadvertida do espaço-tempo se transforma em uma unidade estética consciente. Podemos dizer que o espaço-tempo é inventado, pois antes não se concebia que o espaço e o tempo formassem uma unidade e, hoje, ao contrário, graças à técnica cinematográfica, essa unidade e a fenomenologia correspondente se tornam evidentes. O que não quer dizer que o sejam para todos, nem de maneira imediata, mas é uma possibilidade de consciência que está ali, esperando para ser utilizada. Só agora, na era digital, pode ser perfeitamente compreendida.

São várias as maneiras existentes na atualidade de regressar ao passado e contemplá-lo com novos olhos, de maneira que apareçam fenômenos que antes tinham permanecido escondidos. O mesmo agrupamento paradigmático de elementos diversos que fiz no capítulo anterior é produto de nossa sensibilidade em rede, que nos permite compreender esse tipo de conexões que já existiam na época, evidentemente, mas não eram detectadas. Benjamin, com grande sensibilidade, patrocinou operações similares em uma época intermediária entre nós e o século XIX. Considerava necessário fomentar o que denominava de arqueologia do presente, que consistia em analisar no passado os fenômenos que passavam despercebidos em seu tempo, por mais que constituíssem o broto das transformações futuras. Não se tratava apenas de uma questão estética, mas também ética: era uma maneira de recuperar a história dos vencidos (ou a história vencida, a que não tinha triunfado). Nesses elementos relegados pela corrente triunfante da história residia o potencial para mudar um presente que não era outra coisa além do resultado da história dos vencedores. Se se quisesse, portanto, transformar o presente, seria necessário voltar ao passado para recuperar ali tudo que tinha sido rechaçado em nome dessa marcha triunfal que supõe a história dos que conseguem impor sua realidade (Reyes Mate, 2006).

Essa arqueologia – ética e estética – do presente levou-o a descobrir a presença de certas configurações visuais que chamou de dialéticas: imagens que representavam os sonhos ocultos do presente. Benjamin examinava a sociedade parisiense do final do século XIX, considerando que Paris era a capital da modernidade e ali se produzia o jogo dialético entre um presente triunfante, mas sem consciência, e o germe de uma subversão desse presente. Essa polêmica dava lugar a imagens em que as tensões eram representadas. Podiam ser imagens de todo tipo: ilustrações, estruturas urbanísticas, objetos. Por meio dessas imagens, o presente sonhava com seu porvir e precisamente por isso elas só eram decifráveis corretamente a partir desse porvir, ou seja, quando se produzisse o despertar desse sonho.

Em outra ordem de coisas, mas também relacionado a essas incursões pelo passado com ferramentas do presente, é preciso mencionar os novos tipos de história da técnica, representados pelas correntes da chamada arqueologia dos meios, com seu conceito de tempo profundo (Zielinksi, 2006). Na imensa quantidade de abordagens tecnológicas que ficaram relegadas ao cemitério da história residem propostas, formas e ideias que conservam um fulgor capaz de iluminar aspectos do presente e do porvir.

Tempo, movimento, fragmento

Há duas figuras, no âmbito fotográfico do século XIX, que devem ser contempladas como os mais perfeitos representantes da dialética entre fragmentação e integração no interregno existente entre a invenção da fotografia e a do

cinematógrafo. Esses personagens são Edward Muybridge (1830-1904) e Étienne-
-Jules Marey (1830-1904). Ainda que ambos tenham trabalhado em países diferentes,
França e Estados Unidos, pertencentes a continentes e até tradições culturais diversos,
devem ser examinados conjuntamente porque supõem as duas caras dessa moeda
fenomenológica que estamos analisando.

Muybridge foi um fotógrafo experimental que trabalhava nos limites da fotografia, tentando estudar o movimento não do ponto de vista fenomenológico, ou seja,
como manifestação dos fragmentos em movimento, mas de maneira analítica. Ou seja,
não queria, na era dos taumatrópios e zootrópios, provocar a sensação de movimento
ou recuperá-lo artificialmente, mas procurava mostrar o *interior* desse movimento.
Queria saber o que era, de que se compunha. Para consegui-lo, construiu baterias de
câmeras com obturadores muito rápidos que lhe permitiam tirar fotografias sucessivas
de um mesmo movimento. Essas câmeras lhe permitiam decompor o movimento
em seus elementos básicos. E assim realizou uma infinidade de séries fotográficas
de corpos humanos e animais em movimento, que publicou em forma de lâminas
nas quais esses movimentos fragmentados apareciam em fotografias distintas. O
movimento ficava, assim, a descoberto. Essas séries fotográficas eram uma anatomia
do movimento. Não existia a vontade de recompô-lo como faziam os brinquedos
ópticos, mas também não havia a oportunidade de que uma reconstituição como essa
ocultasse sua condição fragmentária.

Tal condição não deixava de ser, no entanto, uma hipótese, não só de Muybridge
mas de todo um setor social que acreditava na persistência retiniana. Bergson (1859-
-1941), anos mais tarde, provaria, recorrendo a um paradoxo do filósofo Zenão (490-
-430 a.C.), a inconsistência que supunha crer na fragmentação do movimento e, em
consequência, do tempo. Segundo Zenão, o movimento não existe, e ele pretende
provar isso com a piada de uma suposta corrida entre Aquiles e uma tartaruga.
Aquiles dá uma vantagem de dez metros à tartaruga. Quando Aquiles percorreu
esses dez metros, a tartaruga avançou um. Quando Aquiles tiver percorrido esse
novo espaço, a tartaruga terá avançado um pouco mais e assim sucessivamente
de maneira que Aquiles nunca poderá alcançar a tartaruga. Bergson indica que a
inconsistência dessa proposição reside no fato de fragmentar algo como o movimento,
que é substancialmente contínuo. Muybridge, porém, consegue transformar o
movimento em fragmentos com o uso de câmeras fotográficas. Ambos viam o mundo
de perspectivas diferentes: o de Muybridge era o mundo mecânico da persistência
retiniana, o de Bergson era o mundo fenomenológico do qual também participava o
fotógrafo que, do outro lado do Atlântico, se interessava como ele pela relação entre
movimento e técnica fotográfica.

Muybridge estava pondo sobre a mesa as bases do fenômeno cinematográfico
ao compor, com câmeras fotográficas, o que não era outra coisa além de fotogramas.
Mas seu interesse não era produzir movimento, e sim decompô-lo. Por isso
empregava inúmeras câmeras em vez de procurar um dispositivo que, como a
câmera de cinema, resumisse todas as suas funções. Sua obra representava de forma

perfeita a tendência no sentido da fragmentação da técnica fotográfica e mostrava também o poder analítico dela, que era muito distinto do potencial cinematográfico para propor um novo tipo de imagem virtual para a qual a fotografia tinha aberto o caminho ao propor o conceito de "imagem".

Étienne-Jules Marey também estava interessado em captar o movimento, e para isso idealizou instrumentos estruturalmente similares aos de Muybridge, ainda que um deles, o fuzil fotográfico (combinação de escopeta e câmera de fotografia), tendesse à unificação de funções da qual a técnica de Muybridge se esquivava. Marey também realizava conjuntos de fotografias que mostravam as diferentes fases de um movimento, mas enquanto Muybridge respeitava a integridade de cada uma delas e mostrava-as como uma série sobre uma página, assim como as vinhetas de uma história em quadrinhos, Marey fundia as imagens sobre o mesmo fundo negro, chegando até a sobrepô-las. Era como se quisesse empurrar o estatismo fotográfico no sentido do movimento fluido do cinema, mas não o suficiente para que se perdesse a percepção analítica do movimento decomposto em fases. A diferença entre, por exemplo, a série de Muybridge "Mulher descendo escadas"[10] (Figura 20), e a série de Marey intitulada "Homem descendo um plano inclinado" (Figura 21) é muito ilustrativa dessas duas proposições que divergem a partir de um eixo comum. A imagem de Muybridge é composta, como era habitual nele, de uma série de vinhetas (24 no total em duas tiras de 12, uma em cima da outra) que mostram as distintas fases do movimento efetuado por uma mulher ao descer os degraus de uma escada. A imagem de Marey, ao contrário, nos mostra uma série de imagens de um homem que desce um plano inclinado, mas as apresenta, ao contrário de Muybridge, sobrepostas umas às outras, de maneira que é impossível contar quantas são. Assim como o conjunto de Muybridge é muito claro em sua exposição, o de Marey aparece desfocado pelas sobreposições, que oferecem a imagem da fluidez do movimento mais do que do movimento em si. A técnica de Muybridge está ancorada na fragmentação, ainda que apresente indícios da tendência à integração dos fragmentos, já que reúne as fotografias em uma só página. A de Marey, pelo contrário, está situada nos limites da atuação fenomênica do movimento, com sua tendência à fluidez estática das imagens, ainda que apresente igualmente os efeitos da fragmentação uma vez que suas fotografias não nos mostram elementos unitários, mas decomposições dos mesmos.

---

10. A série posteriormente inspirou Marcel Duchamp (1887-1968) a confeccionar o célebre quadro "Nu descendo uma escada" (1912). Duchamp também estava muito interessado nas relações entre o tempo e o movimento.

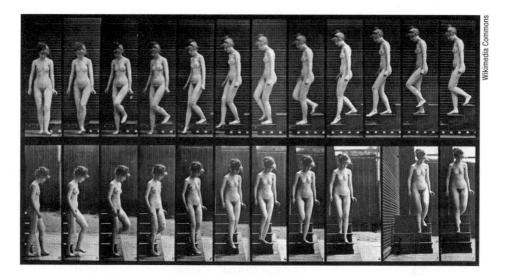

Figura 20

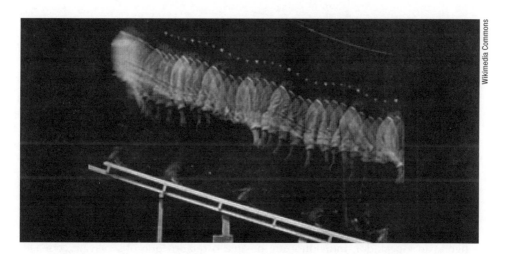

Figura 21

As imagens de ambos foram utilizadas, por eles ou por outros, como elementos dos brinquedos ópticos, de maneira que, colocadas em movimento por esses dispositivos, perderam, respectivamente, sua condição fragmentária e sua estética fluida e passaram a naturalizar o movimento no caminho rumo ao cinema que todos esses brinquedos supunham, e nos quais a dialética entre fragmentação e integração também estava presente.

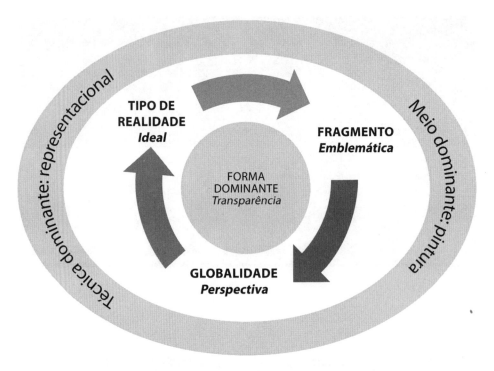

Figura 22

Os fundamentos da visão ocidental

No que se refere à nossa maneira de ver, vivemos ainda sob a égide de uma técnica de representação, inventada há mais de cinco séculos, denominada perspectiva pictórica. A que se deve o êxito tão durável de um estilo de organizar imagens dirigidas a um espectador? A pergunta já contém parte da resposta: essa técnica se dedicava a organizar imagens para um espectador, ou seja, tinha como missão estruturar o mundo através de suas representações para que um determinado espectador se convencesse de que compreendia e dominava o mundo. Essa técnica criava também, portanto, a figura do espectador, indivíduo que possuía o quadro que observava e, por ele, dominava o mundo. Tudo isso harmonizava perfeitamente com a aparição de uma nova classe burguesa, livre, independente e preocupada mais com as coisas mundanas, com a realidade, do que com questões religiosas ou metafísicas. Era uma estética que correspondia também às novas ideias do humanismo que assentavam as bases para a criação de uma cultura individual e, portanto, encaminhada a fundamentar a figura do indivíduo – que seria tão importante psicológica e socialmente no futuro.

Não bastassem essas correlações, ou seja, o fato de que a pintura em perspectiva surgiu em um meio que não só estava preparado para compreendê-la e aceitá-la, mas, na realidade, a exigia, contamos também com o importante fator da naturalização de todo o processo, algo que costuma ocorrer quando uma técnica e uma ideologia se complementam à perfeição. O estilo de construção de imagens em perspectiva pretendia amoldar-se à visão natural e, uma vez que isso era aceito, todos os dispositivos utilizados por essa técnica para oferecer a ilusão de realidade ficavam ocultos atrás do que parecia ser a forma necessária para conseguir a representação perfeita, ou seja, a que era equiparável à realidade, a que oferecia imagens consideradas um simples reflexo dessa realidade. É muito difícil que um estilo com essas pretensões, montado sobre um ciclo social favorável e de alcance muito longo, perca facilmente a vigência.

De toda forma, esse panorama não é tão equilibrado quanto parece, sendo necessário matizá-lo, o que não exclui o fato de que as características apontadas não tenham promovido a durabilidade do estilo perspectivista. Mas as exceções que o circundavam nos permitirão compreendê-lo melhor. Em primeiro lugar, devemos levar em consideração que as pretensões miméticas da perspectiva não implicam que realmente se organize as imagens assim como as vemos na realidade. No final desse tempo – cinco séculos é muito –, nossa cultura se acostumou tanto a esse tipo de representação (sobrevivente de várias transformações e diversos meios aparentemente opostos como podem ser o cinema ou o próprio computador) que tendemos a acreditar na verdade dessas pretensões e, ainda por cima, nos inclinamos a pensar ainda hoje, depois de um século de vanguardas estéticas contrárias, que suas imagens são as ideais para representar o mundo – que o realismo perspectivista supõe o ápice da representação ocidental e até da representação humana.

Grande parte de nossa forma atual de ver está acomodada aos esquemas de representação realista que dominaram a visão ocidental desde o Renascimento de maneira praticamente hegemônica, de modo que se torna um tanto difícil determinar se a perspectiva imita uma forma natural de ver ou se a visão humana do Ocidente imita uma forma artificial de reproduzir a realidade. Em latim, a palavra "perspectiva" significa "ver claramente", mas ver com clareza não quer dizer necessariamente ver de forma natural, e sim esclarecer a visão. De fato, a técnica foi denominada *perspectiva artificialis* para que se diferenciasse da *perspectiva naturalis* da Antiguidade: uma era adaptada à representação, a outra tinha que ver com as leis da óptica. Essa dicotomia implica a existência de uma clara separação entre a visão natural e sua representação que se encontra nas origens da técnica mas que tende a borrar-se, sobretudo socialmente, conforme essa técnica se impõe como forma genuína de representar e ver a realidade.

Em contrapartida, as técnicas da perspectiva não anularam completamente as temáticas religiosas ou míticas que dominaram a estética anterior; elas continuaram existindo, embora agora organizadas visualmente de forma diferente, ou seja, realista. Dessa forma, uma técnica que nascia com a vocação intrínseca de reproduzir a realidade assim como era e de eliminar, indiretamente, os rescaldos religiosos e míticos que dominavam uma determinada visão do mundo, foi utilizada em grande medida, e durante bastante tempo, para promover o realismo dessas construções e, consequentemente, para manter a ideia de sua existência real. A diferença entre uma representação românica de Cristo e uma renascentista é que a última é muito mais verossímil do que a primeira. Acrescentemos que é verossímil para o espectador do Renascimento, pois seguramente os espectadores medievais não tinham compreendido esse realismo e o teriam interpretado de forma diferente. A técnica da perspectiva era utilizada, portanto, nesses casos, para acomodar certos temas considerados perenes à sensibilidade visual da época. Recordemos como a Igreja Católica utilizou, durante a Contrarreforma, o espetáculo visual realista para atrair os fiéis às igrejas. Nesse caso, o novo realismo era utilizado para mostrar de maneira verossímil um mundo irreal.

Com isso entramos em uma das disputas mais importantes sobre a perspectiva, que já mencionei antes. Trata-se de um invento ou de uma descoberta? Ou seja, os artistas do Renascimento inventaram uma técnica para representar o mundo de modo que se amoldasse à sua concepção dele? Ou, ao contrário, não fizeram mais do que descobrir uma forma ideal e perfeita de representá-lo, no momento em que a evolução social estava preparada para isso? Se aceitarmos essa segunda premissa, qualquer outra forma de representação que não seja a da perspectiva deverá ser considerada imperfeita, um exemplo da imperícia de outros artistas e culturas para representar a realidade, incapacidade que a evolução histórica correta da cultura europeia teria corrigido em seu momento e para sempre. Apesar das conclusões exageradas a que a aceitação dessa ideia nos levam, ela prevaleceu, ainda que às vezes de forma latente, em nossa ideia de representação. Mas se consideramos o fato de que a sociedade da Alta Idade Média teria seguramente rechaçado as representações perspectivistas por pensar que não se amoldavam a sua noção do real, se faz necessário duvidar das reclamações de perfeição absoluta e necessária desse tipo de imagens. É muito mais produtivo acreditar que em culturas diferentes há sensibilidades diferentes e, consequentemente, representações diferentes, amoldadas ao conceito de realidade e realismo dessas formações culturais diversas.

Figura 23

James Gibson propõe o problema de forma mais clara e contundente quando distingue mundo visual de campo visual. Segundo o teórico da percepção, o mundo visual representa a realidade assim como a vemos normalmente, ou seja, desorganizada, sobreposta, avaliada. Ao contrário, o campo visual representa a visão produzida no momento em que fixamos o olhar em um setor do real e particularizamos nele. O mundo visual nos envolve não só visualmente, mas também com sons e outras sensações: penetramos nele ao andar, e alguns elementos que são momentaneamente visíveis logo desaparecem para abrir caminho a outros. Um elemento distante pode adquirir mais importância que um próximo e, por isso, dar a impressão de que é maior em tamanho etc. No campo visual, tudo isso se organiza de maneira determinada: desaparece o movimento e os objetos se estruturam segundo a distância, não segundo a impressão que temos deles, de maneira que os distantes aparecem como menores em relação aos próximos. Com isso surge a noção de profundidade, que transforma as avaliações sensitivas e emocionais em avaliações espaciais e geométricas.

Ambas as possibilidades são factíveis, mas a primeira se aproxima mais de uma relação natural com o entorno do que a segunda, que implica um posicionamento em relação à realidade, uma distância e uma vontade de organização daquilo que se contempla dentro de um campo delimitado. Ambas respondem a características essenciais da visão, mas assim como a primeira dá conta de uma forma impura de ver, na qual intervêm diferentes fatores – não só ambientais como emocionais –, a perspectiva elimina todas essas possibilidades e se concentra apenas no ato de permitir ver com clareza. É essa representação clara dos elementos puramente visíveis e organizados segundo uma geometria extraída dos conceitos abstratos da óptica que importa à perspectiva. Ela cria, portanto, uma representação especializada, uma forma artificial de ver que, no entanto, se acomoda muito bem às novas necessidades sociais e, por isso, alcança um grande êxito que lhe permite sobreviver por longo tempo, até que por fim se confunde realmente com a única forma adequada de ver. Assim, quando olhamos consciente e voluntariamente, tendemos a ver a realidade como se estivesse dentro de uma moldura. É essa mesma moldura que a pintura colocou materialmente ao redor de seus produtos para organizá-los segundo os parâmetros do campo visual. Um marco que nossa cultura internalizou e que se projeta virtualmente com nosso olhar.

O escultor Adolf von Hildebrand, ao estudar o problema da forma na obra de arte, detectou duas estruturas da visão equivalentes às propostas por Gibson (Figura 23): a *visão óptica*, que é abstrata, distanciada e intelectual, e a *visão háptica* – próxima e colada ao visível (von Hildebrand, 1989). O háptico está relacionado ao tato e, portanto, a divisão de von Hildebrand se estabelece entre uma visão à distância, espectatorial, e uma visão próxima ou envolvente. As novas mídias podem ser divididas segundo essa diferenciação: o cinema estaria fundamentado em uma visão óptica, enquanto a televisão seria háptica. A nova imagem interface apresenta uma estrutura complexa que combina ambas as visões.

Perspectiva, ponto de vista e sujeito

O Maneirismo, com a inclusão do ponto de vista no quadro, parece contradizer a vontade de transparência da perspectiva pictórica. O Barroco, com seus desequilíbrios formais, também. E no entanto essas tendências ocorrem no interior do paradigma perspectivista, sem realmente ameaçá-lo. Os pintores maneiristas jogaram com um dos aspectos centrais da perspectiva: o observador. Como eu já disse, a perspectiva não só criou uma forma de organizar as imagens, como também a figura de seu espectador ideal. O quadro (ou o edifício ou a escultura organizados a partir dessa técnica) obriga a que se esteja posicionado a determinada distância da obra e em uma posição centralizada em relação a ela. Já se disse muitas vezes que os quadros em perspectiva se dirigem à visão de um espectador com um olho só, já que a tridimensionalidade própria da visão obtida com a combinação das imagens dos dois olhos (ou seja, a acomodação cerebral do fenômeno) é representada nesse tipo de imagens de maneira ilusória, como uma forma pictórica a mais. Ou seja, não se trata de oferecer à visão dual ou esteroscópica os dados necessários para que esta componha a tridimensionalidade (como aconteceu posteriormente com os equipamentos correspondentes, que apresentam duas imagens ligeiramente desalinhadas de uma mesma figura), mas que essa terceira dimensão, a profundidade, faz parte da mesma representação e, portanto, torna inútil a visão bifocal.

A realidade, portanto, é representada no quadro com um efeito incluído, a tridimensionalidade, elaborada pelo próprio pintor. Essa tridimensionalidade não é um componente real, mas fenomênico, quer dizer, pertence à percepção dessa realidade e não às qualidades do real em si. Isso indica que o realismo perspectivista inclui em sua composição o sujeito, não só porque fixa um espectador ideal para as representações (idealismo que coincidia com a concepção que os indivíduos de uma classe social tinham de si mesmos naquele momento), mas também porque inclui na imagem a própria percepção do sujeito, o resultado dela. O melhor exemplo desse fenômeno é o quadro de Andrea Mantegna (1431-1506) "O Cristo morto". Nessa pintura podemos ver o cadáver de Cristo situado de maneira que se apresenta aos olhos do observador de uma perspectiva muito forçada. Esse observador é colocado pela própria estrutura da imagem em uma posição que não é neutra, já que lhe deixa ver a figura como se estivesse situado quase à altura dos pés dela. O quadro dita, portanto, a própria maneira de contemplá-lo e a incorpora à imagem.

O Maneirismo (que vem de *maneira*, palavra que significa preciosismo: fazer algo não espontaneamente, mas *à maneira de*) toma consciência dessas questões e as incorpora à sua estética. A criação da perspectiva se desnaturaliza – não porque desapareça, mas porque exagera. As pinturas se organizam por pontos de fuga exagerados, mas nunca totalmente irreais, já que geralmente se justificam por uma determinada posição do espectador em relação à realidade que está sendo representada, quando não se procura uma acomodação arquitetônica para que a deformação construa com ela um *trompe l'oeil*. Isso implica que o espectador perca sua inocência inicial e se torne consciente de que o quadro não representa tanto essa janela de que Alberti falava, como um ponto de vista estrito ao qual ele está restrito. Essa evolução coincide com o aumento da consciência do sujeito, aumento portanto da subjetividade, que aqui se lê não como uma introspecção – isso virá mais tarde –, mas como uma extroversão, uma organização da realidade segundo o sujeito e ligada a sua visão.

Séculos mais tarde, essa variação ou exagero maneirista da perspectiva é encontrada em algumas manifestações da realidade virtual. Qualquer imersão na imagem e em seu percurso interno é uma extrapolação última desse invento maneirista. Os chamados *raid movies*, que se tornaram famosos em alguns parques temáticos e, em sua época, constituíram algumas das primeiras experiências complexas da infografia videográfica, representam périplos espetaculares por diversas paisagens, em forma de *travellings* intermináveis ligados a uma câmera subjetiva que constitui uma materialização do olhar do espectador. Em alguns casos, a disposição móvel das poltronas da sala de projeção, que lhes permite acomodar-se aos vaivéns da câmera em sua viagem, contribuem para acentuar a sensação de realismo.

Existe uma semelhança evidente entre esses *raid movies* e as perspectivas ilusionistas que Andrea Pozzo (1642-1709) criou no final do século XVII na igreja de Santo Inácio, em Roma. Nelas o olhar do espectador voltado para o teto da igreja se perde em alturas ilusórias nas quais flutuam figuras alegóricas que traçam uma ascensão rumo à divindade na qual culmina toda a estrutura da perspectiva espetacular. Trata-se de um exemplo desse uso propagandístico das imagens por parte da Igreja Católica durante a Contrarreforma. O que se pretendia era oferecer uma alternativa visualmente espetacular à iconoclastia austera dos protestantes.

A forma das ideias

A perspectiva representa a tendência no sentido da globalidade da imagem da época renascentista e pós-renascentista. A técnica implica uma vontade integradora muito forte que constitui o embasamento de seu realismo essencial. As construções em perspectiva em todas as suas manifestações, da pintura à arquitetura, supõem a forma global da imagem por excelência, e todas as tendências fragmentárias que se produzem então terão de ser medidas com esse padrão. Mas isso não quer dizer que não haja propensões formais no sentido da representação fragmentária nesse momento. Existem, mas pertencem a visualidades consideradas menores ou que não tendem a se distinguir como fragmentárias.

Assim, por exemplo, a arquitetura barroca em todas as suas variações até o Rococó se apresenta como um conglomerado de acréscimos diversos em um equilíbrio cada vez mais precário. No entanto, ao contemplar um edifício desse tipo, e também uma pintura, tendemos a privilegiar a visão de conjunto, obedecendo à disposição hegemônica de nossa forma de olhar, e assim tudo parece recuperar a unidade e o equilíbrio que os exames parciais da estrutura desmentem. Para apreciar a complexidade das imagens barrocas é necessário desapegar-se do hábito integrador e analisar cada um dos elementos em sua situação dentro do conjunto.

Mas existe um âmbito no qual a estética fragmentária é ainda mais evidente. Estou me referindo às coleções de símbolos e alegorias que circularam pela Europa do início do século XVI até o final do XVIII e configuram um dos capítulos mais interessantes e enigmáticos da história das imagens. Essa curiosa manifestação visual, que durante quase três séculos acontece paralelamente à tendência hegemônica da imagem que a perspectiva supõe, implica a resistência de uma mentalidade absolutamente diferente da que entendemos por renascentista, ainda que, como veremos, compartilhe com ela certas tendências profundas. Essa mentalidade distinta produz também algumas representações diferentes.

Durante o Renascimento, ocorre uma recuperação do mundo clássico cuja tradição tinha sido supostamente esquecida durante a longa Idade Média. Esse é o sentido da palavra renascimento, que qualifica assim um movimento cultural que faz renascer tradições perdidas e consideradas, por sua vez, transcendentais. Ou seja, trata-se de ir em busca de uma autenticidade perdida. Esse movimento, porém, não é só um gesto intelectual: paralelamente a ele começam a ser desenterrados os materiais em ruínas daquela cultura que se pretende recuperar. O interesse em recuperar o pensamento clássico é acompanhado de um interesse pela arte do passado e então há uma tomada de consciência de que esses restos tinham permanecido até o momento sob o mesmo subsolo que sustentava as construções da sociedade atual. A operação mental tinha no caso uma contrapartida material, e ambas se reforçavam mutuamente. Surgiram aí os embriões da história e da arqueologia atuais, ou melhor, das disciplinas que culminaram no século XIX. Materializava-se também a ideia moderna de temporalidade. Não são conceitos que se constroem da noite para o dia, mas juntamente com a ideia de indivíduo vão se formando paulatinamente a partir dessas ações iniciais espetaculares.

Mas, ao mesmo tempo que isso acontecia, produzia-se também um interesse pela mitologia pagã que a Idade Média tinha mantido viva, ainda que mesclada à cristã. A partir do início do século XVI, começaram a ser publicados livros nos quais se resenhava uma série de representações visuais de determinadas ideias transcendentais que pretendiam estar relacionadas ao universo platônico dos arquétipos. Esses livros, em princípio, não eram ilustrados, mas continham descrições prolixas de imagens, supostamente destinadas a ajudar os pintores e poetas a realizar suas composições, sempre que quisessem refletir nelas esse mundo de ideias. Era o embrião do importante movimento alegórico que se formou pouco depois e cujo apogeu se deu durante o Barroco. A alegoria transforma as ideias em coisas, e por isso a representação alegórica nos apresenta um mundo organizado de maneira estranha que responde a uma realidade superior, ainda que visualizada por meio das formas de nossa realidade. A partir da segunda ou terceira edição desses tratados, começaram a aparecer neles as ilustrações que, pouco a pouco, foram suplantando o texto, até que este ficou reduzido a um acompanhamento das imagens – que se transformaram assim no elemento principal.

Os símbolos, uma vez visualizados por meio das imagens correspondentes (as quais, lembremos, são a cristalização das descrições literárias anteriores), aparecem em forma de vinhetas que mostram uma série de elaborações visuais que hoje certamente qualificaríamos de surrealistas ou oníricas. O interior dessas vinhetas, denominado corpo do símbolo, às vezes aparecia rodeado por uma moldura carregada de ornamentos à qual se denominava "cartela". Presidindo o corpo do emblema aparecia, em uma fita, o mote ou lema – frase que resumia seu significado. Finalmente, sob essa composição, encontrava-se um parágrafo, denominado epigrama, que explicava geralmente em verso o significado concreto da imagem.

Vemos que se trata, portanto, de uma composição complexa na qual se conjugam várias estratégias visuais e textuais. E é interessante levar em conta, como afirmei, o movimento que conduz à criação dessas configurações, já que surgem de descrições puramente textuais que, pouco a pouco, abrem caminho ao visual.

Só um conhecimento profundo da cultura clássica, sobretudo de *As metamorfoses* de Ovídio (ano 8 d.C.), da qual se nutrem muitas dessas propostas, pode dar a chave do significado verdadeiro dessas imagens, apesar dos textos que as acompanham, que atualmente nos parecem tão esotéricos quando as próprias composições visuais. A obra de Ovídio é um compêndio da mitologia clássica, expressa por meio de anedotas que, depois de diversas transformações, acabam compondo as visualidades dos símbolos. Mas há algo mais que contribui para gestar a peculiaridade dessas configurações.

Se em uma representação perspectivista da mesma época o que se destaca é seu senso de equilíbrio, a disposição lógica de todos os seus elementos, de maneira que nenhum pareça se destacar ideologicamente dos demais, no nascente campo do simbólico a impressão é completamente distinta. Os objetos aparecem aglutinados por uma lógica que não se ajusta à visão da realidade. São produzidas conjunções estranhas ou aparecem personagens vestidos de maneira pouco comum ou carregados de atributos formais inesperados. O primeiro tipo de imagem privilegia o conjunto ou sua verossimilhança, o segundo, a desagregação e sua estranheza. Um procura imitar a realidade visível, outro tenta transcrever, na linguagem dessa realidade, o mundo superior dos valores platônicos. O que se constrói nesse caso é a visualidade das ideias abstratas, que, ao encarnarem por meio das coisas, desbaratam a unidade do universo clássico e provocam visualidades nas quais prevalece acima de tudo um amontoado de fragmentos em equilíbrio precário.

Esse movimento importante, que tanto parece afastar-se do espírito e da forma renascentista, na verdade é um correlato dela. Isso significa que provém também da vontade de recuperar o passado clássico e utilizá-lo para fundamentar o presente. A partir do início do século XV, começaram a chegar às cidades italianas uma série de documentos que estavam aparecendo em várias partes do mundo Mediterrâneo devido à atração nascente pelo antigo que surgia nos centros políticos e culturais. Um desses documentos, os *Hieroglyphica* de Horapolo, surgiu na Itália em 1419 e acabou chegando à corte dos Médici, na qual o filósofo Marsílio Ficino (1433-1499) havia sido encarregado de traduzir os textos platônicos que estavam sendo descobertos.

Imediatamente considerou-se que o texto de Horapolo era transcendental porque oferecia informação sobre uma cultura mais antiga do que a grega e, portanto, assentava as bases dela e concretamente da filosofia platônica. Consequentemente, era preciso traduzir Horapolo antes de Platão, para interpretar a filosofia do segundo conforme as diretrizes do primeiro. Acreditava-se que os *Hieroglyphica* provinham do antigo Egito, que era considerado o berço de uma sabedoria misteriosa e ancestral, representada especialmente por essa escrita visual indecifrável, os hieróglifos, para os quais os escritos de Horapolo ofereciam a chave.

Na verdade, o manuscrito, atribuído a esse misterioso autor chamado Horapolo (uma contração de Horus e Apolo, ou seja, de Egito e Grécia), não vinha do mítico Egito, berço do não menos mítico Hermes Trismegisto que alimentava a imaginação mágica do Ocidente, mas era um produto mais próximo, concretamente das ações do sincretismo religioso ocorridas no século II e III de nossa era.

No Renascimento, duas tradições concorriam: o humanismo nascente e a magia em declínio. Mas nem sempre era possível distingui-las com clareza. Como afirma Frances Yates (1991, p. 193),

> talvez o caso mais claro de contaminação seja o dos hieróglifos. A história dos supostos hieróglifos egípcios de Horapolo, do clamor que suscitaram no Renascimento e de seu desenvolvimento como símbolo foi estudada e questionada mais a fundo. Os *Hieroglyphica* de Horapolo são textos aos quais se atribuíam origens antiquíssimas: na realidade, tratava-se de obras helenísticas. Esse fato explica que se considerava o hieróglifo egípcio um signo dotado de significados ocultos morais e religiosos.

Foi esse antecedente de uma suposta escrita visual egípcia, capaz de expressar o significado profundo da realidade graças a essas características, que empurrou a tradição simbólica a transformar as descrições literárias de imagens em imagens propriamente ditas que promulgavam uma representação basicamente fragmentária.

A visualidade simbólica fragmentária transcorreu, portanto, durante vários séculos paralelamente ao equilíbrio visual promovido pela visão perspectivista até desaparecer por completo no século XIX. Suas imagens não correspondiam a um tipo de visão, mas a uma forma de pensamento visual. Enquanto a perspectiva se propunha a representar o mundo como era do ponto de vista óptico, os símbolos pretendiam apresentá-lo da maneira como era configurado pelas ideias que sustentavam essa trama óptica. Na atualidade, o impulso simbólico ressuscita quando a hegemonia da representação superficial, simplesmente óptica, promovida pela perspectiva entra em decadência e a ideia mais dinâmica e profunda de uma imagem conceitual capacitada a gerir o conhecimento é suscitada. Além disso, há também o fato de que tanto a publicidade como as interfaces do computador promovem a criação de estruturas icônico-conceituais muito parecidas aos símbolos. Como dizia Omar Calabrese (1987), vivemos em uma era neobarroca, e essa é uma das provas disso.

4. Formas da imagem

Espelho, reflexo

A primeira condição para a existência de uma imagem é a presença de um espaço no qual esta possa se produzir. É esse espaço que estabelecerá a separação fundamental entre a imagem e a realidade. Pode parecer que não há diferença entre o espaço da imagem e a imagem em si, e que ambos os elementos se apresentam unidos no que chamamos imagem, mas isso é desmentido pela própria prática, já que sempre existe um espaço vazio anterior à construção visual, que deve ser preenchido com ela própria – seja a tela do pintor, a página em branco do desenhista ou a emulsão fotográfica. O que nos indica que a possibilidade do fenômeno que denominamos imagem aparece quando se cria um espaço separado do espaço real pronto para recebê-la[11]. Vale a pena prestar atenção nesse espaço pré-visual porque nele reside o segredo das chamadas imagens.

    Chama a atenção que, apesar dessa diferença essencial entre realidade e representação que se estabelece no próprio fundamento da imagem, prevalece a ideia de que esta tenha de ser um prolongamento da realidade, em vez de uma alternativa a ela. Isso é indício de que predomina, portanto, uma concepção metonímica da imagem – em contato direto com a realidade –, em vez de uma concepção metafórica – transformação da realidade pelo deslocamento para um espaço distinto. As tendências iconoclastas existentes ao longo da história nascem desse reducionismo metonímico, cuja raiz é curiosamente a mesma que alimenta as suspeitas sobre a metáfora. Em um caso, considera-se que a imagem está perigosamente próxima do real; em outro, que a figura retórica aproxima, não menos perigosamente, o conhecimento da imagem.

    Um dos mitos fundadores da imagem se refere, como é conhecido, a Narciso, que, ao contemplar seu corpo refletido na superfície de um lago, ficou encantado

---

11. Como eu disse antes, no século XIX aparecem formas visuais que se tornam independentes do suporte ao serem basicamente fenomênicas. Formas que fundamentam o conceito genuíno de imagem tal como o entendemos desde então. Mas isso ocorre uma vez que se tenha internalizado o conceito de espaço de representação, o qual não deixa de ser uma referência que está sempre presente, seja como uma tela de cinema ou um monitor de televisão.

consigo mesmo. Sua alienação chegou a tal ponto que, querendo aproximar-se dessa quimera para beijá-la, caiu na água e morreu afogado. Toda a carga negativa do visual está contida na estrutura narrativa desse mito: a imagem como engano, a imagem como emoção e a imagem como perigo. Mas há uma parte do mito que sempre se manteve em segundo plano (seguramente porque é interpretada por um personagem feminino), e ela está ainda mais cheia desse preconceito. Trata-se da história da ninfa Eco, apaixonada por Narciso e condenada a repetir sempre as últimas palavras que ouvia. Tentou salvar Narciso de sua fixação pela própria imagem, mas a impossibilidade de fazer outra coisa além de repetir as palavras de seu amado a fez fracassar. Segundo o mito, no verbal residia, portanto, a salvação do engano perpetrado pelo visual.

Mas, além disso, o mito de Narciso nos mostra uma imagem ainda imbricada na realidade, uma imagem próxima da alucinação devido à falta de um espaço preciso em que se acomodar, já que a superfície da água não pode ser mais do que uma antessala para o verdadeiro espaço de representação que podemos supor que comece com o espelho. Um espelho é a reprodução técnica e portátil da superfície reflexiva da água. Não é ainda uma imagem propriamente dita, tampouco pode ser considerado um espaço de representação no qual situar a imagem, uma vez que ela é produzida espontaneamente sobre sua superfície. Mas é um passo além do reflexo na água, um passo para a possibilidade de dominar um espaço isolado da realidade e preparado para *representar*.

Lacan desenvolveu sua teoria do espelho com base no mito de Narciso, mas não se referiu a um simples reflexo, e sim ao reflexo produzido em um espelho. Segundo o psicanalista, a personalidade da criança nasce no momento em que contempla sua imagem refletida em um espelho pela primeira vez, durante a infância. Esse reflexo de si mesma, em vez de aliená-la como aconteceu com Narciso, faz que tome consciência de seu corpo como uma entidade separada do da mãe, a quem se sentira unida até então, e permite-lhe visualizar a si como uma entidade própria, em vez de experimentar-se dividida em diversas funções corporais. Em Lacan, o espelho, e não o simples reflexo descontrolado, é uma fonte de racionalidade que aponta o caminho para compreender o visual como princípio de conhecimento e não de alienação. Mas, se lermos essa proposta nas entrelinhas, veremos que a visualidade considerada libertadora é aquela que está tecnicamente controlada: ou seja, localizada em um espaço concreto como o do espelho, que configura um território separado da realidade. Se não fosse assim, a criança não experimentaria nenhum processo de maturação diante de sua imagem, mas seguiria o mesmo caminho de Narciso, ou seja, aquele que leva, de acordo com psicólogos, ao narcisismo.

O espelho, como protoimagem, poderia ser considerado aquilo que sustenta a concepção metonímica da imagem, já que o contato entre realidade e representação não é tão rigoroso em nenhum outro lugar como o é em sua superfície (afinal, é dessa fenomenologia especular que provêm as ideias metonímicas). Mas, ao contrário, a ideia de Lacan faz que o espelho, evidentemente ancorado no metonímico, se incline no sentido do metafórico, ou seja, rumo à região da imagem pura. É verdade que a criança se olha no espelho como realmente é, mas essa realidade não estava contida em sua experiência direta do mundo, aparecendo, na verdade, no momento em que é vista de fora, em outra região que não é estritamente real, mas imaginária. É Narciso que, ao confundir realidade e imagem, se perde. A criança, ao contrário, se descobre por intermédio da metáfora de si mesma que a superfície do espelho oferece.

A forma do espaço da imagem

Entenderemos perfeitamente essa ideia da imagem como metáfora fundamental da realidade em relação a um espaço que a transforma em imagem se apelarmos para o espaço estético como uma totalidade. Todo grande artista cria seu espaço, ou seja, constrói um espaço novo combinando elementos reais com o espaço da imagem que os transforma. Pensemos, por exemplo, em um diretor de cinema como o japonês Yasujiro Ozu: seus enquadramentos são únicos, não se parecem em nada com os de outro diretor e também constituem uma forma que percorre consistentemente toda a sua filmografia. Wim Wenders exalta a pureza do olhar que essas imagens representam, e em um de seus documentários, "Tokyo-Ga" (1985), parte em busca dessa visão nas ruas de Tóquio, onde encontra algo parecido quando utiliza a mesma lente usada pelo diretor japonês e tenta reproduzir a mesma posição de câmera que ele utilizava. Esses gestos técnicos – a lente, a posição da câmera – são relativos ao espaço da imagem criada, preparam esse espaço para receber a realidade nele e transformá-la substancialmente, ou seja, metaforicamente.

Devemos, portanto, ser sensíveis a essa forma de espaço, que também é parte da própria forma da imagem, uma vez que ambas constituem um conjunto inextricável, embora seja ideal começar a considerá-las separadamente para aprender a distinguir o fenômeno. Pode-se criar uma história desse espaço que nos mostrará suas distintas etapas, dentro das quais os estilos particulares se produzem. Não há que confundir, portanto, o olhar que as imagens representam através dessa forma do espaço (é disso que se trata: de construir um olhar que reúna o real a um espaço determinado) com o espaço paradigmático – ambos se interrelacionam, mas é preciso conseguir separar os níveis. No Renascimento, por exemplo, se cria um novo tipo de espaço pictórico, cujas características gerais determinarão a base de todos os estilos espaciais posteriores, mas logo é possível observar as criações particulares, a forma específica que cada pintor dá ao espaço de suas imagens pictóricas, ou inclusive a forma como os diferentes meios vão interpretando os parâmetros dessa abordagem inicial.

O surgimento do movimento nas imagens no final do século XIX suporá uma mudança suprema na forma desse espaço, mas as características do espaço perspectivista anterior não desaparecerão por completo; permanecerão como um fantasma que planeja a diversidade de enquadramentos, cujo conjunto fundamentará a forma do novo espaço e o olhar que os diretores de cinema construirão com base nela.

Quando falamos do estilo de espaço de um diretor (a forma de seus enquadramentos), como acabo de fazer com Ozu, efetuamos uma operação reducionista por meio da qual convertemos as imagens do cineasta em enquadramentos pictóricos: examinamos a imagem fixa de um plano porque nela vemos a essência de todo um conjunto. Com alguns diretores, como Ozu, isso é possível porque o eixo de suas constelações filmicas (normalmente a cena) coincide com o plano, e nele, como em um microcosmo, se reproduzem as condições de todo o conjunto. Em outros casos, porém, há que prestar atenção ao conjunto produzido pelos diversos planos e ao movimento existente no interior deles, assim como ao movimento que os integra. Somente assim poderemos compreender a forma do espaço que o diretor utiliza. A dificuldade desse procedimento diante da aparente simplicidade que implica a posição do observador diante de um enquadramento nos dá a medida de até que ponto os estilos de espaço se modificaram entre uma época e outra.

Referindo-se ao universo pictórico, o teórico francês Pierre Francastel (1969, p. 11) indica que "a configuração material de uma pintura não reflete unicamente a memória das coisas vistas pelo artista em função de uma ordem imutável da natureza, mas também em função das estruturas imaginárias". Essa estrutura imaginária de que fala Francastel tem sua primeira tradução na forma do espaço da imagem de que estamos falando. Esse espaço é a tela mental onde se projeta a realidade e se recompõe metaforicamente. "Não existe arte plástica fora do espaço, diz Francastel, e o pensamento humano, quando se expressa no espaço, assume necessariamente uma forma plástica" (1988, p. 147).

Às vezes, como no caso de Ozu, a emergência de uma forma original do espaço de representação aparece de maneira incontestável em uma produção visual. É o que acontece em algumas obras de Picasso. Quando se olha para o retrato que o artista fez da escritora Gertrude Stein em 1906[12], observa-se uma nova intuição do espaço. Não é algo relacionado com a figura em particular, com esse rosto no qual se adivinham os primeiro traços da decomposição cubista (ou a influência da estatuária ibérica que logo aparecerá com tanta força em "Les demoiselles d'Avignon"), mas é uma referência a uma dobra geral do espaço da composição, cujas tensões partem do mesmo eixo do ponto de vista em contraplongê. Essa formação pode ser atribuída à influência de Cézanne, mas no quadro de Picasso há algo mais radical, talvez porque não pareça afastar-se demais do modelo e, no entanto, o coloca em um universo diferente, onde o corpo e o ambiente configuram uma visualidade particular.

Em "Les demoiselles d'Avignon", de 1907 (embora tenha tido longa preparação), embora o quadro seja mais radical em todos os sentidos e Picasso tenha introduzido nele uma série de inovações espaciais equiparáveis às ideias matemáticas do momento (2007), parece haver uma concepção plana do espaço, uma superfície

---

12. Veja a imagem no site ArteHistoria: <http://www.artehistoria.jcyl.es/historia/obras/13164.htm>.

comparável à de uma cena real, enquanto o espaço em que o corpo de Gertrude Stein aparece tem regras próprias, que o afastam de qualquer possibilidade de considerá-lo neutro, objetivo.

É verdade que se penetrarmos no interior da obra seguinte, "Les demoiselles", descobrimos que a frontalidade aparente se decompõe em uma série de camadas sobrepostas que fazem do quadro uma representação verdadeiramente complexa. Mas o embrião da novidade do olhar de Picasso se encontra no retrato de Gertrude Stein, no qual o pintor faz que o espaço do real mostre em sua forma as tensões que o sujeito suscita ao estar incluído nele. Isso somente poderá acontecer se um espaço separado da realidade for elaborado, um espaço que atue como laboratório. Um espaço delimitado, como um espelho, mas com uma superfície que não é reflexiva, mas *imaginativa*.

É importante levar isso em conta porque, como eu disse antes, no mesmo momento em que Picasso revolucionava a pintura, um novo tipo de imagem ligado ao movimento estava sendo produzido e, portanto, uma imagem capaz de expressar os fenômenos temporais. O quadro de Picasso que retrata Gertrude Stein representa, no terreno pictórico da imagem fixa, uma alegoria do novo espaço cinematográfico tal como é percebido pelo espectador.

Molduras e janelas

Vamos, portanto, em busca desse espaço da imagem. Ele é sempre encontrado primordialmente, pelo menos desde o século XV, no interior de uma moldura que costuma ter proporções precisas. Essas proporções seguem, mais ou menos, regras matemáticas conhecidas como "número áureo" ou "proporção áurea". Não nos interessa agora traçar a história desse número, cujas propriedades foram determinadas na antiga Grécia e estabelecem as proporções de equilíbrio de uma composição considerada clássica – encontrada no Partenon ou nas estátuas gregas. O que realmente importa aqui não é a forma global do enquadramento, da moldura, mas a existência dele como expressão do limite entre realidade e representação e como recipiente de uma imagem. O que chama verdadeiramente a atenção é a presença persistente desse enquadramento na história da representação Ocidental.

O programa de computador mais famoso do mundo chama-se Windows (janelas). O nome não é inocente, uma vez que a noção que conceituou a ideia de moldura em nossa cultura visual clássica foi a da janela; assim Alberti se expressa para se referir a como os pintores deviam compor suas obras. Já mencionei antes: eles deviam fazê-lo, segundo Alberti, como se o que pintavam fosse visto através de uma janela. Essa ideia da janela é uma metáfora que se refere à moldura da pintura: "A janela é como uma pintura (delimita uma abertura no mundo) e a pintura é como uma janela (como técnica para construir a perspectiva, o pintor tem de delimitar a visão)".

Quando Filippo Brunelleschi, em 1425, armado com seu cavalete de pintor e um espelho, se posicionou no pórtico de Santa Maria del Fiore, a catedral de Florença, para pintar a igreja de San Giovanni localizada em frente, estava prestes a realizar uma operação com consequências incalculáveis para a estética vindoura. Brunelleschi se dispunha a pintar a igreja seguindo as novas técnicas de organização geométrica das imagens que acabaria sendo denominada perspectiva, e para isso faria algo insólito: colocar-se de costas para o modelo natural e pintá-lo observando-o refletido no espelho. Um bom princípio, para uma técnica e uma estética que durante os quinhentos anos seguintes reivindicariam para si a pureza do realismo. Esse espelho que se interpõe entre a realidade e a imagem pode ser interpretado de duas maneiras. Uma, como preferia o realismo, ou seja, como prova de fidelidade, pois a realidade refletida é reproduzida no quadro. Ou exatamente o contrário, ou seja, como indício do caminho metafórico que perpassa toda realidade para transformar-se em imagem e, no meio, encontra uma ponte entre os dois mundos, o espelho. O espelho está ali para enquadrar a realidade antes que ela se incorpore à moldura que a tela configura. Nesse sentido, o espelho é um representante da imagem, da moldura fundamental de seu espaço, e não da realidade que sua superfície acolhe.

O espelho de Brunelleschi se tornava, dessa maneira, o elemento aglutinador das imagens mais ou menos dispersas da realidade, antecedendo aquela máquina utópica de reproduzir o real que no século XIX acabaria por se materializar na câmera fotográfica. Mas não teria sido suficiente recorrer ao espelho para produzir essa mudança se antes não tivesse existido uma vontade de organizar a visão em um todo homogêneo, estruturado dentro um espaço neutro e absolutamente transparente. O espelho era ao mesmo tempo uma ferramenta e uma metáfora para uma nova forma de ver a realidade.

Para o artista medieval, o espaço da representação pictórica não era uma transposição do espaço real. A tela, a tábua ou a parede eram superfícies sobre as quais estruturar um texto composto de imagens. O valor perceptivo e simbólico dessas imagens era dado por sua distribuição nessa superfície. Não existia praticamente nenhum interesse em representar os objetos em três dimensões e, portanto, o tamanho deles estava mais relacionado com a bidimensionalidade da superfície do que com a ilusão de realidade. Era por isso que os objetos adquiriam, através de sua forma, uma valorização adicional que oferecia a possibilidade de comunicar determinada informação simbólica ao espectador.

A perspectiva acabou com tudo isso. A distribuição das imagens, as relações entre elas, seu tamanho, tudo repentinamente perdeu valor semântico e se instalou no campo da lógica visual. Quando Alberti afirmava que um quadro era como uma janela aberta para o mundo, queria dizer que a única diferença entre a realidade e sua reprodução se baseava na presença circunstancial de uma moldura ao redor desta última. Diante do quadro, o espectador não deveria ter de realizar esforço interpretativo maior do que quando, no meio da rua, contemplasse alguma coisa.

Tratava-se do suposto retorno a um mundo virgem, limpo de toda a poluição mágica, teológica e animista que o povoara até então.

Ao mesmo tempo que o universo sofria esse processo de desencantamento a um ritmo forçado, graças sobretudo ao crescente poder do pensamento científico, na superfície do quadro produzia-se um fenômeno idêntico: o espaço se tornava transparente, perdia significado, naturalizava-se; a imagem deixava de conter informações e se limitava a representar a si própria. O olho, para ver tudo, para lançar-se até esse infinito que Giordano Bruno (1548-1600) acabava de descobrir, renunciava à imanência. A ciência começava a invadir, com suas formações bem alinhadas, esse espaço subitamente abandonado pelo inimigo. Tais hostes novamente confeririam significado ao real, mas, curiosamente, essa significação atraente não afetaria em nada a aparência da realidade. Ao contrário dos significados anteriores, os de agora permaneceriam latentes sob o significante, sem alterá-lo. Aparentemente, a partir daquele momento a imagem deslizaria destemida sobre a maravilhosa autoestrada da ciência, como um veículo a que a crescente melhoria da pista parece separá-lo cada vez mais dela. A imagem, vista através da janela metafórica, era, sim, transparente. Mas não a moldura, cuja materialidade se situava ante os olhos do espectador como um lugar estranho, incômodo, inclassificável.

A técnica da perspectiva introduzia a moldura em um sistema de reprodução realista que pretendia eliminar as barreiras entre a realidade e a pintura. As molduras haviam existido antes, em torno das pinturas românicas ou góticas, mas não tinham a intenção que agora lhes era outorgada. Delimitavam, é claro, um espaço pictórico, mas não de forma tão ambígua como seria então, já que na verdade eram um prolongamento do espaço interior, do espaço representativo, uma vez que este se separava por si mesmo do real e não pretendia ser em absoluto do mesmo tipo – a moldura como objeto material era, portanto, desnecessária. Mas com a invenção da perspectiva – e a vontade de fazer imagens ilusionistas que dessem ao espectador a sensação de estar contemplando a própria realidade – tornou-se imprescindível uma delimitação desse espaço precisamente para que a ilusão funcionasse. Sem o limite, a ilusão não existia, pois não era possível controlar o olhar do espectador. Era preciso buscar, portanto, uma maneira de ocultar esse ambiente do quadro que não lhe pertencia nem pertence ao mundo real. Daí surgiu a ideia da janela. A metáfora da janela era, assim, uma forma de ocultar a moldura. O espectador não deveria vê-la de outra maneira senão como uma janela que lhe permitia inclinar-se para o *exterior*.

Mas a moldura estava ali. Quanto mais ilusionista fosse a pintura, mais se procurava ocultar a existência desse limite, imitando, por exemplo, nichos ou janelas no próprio quadro, que delimitassem a imagem a partir dela própria, como elementos de um mesmo mundo proposto pela imagem, que assim saltava por cima da moldura no sentido da realidade, sem perder a condição de estar enquadrada.

Chega um momento em que a moldura adquire, no entanto, identidade própria e, longe de se esconder com esses engenhos, manifesta a si mesma como espaço alheio ao da imagem e ao da realidade. Segundo Stoichita (2000, p. 41), é extremamente significativo que, no século XVII (período de eclosão da intertextualidade e, ao mesmo tempo, de obsessão pela "fronteira estética"), o limite real fosse considerado o verdadeiro problema de toda definição da imagem. Antes de proceder ao cruzamento intertextual, a episteme do século XVII se concentrou na definição de corte epistemológico que produz a moldura de qualquer imagem. Esse corte é considerado a concretização de uma operação simbólica.

A partir desse momento, a moldura se torna adorno. Seu tamanho aumenta e sua significação se amplia com uma grande proliferação de ornamentos.

Tal mudança é atribuída a uma razão sociológica: ela teria ocorrido no campo do mecenato artístico, que passou da igreja aos reis, o que resultara em maior necessidade de expressar publicamente a riqueza e o poder, culminando em um aumento da demanda de molduras mais elaboradas. Nunca há uma única razão para as coisas e, por mais que a sociologia nos explique a razão superficial, devemos considerar também as causas mais profundas. A moldura é certamente uma forma de expressar o poder, a posse da realidade demarcada, mas a necessidade de simbolizar esse aspecto do poder – propriedade – não é tão grande quanto a de expressar sua imensa realidade; nesse sentido, a moldura se transforma em uma alegoria do poder. De um lado, a moldura expressa a importância do que se tem, e de outro, a importância de ter. Tudo isso implica que o discurso da moldura se coloque em primeiro lugar, que se afaste da invisibilidade pretendida outorgada por sua conversão metafórica em janela. Mas essa emergência da moldura supõe o surgimento de uma problemática sobre a representação e sua relação com a realidade que não existira antes e que será uma característica do Barroco. Posteriormente, a linguagem do ornamento da moldura deixará para trás essas razões simbólicas e epistemológicas e se tornará uma função estética, vindo a se transformar, nesse sentido, em verdadeiras representações.

Moldura e transmidialidade

As molduras estão presentes em toda parte, tanto que podemos considerá-las uma forma simbólica, ou seja, uma noção que, materializada ou não em um objeto concreto, organiza não só os materiais da cultura como também os do imaginário em que esses materiais são gestados. No teatro, por exemplo, a moldura delimita o espaço cênico da representação, mas se torna um valor em si mesmo quando está decorado diante do espectador e obtém as características de um elemento arquitetônico do recinto teatral. Com esses adornos, o cenário se materializa como lugar: é uma função ornamental e representativa que se desenvolve especialmente quando ainda não foi levantada a cortina. Então, quando a cortina já subiu, os adornos procuram lembrar de alguma forma ao espectador as características do mundo imaginário que se desenvolve no interior dessa moldura. No cinema, esses envoltórios continuaram demarcando as telas e os grandes locais cinematográficos que acolheram o espetáculo a partir dos anos 1920. Neles, a função da moldura ia além do cenário-tela e atingia todo o edifício, já que este tentava imitar com sua arquitetura e decoração os mundos imaginários que seriam vistos na tela. Assim, os locais eram verdadeiros "palácios do cinema", de estilo muitas vezes romântico ou oriental.

A ideia de uma fronteira que separa a realidade da ficção aparece no teatro grego, no qual os espectadores estão situados pela primeira vez em um setor – as arquibancadas –, de frente para o espaço do espetáculo – o palco. Nesse momento, não aparece uma estrutura material que *enquadre* a cena; ao contrário, produz-se uma clara brecha epistemológica que separa esses dois mundos. É essa lacuna que mais tarde se materializará em um objeto concreto. O que nos indica até que ponto a moldura é mais uma questão simbólica do que uma necessidade material.

Cabe perguntar, nesse sentido, se a pintura realmente necessitava de uma moldura que rodeasse materialmente o quadro, quando este, por sua organização visual, já parte da ideia de um limite da imagem. No teatro, a moldura do cenário se materializa quando surge o chamado *teatro à italiana*, com o qual se retorna à estrita separação clássica entre o espaço dos espectadores e o espaço da ficção que fora criado pela tragédia grega, mas que em seguida, especialmente durante a Idade Média, fora sendo relaxado. Durante esse período, o cenário era improvisado, embora às vezes também ficasse circunscrito a um espaço específico, como um vagão localizado em uma praça pública; os teatros eram em grande medida itinerantes e, portanto, de arquitetura pouco precisa. Na época elisabetana ou no Século de Ouro espanhol o cenário podia ser dividido em diversos espaços, pois muitas vezes as obras se desenvolviam em um pátio ou um curral e os diferentes cantos do lugar eram aproveitados para representar a obra. A companhia de Shakespeare, no entanto, acabou interpretando suas peças em um teatro propriamente dito, El globo, a partir de 1599.

O discurso das molduras nos permite contemplar exemplos de um processo de transmidialidade muito interessante. Assim, vemos como o conceito de moldura muda de um meio a outro, levando consigo traços dos distintos meios que visita, de modo que é através desse conceito de moldura que um meio recebe influências de outro.

A capa de um livro é, por exemplo, uma moldura que funciona como recipiente e anunciador do discurso que se desenvolve em suas páginas. Nos primórdios do livro havia uma página ilustrada com um conjunto de imagens organizadas em forma de moldura, em cujo interior aparecia o título e o autor. Essa página foi nomeada com o termo arquitetônico "frontispício", que se refere ao conjunto de elementos que decoram a entrada principal de um edifício. Dessa maneira, dois meios aparentemente distantes entre si, como são a arquitetura e os livros, se relacionam. Mas isso nos revela, ainda, que na arquitetura também aparece a noção de moldura, ou seja, o que rodeia com seus adornos a entrada de um edifício ou de toda a sua fachada, que se apresenta ao espectador como se fosse um quadro. Durante muito tempo, as construções, de igrejas a residências, foram representadas por essa parte frontal dirigida ao público, ou ao espaço público. O resto do espaço arquitetônico que se ocultava por trás dessa frontalidade era o envoltório *insignificante* do espaço interior da edificação: o espaço privado. Pouco a pouco, essa divisão de papéis foi transformada em uma concepção mais global do edifício pela qual ele todo configura um conjunto exibido ao público. Pensemos nas formas espetaculares das construções de Frank Gehry, como o museu Guggenheim de Bilbao. Nele não há uma fachada em sentido estrito, mas trata-se de um apanhado de formas que revelam seus ritmos na largura e no comprimento de todo o conjunto e convidam a contemplá-las globalmente.

O frontispício de um livro também está relacionado com os arcos do triunfo barroco, uma vez que muitas páginas dos livros apresentam construção semelhante a eles, por serem compostas por um conjunto de vinhetas dispostas em forma de arco, com um espaço no centro para o título e o nome ou o retrato do autor. Há uma semelhança formal entre as duas disposições, e, no que se refere a seus desenhos da era barroca, existe também uma vontade idêntica de utilizar ambas as arquiteturas, a da imagem e a da construção, para expor uma série de símbolos e alegorias. Ambas as formações se reúnem às vezes no campo da pintura, do desenho ou da gravura, ou seja, em uma superfície dedicada exclusivamente à representação visual, para organizar as imagens em uma forma arquitetônica. Um dos exemplos mais espetaculares desse tipo de visualidade pode ser encontrado nas gravuras que Albrecht Dürer (1471-1528) criou em 1515 para o imperador Maximiliano. No trabalho, está representado um impressionante arco triunfal, tão complicado, tão repleto de figuras e detalhes, que seria impossível confeccionar uma réplica real[13]. Dürer efetuava um relato histórico (os múltiplos detalhes representados na configuração se referem à história do imperador) mediante uma composição visual que se estruturava através de uma forma popular na época, o arco do triunfo. Uma forma que tanto poderia se transformar em objeto arquitetônico permanente como ser uma construção efêmera destinada a algum tipo de festividade.

Esses arcos do triunfo nos recordam também os retábulos góticos com a sua proliferação de pequenos espaços dedicados à representação de diferentes momentos de uma história relacionada com a vida de Jesus Cristo ou de algum santo. São casos em que a noção de moldura se sobrepõe à das diferentes molduras concretas: cada imagem tem uma moldura, mas todas elas são sujeitas a uma disposição geral que demarca o conjunto. Essa ideia chegou até os nossos dias, uma vez que muitas páginas da web foram chamadas *portais* pelo fato de construir a fachada de uma rede composta por lugares diversos relacionados entre si e que devem ser acessados por intermédio desses *frontispícios* eletrônicos. Em geral, eles não apresentam uma arquitetura harmoniosa como seus homólogos barrocos, mas constituem um conjunto basicamente desequilibrado de espaços ou janelas, embora às vezes o acesso a um

---

13. Uma reprodução do arco pode ser vista em: <http://www.artehistoria.jcyl.es/genios/cuadros/3944.htm>.

portal tenha sido organizado com base em determinada metáfora que resumia o que podia ser encontrado em seu interior. De qualquer forma, nessas configurações permanece o eco dos frontispícios impressos, da mesma maneira que neles são observados os traços de seus equivalentes arquitetônicos.

Isso nos leva a considerar a moldura um formato, um meio que organiza tudo o que contém e, portanto, o *enquadra*. O efeito de enquadramento aparece, como eu disse, por toda parte em nossas formas culturais. A partir da ideia de arquétipo de Jung, o historiador da arte Jan Bialostocki, cunhou, por exemplo, o termo "temas de enquadramento", que se refere a imagens ligadas entre si por uma cadeia de empréstimos, tradições e influências, ou a uma série de imagens análogas mas independentes que foram criadas sem nenhum ponto de contato, mas mantêm uma estrutura comum. Segundo Bialostocki (1973, p. 113),

> não só podemos falar de uma "força de inércia" dos tipos iconográficos como também de um fenômeno ao qual poderíamos chamar de força da gravidade iconográfica. A força e a direção dessas transformações foram determinadas por leis diversas nas diferentes épocas. A força da gravidade iconográfica se concentra em torno de imagens sobrecarregadas de um significado especial e típico.

Trata-se, nesse caso, de um enquadramento imaginário que se apoia sobre ideias visuais de caráter coletivo, mas seus efeitos são iguais aos de uma moldura material: delimitam um território em cujo interior se desenvolve uma série de ações visuais ou estéticas que se sustentam na presença da moldura.

O formato dos meios

Muito pouca atenção tem sido dedicada ao *formato* das instâncias comunicativas em relação a seu conteúdo. No caso das imagens, isso é um tanto estranho, uma vez que a moldura que as envolve tem uma história que pode ser qualificada no mínimo de intrigante. Esse mistério pode ser estendido a todos os recipientes, pois, como vimos, estes não são neutros, mas implicam, por um lado, na existência de determinado pensamento que se move, ainda que sub-repticiamente, ao redor deles próprios e porque, como também verificamos, sua presença e forma influenciam claramente aquilo que contêm.

Por exemplo, quase nada foi dito sobre a passagem – ocorrida por volta dos séculos III e IV da nossa era – do chamado *volumen* latino para o *códex*, que marcou o nascimento do livro em seu formato moderno, apesar de se tratar de um fenômeno transcendental. É sabido que o *volumen* era esse dispositivo curioso de folhas coladas umas às outras e unidas em ambas as extremidades a varas cilíndricas ornamentadas, o *umbilicus*, e que media entre seis e dez metros de comprimento. O *códex*, por sua vez, apresentava o que para a época era uma disposição original, que consistia em páginas encadernadas e escritas de ambos os lados. Duas características distinguiam os novos códices dos antigos volumes: a grande capacidade e a manuseabilidade, pois poderiam ser sustentados por única mão ou ser mantidos sozinhos sobre qualquer superfície.

O aumento da capacidade permitia incluir obras mais extensas, e consequentemente tornou possível concebê-las. Elas também se tornavam mais manejáveis, o que supunha a possibilidade de uma leitura pausada, inclusive no âmbito privado. O ato da leitura se desprendia assim da oratória, da oralidade. Foi praticamente na mesma época que Agostinho de Hipona (354-430) se surpreendeu com a incrível habilidade do arcebispo Ambrósio de Milão de ler sem mover os lábios. A leitura, portanto, se tornava uma atividade privada, de longo alcance, em relação ao imediatismo que o *volumen* supunha, pois tinha de ser desenrolado com os braços estendidos, o que significava um cansaço precoce do leitor.

Dizem que os cristãos foram os primeiros a adotar o novo formato, o que lhes permitiu não só um contato privado com os textos sagrados, mas a consulta constante destes. O *volumen*, ao contrário, não era muito propenso a deixar-se enrolar e desenrolar em ambas as direções e obrigava a uma leitura linear, do começo ao fim e de uma vez só. Como afirma Martin (1988, p. 70), "a leitura devia ser feita, portanto, continuamente. Toda volta ou toda tentativa de antecipação envolvia uma complicada manipulação desse objeto elegante e frágil". É bastante improvável que um gênero como o romance, outras considerações à parte, tivesse surgido de um formato tão precário e limitado como o *volumen*, enquanto não é nada estranho vê-lo aparecer como ápice do desenvolvimento triunfal do *códex*. O romance não é simplesmente um "texto mais longo", já que vários códices podiam ser reunidos para abrigar textos extensos, mas implica a combinação desse comprimento maior (agrupado, de qualquer forma, pela maior "capacidade" dos códices) com a privacidade da leitura que o *volumen* comporta.

Em meados do século XIX, Edgar Allan Poe (1809-1849), em seu famoso artigo sobre a composição literária, fez alguns considerações que nos permitem ampliar nossa reflexão sobre essa mudança inicial de formato. Poe (1968, p. 180) afirmava que "se um texto literário é muito longo para ser lido de uma sentada, devemos estar preparados para deixar de contar com o efeito imensamente importante decorrente de uma impressão unificada".

É curioso que Poe, na hora de promover um de seus conceitos estéticos mais caros, a unidade de impressão, recorreu às obras literárias, considerando que qualquer outro meio – da pintura ao teatro, da composição musical ao futuro cinematógrafo – é concebido para que o espectador contemple seus produtos de uma só vez, enquanto um romance busca exatamente o contrário. Não podemos ignorar, no entanto, que Poe, ao falar da obra literária, estava pensando em nada além do formato de conto curto que ele usou de forma magistral (ou do poema), mas isso não deve ser um empecilho para tentarmos ampliar as consequências de suas hipóteses a um gênero como o romance, que talvez seja o único baseado nessa estética do período longo que a passagem do *volumen* ao códex inaugurou em seu momento. Poe estava incluindo, de alguma forma, o conceito de tempo no âmbito da experiência literária, não só porque a vida moderna fazia que ele fosse cada vez mais escasso, mas também porque, como vemos nas construções visuais que precedem o cinema, a fenomenologia do tempo começa a se combinar com a do espaço nesse mesmo período. Se até aquele momento o problema das molduras tinha sido uma questão de espaço, agora começava a constituir também uma questão de tempo.

O romance sempre tendeu à monumentalidade. Dos primeiros exemplos, como *Dom Quixote* (1605), aos produtos da época de seu apogeu máximo, ou seja, os séculos XVIII e o XIX na França e Inglaterra, o romancista se deixou levar quase sempre pela capacidade ilimitada dos livros. Uma edição moderna de *Clarissa* (1748), de Samuel Richardson, ocupa mais de mil e quinhentas páginas; outra de *Tom Jones* (1749), de Henry Fielding, quase mil. Dickens, em *Bleack House* (1852) e *As aventuras do Sr. Pickwick* (1836) se aproxima desse tamanho. Os romances de Balzac rondam as seiscentas páginas, *La Regenta* (1884-1885) de Clarín chega a quase setecentas. Essa tendência segue até o século XX, e assim a obra de Musil, *O homem sem qualidades* (1930-1943), se prolonga por quatro volumes de mais de quatrocentas páginas cada um. Para não mencionar *Em busca do tempo perdido* (1913-1927) de Proust, que consiste de sete volumes de quatrocentas páginas cada. É praticamente impossível mergulhar em qualquer dessas obras e não interromper a leitura até o fim.

Mas, além de impossível, tampouco é totalmente desejável. Frank Bradbrook (1968, p. 293), em um comentário atual sobre a obra de Richardson, afirma que "tem-se alegado que Richardson acertou tanto nas proporções (de seu romance) que qualquer tentativa de resumi-lo resultará em fracasso, e consequentemente é muito melhor não ler *Clarissa* em absoluto do que lê-lo resumido". A opinião de Bradbrook demonstra em negativo a seguinte afirmação: as proporções gigantescas desse romance não são aleatórias, mas obedecem uma necessidade estética, e por isso mesmo a obra não pode ser mutilada, embora, precisamente pela obrigação de lê-la completa, deva ser assimilada com uma leitura fragmentada. Os grandes romances são concebidos para transcorrer paralelamente à realidade, não para substituí-la durante um curto período de tempo. O leitor de um romance de Fielding, de Dickens, de Zola, de Galdós, de Tolstoi ou de Mann deve alternar a leitura com a vida, deve interromper a leitura para voltar à realidade sobre a qual projeta as emoções experimentadas enquanto lê, da mesma forma que ao regressar às páginas impressas precisa levar consigo a memória de sua experiência pessoal. Trata-se de um processo dialético acompanhado da transparência crescente do texto, já que finalmente permitiu, com o realismo e o naturalismo literários, alcançar uma fusão ideal entre a arte e a realidade.

Evidentemente, o romance em capítulos, tão popular no século XIX e cuja continuação vemos hoje nas telenovelas – ou de forma mais destacada nas séries de televisão norte-americanas –, baseia-se nessa mistura, que na área do audiovisual, culmina em uma verdadeira confusão dos termos que distinguem a realidade da ficção. Não é estranho, dada a complexidade dessa mistura, que o público acabe confundindo personagens e atores, como ocorre muito frequentemente em nossos dias. Ou que alguns produtos televisivos ou cinematográficos acabem expandindo-se além de seu ambiente natural nas páginas da web ou em outros mecanismos repletos dessas confusões.

É aqui que entra em cena o tema também pouco estudado da divisão da obra em capítulos. À luz do exposto, parece evidente que um parcelamento desse tipo permite a alternância entre ficção e realidade a que me referi. O final do capítulo seria, exceções à parte[14], o ponto ideal de interrupção da leitura até que chegasse o momento, horas ou mesmo dias mais tarde, de retomá-la. Isso implica que o capítulo pode ser considerado uma unidade estrutural, com uma série de regulamentos narrativos internos que promulgaram uma ação unitária, talvez aquela que Poe buscava para o conto curto, embora o fenômeno não seja exclusivo do autor norte-americano. Mario Praz (1988, p. 59), por exemplo, indica que se trata de "uma expressão quase copiada de Schlegel, [que] falava de 'tonalidade de interesse'". O próprio Poe afirmava em seu estudo sobre a composição (1968, p. 180) que "o que chamamos de poema longo é, de fato, uma mera sucessão de poemas breves, ou seja, de breves efeitos poéticos". Palavras que, apesar de se referirem aos poemas, podem se estender ao romance. Um romance, excetuando as distâncias, poderia ser entendido, do ponto de vista do efeito unitário, como uma sucessão de contos curtos.

Pensemos no assunto do ponto de vista das obras cinematográficas. Um bom começo é considerar a mudança que esse tipo de narrativa representou com a ampliação do rolo que continha a fita de celuloide. No início as tiras eram tão curtas que mal eram suficientes para demonstrar um gesto ou uma pequena anedota – um beijo ou o "regador regado"[15]. Não era possível aprofundar as ações nem, obviamente, penetrar na psicologia dos personagens. O aumento do rolo, que aconteceu em conjunto com outras melhorias técnicas das câmeras de projeção, abriu caminho para uma maior complexidade das narrativas

A moldura e a cultura

O formato livro, o códex do qual falamos, é claramente um cenário, enquanto o capítulo que aparece como divisão interna do gênero chamado romance pode ser

---

14. Os romances epistolares como Clarissa, de Richardson, carecem de capítulos para apoiar essa tese, enquanto Tolstoi, em *Anna Karenina*, utiliza os capítulos não como separações, mas como elementos rítmicos. O romance epistolar é uma espécie de retábulo em que as cartas correspondem a cada uma das casas deste (casa é o termo que recebem os diferentes espaços representativos), enquanto o livro é a meta-moldura, o retábulo propriamente dito que agrupa todas as partes.

15. Aqui o autor se refere à película "L'Arroseur arrosé", de Louis Lumière, em que um garoto pisa numa mangueira de jardim, represando a água, para depois soltá-la de uma vez no rosto do jardineiro. Daí o trocadilho do regador que é regado. [N. E.]

considerado equivalente a uma cena (como a cena teatral). Por outro lado, da mesma forma que o cenário (o lugar físico) de um teatro permanece inalterável, seja quais forem as obras representadas nele, um livro tampouco vê variar sua configuração material se em vez de conter *Dom Quixote* acomoda o *Ulisses* de Joyce.

Agora, essa imutabilidade circunstancial do envoltório, do cenário, não deve nos levar a pensar que a estrutura é alheia à mudança e que, se ocorrer, não afetará o conteúdo. Assim como o *volumen* antecedeu o *códex*, também o cenário elisabetano é diferente do italiano. Que as obras de Shakespeare possam ser representadas em um cenário à italiana não quer dizer que sua estrutura não deve nada à configuração do cenário para o qual foram pensadas, que são completamente independentes do cenário elisabetano. Por mais que uma narração como *As mil e uma noites* possa ser publicada perfeitamente em formato de livro, isso não quer dizer que não provenha – e sua estrutura assim o declara – de um formato anterior e diferente do livro como nós o conhecemos.

Uma visita a determinados aspectos da tradição cultural japonesa pode servir para esclarecer essas distinções, especialmente se considerarmos que nessa cultura o aspecto cenográfico parece ser fundamental. Assim, Earl Miner, especialista no assunto, nos informa que os críticos japoneses, em vez de elaborar conceitos abstratos, fazem seu trabalho com exemplos que, muitas vezes, são organizados em coleções que também pretendem ser exemplares. Essa apelação ao exemplo tem uma dupla significação: primeiro, supõe uma alteração momentânea do discurso linear; segundo, implica uma organização cênica dos conceitos com base no exemplo correspondente. Cada exemplo é como uma parada no caminho em que todos os elementos que tinham se exposto diacronicamente ocupam seus espaços no território desse exemplo, ao mesmo tempo que se disfarçam com as roupagens que este lhes fornece e que permitem a eles fazer uma interpretação metafórica de si mesmos, cujo valor explicativo é inquestionável.

Demonstra essa tendência para a representação espacial o fato de que seria costume decorar cuidadosamente, segundo determinado ritual, as ambientações onde se recitaria a poesia. De acordo com as descrições provenientes da corte de Gosukô (1424):

> No lugar havia dois pares de biombos. Deles pendiam três rolos com o nome de *Sugawara Michizane*, assim como uma pintura, organizada em um tríptico, de ramos de pessegueiro, pássaros e flores. Em uma prateleira próxima se agrupava uma grande variedade de utensílios. Em uma mesa, se alinhava uma série de vasos com flores. A decoração parecia obedecer a um determinado desenho geral. (Miner, 1985, p. 17)

A poesia deveria ser produzida, então, em um ambiente que a vestisse, ou seja, em um cenário. Para nossos interesses, devemos observar que esse cenário só se transformaria em cena concreta se a decoração variasse a cada recital ou a cada grupo de poemas. Em contrapartida, se determinada disposição geral se mantinha durante um período significativo – o que significava que se desligava dos recitais e os poemas específicos –, nos encontraríamos sem dúvida diante de um cenário, um espaço que abrange determinados acontecimentos cênicos, mas não se implica diretamente com eles.

Em todo caso, a tendência da cultura japonesa de formar disposições de espaço é evidente, seja no âmbito da cena ou do cenário, como demonstra, por exemplo, o fenômeno das chamadas coleções. As coleções são séries de poemas cuja reunião denota o gosto japonês por "desfrutar das obras de arte organizadas em um conjunto" (Miner, 1985, p. 18).

Uma coleção não é exatamente uma antologia: geralmente, não é feita *a posteriori* para sintetizar um corpo de obras muito mais amplo, mas vai se formando conforme caminha e resulta da atuação de vários compiladores que combinam os seus esforços ao longo da história. Em alguns casos, podem chegar a reunir mais de quatro mil poemas, muitos dos quais anônimos. A obra do compilador correspondente, que como vemos não se esgota em si, mas é um simples elo da longa cadeia, é mais importante que a de um simples editor, uma vez que também está a seu cargo organizar os poemas de determinada maneira. Essa estruturação geral, que se sobrepõe às obras reais, constitui uma forma de encenação, pois organiza uma metalinguagem por meio da qual os elementos discretos ampliam seu significado. Essa encenação supõe, obviamente, a presença de uma moldura em volta dos poemas.

No Japão há um jogo de cartas, tradicionalmente jogado no ano-novo, que se baseia em uma coleção de poemas chamado *Hyakunin Isshu* ("Poemas individuais por cem poetas"). O jogo consiste de memorizar os poemas dessa coleção para ir então juntando as partes deles, inscritas nas cartas, e assim compor de novo os conjuntos correspondentes. O poema praticamente se transforma assim em objeto, e o ato poético, em uma recomposição do espaço.

A disposição de algumas dessas coleções é de grande complexidade e relembra as formas hipertextuais contemporâneas. A mais importante é a chamada *Kokinshù* ("Uma coleção de poetas japoneses antigos e modernos") (ca. 905-920), que consiste em vinte rolos, e por sua estrutura pode-se dizer que é "uma rede de coleções". Está dividida em duas metades, cada uma contendo dez livros que começam pelos chamados "poemas-fonte", ou seja, poemas que constituem o início de uma corrente temática determinada. Os livros da primeira parte começam com poemas dedicados às estações, e os da segunda o fazem com poemas de amor.

Como indica Miner, o significativo não é que um agrupamento se baseie em algum tipo de ordenamento geral, já que é difícil enfrentar qualquer tipo de "antologia" sem apelar a uma disposição ou outra. O que é realmente importante é que esse ordenamento adquira um caráter primordial, que se torne um elemento tão importante – ou mais – quanto os próprios poemas aos quais remete, como comprova o fato de os poemas de determinado poeta não aparecerem todos juntos ou na ordem em que supostamente foram compostos, algo incomum de nosso ponto de vista ocidental (Miner, 1985, p. 20). Existem várias formas de agrupar os poemas, e sua disposição nos mostra até que ponto o conceito de cena-moldura é aplicável a elas. Temos, por exemplo, o tema da *progressão*, que pode ser expresso conforme a sucessão das estações ou as flutuações do amor:

> Como havia diferentes poemas dedicados à lua de outono, os compiladores organizavam essas subprogressões com base na ordem geográfica dos lugares em que a lua tinha sido vista. A organização em pequenas subprogressões levava a um desenvolvimento por associação, de maneira que um poema de outono sobre a geada podia ser seguido por um poema de outono sobre plantas murchas. Ao ler sequencialmente, assumimos que a geada de um poema é a causa do murchamento do seguinte, embora esses conceitos derivem do arranjo feito pelos compiladores. (Miner, 1985, p. 21)

O compilador, o "cenógrafo" responsável por elaborar determinada moldura da cena, se coloca em primeiro plano e apresenta uma plataforma cenográfica na qual o poema específico perde sua identidade e se torna parte de uma textura que não só o rodeia como modifica sua composição íntima. Esse conjunto pode terminar se formalizando e relacionando-se com outros arranjos, como ocorre com o chamado *utamonogatari*, nos quais pequenas narrativas em prosa servem de contexto aos poemas. Esse tecido de prosa e poesia foi criado por uma pessoa diferente do poeta e, às vezes, é transferido, com modificações mínimas, de uma obra a outra.

A moldura-cenário, em uma tradição como a japonesa, deve ser procurada, portanto, no suporte material da coleção ou, no caso de um recital, nas disposições efetuadas para sediar o evento. A moldura-cena, por sua vez, é demonstrada na disposição geral de uma coleção que determina logo, como observamos, múltiplas variações, as quais, no entanto, são sempre determinadas pela intenção inicial.

Outra manifestação dessas molduras imaginárias ou estruturais no âmbito das culturas orientais nos é apresentada por Henri-Jean Martin ao nos remeter a um território que nossa cultura estava destinada a esquecer. Esse historiador (1988, p. 65) afirma que "como sabemos, todos os caracteres chineses estão, em princípio, inscritos em um quadrado imaginário do mesmo tamanho". A polidez de Martin não consegue esconder nossa ignorância: não só não sabíamos disso como nunca teríamos imaginado – pelo menos não as pessoas para quem o texto, durante séculos, não foi outra coisa senão uma convenção incômoda localizada entre o cérebro e a expressão verbal. Fomos, portanto, incapazes de imaginar no Ocidente que os caracteres de qualquer escrita pudessem ter uma moldura como se fossem nossas representações gráficas. E que essa moldura poderia imprimir a seu conteúdo, os grafismos, uma pressão similar à que a moldura de uma pintura exerce sobre suas imagens. Com as coisas colocadas dessa maneira, certamente concluiríamos que tampouco tínhamos pensado muito na função que a moldura exerce sobre as próprias representações ocidentais.

O que mais pode nos surpreender, no entanto, é o fato de que a caligrafia chinesa[16] possa consistir em uma forma artística em si, absolutamente separada do significado de seus vocábulos. Não há um paralelismo conosco, a menos que, invertendo ligeiramente os termos, pensemos na surpresa que teríamos ao descobrir, de repente, que os motivos decorativos do Barroco ou do Rococó têm uma capacidade linguística insuspeitada de produzir significado – que existe nas alegorias e circunvoluções que gravam um discurso secreto e amplamente ignorado nos muros dos palácios. O valor figurativo de uma língua nos causa a mesma surpresa que o valor linguístico de uma figura, o que resume a centralidade que o discurso, como plataforma transparente do pensamento, tem em nossa cultura.

As letras altamente decoradas dos incunábulos góticos poderiam ser equivalentes à caligrafia chinesa, se não fosse pelo fato de que esses grafismos de fato se transformam em pinturas: não estabelecem um meio artístico em si, mas se relacionam com a arte da miniatura pictórica. De qualquer forma, são letras decoradas, e é preciso separar o adorno se seus traços essenciais para integrá-las no discurso textual do qual fazem parte. Não acontece o mesmo com a caligrafia chinesa, na qual é impossível separar o caráter de sua tradução em si do pincel. De maneira que nessa tradução se produz determinada entonação da palavra que influencia o entendimento total do seu significado.

Não se trata de uma arte menor, longe disso. A caligrafia chinesa se dirige ao olho e constitui, portanto, uma arte do espaço. Mas, assim como a música, ela se desenvolve no tempo e, como a dança, é composta de uma sequência de movimentos. Tudo isso ocorre dentro da moldura em que se encaixa cada um dos grafismos, porque o valor expressivo da caligrafia chinesa não é produzido ao longo de uma linha sintagmática, como a caligrafia ocidental, mas se circunscreve ao espaço definido pela moldura, o qual se torna assim uma expressão perfeita, embora mínima, do efeito unitário que Poe perseguia para as composições literárias.

Essa moldura, virtual, é formada por uma série de regras cuja execução configura os termos de sua presença: cada caractere deve ser escrito com um número específico de pinceladas que se estruturam em um padrão concreto, e uma é produzida depois da outra em uma sequência preordenada. Trata-se de uma característica a considerar, pois exemplifica o fato de que, embora seja uma metaestrutura, não constitui apenas um invólucro que age centrifugamente, mas o próprio invólucro surge de uma ação centrípeta das regras originadas centrifugamente. Ou seja, existe um processo dialético entre a moldura e seu conteúdo. É bom ter isso em mente para pensar nas formações do computador moderno que denominamos interfaces.

---

16. A aplicação do termo "caligrafia" neste contexto foi amplamente discutida, já que remete à caligrafia ocidental, estabelecendo paralelismos ambíguos. Precisamente, a caligrafia, como nós a entendemos, significa adorno, acréscimo, enquanto para a cultura chinesa é algo fundamental.

No contexto de uma cultura que propõe uma formalização desse tipo, não é de estranhar que encontremos uma relação íntima entre a pintura e a poesia, que vai muito além do que Horácio poderia imaginar ao propor sua famosa e produtiva regra *ut pictura poesis* ("a poesia é como a pintura"). Pierre Ryckmans (1993) resume isso perfeitamente: "Os princípios estéticos e os procedimentos da poesia [chinesa] são de ordem pictórica; os princípios estéticos e os procedimentos da pintura são de ordem poética". Estaremos, seguramente, mais predispostos a aceitar a viabilidade da segunda parte desse postulado do que da primeira, já que a tradição ocidental do mencionado *ut pictura poesis* funcionou mais nesse sentido – o da pintura como poesia – do que no oposto, mas de qualquer forma entre nós faltam outros exemplos expressivos de procedimentos pictóricos da poesia.

Mesmo assim, quando falamos, no Ocidente, de espacialização da poesia, ou o fazemos em sentido figurado (expressão que tem dois lados, como veremos) ou em referência a certas hibridações, como os símbolos ou caligramas, nos quais pintura e escrita não perdem completamente suas características próprias[17]. Os dois lados da figuração a que me referi implicam que, por um lado, entendemos que a espacialização da poesia ocorre através da metáfora e de outros tropos, enquanto de outro estudamos a "imagem" (mental) que sai do texto. Em ambos os casos, o texto em si, aquilo que chamaríamos de significante, sua materialidade, permanece intocado.

Em contrapartida, Ryckmans (1993, p. 133) indica que a poesia chinesa, diferentemente da ocidental – que baseia sua expressão em um desenvolvimento sucessivo no tempo –, "se esforça para dispor as palavras no espaço". Para nós, essa afirmação pode parecer uma obviedade, uma vez que só conseguimos entender a sequência de palavras que constitui a poesia ou qualquer outro tipo de escrita se estiverem dispostas no espaço (de uma página). Mas é precisamente porque tomamos como óbvio que essa disposição espacial nos parece carente todo o significado, exceto em casos específicos, como o de Mallarmé, em que se brinca de modo provocativo com a carta do espaço da página sobre a qual o poema se inscreve.

A espacialidade da poesia chinesa é de ordem totalmente diversa, como ilustram as características dos chamados "versos paralelos", cujo papel é, como indica Ryckmans (1993, p. 133), primordial:

---

17. Essa afirmação teria de ser matizada, sobretudo na questão do caligrama. Conservo-a em toda sua crueza porque creio que o importante agora é estabelecer as diferenças entre os procedimentos chineses e os ocidentais para extrair dos primeiros tudo que seja relevante para nossos interesses (que são, naturalmente, irremediavelmente "ocidentais": um "etnocentrismo" que, de qualquer forma, me parece mais produtivo do que sua contrária "imersão" total em uma cultura completamente estranha). Um passar de olhos no estudo de Foucault sobre o quadro de Magritte "Ceci n'est pas une pipe" (1973) pode ilustrar a problemática complexa dessas conjunções.

A plena apreciação de um par perfeito de versos paralelos permite, e exige, uma leitura dupla, ao mesmo tempo horizontal e vertical. Assim, no clássico o exemplo dos versos de Da Fu:

Canto das cigarras reunidas no velho
mosteiro]
Sombra dos pássaros deslizando sobre o frio
tanque]

As correspondências morfológicas e sintáticas são observadas rigorosamente em ambas as linhas, fazendo que cada verso seja o equivalente estrito do outro.

Percebemos facilmente a revolução drástica que, do nosso ponto de vista ocidental, representa a disposição/leitura de um poema desse tipo, até que notamos que seu funcionamento não fica circunscrito à linha de desenvolvimento temporal que sempre rege nossa escrita: essa linha se complementa com possíveis saltos verticais de igual valor. Como aponta Ryckmans (1993, p. 133), "o 'canto das cigarras' faz eco 'à sombra dos pássaros', 'frio' responde a 'velho', e 'tanque' é reflexo do 'mosteiro'". Trata-se de um fenômeno que vai além da rima propriamente dita, pois esta tem muito pouco de visual e, como a música, baseia praticamente todo seu poder expressivo no som registrado no tempo. É o eco (sonoro) da palavra ouvida anteriormente que estabelece uma união com a palavra expressada nesse momento. Trata-se, portanto, como em toda expressão temporal, de ritmos. A cultura ocidental tem sido tremendamente propensa a essa virtualização (necessária por ser o único suporte possível de uma sucessão que vai anulando a si mesma) das expressões: ou seja, tem sido uma cultura preponderantemente temporal (baseada, no entanto, em *nossa* concepção de tempo). Saussure expressa isso com toda a contundência possível em seu *Curso de linguística geral*, contundência que se alimenta da ignorância da sua própria relatividade:

> O significante, por ser de natureza auditiva, se desenvolve unicamente no tempo e tem os caracteres que toma do tempo: *a) representa uma extensão e b) essa extensão é mensurável em uma única dimensão;* é uma linha. Por oposição aos significantes visuais [...] que podem oferecer complicações simultâneas em várias dimensões, os significantes acústicos não dispõem de nada além da linha do tempo; seus elementos se apresentam um atrás do outro, formam uma cadeia.

Ao contrário, uma cultura baseada no espaço, como a chinesa, tende a objetivar essas potencialidades, a expressá-las visualmente no espaço. Não é demais recordar isso, já que em nosso novo regime das imagens os polos estão mudando e ocorrem transferências entre o temporal e o espacial que eram impensáveis anteriormente. Um desses movimentos tende a objetivar o que antes era simplesmente virtual. As técnicas hipertextuais, por exemplo, realizam o mesmo tipo de ruptura que nos propõem esses "versos paralelos" na linearidade dos textos.

Continuando as descrições de Ryckmans (1998, p. 134), vemos até que ponto a espacialização é dramática, e se assemelha aos fenômenos que começam a caber a nós no Ocidente exatamente agora:

> De um a outro verso, não continuamos uma sequência lógica nem uma progressão equilibrada; juntos, ambos os versos apresentam uma sincronia de percepções; em vez do desenvolvimento linear do discurso, encontramos aqui a espiral circular de duas imagens contrastadas, entrelaçadas, complementares e simultâneas; contrariamente ao modo discursivo que avança e se revela no tempo, o modo paralelo suspende o fluxo temporal e se encerra em si mesmo.

Certamente, essa descrição dos mecanismos do poema pode nos fazer pensar na disposição da caligrafia chinesa, pois, assim como seus caracteres, o poema também configura uma moldura unitária dentro da qual se estabelece uma série de disposições, de "pinceladas", que organizam linhas de conexão entre as diferentes partes. Eisenstein (1964, p. 30) descobrira algo parecido no haicai japonês: "O Japão tem a forma mais lacônica de poesia, o haicai [...] e o ainda anterior *tanka* [...] Os dois são pouco mais do que hieróglifos transformados em frases. De tal maneira que metade de suas qualidades é apreciada por sua caligrafia". O haicai é uma lista de visualidades que se interconectam para formar uma pequena cena-moldura que combina todas elas.

A separação entre cenário e cena, nos casos citados, talvez já nos pareça suficientemente óbvia a essas alturas. As representações seguintes sobrepõem todas elas à superfície sobre a qual se apresentam: um caractere chinês, ou seja, o conjunto de gestos equilibrados feitos com um pincel e a moldura na qual esses gestos necessariamente são inscritos; as disposições espaciais da poesia chinesa; a disposição visual da japonesa. Todos eles são fenômenos distintos dessa superfície, mas ao mesmo tempo devem sua visualidade às características da própria superfície.

No caso da caligrafia chinesa, é necessário destacar a característica absorvente do papel usado para a escrita, pois isso faz que o gesto que a compõe deva ter uma textura extraordinária, já que o mais leve toque do pincel, a mínima gota de tinta, ficam registrados imediatamente, de forma indelével e imutável. Essa intimidade entre o gesto produtor e o suporte é apenas uma das muitas relações possíveis entre um e outro.

No caso dos poemas, o cenário, ou seja, a página, não parece operar uma relação tão imediata entre sua materialidade e a virtualidade cênica, mas isso ocorre porque a relação é muito mais ancestral e a conjunção entre ambos que obscurece a diferença ocorreu há tanto tempo que foi esquecida. Cabe perguntar se a brevidade nervosa do haicai não provém, em certa medida, do suporte no qual começou a ser criado, fosse qual fosse. Em todo caso, é evidente que o conjunto de versos que compõem um haicai, assim como a estrutura que organiza um duplo verso chinês, delimitam em si mesmos um espaço de atuação que, como observei, é simultaneamente centrípeto e centrífugo, sendo produzido sobre as páginas e diferenciando-se dos limites e da espacialidade propostos por ela, embora infraestruturalmente esses limites e essa espacialidade impliquem uma plataforma necessária à produção.

Começamos, então, a perceber a segunda diferenciação que apontei anteriormente: a que se produz entre a espacialidade da cena e a do cenário, que se anunciava como muito mais difícil de compreender do que a que separava o cenário da cena. Como o cenário existe mesmo quando não há uma cena (quando o teatro está vazio), mas o mesmo não acontece no sentido inverso (sempre que se produz uma cena, existe ao redor um cenário), a separação entre a cena, como entidade com regras próprias e manifestações (que em sua origem podem ter alguma relação estrutural com o cenário que a contém), e o cenário que impõe sobre essa cena suas demarcações materiais é muito complexa, mas não impossível de definir.

Já que falei da página como algo capaz de ser tanto cenário como cena, talvez seja mais adequado, para continuar esclarecendo conceitos, utilizar um exemplo no qual essa relação se veja exposta de maneira diáfana. Refiro-me às páginas do Talmude em cuja superfície o texto adquire uma disposição absolutamente diferente da que obedece em nossas páginas.

Não se trata agora de estabelecer uma genealogia desse impressionante livro judaico, nem de fazer nenhum estudo sociólogo ou hermenêutico sobre ele. Os interessados podem consultar a fascinante obra de Marc-Alain Ouaknin (1993), que contém praticamente tudo que se precisa saber sobre o assunto. Interessa-nos, ao contrário, captar a disposição especial da página e observar como é diferente da nossa atual, o que nos fará observar que existe uma diferença (às vezes crucial, às vezes nem tanto) entre a página e o que se dispõe sobre ela, algo que até agora (até o emprego de novas técnicas de desenho na montagem das revistas contemporâneas) nunca tínhamos levado em consideração.

As páginas do Talmude têm como característica principal partir do centro, onde se encontra a *Mischná*, e ir evoluindo radialmente em direção às margens. Essa progressão não é apenas espacial, mas também temporal. As partes seguintes que rodeiam o centro originário foram escritas em épocas diferentes e representam uma "expansão" (literal e figurada ao mesmo tempo) do texto central. De forma que a extensão temporal expressa por nossos textos da esquerda para a direita com uma linha que cobre a página em ziguezague[18] é expressa pelo Talmude por "círculos" concêntricos que, como os anéis dos troncos das árvores, determinam épocas muito

---

18. Digo de passagem que a eletrônica, no fim das contas, retomou essa disposição de "ler" e produzir da mesma maneira a tela videográfica (a tela de televisão é composta de linhas que varrem ziguezagueantes sua superfície). É um exemplo de como as disposições cenográficas se conversam nas diversas obras, assim como é também um exemplo do poder criador dessas cenografias, embora às vezes se efetuem em nível mais tecnológico do que dramatúrgico.

distintas, representam saltos históricos muito marcados, porque entre a *Mischná* e as diferentes manifestações da *Gemara* (os textos que a envolvem) há séculos de diferença.

Nossos textos, portanto, são mecanismos capazes de expressar, por meio da linha temporal, o deslizar constante do presente. Escritor e leitor, montados no tobogã da palavra, deixam, como na vida real, o passado para trás e têm o futuro pela frente, sem nunca alcançá-lo, porque quando pousam a vista nele já se transformou em presente. O texto em si, sua textura, não expressa nenhuma diferenciação temporal. Podemos, portanto, dizer que o texto ocidental, apesar de ser – como todas as nossas notações – uma presumida espacialização do tempo, na realidade não é assim, já que só adquire efetividade no momento em que se investe tempo nele, seja o da leitura ou, no caso da música, da interpretação. Esse tempo investido pelo leitor ou executor é que revive o texto e o torna produtivo, ao passo que antes, sobre a página, ele permanecia inerte.

Não é o que acontece nas páginas do Talmude, em que o tempo se inscreve, se instala, claramente se espacializa. É possível, observando a página, perceber as camadas temporais. Não é necessário recorrer à leitura para experimentar o tempo. Ao contrário, a leitura, em princípio, anula essa visão espacial do tempo. De forma que, enquanto em nossos textos a leitura é absolutamente necessária para seu funcionamento, no Talmude (não entro nas questões de hermenêutica religiosa) é circunstancial. A página do Talmude tem uma presença total que, em princípio, é mais importante do que cada um dos conteúdos em particular, manifestados no momento em que são lidos, interpretados. Por outro lado, a página do Talmude favorece os saltos espaçotemporais entre os séculos, o que os especialistas chamam de *conversação* que se estabelece entre os diferentes rabinos que ao longo do tempo elaboraram diversos comentários: "Dentro do Talmude o tempo se anula quando os rabinos do século III, IV e V se dirigem a seus colegas do primeiro e do segundo século, e são por sua vez interpelados por outros rabinos [de um período que vai] desde a Idade Média ao século XIX" (Samuelson, 1990, p. 603). Não é que o tempo se anule; o que se anula é a sucessão temporal tal como a representamos. O tempo fica inscrito no espaço, experimentado de forma distinta, precisamente porque foi criado assim por uma cultura com uma concepção menos dinâmica e virtual da duração do que a nossa.

As páginas, o substrato de papel, de um de nossos livros e as do Talmude são idênticas, fazem parte de um mesmo formato, o do livro (embora a princípio o Talmude pudesse não tê-lo como suporte), e, no entanto, as disposições internas são muito distintas. O cenário é igual, mas a cena muda. E cada uma dessas cenas tem disposições cenográficas próprias que, ao mesmo tempo, expressam determinado drama e expõem uma disposição peculiar, uma forma de entender o espaço e o tempo. A cena é, portanto, a expressão de um duplo drama: o do "relato", circunstancial, e o de sua genealogia, fundamental.

Evidentemente, é cada vez mais comum encontrar disposições sobre a página semelhantes às do Talmude em nosso âmbito cultural. Além do citado *design* gráfico de determinadas revistas, talvez o exemplo mais representativo dessa mudança seja o livro de Jacques Derrida, *Glas* (1981)[19]. Com sua obra, Derrida nos impele a escrutar a superfície, a dividir o texto em dois níveis. Um interno, colocado além do próprio texto: o produto imaginário que este gera em função de seu desvanescimento, de sua invisibilidade gradual. O outro, externo, visual, gerado por seu constante oferecimento à visão. Até que ponto essas duas "cenas", uma virtual, a outra visual, são capazes de se interconectar dependerá do grau que a imagem mental produzida pela leitura clássica pode ser resultado da visualização constante do texto e, com ele, de algum dos parâmetros cenográficos (as diferentes colunas, as "dobras" do texto, os saltos visuais etc.). A pergunta fundamental pode ser formulada da seguinte maneira: é possível uma imagem mental produzida não por um texto absolutamente transparente, mas pela combinação de transparência e visibilidade? Imagem e texto, seus mecanismos, podem complementar-se? Se fosse assim, a nova cena, proposta pelas novas tecnologias, surgiria de um contexto semelhante a esse.

De qualquer forma, o problema é muito mais complexo, como demonstra a incidência dessas tecnologias. Em um dos vários sites da internet relativos ao Talmude[20], aparece a imagem de uma de suas páginas, com a particularidade de que pode ser consultada pelo sistema hipertextual (o que implica uma nova encenação dela). Anos atrás a revista norte-americana *Harper's* publicou uma seção em que a análise de determinado documento (uma carta, um formulário, o texto de um anúncio etc.) era feita desse modo, como uma ramificação surgida do corpo principal. Tratava-se de um simulacro de hipertexto (seu esqueleto sem o poder da digitalização da imagem) que a princípio transformava a página textual em uma imagem e então a desmembrava em uma série de canais significativos, nesse caso inertes. O Talmude transferido para a internet (ou para qualquer programa eletrônico) torna as coisas ainda mais complicadas, já que esse livro era, em si, um pré-hipertexto. Qualquer uma de suas páginas supõe, como vimos, uma cena que representa o texto com base em uma forma, cenográfica, determinada. Qualquer página de um livro exerce essa função representativa, mas o faz secundariamente, de maneira bem menos importante que a função primordial. No Talmude, essa função representativa, a cenográfica, é a mais imediata. Mas no momento em que a página do Talmude é colocada em outro cenário, as características cenográficas do livro se desdobram em direção às que permitem esse novo cenário.

A "página" do computador, a tela[21], o novo formato, o novo cenário, tem características particulares e diferenciadas, como também as tinham o cenário à italiana em relação ao elisabetano ou o livro em relação aos antigos *volumens*. No cenário que a página do computador configura, o espaço é, em princípio, descontínuo e relativo. Descontínuo porque pode dividir-se "infinitamente" em compartimentos

---

19. Outro exemplo, menos espetacular, é o romance *Hijo del hombre*, de Roa Bastos (1960).
20. Veja em: <http://www.ucalgary.ca/~elsegal/TalmudPage.html>. Acesso em: out. 2008.
21. A tela do computador é chamada de página quando corresponde a um "lugar" da internet. Ou seja, na internet, pode-se falar de tela, página e lugar.

separados, já que contiguidade não significa homogeneidade. Relativo porque sua configuração varia, amoldando-se ao usuário[22]. Sobre um cenário desse tipo podem ser representadas cenas diversas que utilizarão as características dele para seus interesses cenográficos. Assim, a cena que o Talmude representava sobre a página de papel se vê ligeiramente modificada na "página" do computador, onde algumas de suas características básicas desenvolvem ao máximo seu potencial.

Arquitetura hipertextual

Estamos, portanto, diante da necessidade palpável de elaborar uma teoria, e até mesmo uma estética dessas unidades estruturais que não afetam somente o romance, embora tenhamos encontrado nele, por uma espécie de operação de esvaziamento, o melhor exemplo dessa necessidade. Tudo isso nos remete ao conceito de moldura, ao mesmo tempo que espacializa a estrutura literária e extrai dela uma série de categorias visuais. Converte a literatura em uma espécie de arquitetura.

Quando apareceram os primeiros hipertextos, esse fenômeno arquitetônico se materializou nos mapas que os organizavam. O hipertexto é convertido então em uma linguagem universal do computador e, como acontece nesses casos em que uma novidade se populariza, suas características revolucionárias ficaram ocultas por uma sensação de normalidade. No entanto, os hipertextos, que num primeiro momento foram empregados na rearticulação de obras literárias, implicavam a visualização de sua estrutura. Não se tratava somente de romper sua linearidade ao permitir o salto de uma parte da obra a outras; essas pausas revelavam a existência de um hiperespaço que se estendia por entre os elementos linguísticos, as palavras, as frases, os capítulos, que antes tinham permanecido estritamente unidos e, portanto, não nos permitiam ver esse espaço. Que, no entanto, existia como espaço imaginário, como espaço de uma moldura latente a qual incluía o universo da obra.

Muitas vezes, o próprio texto permite a criação de um determinado mapa dele próprio, enquanto em outros casos é o mapa inicial que dá lugar à estrutura do relato. Um famoso poema de John Donne (1572-1631), intitulado originalmente "La Corona", ilustra essa dialética peculiar. O poema é dividido em sete seções; o último verso de cada uma delas se repete no início da seguinte, até que o último verso do poema coincide com o que o inicia no primeiro segmento. Essa trama peculiar tem uma implicação visual que seria óbvia, mesmo que o título da obra não o tivesse anunciado: o texto forma uma verdadeira coroa, na qual os elos correspondem a cada uma das partes do poema. Agora, ainda que do ponto de vista do leitor a metáfora da

---

22. Esse relativismo o distingue do espaço absoluto da perspectiva renascentista, criado para um observador ideal que representava todos os observadores possíveis, o que não é o mesmo que se amoldar ao espectador/usuário. Essa "flexibilidade" é, como veremos, uma das características do novo espaço.

coroa não surja de outra forma que não através da operação metonímica da leitura, a verdade é que a metáfora se encontrava na mente de Donne antes de começar a versificação, e na realidade foi a estrutura visual dessa metáfora que induziu a operação textual.

Eis aqui a posição da imagem nas novas operações multimidiáticas, uma posição que a leva a configurar metáforas que englobam tanto a estrutura do texto (ou de um conjunto de textos, imagens, sons etc.) como sua funcionalidade, sua possibilidade, digamos, de leitura. Já mencionei antes a disposição de algumas páginas da internet para revelar não só uma estrutura visual vistosa, mas também uma organização metafórica que informa imediatamente ao visitante tanto sobre conteúdo do lugar como sobre as diferentes vias de relação com ele.

O exemplo mais clássico desse tipo de operações nos é oferecido pela famosa imagem-metáfora da mesa de escritório (*desktop*) dos sistemas operacionais – ao mesmo tempo que nos indica o tipo de atividade que o ambiente permite (típicas de um escritório), nos informa visualmente, por meio das imagens icônicas correspondentes, sobre cada uma dessas operações, assim como o modo de ativá-las (uma máquina de escrever para o processador de textos, um telefone para o modem, um arquivo para a base de dados etc.). Assim, podemos pensar em uma edição hipertextual de, por exemplo, *A divina comédia* de Dante, que pode ser organizada com base em seções que apresentem em primeira instancia a aparência de determinadas ilustrações da obra. Só que, nesse caso, essas ilustrações não seriam inertes, mas teriam toda a funcionalidade que destacamos. Sua estrutura implicará um verdadeiro conhecimento da disposição de texto, quando não, em certos casos, até mesmo de seu conteúdo.

A função tampouco se esgota nos mapas, mas pode ampliar-se em imagens de índole mais simbólica, cuja relação com o texto "representado" supõe um determinado grau de criatividade por parte do leitor. Dessa forma, uma estrutura hipertextual (seja ela de origem ou uma adaptação posterior) pode apresentar-se a esse leitor sob diferentes aspectos, segundo o acúmulo de relações que se escolha para explorá-la. E essa constelação dará início a determinada imagem globalizadora, uma metáfora ou um símbolo, que vai mudando segundo as variações das estratégias textuais, e por isso o mesmo texto se apresentará ao leitor sob distintas faces.

Esses aspectos, objetivados na imagem correspondente, poderão, por seu turno, ser combinados visualmente entre si, de forma que sejam estabelecidas, primeiro em nível visual, determinadas interações que logo terão consequências na organização e apresentação do texto. As diferentes leituras dele resultarão assim não apenas personalizadas, mas até mesmo modeladas visualmente, dando lugar a um novo nível de criação que se sobreporá ao original. Basicamente, a operação poderia ser equiparada à realizada pelo leitor de um romance a quem fossem fornecidos planos da adaptação cinematográfica para que os combinasse a seu gosto, e dessa combinação surgiriam formas distintas de relacionar-se com o texto da obra. No caso do hipertexto, porém, as operações ficariam inscritas nas imagens resultantes e permitiriam novas interações com elas.

Algumas experimentações narrativas contemporâneas já facilitam enormemente essa operação metaestrutural. É o caso, por exemplo, da obra *O castelo dos destinos cruzados* (1969), de Ítalo Calvino, que parte da disposição das cartas do tarô. Evidentemente, o texto, em forma de livro, não permite mais do que uma só leitura, por mais que esta pretenda se afastar em princípio das disposições lineares. No entanto, no momento em que o texto, com a possibilidade do computador, adquira propriedades hipertextuais, as cartas do tarô, que no livro original são pouco mais do que meras ilustrações, poderão obter toda a sua funcionalidade metafórica e a disposição textual se colocará às suas ordens para quantas combinações a imaginação do leitor procure, vinculada assim dialeticamente com a do próprio autor.

Esse interesse de determinados autores literários em romper a estrutura clássica do texto é um sintoma, como eu disse, da crescente tendência para a espacialização que a importância da imagem em nossa cultura vem gerando. O tipo de gestão do conhecimento, a racionalidade que essa espacialização supõe, é diferente da que o paradigma linguístico vem propiciando. Pode-se afirmar que esse texto tem sido fiador da razão, enquanto as operações da imagem estão mais perto daquilo que se considera irracional, já que se realizam no nebuloso território das emoções. De qualquer maneira, o estudo das possibilidades que os sistemas hipertextuais oferecem e sua relação com a imagem podem fazer que essa suposta irracionalidade seja negociada em favor de uma valorização da razão clássica.

Mesmo assim, vemos como o conceito de moldura, que tinha uma equivalência material muito restrita na pintura, foi se descorporificando até se transformar em algo virtual, quando não conceitual: uma forma mental aplicada inconscientemente. A fluidez das articulações visuais contemporâneas, iniciada com o cinematógrafo (e antes, com os brinquedos ópticos que o antecedem), promove uma desmaterialização semelhante da moldura, assim como o espaço propriamente dito também se desmaterializa ao se mesclar, de maneira profunda, ao movimento e ao tempo.

Moldura, corpo, olhar

A moldura pode ser entendida também como uma forma de representar materialmente o olhar, como uma alegoria deste. Mas, na realidade, ela não enquadra o olhar do espectador, mas o do artista. O que se faz é posicionar o corpo do espectador diante do quadro: configurar as coordenadas que constroem a posição do corpo do espectador (além de configurar também seus parâmetros simbólicos). Existe, portanto, uma relação íntima entre a moldura e o corpo.

Porém, como a visão está ligada ao corpo, a moldura é uma forma de fixar o corpo por meio do olhar – uma forma de enquadrar o corpo através do objeto que enquadra a imagem. Esse fenômeno é muito claro quando nos posicionamos diante de um espelho. Ele delimita a imagem de nosso corpo dentro de uma moldura que nos indica onde devemos olhar: dentro do espelho, e não fora. A imagem não age estritamente como um espelho, porque não é nosso corpo o que vemos em sua superfície, mas a moldura que cumpre essa função do espelho – simbolicamente, ela expressa nossa presença diante dessa imagem, presença composta de um corpo-olhar aferrado à moldura.

Em contrapartida, vale recordar aqui os estudos citados de Edward Hall (1971, p. 15) sobre o conceito de proxemia que estuda os efeitos sociais da territorialização: "Os indivíduos pertencentes a culturas diferentes não só falam línguas distintas, mas, o que é mais importante, habitam mundos sensoriais diversos". Essas várias sensibilidades implicam experiências diferentes do espaço que se materializam em diferentes atuações, tanto social como pessoalmente. O urbanismo, a arquitetura e a decoração mostram os traços dos valores proxêmicos. E, no âmbito dos indivíduos, esses valores se materializam em uma espécie de moldura virtual que os rodeia e delimita seu espaço de relação com os demais e com o ambiente. Trata-se de uma moldura que se faz visível pela conduta e que por isso tem uma efetividade material tão intensa como se realmente houvesse uma moldura em torno do corpo dos indivíduos. A partir dessa ideia, Hall (1971, p. 147) estabelece uma valorização do espaço, segundo a forma como é experimentado, que origina uma série de distâncias sociais: distância íntima, pessoal, social e pública. Cada uma dessas distâncias cria uma moldura que tem efeitos psicológicos distintos e, em geral, a estrutura dá lugar a determinada paisagem social que varia conforme essas distâncias são experimentadas e como a relação entre elas é avaliada.

5. A representação do espaço e do tempo na imagem

Blanca Muñoz, em seu estudo sobre a vigência da teoria crítica (2000, p. 15), ainda diferenciava há alguns anos a cultura da expressão de uma previsível cultura da reflexão. Considerava que havia sintomas da passagem de uma cultura para outra. Sendo assim, o fenômeno poderia se tornar paradoxal, pois tudo parece indicar que a capacidade e a vontade de pensar diminuem em toda parte diante de uma efervescência irreversível da ação prática. O cinema norte-americano, sobretudo, nos acostumou a essa cultura da ação, talvez porque seja visualmente mais explícito, e mais *espetacular*, ver um homem dar um soco do que contemplá-lo perdido em reflexões, mas também porque esse cinema expressa uma cultura eminentemente prática que se expandiu pelo mundo protegida pelo sucesso e pela eficácia das tecnociências.

Flusser (2002, p. 23) dizia que o fato de, na língua inglesa, uma palavra poder funcionar ao mesmo tempo como substantivo e como verbo (ele se referia precisamente à palavra *design*) mostrava muito claramente o espírito dessa língua, indicando que, nela, ser e fazer eram praticamente equiparáveis. Não é essa a cultura que criou as sofisticadas tecnologias contemporâneas que, como o computador, colocam a mente e o corpo em estreita relação? E essas tecnologias não surgem da maquinaria absolutamente pragmática do complexo militar-industrial dos Estados Unidos? Tudo isso deve nos colocar de sobreaviso em relação à complexidade dos produtos culturais, assim como da própria cultura que os produz: estes não se movem unidirecionalmente, mas por meio de processos paradoxais. O que é especialmente correto na atual era do chamado capitalismo tardio, no qual, segundo Guy Debord, as imagens são cristalizações do capital levado a determinado grau de acumulação.

Seja como for, tanto a ação como a reflexão se sustentam nas coordenadas espaçotemporais: a partir da ação – a práxis –, um espaço material se vê modificado no tempo; a reflexão, por sua vez, supõe o desenvolvimento temporal de ideias que representam situações espaciais. Nesse nível, são duas fases de uma mesma esfera, com os polos alternados – pensar supõe mover representações espaciais no tempo; agir significa mover representações temporais no espaço. Na reflexão, o tempo é o substrato e o espaço a ideia, enquanto na práxis o espaço é o substrato e o tempo, apesar de não poder ser considerado exatamente uma ideia, é que na verdade é um conceito da própria ação como potência modificadora.

Por isso podemos equiparar uma teoria e uma máquina: uma teoria move ideias no tempo; a máquina as move no espaço. O que poderia nos levar à conclusão de que práxis e reflexão são perfeitamente equiparáveis e, portanto, conduzem a resultados idênticos: não perderíamos nada, se Blanca Muñoz não estivesse com a razão e em vez de mudar a expressão pela reflexão a deixássemos para trás por uma cultura da práxis, como tudo parecia indicar. Mas há um elemento que fica fora da equação quando deixamos de pensar com as ideias para pensar com os objetos: trata-se da introspecção, que é eliminada, e com ela o espaço íntimo. Consequentemente, o sujeito desaparece do horizonte e ficamos com um simples governo das coisas, como vaticinara Marx ou como aponta Slavoj Zizek quando diz que "eles já não creem, mas as coisas creem por eles".

É certo que, hoje, já é praticamente impossível construir objetos artísticos sem ao mesmo tempo refletir sobre o processo de construção, como testemunha a arte contemporânea de um lado e, em especial, esse campo novo da *pós-expressão* denominado arte eletrônica ou *web arte*, na qual a simbiose entre arte e tecnologia é tão profunda que qualquer movimento que seja efetuado nesse âmbito é ao mesmo tempo expressão e reflexão sobre o meio. Recordemos que esse foi um dos requisitos da modernidade que finalmente, depois de fundamentar o trabalho das vanguardas durante grande parte do século XX, se transformou agora em um dispositivo tradicional: não só não há expressão sem reflexão como a própria reflexão é a forma primordial da expressão contemporânea da arquitetura até o documentário, ainda que o fenômeno também ocorra, de uma maneira ou de outra, em meios não diretamente artísticos, mas comunicativos, como a televisão ou o *design*[23].

Se nos últimos tempos da cultura da expressão – quando esta tinha derivado já no sentido de seu correlato científico, a comunicação – não deixava de ser urgente a tarefa de propor novamente as questões relacionadas com um dos instrumentos mais importantes que essa cultura expressiva possuía – a forma em todas as suas variantes –, agora que estamos imersos em uma nova paisagem fenomenológica, na qual os dispositivos formais podem ser também instrumentos de reflexão, ainda se faz mais necessário reformular o que acreditávamos que sabíamos sobre essa fenomenologia de uma vez por todas, depois de tantos anos de história da arte.

Prefiro me referir, neste capítulo, ao conceito de forma e não ao mais específico e tradicional de imagem, pois creio que um dos sintomas mais claros da mudança mencionada é o fato de que, cada vez mais, o conceito de imagem é insuficiente para abranger toda a fenomenologia que o paradigma da reflexão está injetando no campo do visual. Agora é necessário dar um passo a mais e entender que, assim como ao falar da expressão linguística (e portanto do pensamento "racional") podemos

---

23. Talvez nos levasse longe demais fundamentar o postulado de que na televisão generalista ou no *design* existe também um fator autorreflexivo. Basta dizer que, às vezes, esse fator não é tão explícito como na arte propriamente dita, sendo destilado a partir de aspectos retóricos, como a ironia ou a paródia, que agora estão muito mais presentes em todos os lugares.

recorrer a uma formalização dessa expressão, de tipo primordialmente retórico, que determina os processos de atualização da fala ou da escrita[24], também a imagem é um produto do trabalho de, e com, as formas que antecedem, por intermédio do imaginário, a confecção concreta das imagens. Não é necessário conceber essas formas no sentido kantiano, muito menos platônico, mas é preciso fazê-lo de uma maneira mais pragmática. São simplesmente material de trabalho cuja existência real é representada, entre outras coisas, pelo arquivo fotográfico e cinematográfico que a humanidade acumulou durante dois séculos.

Se, como acreditava Pasolini, a realidade é um armazém de signos, faz-se necessário considerar que o arquivo foto e cinematográfico acumulado até agora – por meio do qual temos um importante testemunho visual de grande parte da memória humana dos dois últimos séculos – supõe, ao contrário, não um armazém de signos, mas de símbolos, no sentido amplo da palavra, ou seja, um depósito de imagens simbolizadas pelo imaginário. Isso implica também a necessidade de considerar que, portanto, durante todo esse tempo não nos dedicamos simplesmente à reprodução – ou à cópia ou transmissão – desses signos reais; estes foram processados pelo imaginário social, de cuja existência e funcionamento eles são prova fundamental. O mesmo acontece com nossas lembranças armazenadas na memória, que estão sendo processadas constantemente, de maneira que, cada vez que as atualizamos, rememorando-as, modificamos sua estrutura. Isso significa que cada vez as tornamos mais nossas e nos afastamos assim do objeto que as originou.

Para Pasolini, a primeira linguagem humana era a da ação do corpo na realidade, de modo que o cinema (como um dos meios de processamento das imagens) se transformava, ao imprimir no celuloide as ações entendidas como a *fala* do corpo, no que poderia ser considerada a *língua escrita* do real. O poeta e cineasta italiano estabelecia assim uma separação no âmbito do visual similar à que existe entre a fala e a língua na linguística: uma, entendida como expressão ou ação direta, a outra como reconstrução retardada, reflexiva, imaginária daquela[25]. Isso lhe permitia remover o empecilho, apontado por Metz e Eco, que se interpunha à possibilidade de que o cinema fosse uma língua, a saber, a falta de uma dupla articulação.

Hoje não nos interessa tanto essa disputa que diz que Pasolini errava em suas conclusões, apesar de acertar em cheio na fenomenologia. Estamos de acordo, com Metz e Eco, no que diz respeito às imagens, fixas ou em movimento, não constituírem linguagens, mas discursos – são discursivas na medida que formam constelações

---

24. Sobre isso, obviamente, há muito que falar e já se falou muito. Mas não podemos encarar aqui esses problemas, não só porque se trata de um campo excessivamente amplo como porque este poderia, em princípio, ser considerado autêntico em relação ao que estou pretendendo estabelecer, ainda que ambos se refiram não obstante às formas retóricas.
25. Por questões práticas, não contemplo aqui o fato de que a fala é também expressão secundária de uma estruturação linguística estabelecida de antemão, mas limito-me a apontar que em uma há um componente autorreflexivo e na outra não.

significativas. Porém, o que nos interessa enormemente é a ideia pasoliniana das duas articulações da imagem, uma no real, a outra no imaginário, já que esse último conceito é essencial para compreender os novos fenômenos do visível. Segundo Taylor (2004), o imaginário social é "algo muito mais amplo e profundo do que as construções intelectuais que podem ser elaboradas pelas pessoas quando refletem sobre a realidade social de um modo distanciado". A existência desse imaginário materializado e arquivado é um dos fenômenos mais importantes de nossa cultura, do ponto de vista antropológico, social, estético e psicológico. E, no entanto, sua influência não se materializou até que pudemos comprovar que nossa capacidade expressiva se transformava em reflexiva. Se alguém contempla sem preconceitos a arte contemporânea, pós-moderna, tão insultada e incompreendida, vai se dar conta de que praticamente toda ela se assenta sobre esse impulso reflexivo (que pode ser catalogado também de político, como afirma Baqué [2006]), e que só através dessa perspectiva pode ser realmente compreendida e comparada com a arte de outras épocas.

Agora, apesar dessas mudanças de concepção, os dois conceitos básicos no terreno da reflexão visual continuam sendo o tempo e o espaço, como também o foram no da expressão. Esses dois conceitos se referem, segundo Kant, a formas transcendentais que organizam nossa percepção da realidade[26] e, portanto, se tornam em grande medida inevitáveis – embora, nos novos territórios que agora percorremos, seu fundamentalismo tenha se fraturado. Em outras palavras, não podemos escapar dessas coordenadas, são uma prisão ontológica, mas podemos trabalhar em seu interior desmontando muitas das premissas que pareciam intocáveis tanto no mundo kantiano quanto no newtoniano. Não considero, porém, necessário entrar nesse debate filosófico para aceitar esses conceitos como ponto de partida do estudo da fenomenologia da imagem, inclusive em suas transformações atuais: sua natureza apriorística se esgota na constatação de sua substancialidade prática. De resto, tempo e espaço podem e devem ser considerados campos de trabalho, dispositivos básicos de criação de formas[27], ou seja, de retóricas visuais, assim como regiões em si mesmas exploráveis e suscetíveis de transformação. Não me referirei, porque é um tópico, às modificações que a física quântica introduziu em nosso conceito de espaço e tempo há quase um século, mas gostaria de ressaltar a ampliação fenomenológica que, em seu momento, supôs a invenção do cinematógrafo, ampliação que não parou daquela época até hoje com a chegada da imagem digital. Todos esses novos dispositivos constituíram-se em novas formas

---

26. A melhor introdução à aplicação dessa perspectiva ao estudo dos produtos culturais continua sendo o livro de Stephen Kern (1983).
27. Seria preciso ver se isso nos transforma, de alguma maneira, em kantianos, o que obrigaria a uma releitura de Kant à luz de um novo neokantismo, impulsionado pela visualização da cultura. Mas eu considero que o fato de a compreensão desses conceitos estar submetida a mudanças históricas rebaixa demais seu possível kantismo.

de entender o espaço e o tempo, e, sobretudo, consolidaram formalmente o conceito contemporâneo de *continuum* espaçotemporal, que constitui uma novidade em relação ao paradigma kantiano-newtoniano.

Pensamento visual

A possibilidade de um pensamento visual, apontada de distintos pontos de vista por Rudolf Arnheim (1971), Pierre Lévy (1990) e Ron Burnett (2004), entre outros, passa por compreender a função que o tempo e o espaço cumprem nas representações, assim como por assimilar o fato de que a morfologia destas pode variar com esse conhecimento. Demanda também compreender que deixamos para trás a época em que tudo girava em torno do eixo linguístico e era imperativo perguntar se um meio – o cinema, a televisão etc. – era ou não uma linguagem, como antessala para determinar se podia ou não articular significados. Agora, ao contrário, trata-se de delimitar as possibilidades de uma comunicação discursiva que se desenvolva precisamente de maneira não linguística ou, para colocar nas palavras de González Requena (1995, p. 12), sem que existam "signos preexistentes a sua articulação discursiva, algo que só é possível na linguagem verbal". Para compreender o funcionamento desse tipo de discurso, é necessário recorrer aos fundamentos espaçotemporais, já que é pela articulação deles que se desenvolve sua atividade, especialmente quando, como agora, tempo e espaço nos revelam seu caráter essencial complexo.

Durante a cultura da expressão, a pintura, que atuava como meio dominante da expressividade visual, também administrava e era administrada pelo tempo e pelo espaço: o pintor trabalhava com eles, mas sobretudo trabalhava *neles*. É aqui que o conceito de forma se torna significativo. Genette (1969, p. 44) aponta que "o que faz da pintura uma arte do espaço não é o fato de nos oferecer uma representação da extensão, mas que essa representação nos é apresentada ela mesma na extensão, em uma extensão que não é especificamente a sua". Nem é preciso dizer que a intuição de Genette já pertence à era da reflexão, já que, se é verdade que o pintor clássico, ao pintar, representa um espaço sobre outro espaço diferente (por exemplo, uma paisagem sobre a superfície da tela), a diferença em relação à situação pós-clássica atual reside no fato de que, enquanto o pintor clássico não era plenamente consciente dessa dualidade espacial, ou não via a maneira de utilizar esse conhecimento na própria representação, na atualidade todos os artistas transformaram essa condição dialética do espaço em um dispositivo técnico a mais de seu trabalho. E o mesmo acontece com o tempo: a maioria dos cineastas clássicos trabalhou com o tempo, expresso através do movimento produzido tecnicamente, mas só alguns, muito poucos, intuíram que o tempo em si poderia ser material de trabalho. É no momento em que esses dois conceitos, tempo e espaço (e seu amálgama, o espaço-tempo) se tornam operacionais, por se ter tomado consciência deles, que se começa a trabalhar realmente com a forma nas imagens. Precisamente por isso, Tarkovski (1991) considerava que a tarefa cinematográfica era como esculpir no tempo: não há forma melhor de resumir a síntese espaçotemporal moderna do que essa apelação do diretor russo à materialidade do tempo e à fluidez do espaço. Na arquitetura, o fenômeno se mostra de maneira ainda mais clara:

> A arte do espaço por excelência, a arquitetura, não fala do espaço (como o faz a literatura): seria mais exato dizer que faz falar o espaço, o qual se expressa, portanto, por intermédio da arquitetura, ao mesmo tempo que (na medida em que toda arte se encaminha essencialmente para organizar sua própria representação) esse mesmo espaço também fala da arquitetura. (Genette, 1969, p. 44)[28]

Fazer espaço e tempo falarem através da representação, de maneira que estes também falem no lugar dela, é uma das características da cultura da reflexão, cujos prólogos coincidem com o dito pós-modernismo, que se define precisamente por uma crise na concepção tradicional do espaço e do tempo como certeiramente indicam tanto Fredric Jameson (1991) quanto David Harvey (1990).

Uma vez constatada a atualidade dessas mudanças, que seriam equivalentes às que transformaram a linguagem em escrita e levaram o fenômeno a ponto de, finalmente, ter-se tomado consciência de que era a escrita que abrigava, que dava forma, à linguagem e não o inverso – ou seja, o processo de retificação do logocentrismo tradicional de nossa cultura (Derrida, 2003)[29] –, podemos voltar à imagem para decifrar que mudanças ela enfrenta na nova situação. Uma situação na qual entendemos que é a *escrita visual*, as transformações discursivas das imagens em movimento, que dá lugar, em última instância, a categorias *linguísticas* (semióticas) que, portanto, não podem jamais se estabilizar realmente mais do que o âmbito também fluido de um imaginário social em contínua transformação.

Em princípio, das imagens, tanto clássicas quanto contemporâneas, deve-se destacar sua proverbial exterioridade, sua concentração em uma superfície – sede, muitas vezes, de uma operação ilusionista que mascara inclusive a presença dessa superfície – a qual há que se descompor em uma série de dimensões que não só incluem comprimento e altura (coordenadas de sua condição materialmente bidimensional), como também a profundidade. Mas essa profundidade deve ser considerada em duas direções, cada uma delas desdobrada de uma vez: no sentido do fundo objetivo da

---

28. Minha tradução, um tanto livre em favor da clareza, do parágrafo original de Genette.
29. No caso da imagem, ou da cultura da imagem, devemos entender que as "linguagens da imagem", sejam quais forem, estão compreendidas dentro da "escrita da imagem", das formas visuais que a constituem. Mas não falemos mais de linguagens da imagem, falemos de discursos da imagem, de reflexões visuais ou audiovisuais.

imagem e no sentido de seu interior conceitual; no sentido de seu exterior objetivo e no sentido do espectador (ou, nas novas imagens interativas, do usuário)[30].

Essa condição ao mesmo tempo tridimensional e radial das imagens foi detectada no cinema moderno por Deleuze (1987, p. 105), que lhe deu o nome de imagens-cristal. À parte material desse âmbito estendido, ou seja, à constatação de uma verdadeira tridimensionalidade que se apresenta com seus elementos separados, mas que na realidade virtual voltam a se unir para agir novamente em um espaço absolutista, é preciso agregar uma contrapartida fundamental: os fora de campo, que rompem a possibilidade desse absolutismo, inclusive na realidade virtual. A tudo isso se acrescenta a dimensão rede que conecta diversas imagens para formar ecologias visuais (Figura 24)[31]. Vemos que aparecem, portanto, dois níveis básicos na fenomenologia atual da imagem: um material/objetivo, outro virtual/subjetivo. A novidade essencial é que esses níveis, assim como os elementos que os formam, não compõem unidades consolidadas, mas podem trocar de posição continuamente, dando lugar a novas prioridades e, consequentemente, a novos significados. Por exemplo, aquilo que pertence à subjetividade da imagem pode se transformar em elemento objetivo ou deixar um rastro nessa objetividade, da mesma forma que essa objetividade impregna o imaginário de quem contempla ou usa a imagem. Não se pode, portanto, estabelecer uma separação muito clara entre o que está implícito ou o que está explícito nas imagens, tanto nas novas como na reconfiguração das anteriores.

Mas, para que essa configuração funcional das imagens fique completa, falta um elemento fundamental: o tempo. As imagens, como formas globais ou como partes dessas formas, ou até como redes, são afetadas por uma duração, em diferentes graus. Além disso, ocupam, também de diversas maneiras, o tempo. O tempo, por sua vez, também as ocupa, como veremos. De qualquer forma, a dissolução da unidade fundamental da imagem, sua dispersão em fatores e conexões, já implica uma dimensão temporal, pois a compreensão correta do visível não pode ser dessa maneira unitária ou imediata – deve se prolongar pela duração que sustenta o mais ínfimo exercício hermenêutico.

Tenho me referido às imagens de uma maneira muito geral. Isso se deve ao fato de, no presente estado da questão, não ser possível discriminar entre tipos e gêneros de imagens, não ser possível estabelecer categorias *a priori* que determinem

---

30. A explicação das características desse duplo eixo objetivo/subjetivo exigiria mais espaço do que podemos destacar aqui. Mas basta recordar duas coisas fundamentais: o fato de que os surrealistas falavam de um subconsciente da imagem (sobre o que voltaremos em breve) (Wright, 1990); e que determinadas tecnologias atuais, como o vídeo, o *zoom*, a digitalização, permitem uma imersão no interior formal da imagem, para descobrir nela microestruturas de interesse indubitável.
31. Como exemplo dessa amplificação da fenomenologia espacial da imagem, veja a seguinte página web dedicada à obra de Jasper Johns "Perilous Night" (1982): <http://www.nga.gov/feature/artnation/johns/index.shtm>. Acesso em: out. 2008. Outra fonte é o livro de Juan Antonio Ramírez (1993).

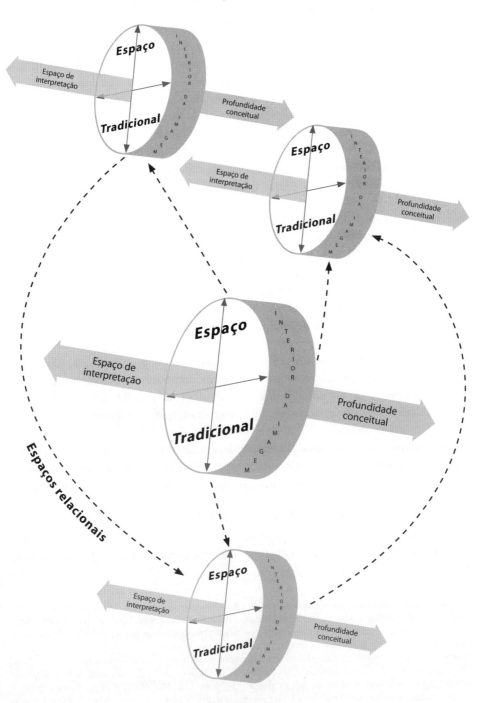

Figura 24

aproximações especializadas a cada uma delas. Ao contrário, é imprescindível entender o fenômeno da imagem em sua totalidade; é necessário falar de uma cultura visual, assim como de uma visibilidade cultural na qual as imagens seriam a representação do visível, das estratégias do visível que mencionei anteriormente. E é preciso trabalhar com formas visuais que podem transferir-se de um tipo de imagem para outro, que podem ser pensadas à margem de uma imagem concreta ou de um tipo de imagem específico, sem que isso queira dizer que essas formas existam além da concretização de determinada representação visual.

Com a fenomenologia visual, enriquecida por essa condição complexa, entendida dessa maneira, temos a imagem preparada para enfrentar novos desafios comunicativos, nos quais se misturam expressão, reflexão e conhecimento.

O tempo e o espaço, da reprodução ao conceito

A história tradicional nos informa que o tempo é representado adequadamente na imagem no momento em que esta adquire movimento, ou seja, basicamente com a invenção do cinematógrafo no final do século XIX. Essa visão um tanto simplista, que parte de uma proposição teleológica da história da representação, viu-se corrigida ligeiramente nos últimos anos devido ao interesse suscitado pelos denominados brinquedos ópticos, cujo desenvolvimento constitui uma verdadeira genealogia técnica da imagem em movimento que remonta ao século XVIII, pelo menos (Mannoni, 1995). Mas, apesar da ampliação do campo epistemológico que a introdução desses artefatos supõe na história da representação do tempo na imagem, o problema persiste, devido a uma série de falsas concepções referentes à sua fenomenologia.

Em primeiro lugar, não se deveria considerar que a representação do tempo supõe uma etapa na evolução da imagem que seja alcançada no momento em que determinada cultura adquire o nível técnico adequado. Esse é um velho problema, encenado especialmente em torno da perspectiva pictórica (Panofsky, 1973) e que gira ao redor dos conceitos de *descobrimento* ou *invenção*, com os quais se pode qualificar, segundo as preferências teóricas, os momentos da história das ideias. A pergunta suscitada nesse sentido é: a perspectiva foi uma descoberta ou uma invenção? Os partidários do construcionismo social dirão que foi uma invenção destinada a dar forma a certas ideias historicamente determinadas sobre o espaço e o tempo. Os historiadores clássicos, e não poucos científicos, afirmarão, ao contrário, que se trata de um descobrimento a mais no longo processo rumo à conquista de um realismo consonante com uma realidade imutável. Pode ser que ambas as posições estejam certas, dependendo da amplitude dos enfoques temporais escolhidos: em longo prazo, não há progresso, mas mudanças de perspectiva e, portanto, invenções; em curto prazo, entretanto, podem ser produzidas acomodações progressivas a uma ideia determinada. Mas, em qualquer um dos casos, notemos que considerar que a imaginação, e seu correlato prático, se transforma substancialmente seguindo uma evolução progressiva nos impede de compreender o potencial de cada uma das dobras do imaginário que dão lugar à impressão de desenvolvimento, já que a essência do progresso é queimar etapas e, portanto, ao promulgar o novo, sempre se vai em detrimento do anterior, que é expulso do âmbito do real.

É muito mais correto, e também mais produtivo, prestar atenção a todas as manifestações de uma ideia, já que cada uma dessas manifestações supõe uma faceta do que não é mais do que uma múltipla possibilidade. Se isso é bom para a concepção do espaço também o é para a do tempo, só que, neste caso, o declive de sua noção clássica, e portanto sua conceitualização, é muito mais recente. Na verdade, todas as culturas, em seus diferentes momentos, pretenderam representar visualmente os fenômenos temporais, acima de tudo porque espaço e tempo se unem intrinsecamente e não é possível invocar um sem que surja mesmo que a sombra do outro, mas também porque sempre existiu a vontade de tornar presente a compreensão do temporal em suas distintas concepções e intensidades. Mas, na verdade, não foi até final do século XIX que vimos proliferar formas distintas de conceber o tempo. E aqui vemos com clareza, já que o tempo é abstrato e pretender representá-lo significa uma heterodoxia de antemão, como é mais produtiva a ideia de invenção do que a de descoberta. Foi muito mais fácil, para nossa cultura, pensar em um aprendizado progressivo que conduz à cópia perfeita das coordenadas do real que não considerar essa acumulação de experiências para representar um tempo *realista*. Ao contrário, o certo é que a entrada do tempo em um quadro da representação espacial clássica não supôs outra coisa que não a sua bancarrota.

A representação temporal não deve ser confundida tampouco com a reprodução do movimento, ainda que de alguma maneira ambas estejam unidas. O fato de que ao se representar ou reproduzir o movimento também se aluda ao tempo não deve nos levar a crer que só assim ele possa ser representado. A reprodução do movimento é muito recente, mas sua representação é tão antiga quanto a própria representação do espaço (Hollander, 1989). O movimento expresso por meio de imagens fixas, desde Altamira até os futuristas, tem duas facetas: a vontade de articular uma dimensão real (as coisas se movem); e o desejo de expressar sua duração, o fato de que seu acontecer não se esgota em um instante, mas permanece ou se desenvolve temporalmente. O primeiro conceito é muito concreto, o segundo é mais abstrato. Os dois são, não obstante, degraus que nos conduzem à representação do tempo como conceito – o que só vai acontecer mais tarde, exatamente quando a imagem em movimento se instala como novo fenômeno. Tampouco devemos pensar que a aparição tardia do conceito de tempo nas representações se deva, como eu disse, a uma simples questão de desenvolvimento histórico. Trata-se, ao contrário, de uma questão de matiz: em outros momentos, não se foi sensível à conceitualização do tempo, mas insistiu-se, por exemplo, em sua simbolização, que é outra forma de compreendê-lo e expressá-lo (Panofsky, 1992, p. 93-138). Considerar, por outro lado, o conceito é predispor-se antes a trabalhar com ele, o que é um signo da nova situação cultural da qual falávamos.

Também não deve parecer tão estranho que, quando a técnica permitiu reproduzir fidedignamente a duração – e, portanto, proporcionou a oportunidade de que o dispositivo realista a absorvesse como um elemento a mais do naturalismo característico da estética hegemônica –, nesse momento surgisse em contrapartida o interesse pela temporalidade como conceito, ferramenta e problema. Ou seja, nesse sentido, os Lumière e Duchamp não seriam apenas contemporâneos, mas também complementares. Nos Lumière, o tempo, ligado ao movimento, apresenta-se carente de problemas, imbuído de transparência como o espaço; em Duchamp (assim como nos futuristas), ao contrário, o tempo, expresso formalmente em um espaço imóvel, mostra os elementos de sua complexidade conceitual. Em pouco mais de meio século, as possibilidades expressivas desse tempo complexo estarão totalmente desenvolvidas pela videoarte e, mais tarde, pela arte eletrônica, mas a passagem do expressivo ao reflexivo ainda demorará, até a chegada do hipertexto, primeiro, e da multimídia, depois.

O tempo complexo

Suponhamos, por um momento, que seja verdade que o tempo é convenientemente introduzido na imagem no final do século XIX, quando a tecnologia permite acrescentar o movimento à imagem fotográfica e esse movimento, como fenômeno natural, se torna finalmente mimetizado. Suponhamos também que Deleuze estivesse equivocado quando afirmou que "o cinema não nos presenteia uma imagem à qual se acrescenta o movimento, nos dá imediatamente um movimento-imagem" (Deleuze, 1984, p. 2). Nesse caso, de que tipo de tempo estaríamos falando? Obviamente, de um tempo linear e unidimensional que seria parte indivisível da realidade: o tipo de tempo que se confunde com a existência, quer dizer, exatamente o tempo reproduzido pelo equipamento cinematográfico, o qual está preparado para desproblematizar tanto o tempo como o espaço, se isso for necessário[32].

Dessa forma, a tecnologia se encarrega não só de representar uma determinada concepção de realidade, mas serve de fiadora dela, estabelecendo um círculo vicioso de difícil ruptura. Põe em andamento aquilo que Shappin e Schaffer denominam "método autoevidente", utilizado pelos membros de uma sociedade quando se referem a esta, um método pelo qual as práticas culturais próprias não são consideradas problemáticas nem merecedoras de explicação alguma (Shappin e Schaffer, 1985, p. 5), porque, como dizia Bachelard, "em relação ao real, o que se acredita saber ofusca o que se deveria saber" (Bachelard, 1974). Entretanto, no momento da invenção do cinematógrafo, as concepções culturais do tempo eram muito mais complexas do que as que este, em sua versão industrial, parecia disposto a mostrar.

---

32. As vanguardas cinematográficas, por exemplo, não consideraram necessário efetuar essa operação desproblematizadora, mas exatamente o contrário, e utilizavam o mesmo equipamento.

Georges Didi-Huberman (2002) mostrou como, a partir da segunda metade do século XIX – da antropologia à história da arte, passando pela própria historiografia –, foi se desenvolvendo uma ideia muito complexa do tempo que só adquiriria visibilidade social mais tarde, com Proust. Aby Warburg, o fundador da Escola que leva seu nome e que logo acolheu pesquisadores como Saxl ou Gombrich, cunhou, por exemplo, o conceito de *survival* (sobrevivência) para denominar os traços que o passado vai acumulando no presente e nunca chegam a desaparecer: detectou-os nas imagens ao longo de sua história, formando fluxos e camadas que conectavam os diferentes tempos históricos de maneira anacrônica. Ao mesmo tempo, o próprio Warburg estabelecia também uma genealogia das formas artísticas, articuladas em constelações visuais alimentadas por um tempo particular, diferente do tempo histórico que correspondia a cada uma delas. Em ambos os casos, a imagem é transformada em uma encruzilhada de temporalidades complexas que coexistem com o presente histórico que parece caracterizá-las fenomenologicamente.

Didi-Huberman nos lembra também dos trabalhos do antropólogo E. B. Tylor, que, em meados do mesmo século, falava de um "presente tecido por múltiplos passados" (2002, p. 53-5). Pensemos, por outro lado, que, paralelamente a Warburg, Freud estava elaborando sua ideia de inconsciente, que transformava a identidade em um carregamento de temporalidades, de lembranças submersas nesse novo território sobre o qual se alçava a precária estrutura de um Eu ilusório. Não nos esqueçamos também da ciência, especialmente da física: a maneira como Einstein rompe com o conceito de um tempo único e o transforma em relativo, ou seja, o fragmenta e o torna múltiplo. Julia Kristeva (1994, p. 483), por sua vez, ao estudar a escrita de Proust, nos fala "dessa sintaxe insólita [...] na qual se cristaliza a estética da 'memória involuntária'". Trata-se, essencialmente, de dar conta da complexidade da frase proustiana, cuja simples duração sintagmática se vê cruzada, acima e abaixo, por temporalidades sinuosas.

Mas não só a frase, a enunciação proustiana, é temporalmente complexa, como também a própria memória do escritor forma uma arquitetura temporal: "Esse sincretismo alheio ao tempo segue ao lado de outro, que convoca e confunde no momento presente acontecimentos ou incidentes de diferentes datas. Por suas palavras e reflexões, o narrador parece ter, na mesma página, tanto oito anos, ou doze ou dezoito" (Lévi-Strauss, 1994, p. 11). Bakhtin (1978) cria, em contrapartida como conceito de *cronotopo* e fala de *anacronismos*, uma ideia muito parecida com a *survival* de Warburg. Em todos esses casos, deparamos com uma quebra da linearidade temporal e com uma consciência profunda do tempo que matiza e desarticula sua concepção característica, poderíamos até dizer *existencial*. Deparamos também com uma espacialização do tempo que permite objetivá-lo e em consequência pensá-lo mais adequadamente, apesar das prevenções de Bergson e outros vitalistas nesse sentido. Isso não nos deve fazer esquecer, porém, que Bergson é um dos representantes máximos dessa nova consciência do tempo e que seus estudos sobre ele exemplificam o tipo de ruptura com o tempo clássico que é produzido desde meados do século XIX até princípios do XX (Bergson, 1992).

Quem realmente estabelece, porém, uma reflexão que aglutina essa série de manifestações sintomáticas e pluridisciplinares é Walter Benjamin, em seus estudos sobre o tempo histórico e sobre a imagem dialética. Ampliando a ideia de Michelet de que cada época sonha com seu futuro, Benjamin desenvolveu, durante o primeiro terço do século XX, o conceito de arqueologia do presente – que pretendia estabelecer uma relação dialética, não linear nem simplesmente causal, com o passado. Esses sonhos do futuro consolidam-se, para Benjamin, nas imagens, nos elementos visuais que cada sociedade cria (ele se dedicou a estudar Paris do fim do século, entendida como a capital do século XIX [Benjamin, 1972]), de maneira que nosso presente estaria carregado de elementos sobreviventes do passado que, como se fossem restos arqueológicos, residiriam no território das atuais configurações sociais. Esses restos atuais floresceram no passado como sintomas do porvir. Essas imagens, que reúnem passado e futuro e, ao mesmo tempo, expressam determinadas tensões sociais, eram denominadas pelo filósofo alemão de imagens dialéticas. Imagens nas quais as temporalidades se entrecruzam. Tudo isso nos revela que, da mesma forma que existem modelos espaciais – a perspectiva, por exemplo – que articulam as formas de representação, também existem modelos temporais. Não faz sentido, portanto, pensar em uma concepção estática do tempo e do espaço que a técnica iria conquistando para uma representação cada vez mais realista, ou seja, mais ajustada a uma realidade independente que permaneceria à espera de ser conquistada. Bem ao contrário, a imagem se transforma na representação mais genuína da realidade social, da realidade assim como é imaginada e, portanto, como é vivida e utilizada.

Consequentemente, o cinema, como detentor da expressão visual do tempo através do movimento, não poderia se encarregar dessa complexidade? Basta pensarmos em D. W. Griffith (1875-1948) para responder que sim, pode ser feito, embora o cinema, em sua forma clássica, renuncie a isso. Recordemos a simples montagem paralela e constatemos que se trata de uma forma retórica capaz de associar duas temporalidades distintas, no mínimo, em um presente alternante que demonstra uma condição estratificada proverbial. A montagem paralela, apesar de sua simplicidade, implica uma primeira decomposição do presente contínuo que determinada concepção da imagem pretende apresentar como mimese da realidade, quando na verdade se trata não da cópia de uma realidade verdadeira, mas da perfeita expressão de determinada ideia, reducionista, do real.

A complexidade temporal de Griffith não se esgota na tradicional montagem paralela ou na montagem alternativa. Em "Intolerância" (1916), por exemplo, ele compôs uma deslumbrante constelação histórica alternando diferentes épocas que criavam tecidos temporais densos e intrincados, os quais eram a plataforma dos efeitos dramáticos consequentes. Ou seja, a manipulação do tempo tinha resultados emocionais, por meio dos quais se instalava no imaginário do espectador. Mas constatemos algo primordial: essas complexidades temporais são mais efetivas quando estão apresentadas por meio de um movimento, de uma duração, entre outras razões porque é mediante essa duração que o efeito dramático se torna mais eficaz. Portanto, o movimento, que tinha se apresentado como o ingrediente mimético por excelência – o dispositivo que anulava o conceito de tempo em favor da simples duração existencial e, por isso, era a garantia máxima da estética e a consequente epistemologia da simplicidade –, descobre-se aqui como a fábrica mais genuína de tempos complexos, destinados a construir sensibilidades igualmente complexas.

Não percamos de vista, porém, o espaço. Porque a compreensão perfeita da funcionalidade reflexiva do tempo vem do fato irrefutável de que tempo e espaço formam uma unidade indissolúvel:

> Chamaremos de *cronotopo* ao que é traduzido, literalmente, por "espaço-tempo": a correlação essencial das relações espaçotemporais [...] No cronotopo da arte literária acontece a fusão dos índices espaciais e temporais em um todo inteligível e concreto. Aqui, o tempo se condensa, se torna compacto, visível para a arte, enquanto o espaço se intensifica, se envolve no movimento do tempo, do sujeito da História. (Bakhtin, 1978, p. 237)

A visualização do espaço-tempo

O que é bom para a arte literária, também o é para as expressões visuais que, contempladas dessa perspectiva, transformam-se em *reflexões* visuais. Não é necessário recorrer a Proust para encontrar arquiteturas espaçotemporais, basta folhear uma história em quadrinhos. Não estamos falando de profundidade cultural ou intelectual, mas de complexidade visual e potencial sintomático. Nesse sentido, Proust (1871-1922) e Winsor McCay (1871-1934) são filhos da mesma época, da mesma episteme, na qual a técnica está transformando as visualidades e as está dotando de um potencial expressivo (e pararreflexivo) de grande envergadura. Não duvidemos de que a extraordinária complexidade da memória proustiana é dada não só pelo talento especial e sensibilidade do escritor, mas pelo fato de que, nesse momento, o conceito de memória, de lembrança, se transferiu do *interior* da mente para o *exterior* dos meios audiovisuais e, através do cinema, foi tomado por um dinamismo também visual do qual anteriormente carecia[33]. Proust (apud Lévy-Strauss, 1994, p. 11) não tinha uma opinião muito boa sobre o cinema: "Alguns gostariam que o romance fosse uma espécie de desfile cinematográfico de coisas. Nada se afasta tanto do que temos percebido na verdade como semelhante versão cinematográfica", afirmava – ignorando que, de fato, o cinema, embora na época não fosse ainda, podia chegar a

---

33. Estou falando do período moderno, já que se remontamos às antigas "artes da memória" encontraremos manifestações muito interessantes de uma visualização análoga da memória.

ser tão estruturalmente complexo quanto *Em busca do tempo perdido*. Note-se, de resto, os filmes de Peter Greenaway ou *A arca russa* (2001) de Sokurov, ainda que sejam muitos os títulos cinematográficos contemporâneos que certificam, por meio da intrincada estrutura temporal de sua trama, a socialização da ideia de um tempo complexo.

A sucessão de vinhetas de uma história em quadrinhos, inclusive quando estas mantêm uma proporção e um ritmo clássicos, herdeiros de uma concepção típica do tempo literário e fílmico igualmente ortodoxos, nos coloca de antemão diante de uma indubitável complexidade espaçotemporal. Ainda que pretendamos ler uma história em quadrinhos seguindo sua linearidade expositiva, a presença da globalidade da página é inescapável. Em primeiro lugar, a sequencialidade que as vinhetas constroem se interrompe inevitavelmente ao final de cada fileira. Como acontece com as linhas de um texto, pode-se dizer; mas não resta dúvida de que aqui a interrupção é mais drástica, já que se produz sobre o substrato visual do mundo diegético, não sobre o signo que o sustenta como no texto. Ao ler, construímos imagens mentais, e estas não se interrompem ao final da linha ou da página, já que dependem apenas indiretamente da visualidade dos signos. Nos quadrinhos, porém, a visualidade que se interrompe é fundamental (sobre ela, em todo caso, também serão criadas estruturas mentais), e portanto a ruptura é ontológica, faz parte da materialidade do mundo criado: os vazios entre vinheta e vinheta ou entre fileira e fileira são caracteres do mundo que se está compondo (ou percebendo), embora a retórica clássica tente fazer que o leitor não os perceba ou que, pelo menos, não os considere *reais*.

A página de quadrinhos compõe, por sua vez, uma estrutura visual ampla que está constantemente em tensão no que diz respeito a cada uma das unidades que a formam. Essa estrutura global, ao não se ajustar aos dispositivos realistas, deixa entrever toda a complexidade de sua composição, que amplia e desconstrói, portanto, a experiência mimética que se tenta criar com a sucessão narrativa. Recordemos o que dizia Lévi-Strauss sobre a escrita de Proust: "O narrador parece ter, *na mesma página*, tanto 8 anos como 12 ou 18". Pois bem, um personagem de quadrinhos pode ter, *na mesma página*, 8, 12 e 18 anos. *Na mesma página*, esta é a chave da questão: a visualização do espaço da página como elemento efetivo, algo que não acontecia na escrita, nem sequer na de Proust, já que, para a escrita, para o mundo que constrói a escrita, a página em que se assenta é uma enteléquia. Ou o era, até Mallarmé (1842--1898) e Apollinaire (1880-1918). Para os quadrinhos, entretanto, a página é sempre um elemento a ser levado em conta, pois sua visibilidade é do mesmo nível que a visibilidade do mundo que está sendo criado.

Uma história em quadrinhos se compõe sempre, consequentemente, dessa dialética entre o local e o global, entre ritmos particulares e ritmos amplos. Trata-se de uma dialética visual de que, posteriormente, a partir sobretudo dos anos 1960, muitos autores se aproveitarão para trabalhar no território da página completa, permitindo assim a ampliação das possibilidades expressivas do meio. Essa dialética supõe uma verdadeira composição espaçotemporal, e a retórica visual que surge dela, quando se toma consciência de suas possibilidades, constitui uma forma do espaço-

-tempo, uma visualização dessa forma. A essa fenomenologia podem ser aplicadas as palavras de Deleuze, quando fala do conceito de "arqueologia do conhecimento" de Foucault: "A tarefa da arqueologia [do conhecimento] consiste em descobrir uma verdadeira forma de expressão que não pode ser confundida com nenhuma das unidades linguísticas, sejam quais forem, significante, palavra, frase, proposição, ato de linguagem". Foucault se dedica especialmente ao significante: "O discurso se anula em sua realidade ao submeter-se à ordem do significante". Vimos como Foucault descobre a forma de expressão em uma concepção muito original do "enunciado", como função que cruza as diversas unidades, traçando uma diagonal mais próxima da música do que de um sistema significante (Deleuze, 1986, p. 59). Essa leitura em diagonal, essa visualização estrutural do conjunto, é a que a visualidade da história em quadrinhos produz, mais além da expressão linguística pura, mais além até da expressão cinematográfica clássica e da pintura tradicional. Em todo caso, os quadrinhos anunciam a expressão-reflexão multimidiática, na qual a estética do quadrinho se uniu à potencialidade dinâmica do movimento para configurar formas espaçotemporais complexas. Anuncia também as conexões transversais, multidimensionais, do hipertexto, ou seja, do texto que rompeu as constrições de uma temporalidade e espacialidade clássicas.

A ética do capitalismo tardio: a publicidade e o espaço complexo

Alain Finkielkraut alegorizava a suposta bancarrota do pensamento contemporâneo com a constatação de que na atualidade, ao que parece, um par de tênis Nike e uma obra de Shakespeare teriam o mesmo valor: "Sempre que houver a assinatura de um grande *designer*, um par de tênis equivale a Shakespeare" (1990, p. 117)[34]. É verdade que a mercantilização absoluta promovida pelo capitalismo tardio conduziu a essas equivalências perversas, pelo valor monetário dos diferentes elementos em jogo. A introdução de produtos de uma gama muito diversa no mesmo espaço do mercado oferece a ilusão de que são equivalentes em todas as suas dimensões. Essa decomposição da escala de valores promovida pela crescente mercantilização é um sintoma a mais da crise temporal de que falamos: a moeda faz colapsar todos os tempos – históricos, antropológicos ou estéticos – e, portanto, todos os valores, no fluxo de um presente estritamente financeiro. Mas observemos que isso constitui a contrapartida da percepção complexa do tempo, já que o que produz a mercantilização total é a aparição de um tempo simples, que é ilusório e se coloca como simulacro sobre o tempo complexo real. Dessa maneira vemos que, mais uma vez, o capitalismo, pela

---

34. Finkielkraut nos lembra que este também era o lema moralizante dos populistas russos que afirmavam que um par de botas valia mais do que Shakespeare porque eram mais úteis aos pobres.

apelação a um realismo simples, funciona como fator mascarador de certa complexidade do real que é verdadeira exatamente porque permite abarcar uma porção maior de sua fenomenologia.

A linguagem capitalista por excelência, a da publicidade, advoga a favor dessa nivelação dos valores no campo do mercado, mas o processo forçosamente provoca certa resistência, pela constatação não só da disparidade axiológica quando ainda se tem consciência dela, mas também pelo próprio testemunho de certas espaçotemporalidades complexas que aparecem espontaneamente quando se observa com atenção a verdadeira estrutura da sociorrealidade. Em princípio o discurso publicitário trata de anular essas evidências, que resistem a desaparecer do mapa simplista que aquela promove. Mas, por outro lado – e daí a necessidade da complexidade epistemológica –, não podemos evitar o fato de que a função mercantilizadora do capitalismo instaura determinada infraestrutura que também é real, já que tem uma importância funcional patente, e que, portanto, dessa ontologia hegemônica se desprenderão articulações que devem ser levadas em conta porque não são necessariamente negativas. Por exemplo, a analogia perversa que pode ser estabelecida entre os tênis Nike e Shakespeare é também a alegoria de uma estrutura tipicamente contemporânea como é a rede de internet e o mecanismo hipertextual que a fundamenta, no qual tudo se conecta com tudo o mais:

> Uma historieta que combine uma intriga palpitante com imagens bonitas equivale a um romance de Nabokov; o que as lolitas leem equivale a *Lolita*; uma frase publicitária eficaz equivale a um poema de Apollinaire ou de Francis Ponge; um ritmo de rock equivale a uma melodia de Duke Ellington; uma bela partida de futebol equivale a um balé de Pina Bausch; um estilista equivale a Manet, Picasso ou Michelangelo. (Finkielkraut, 1990, p. 115)

O tempo parece ter dado razão ao ensaísta francês. Hoje, vinte anos depois de terem sido escritas, essas palavras, retiradas de seu contexto, não parecem tanto uma denúncia, mas uma descrição de algo muito natural. De qualquer forma, esse sistema de equivalências, assim como foi exposto por Finkielkraut, implica uma concentração dramática de temporalidades que é um fator inegável da cultura contemporânea. E de fato a crítica que contém se dilui no momento em que observamos que muitas das analogias supostamente escandalosas são baseadas na anulação inconsciente de comparações que, no passado, teriam sido consideradas igualmente infames: por exemplo, a música de Duke Ellington, que aqui representa uma cultura de alto nível diante da *popularidade* do rock, há meio século teria ocupado o lugar dele em uma comparação de baixo nível com, digamos, Beethoven[35]. O mesmo podemos dizer

---

35. Recordemos as críticas drásticas que Adorno fez do jazz e como hoje parecem erradas.

da poesia de Apollinaire, que em seu momento pode ter sido considerada uma degradação em relação à de, digamos, Alfred de Musset (1810-1857).

É interessante ver como a ideia de progresso (a metáfora da flecha do tempo instalada em nosso imaginário para organizá-lo) se imiscui na fábrica de nossas valorações a ponto de constituir uma arquitetura moral que só se sustenta devido à crença inconsciente na naturalidade de um tempo histórico simples que não deixa nunca de avançar. E isso acontece a um lado e a outro: Finkielkraut acredita no progresso quando considera que a evolução cultural, em vez de respeitar o desenvolvimento ontológico daquele, o degrada; por sua vez, um esnobe pós-moderno, baseado no que se disse antes sobre a historicidade das valorações, pensa que é um avanço ter chegado a essa situação na qual não se discrimina entre os diferentes produtos. Em ambos os casos, o tempo é considerado algo muito simples e, ao que parece, basta deixar que flua na direção adequada para que todos os problemas desapareçam.

Encontramo-nos diante de um nó de contradições que articula inúmeras perspectivas, mas nenhuma delas pode ser compreendida fora desse nó. Digamos que o nó seja a forma do real e que o meio que conseguir representar melhor suas características será o mais realista. O nó é a forma específica do capitalismo contemporâneo. Poderíamos dizer que, ao se desenvolver, o capitalismo foi complicando a realidade até deixá-la entrelaçada em inúmeros nós. Portanto, o enfoque pertinente diante dessa realidade não pode ser moralista, e sim descritivo em primeiro lugar, e em seguida funcional. Não tem sentido demonizar quem prefere os tênis Nike em vez de *Hamlet*. O problema não está na escolha pessoal, mas nos mecanismos sociais que, por meio da publicidade, podem levar a crer que uma pessoa é capaz de encontrar o mesmo tipo de satisfação em um par de calçados esportivos e em um texto de Shakespeare. Isso sim é verdadeiramente perverso: é tanto quanto pretender que uma edição de *Hamlet* nos sirva da mesma forma que os tênis para jogar uma partida de basquete. Mas, em última instância, o que cabe perguntar é o que faz que, hoje em dia, tênis e texto se coloquem no mesmo nível, em que universo tal coisa pode ser produzida e como esse universo funciona. Porque é óbvio que as capacidades desse mundo peculiar podem ser empregadas em muitas funções diversas, tanto críticas como integradas, tanto criativas quanto alienantes. Afinal, não é este um mundo que não só equipara coisas diversas de maneira indiscriminada como também as coloca à nossa disposição com uma facilidade inédita?

O problema principal com o qual deparamos na atualidade reside na contradição que supõe que a crescente complexidade da estrutura social contemporânea coincida com uma diminuição igualmente gradual da densidade do pensamento dos indivíduos que a compõe. A realidade é cada vez mais complexa, mas nós estamos cada vez mais convencidos de que é tremendamente simples e que não se exige esforço maior para compreendê-la. Não se trata de uma diminuição absoluta do grau de complexidade do pensamento contemporâneo, mas da compartimentalização paulatina desse pensamento em áreas muito especializadas, como pode ser, no melhor dos casos, o âmbito universitário. Nas demais esferas, encontra-se uma satisfação mais alta e imediata na simplicidade do pensamento, quando não em sua anulação factual ou substituição por sucedâneos que os meios administram.

Simmel (1977, p. 26) recordava que "nossa ideia de realidade objetiva se origina na resistência que as coisas nos oferecem", ao que poderíamos acrescentar que nossa identidade aparece como contrapartida da constatação dessa objetividade resistente a nossos desejos indiscriminados. Disso se depreende que a estrutura social contemporânea promove não só uma dissolução da realidade objetiva no magma de nossa estrutura desejosa constantemente satisfeita, como também uma desagregação equivalente de nossa identidade no mesmo terreno pantanoso. Daí a resolução de todas as contradições no fluxo de um presente contínuo e altamente satisfatório no qual o pensamento crítico e, com ele, paulatinamente, porções cada vez mais amplas de nossa consciência e da realidade objetiva correspondente vão desaparecendo. O sujeito contemporâneo está em luta constante com o tempo complexo da memória e da esperança (passado e futuro) que o afastam dessa satisfação imediata que o sistema promete e cuja perseguição esgota todas as energias anímicas.

A linguagem publicitária se insere nessa estrutura como uma enorme contradição. Por um lado, baseia-se em um dispositivo complexo herdado das vanguardas artísticas e supõe um tremendo poder de desfamiliarização do real. Além disso, sua estrutura se fundamenta em mecanismos de grande complexidade, equiparáveis à própria complexidade do real contemporâneo. Mas, por outro lado, esse mecanismo complexo se funde com o consumidor para oferecer-lhe a ilusão de um paraíso terreno no qual não existem contradições e, consequentemente, tampouco valorações nem necessidade crítica, e no qual a única energia válida é a energia do desejo – que, devidamente utilizada por meio da canalização publicitária, pode vencer todas as resistências que o mundo objetivo ofereça. Dessa forma, portanto, a publicidade, cuja estrutura é tão complexa quanto a própria estrutura social contemporânea, põe em funcionamento mecanismos de dissolução da individualidade crítica e desse caráter complexo do real ao qual tanto se assemelha.

Essa dialética pode ser encontrada em muitos elementos da estrutura social contemporânea. E sua dupla faceta contraditória faz parte das características de maior destaque, como não poderia deixar de ser, já que é natural que uma estrutura real complexa produza mecanismos regulatórios, hermenêuticos, estéticos e epistemológicos igualmente complexos. Mas também é lógico que os poderes factuais que atuam nessas estruturas se apoderem de seus dispositivos principais e utilizem sua complexidade não em um sentido revelador, mas exatamente o contrário: para alienar os indivíduos e, ao mesmo tempo, ocultar essa complexidade que em si seria iluminadora. Víamos isso nas histórias em quadrinhos, cuja estrutura estética mostra uma complexidade em harmonia com o mundo no qual foram criadas, ainda que em seguida essa complexidade seja utilizada em favor da simplificação das mentes. Mas atenção, pois o mais interessante é que no processo de simplificação não necessariamente se simplifica de maneira equivalente a estrutura estética: esta pode manter grau idêntico de complexidade enquanto procura uma satisfação simples, uma anulação do necessário binômio subjetividade-objetividade em favor de um aplainamento do mundo. Assim age a publicidade: pela crescente articulação complexa, que inclusive lhe permite se integrar nos circuitos artísticos – para escândalo de Finkielkraut –, ao mesmo tempo que, por essa mesma articulação complexa, dedica-se a promover a simplificação. Nenhuma proposição moralista pode nos subtrair desse paradoxo com o qual é necessário conviver, mas a que também é preciso transformar para que suas propriedades sejam verdadeiramente democráticas.

O conglomerado espaçotemporal representado nos spots publicitários (ou anúncios ou cartazes estáticos), assim como a articulação do conjunto do subjetivo e do objetivo que é produzido em seu seio, constitui, como eu disse, um espelho perfeito do funcionamento da própria realidade social contemporânea, até o ponto de o estudo desses anúncios poder ser equiparado ao estudo da física no tocante à estrutura do mundo físico, desde que não nos equivoquemos quanto à metodologia. Sua atividade, ao contrário, conduz a resultados totalmente opostos. Assim, devemos distinguir no âmbito da publicidade, como no de tantos outros meios contemporâneos, duas manifestações espaçotemporais distintas: a que se produz no interior do próprio dispositivo; e a que tem como resultado o funcionamento desse dispositivo no receptor e, a propósito, no imaginário social. Esses tempos e espaços não são completamente separados, mas formam duas polaridades no centro das quais se encontra a figura do consumidor – cujas condições são o resultado da atividade contraposta de tais polaridades: de um lado, a espaçotemporalidade complexa realmente funcional; de outro, a espaçotemporalidade simples (assentada, muitas vezes, sobre a apologia do senso comum) não menos eficazmente funcional, já que rege a estrutura mítica na qual esse sujeito consumidor se movimenta. Não se trata, portanto, de uma contradição entre uma parte real e outra ideológica, como sempre quis a teoria crítica clássica, mas de dois aspectos complementares do real, sustentados sobre o eixo de um sujeito igualmente alienado por ambos em sua ação conjunta.

González Requena (1995, p. 16-7) aponta que o objeto de desejo não é real, mas puramente imaginário, pois, quando é alcançado, sempre produz uma decepção:

> Se o destino do objeto empírico é decepcionar, é porque o desejo não tem, afinal, nada que ver com ele; o desejo é sempre ilusório – e então ilusiona – porque o que realmente desejamos não são objetos empíricos, mas certa coisa que não tem equivalente no real: puras imagens, pode-se dizer, mais apropriadamente do que nunca, imagens imaginárias.

Assim se entende que complexidade e simplicidade se aliem no mecanismo publicitário para produzir mundos ilusórios que não correspondem ao real, que só poderiam ser encontrados em um dos polos livres do outro. Quer dizer, ou compreendendo o mecanismo complexo que sustenta o discurso publicitário ou, de maneira utópica, conseguindo que o desejo deixe de ser ilusório e encarne em um objeto real – algo praticamente impossível, pois essa disparidade entre o imaginário e o real é constantemente fabricada pela máquina complexa do próprio mecanismo que, além disso, o instala na realidade como substituto do objeto real.

Tomemos como exemplo um cartaz publicitário dos anos 1930, quando as longas viagens transatlânticas estavam na ordem do dia e até podiam ser desejáveis, se fossem realizadas em um navio prestigioso como era o "Normandia". O cartaz nos mostra a presença imponente e estilizada de um navio que avança dramaticamente no sentido do primeiro plano e, portanto, em direção a nós, os espectadores da imagem. Nela podemos ver uma amostra da operação substitutiva sobre a qual estávamos falando: o objeto real se transforma até se converter na imagem própria do desejo, capaz de catalisar múltiplos aspectos do real e do imaginário combinados. Parece que as formas reais do objeto foram simplesmente estilizadas para uma expressividade maior, mas as características dessa estilização, na realidade, não provêm do potencial do próprio objeto, mas da carga libidinosa do sujeito que é assim projetada sobre o objeto para transformá-lo em parte do sujeito. Dessa forma, o sujeito sente que o objeto é praticamente seu antes de consegui-lo e essa posse precária, unida ao fato de que parte de si mesmo é exteriorizada em um objeto e portanto sua identidade é vivida como incompleta, o mantém em uma instabilidade contínua que é, ao mesmo tempo, fonte de um desejo ampliado crescentemente. Mas isso também significa, por outro lado, que a imagem publicitária é de complexidade proverbial e que nela se encontra um dos melhores exemplos da forma em nó do espaço objetivo-subjetivo que domina a realidade contemporânea. Lacan, em suas últimas obras, procurou na topologia formas de representação dessa natureza intrincada do real. Por isso, foi duramente criticado, em especial pelos partidários da especialização científica, mas, sem entrar na polêmica, pode-se concordar que suas intuições nos permitem ter um vislumbre da visualidade do mundo em que se assentam muitos meios contemporâneos além da publicidade. A utilidade dessa representação do espaço-tempo complexo está, acredito, fora de questão, já que permite que o fenômeno seja estudado mais claramente. A imagem do navio imponente é, portanto, a imagem ilusória do desejo, enquanto o nó borromeano proposto por Lacan pode ser considerado um exemplo da estrutura real que sustenta esse desejo.

A alegoria como arquitetura do espaço-tempo

Já está claro como se constrói o significado por intermédio das formas clássicas de escrita e, já que esta transferiu sua funcionalidade básica aos demais meios narrativo-temporais, não nos custa compreender o significado do cinema ou dos quadrinhos quando se fundamentam em uma flecha do tempo que, segundo nossas metáforas culturais pessoais, corre indiferente da esquerda para a direita. Mas o que acontece quando essa linearidade se quebra e são propostos cruzamentos pelo hiperespaço, ou seja, através do espaço intratemporal que alimenta as narrativas clássicas?

Edward Hall (1971, p. 99) diz que "a arte oriental muda de ponto de vista e ao mesmo tempo faz que a cena continue, enquanto em boa parte da arte ocidental se faz precisamente o contrário". É verdade, mas deveríamos ter em conta que, na realidade, esse procedimento ocidental, proveniente da estética inaugurada no Renascimento pela qual a cada cena corresponde um único ponto de vista, é um dispositivo destinado a manter as coisas como estão no que diz respeito à percepção do mundo natural e à relação deste com suas representações[36]. A mudança de cena acontece, na verdade, para que nada mude, para que cada cena isolada conserve suas qualidades miméticas. Ao contrário, o que faz a continuidade oriental da cena é deixar clara a eficácia da mudança de ponto de vista, enquanto a mudança que se produz na estética do ocidente, ou seja, a coincidência aristotélica de um tempo, um lugar e um espaço, mascara a possibilidade e muitas vezes a eficácia dos pontos de vista e, portanto, afasta a viabilidade de uma conceitualização do tempo. Não é o caso dos quadrinhos, mescla interessante de estética ocidental e oriental na qual os pontos de vista concretos de cada uma das vinhetas são reunidos em um espaço globalizado no qual entra em crise a unidade clássica, capaz de apoderar-se do significado. Mas como construir esse significado depois da fragmentação, depois da crise da unidade orgânica clássica?

Fredric Jameson (1991, p. 165), ao se referir ao texto modernista relativo a uma instalação do artista Robert Gober, diz que

> a combinação desses objetos [os que compõem a instalação] como uma exibição unificada no âmbito de um espaço museológico desperta certamente antecipações e impulsos representacionais, e em particular emite um imperativo a unificá-los perceptualmente, a inventar uma estética totalizadora dentro da qual esses objetos e elementos díspares possam ser compreendidos – se não como partes de um todo, pelo menos como elementos de algo completo.

Ao pousar sobre os restos da fragmentação moderna, o olhar pós-modernista tende a efetuar reagrupamentos, a buscar um âmbito global que dê conta dos fragmentos; um âmbito que, de qualquer maneira, já não pode ser o original, mas que surge precisamente do encontro dos fragmentos em um espaço de percepção conjunto, criado a partir da fragmentação. Trata-se da formação de um significado alegórico:

> Já que a nova alegoria é mais horizontal do que vertical: apesar de ainda ter de pendurar em seus objetos, uma por uma, as etiquetas conceituais à maneira de *The pilgrim's progress*, o faz com a convicção de que esses objetos (junto com suas etiquetas) são agora profundamente relacionais, e de fato eles mesmos

---

36. Foi Leonardo quem advertiu inicialmente os pintores quanto à necessidade de unificar o ponto de vista com a cena, fazendo-os ver como era absurdo fazer o contrário.

> provêm de sua relação mútua. Quando acrescentamos a isso a mobilidade de tais relações, começamos a atinar que o processo de interpretação alegórica é como um *scanner* que, movendo-se para a frente e para trás no texto, reajusta seus termos em uma modificação constante. (Jameson, 1991, p. 168)

A história em quadrinhos clássica, mesmo tendo um sistema representativo tradicional, nos é assim apresentada como a ponte mais adequada entre a fragmentação modernista e a função alegórica pós-modernista, a qual volta a estar simbolizada por algumas composições dos quadrinhos contemporâneos, já rodeadas de muitas outras manifestações da mesma estética.

Mas os quadrinhos, especialmente os clássicos, cuja estrutura espacial tão certeiramente anunciava as possibilidades da estética pós-moderna ao permitir a afloração visual do tempo, não trazem em si obviamente a culminação do processo. Esta é encontrada, pelo contrário, nas instalações, que, por sua vez, anunciam a estética dos multimeios onde a expressão já deu lugar completamente ao período reflexivo da imagem.

A leitura alegórica é capaz, portanto, de estabelecer novos significados sobre as ruínas dispersas da unidade anterior, por meio dos cruzamentos que põem em evidência a materialidade do cenário; por meio de um espaço que é em si mesmo alegórico, e descobrindo relações espaçotemporais além da linearidade temporal. Essa reestruturação dos elementos dispersos é uma fonte de novos significados que conferem outra vitalidade aos objetos, de cuja inter-relação surge o espaço alegórico. Nessa concepção alegórica encontramos uma nova explicação para a convergência aparentemente perversa de objetos não equiparáveis no âmbito de um mercado tumultuado e não discriminado que vai além das razões econômicas – já que, desse ponto de vista, a equiparação que se produz entre os tênis e Shakespeare não é tanto o arremate de um processo de perda ou degradação do significado, mas o fundamento de novos significados que nos chegam através de um espaço alegórico que constrói retículas como as mencionadas. Pouco a pouco, o que aparece sobre esses intercâmbios e saltos hiperespaciais é a arquitetura do templo do poder multinacional que, por sua condição difusa, carece de representação visível.

Mark Lombardi (1951-2000) teve essa mesma inspiração e quis concretizá-la por meio de uma estética relacional na qual as interações não menos perversas entre poder político e poder econômico em torno de um determinado acontecimento são visualizadas. Suas obras – constelações de nomes implicados em determinados assuntos políticos contemporâneos – nos mostram a forma que tomam as relações subterrâneas nas quais se fundamenta a realidade histórica, mas que nunca saem à superfície. São alegorias que expressam diretamente a fábrica do real, contrapondo-se assim às construções ilusórias do desejo que trazem consigo as representações pictóricas à guisa de acontecimentos históricos, como nos permite comprovar qualquer quadro clássico que nos mostre um momento especialmente importante dentro da trajetória de um país. Espaço alegórico e espaço "real" nos mostram aqui seu verdadeiro alcance.

A nova visibilidade cultural

Eu dizia no início que a nova imagem é uma imagem desmembrada, que expõe à visão ou à imaginação suas diferentes dimensões em vez de ocultá-las como a imagem clássica (o que quer dizer que também podemos estabelecer uma leitura alegórica da imagem clássica para colocar em evidência essa ocultação e desativá-la). Essas dimensões, espaciais, temporais, espaçotemporais, virtuais etc. são encontradas reconsideradas no espaço das instalações. De novo, aparece aqui o fenômeno da visualização do continente: o significante de um significante, como diria Deleuze.

A sala do museu clássico, como a típica sala de exposição ou galeria de arte, é um espaço não significativo, um espaço indiferente. Nele, as obras se encontram despojadas da aura que tinham em seus locais de origem, aos quais tinham estado esteticamente ligadas (Benjamin, 1973), e é precisamente esse despojamento de aura o que representa o espaço inerte do museu que rodeia a obra de arte. No museu, as obras já não estão em seu lugar (a igreja, o paleacio etc.), enquanto na galeria elas ainda não estão em seu lugar (ali onde o comprador as colocará) – todas se encontram, pois, em um limbo espacial que, por sua vez, corresponde a um deslocamento temporal. Não é difícil detectar nessa situação uma alegoria do olhar burguês, imbuído de transparência e simplicidade, um olhar que serviu de fundamento à epistemologia ocidental – da arte à ciência, passando pela política e pela economia – e que resiste a desaparecer, como mostram muitos acontecimentos contemporâneos.

Em uma instalação, os objetos não são dispostos para expor individualmente sua entidade encerrada em si, ou para evocar procedências distantes, mas estão ali para ocupar um lugar determinado pela relação com os outros objetos. Em uma instalação, não se pede ao visitante que pare diante de um quadro e se isole do espaço e do tempo para absorver essa representação concreta, isolada por sua vez do espaço e do tempo; ele é instado a seguir o vínculo estabelecido entre as distintas representações, de maneira que os objetos lhe são apresentados como revelações, como o resultado de uma indagação que culmina, provisoriamente, nesse elemento concreto que está sendo contemplado.

As "obras" – vídeos, pinturas, esculturas, performances, desenhos, representações eletrônicas etc. – são os eixos visíveis de um significado que se transforma constantemente, dependendo do caminho percorrido para alcançá-lo. É por isso que o espaço da instalação não pode ser indiferente, pois se transforma segundo as relações que o visitante estabelece ao percorrê-lo. As obras estão ligadas ao espaço concreto da instalação, e este surge da correlação das obras que "contém", mas também é um espaço que se transforma pela leitura alegórica que o visitante efetua com seu percurso. Essa leitura alegórica, esse percurso pelo espaço formado pela própria instalação, é também uma criação de tempo, de modo que os nexos conceituais que unem os diferentes objetos, as distintas manifestações ou meios, também são nexos temporais.

Como aconteceu antes com os quadrinhos, nos quais a tomada de consciência da efetividade significativa da página em que seu discurso estava inscrito levou à sua utilização estética, as instalações também desenvolveram uma estética específica que visualiza a leitura alegórica e a transforma em plataforma de representação. Para os visitantes de algumas exposições realizadas na cidade de Barcelona nos últimos anos, essa nova disposição não parecerá desconhecida. Para citar apenas alguns exemplos: a instalação sobre Josep Conrad "En el corazón de las tinieblas" [No coração das trevas] (2002), do Palau de la Virreina, de Barcelona, e "La Praga de Kafka" [Praga de Kafka] (1999) do Centre de Cultura Contemporània de Barcelona. Parte dos espaços dedicados a ambas as exposições foi modificado para expressar uma série de experiências que, mais do que físicas, eram conceituais – ou melhor dizendo, para transformar os conceitos em uma experiência física: esses espaços formalizavam então a leitura alegórica. O percurso do visitante se transformava, portanto, em um percurso sobre o próprio significado, através da relação espaçotemporal estabelecida pelas conexões que os diferentes elementos da exposição formavam entre si. Mas não se pode pensar que essa objetivação dos significados constituía um impedimento para a livre interpretação do visitante, já que a possibilidade da leitura alegórica persistia acima do novo espaço que podia ser reinterpretado por ele, só que agora em um nível superior. Isso era possível porque a espacialização dos conceitos não tinha gerado um espaço mimético capaz de deter o impulso alegórico, mas um espaço ligado às forças conceituais e portanto expositivas, um espaço que em muitos sentidos poderíamos denominar de litúrgico[37].

A aparição desse espaço alegórico, sua inclusão no conjunto da mostra, constitui também uma visualização e a inserção correspondente de um tempo alegórico. Em algumas obras contemporâneas de vídeo digital, essas visualizações se fundem para nos dar um espaço-tempo objetivado, como acontece especialmente na obra de Rybczynski ou na de Bill Viola. Algumas obras de Rybczynski, por exemplo "The fourth dimension" (1983), podem ser consideradas uma reatuação da vontade do futurismo de representar o movimento de forma abstrata, só que no caso do videoartista a abstração adquire movimento e se expressa como espaço-tempo visualizado. O uso da imagem desacelerada e distorcida por sua própria duração feita por Rybczynski é o eco pós-moderno da obra de artistas do início do século XX como o escultor Umberto Boccioni, que em "Forme uniche della continuità nello spazio" (1913) nos apresentava cristalizada tridimensionalmente sua vontade de criar uma forma do movimento contínuo: a vontade de Boccioni de fixar o movimento na forma imóvel parece responder a Rybczynski com sua temporalização das formas, com suas verdadeiras imagens-tempo. Viola também joga com o movimento, neste caso

---

37. Para exemplos desse tipo de espaço, veja os filmes de Andrei Tarkovski, especialmente "O espelho" (1974) ou "Nostalgia" (1983). Veja também o trabalho de Inês Castel-Branco "Camins efímers cap a l'etern. Interseccions entre liturgia i art" (2003), "Premi Joan Maragall sobre cristianisme i cultura", onde se diz que "A liturgia é, no fundo, uma 'entrada em cena' do mistério celebrado [...] na liturgia não há espectadores nem público, mas um corpo orgânico no qual todos são agentes de uma obra".

para expressar emoções. A exposição dos gestos adquire, em seus trabalhos da série "Las Pasiones" (2000), uma temporalidade diferente da real visível, torna-se mais lenta e mostra assim todas as facetas temporais de uma emoção: indica que o tempo não é abstrato, como queria Newton, mas está ligado às coisas e às experiências, as quais devem sua forma a uma duração determinada. Nesses trabalhos a duração, o tempo, *de-forma* as formas, evidenciando o fato, invisível aos nossos olhos exceto pela intervenção da técnica, de que as formas são sempre uma conjunção do espaço e do tempo, de que é a duração que as *con-forma*.

Tudo isso nos leva a reconsiderar as diferenças entre a representação mimética do espaço e do tempo e sua representação pós-moderna. Na cultura da expressão, fundamentada no mimetismo e, portanto, na transparência do espaço e do tempo, o autor se comunicava de uma plataforma, de um cenário (afinal, o teatro supôs um modelo mental, um imaginário, muito persistente na cultura ocidental), sem basicamente modificá-lo no que se refere a sua estrutura[38]. Ao contrário, na nova situação (que não é tão nova, já que, como vimos, remonta ao final do século XIX), o "autor" se comunica por intermédio da recomposição desse cenário, de suas coordenadas espaçotemporais. De fato, essa recomposição faz que já não possamos falar de autor, de cenário ou de comunicação no sentido estrito, já que todo o mecanismo muda com a transformação geral. Agora, de qualquer forma, já não se trata de aceitar passivamente uma expressão – artística, científica etc. –, e sim de participar de sua composição, por meio da estruturação alegórica dos resultados: o novo mecanismo nos leva a refletir mais do que a contemplar, mas é uma reflexão em grande medida participativa.

As novas formações hipertextuais e multimidiáticas, das instalações à internet, se fundamentam nessa experiência reflexiva. Isso não quer dizer que todo usuário desses dispositivos se transforme automaticamente em um pensador imbuído de reflexões profundas pelo fato de visitar uma instalação, utilizar um programa de multimídia ou navegar na internet. Não é assim, da mesma forma que o fato de aprender a ler não transformava ninguém em Victor Hugo[39], nem saber escrever garantia o talento necessário para criar *Os miseráveis*.

Muito bem, assim como a invenção da escrita era o germe da existência de uma mente como a de Victor Hugo (1802-1885) e da aparição de *Os miseráveis*, ou seja, da mesma forma que o dispositivo textual constituía a plataforma para um tipo de atuação – do escritor e do leitor – que está na base da experiência literária,

---

38. Quando o cenário teatral se modifica, depois de ser sido fundamentalmente naturalista a partir de meados do século XIX, é a vez das novas percepções do espaço e do tempo, colocadas em prática especialmente a partir do surgimento do cinema: é nesse momento que Craig, Appia etc. decompõem o espaço do cenário e o ajustam às necessidades expressivas.

39. Recordemos que Victor Hugo fez um de seus personagens dizer, apontando um livro diante da catedral de Notre Dame: "Isto acabará com isso". O livro anulará as catedrais, esta era significa o fim da outra. A sentença é mais profunda do que parece e tem muitos níveis de leitura que coincidem com a situação atual.

também os novos meios de *expressão* funcionam de um modo que podemos denominar reflexivo e que, em seu momento, abrirá caminho para formas culturais *reflexivas*, às quais novos nomes terão de ser outorgados. Essas novas experiências são experiências sobre o espaço e o tempo, ou seja, sobre a própria fábrica da realidade: o espaço e o tempo não delimitam um cenário indiferente como antes, mas são o material utilizado pelas novas representações para confeccionar cenários sob medida. É sobre o próprio fundamento do real que *refletimos* ao usar os novos dispositivos, de modo que nada fica abrigado dessa atuação.

O nascimento de uma percepção

Vivemos ainda dos despojos do século XIX, do que ali foi gestado e do que ali começou a ser destruído. A imagem, por exemplo, é, desde o século XIX, uma imagem técnica. Quando as novas tecnologias fabricantes e reprodutoras de imagens – essencialmente a fotografia, mas imediatamente depois as técnicas de impressão – separaram esse processo da mão humana para automatizá-lo (Benjamin, 1973), iniciaram também outro processo menos estudado: separaram as imagens em duas partes, uma física e objetiva; outra, virtual e subjetiva. Ambas providas de visibilidade, mas de uma qualidade visual diferente, já que uma delas supunha uma visão subjetiva, baseada na "noção de que nossa experiência sensual depende menos da natureza de um estímulo externo do que da composição e do funcionamento de nosso aparelho sensorial" (Crary, 1999, p. 12). E mais: essa visão não depende apenas de nosso aparelho sensorial, mas de um aparelho técnico que se coloca entre nossa percepção e uma imagem básica que resulta da modificação da imagem tradicional mimética causada pela introdução da consciência da temporalidade na mesma.

A fenomenologia das imagens-movimento do século XIX é mostrada muito claramente nos brinquedos ópticos que, do taumatrópio ao zootrópio, foram populares ao longo de todo o século. O mais conhecido de todos eles, no qual se sintetiza melhor a técnica básica da reprodução do movimento, é o zootrópio, cuja base é um círculo no qual foi inserida uma série de imagens que são produto da decomposição de um determinado ícone em uma série de momentos. Ao colocar em movimento o círculo, com o uso do equipamento correspondente, aparece uma imagem global móvel, ou seja, são recompostas as unidades, que, ao reaparecer juntas, o fazem providas de uma nova qualidade, o movimento, do qual careciam antes.

A partir daí e até a aparição da imagem digital, no final do século XX, a primazia da primeira imagem, a imagem material fragmentada, se dissolverá paulatinamente em favor da segunda, a imagem virtual. A inclusão do movimento na imagem vai desmaterializando-a até convertê-la em uma imagem-tempo *fantasmagórica*.

Até a invenção do cinematógrafo, a dualidade, porém, subsiste, ainda que cada vez mais internalizada nos aparelhos. Se nos primeiros brinquedos ópticos a imagem básica era tanto ou mais visível do que a segunda imagem ou imagem virtual resultante, no cinema praticamente nenhum espectador vê a primeira imagem, ou seja, as tiras de celuloide que estão enterradas no coração da máquina (ainda que continuem sendo visíveis, pelo menos para o operador). No vídeo, entretanto, as imagens-base desapareceram: não são visíveis para ninguém, já que sobre a fita há apenas estruturas eletromagnéticas invisíveis, rastros analógicos do contato, não da luz, mas desta reconvertida pela técnica da câmera. Mais tarde, com a imagem digital, a distância entre o objeto captado e a imagem resultante aumentará ainda mais, devido a um novo salto pelo qual a luz original acabará sendo transformada em símbolos numéricos.

Mas isso não quer dizer que a imagem-base tenha desaparecido, pois continua fazendo parte do imaginário técnico, como comprova o fato de que o aparelho videográfico ou o infográfico conservam a estrutura funcional, ou seja, os passos (captação-fixação-projeção) antes necessários para criar as imagens em movimento e agora obsoletos. São como um espectro do mecanismo anterior que prevalece sobre os funcionamentos atuais. Como destaca Antoine Picon (2001) em relação ao imaginário técnico:

> Essas representações imaginadas, essas imagens, se quisermos, se distinguem de outros tipos de representação que nascem do uso metafórico da linguagem. Os vínculos que as unem lhes conferem certas condições que vão além do conteúdo visual que veiculam. Mais do que as imagens, é a colocação delas em relação o que produz um significado.

As imagens básicas, cuja forma representacional se modificava pela inserção inanimada do tempo nelas, agora fazem parte de um inconsciente técnico da imagem – são o conteúdo reprimido dessa imagem, ou seja, sua condição técnica, não natural, aquilo que as imagens em movimento pretendem não ser mas são. Até a fotografia, as imagens mantinham contato direto com um estímulo externo, o que podia garantir sua pretensa fidelidade realista, sua objetividade, como tantas vezes se disse. Mas no momento em que a excisão descrita começa essa garantia desaparece e o que temos são, em princípio, imagens cindidas e consequentemente imagens subjetivas (subjetivas a partir da técnica aliada a nosso aparelho sensorial). A introdução, portanto, de um simulacro de tempo natural nas imagens, através do movimento, cria um novo tipo de imagens que, entre outras coisas, se mostram capazes de objetivar nossas experiências subjetivas de espaço e tempo.

Ao longo do século XIX, as imagens jogam, porém, com a dualidade por meio da qual simultaneamente se expõe o tempo, assimilado ao movimento, e a desconstrução desse tempo-movimento, que pode chegar a fundamentar um novo tipo de representações, válidas em si, como se pode ver nas séries feitas por Muybridge e publicadas como estudos sobre o movimento dos corpos ou as imagens de Marey (1994), das quais já falamos. Essas modificações que a representação experimenta são, de certa forma, herdeiras de antigos procedimentos de representação do tempo na imagem fixa, especialmente na tradição da pintura a óleo, que em seu momento de apogeu se referiu sempre a um tempo ideal encapsulado na imagem perfeita (por exemplo, de um retrato ou paisagem), mas que antes desse realismo tinha procurado incluir na mesma imagem os diferentes momentos de um conjunto temporal, quase sempre de tipo simbólico, como dizíamos antes.

Pensemos em um quadro como "Alegoria do tempo governado pela prudência", de Ticiano (1476-1576), no qual são representadas diferentes fases da vida do homem, da juventude à velhice, mostrando as mudanças experimentadas no rosto do personagem: um conjunto de três rostos no qual o presente ocupa o lugar central. Essa série é comparada a várias figuras, colocadas embaixo dos rostos, que representam um lobo, um leão e um cachorro. O que se procura no quadro não é representar o movimento ou estabelecer uma base técnica para sua reprodução, mas representar a História, ou seja, alegorizar o movimento temporal no qual se encontram submersas todas as vivências humanas, através de uma representação espacial que em sua disposição nos informa até, sem que o próprio pintor o quisesse expressamente, do imaginário temporal no qual este se encontra submerso e organiza o tempo como uma sucessão linear de momentos.

As imagens fragmentárias do século XIX, tão numerosas, preparavam a chegada do período industrial das histórias em quadrinhos, com as quais guardam semelhanças estruturais. Mas não podemos nos esquecer de que, perto do final do século, se produz, por meio de movimentos pictóricos como os pré-rafaelitas e os simbolistas, uma recuperação da técnica dos denominados polípticos, ou seja, quadros compostos por várias imagens, característicos do Gótico e mais tarde do Barroco. Nos polípticos, o tempo é exposto de forma parecida à dos quadrinhos, com a exibição de diversos momentos da história concatenados. A diferença em relação à história em quadrinhos é, no entanto, que nos polípticos esses movimentos não se encontram temporalmente tão próximos uns dos outros como estão as vinhetas, mas formam elipses muito mais amplas ou representam abstrações de determinada história – mostrada por momentos distintos não ligados por uma duração, mas precisamente pela ideia abstrata de *história*. De qualquer forma, esses conjuntos constituem uma maneira de representar o tempo, análoga à que sustentavam em seu momento histórico genuíno, durante o Gótico ou o Barroco, e também propõem uma leitura temporal moderna por assimilação dessa nova estética: o espectador do quadro relaciona alegoricamente os fragmentos, e nessa relação há um conteúdo temporal.

Duchamp e os futuristas desenvolvem outro tipo de exposição do movimento, uma vez que o cinema assimilou a fenomenologia deste em suas imagens-tempo. Em seu célebre "Nu descendo uma escada" (1912), que já mencionei, Duchamp propõe uma combinação de imagem fixa e representação do movimento, uma síntese que dá lugar a uma imagem híbrida, na qual aparecem unidas as duas visualidades que a técnica tinha separado anteriormente de maneira abstrata. Vista de outra maneira, podemos considerar que nessa imagem, como nas análogas de Balla, Carrá etc., reaparece na superfície o que o cinema tinha ocultado, de forma intencionalmente definitiva: a condição fragmentária da imagem-movimento.

A revolução perceptiva que se produz ao longo do século XIX acabará sendo moldada nas rupturas vanguardistas mais do que nos meios de massa[40], se excetuarmos a publicidade, que de fato mantém muitas analogias com formas de vanguarda como as fotomontagens, nas quais o proverbial conjunto pictórico formado por um espaço homogêneo e um tempo ideal se transforma em sínteses presididas pela tensão de um espaço e tempo deslocados.

Essa nova percepção não só se transmitirá através das formas visuais, mas o romance também mostrará transformações equivalentes e explorará possibilidades que, no princípio, terão apenas um caráter expressivo. De Joyce e Proust a Dos Passos de *Manhattan transfer* (1925) ou ao Huxley de *Point counterpoint* (1928), para citar as primeiras rupturas mais populares, os narradores deixam de perceber a realidade de forma homogênea, principalmente porque desapareceu a possibilidade de um eixo unificador – o tempo – que aglutine todos os espaços possíveis em um único fluir indiferente. Esses primeiros sintomas acabarão desembocando nas formas hipertextuais do final do século passado, depois de passar por todo tipo de experimentos, sobretudo durante os anos 1960: esses hipertextos, ao lado das estruturas multimidiáticas nas quais texto e imagem se combinam, já serão plenamente reflexivos.

O videoclipe e o próprio uso com o controle remoto (*zapping*) de uma televisão superdimensionada pela proliferação de canais mergulharão na fragmentação perceptiva, para a qual também contribuirá a nova estética dos videogames. Mas erraríamos se víssemos essas manifestações tão somente como uma continuação da típica fragmentação modernista, porque isso quereria dizer que não levamos em conta as experiências temporais que elas comportam e que já são pós-modernas. A dissolução do tempo clássico abre a possibilidade de um olhar alegórico que renova o significado dos fragmentos e introduz uma nova temporalidade. É um fenômeno que se coloca em evidência no modo de trabalhar de determinados artistas como David Hockney – que, além de pintar, experimenta colagens fotográficas. Para produzi-las, decompõe o sujeito em diferentes tomadas parciais que logo reúne de forma que recomponham a figura, mas deixando à vista as fissuras que o próprio procedimento produz. O seguinte fragmento de uma de suas entrevistas evidencia o surgimento dessa nova sensibilidade espaçotemporal:

> *Entrevistador*: Ocorre-me que o elemento que o senhor diz que falta à fotografia é o tempo. Mas inclusive quando se reúnem várias imagens, se injeta...

---

40. De qualquer forma, é preciso ter em conta que tanto Benjamin como Krakauer (1889-1966) consideravam que os meios de massa (especialmente os espetáculos cinematográficos combinados com o teatro de variedades) transmitiam uma visão fragmentada e rítmica da realidade que coincidia com a que era típica da vida nas grandes cidades e, portanto, permitia uma tomada de consciência da realidade.

Hockney: Tempo. É isso; dei-me conta disso muito rapidamente. Parece que essas imagens acrescentaram uma nova dimensão à fotografia. Gostaria de acrescentar tempo à fotografia de uma forma mais evidente que o fato de minha mão pressionar o disparador, e aí estava, poderia ser feito. (Hockney, 1998, p. 18)

Os diversos espaços que a fragmentação fotográfica do real produziu, ao serem novamente reunidos, geram, portanto, uma dimensão temporal, mas esse fator tempo é diferente do tempo anterior à fragmentação – o tempo existencial da figura. Em princípio porque foi visualizado a partir dos fragmentos, dos interstícios que aparecem entre as imagens quando elas se inter-relacionam, e em seguida porque é tempo materializado, um tempo particular de cada fragmento que se expande sobre a composição ao colocá-lo em contato com os demais fragmentos. A soma total do tempo dos fragmentos poderia ser considerada equivalente à duração do ato fotográfico, das diversas tomadas que o compõem, mas não é de todo assim, pois falta o tempo dos intervalos não registrados em foto alguma. Além disso essa temporalidade não é sucessiva como a outra, mas plástica.

Essa nova temporalidade se constitui em plataforma de uma dramaturgia renovada, como vemos em alguns efeitos especiais cinematográficos. Os efeitos de "tempo congelado" (planos circulares ao redor de uma figura "suspensa no tempo") ou "tempo gelatina" (a redução extrema da velocidade de uma ação naturalmente imediata como o disparo de uma bala)[41] que aparecem em filmes como "Matrix" (1999, 2003) são um bom exemplo dessa materialização do tempo[42]. Essas formas aparecem também em videoclipes e videogames.

O sonho da tecnologia

Hoje, praticamente todas as representações são técnicas. Trata-se de um fenômeno cujo alcance mal percebemos e, apesar disso, pressupõe uma mudança transcendente em nossa maneira de conhecer o mundo. Se a realidade é formada pela articulação das coordenadas de espaço e tempo que temos estudado, as imagens técnicas modificam sua concepção, em diferentes graus, segundo a proveniência dessas imagens. Por exemplo, a reprodução de um quadro sobre papel não é a mesma coisa que fazê-lo sobre um suporte videográfico ou digital, ainda que em todos os casos

---

41. Representações do tempo também denominadas em conjunto "tempo da bala" (*bullet time*).
42. Ao longo deste texto não discuti a fundo, por questões de espaço e porque é mais conhecida, a fenomenologia cinematográfica por sua função crucial no desenvolvimento das formas espaçotemporais, mas isso não quer dizer que não reconheça sua importância como embrião de outras transformações realmente apontadas. Pode-se recorrer aos estudos de Deleuze (1984, 1987) para remediar essa falha.

nossa percepção da imagem e de sua relação com a realidade varie em relação às propostas da obra original. Em contrapartida, o cinema, com a inclusão dramática do fator temporal em sua fatura e a consequente modificação do outro vetor, o do espaço, através da montagem, supôs, em seu momento, uma mudança muito radical dessas concepções e inaugurou uma nova era, relativa à mescla dos dois parâmetros: a era do espaço-tempo que determinaria as representações da realidade até nossos dias.

McLuhan nos instou a supor que as modernas tecnologias não faziam mais do que estender o potencial de nossos sentidos, de modo que a cada novo instrumento nos afastávamos mais de nós mesmos, de nosso corpo e de nossa subjetividade, em direção a um mundo que, dessa forma, compreendíamos cada vez melhor. Mas isso é apenas parte da história e talvez a menos importante, porque nos diz pouco sobre a tecnologia e sua relação com o real e com o sujeito.

O certo é que, desde final do século XIX, a técnica vai, pelo contrário, ao encontro do sujeito com a finalidade de amoldá-lo a determinada concepção do mundo. Trata-se, mais do que uma questão de poder (que também participa do fenômeno como efeito colateral), de uma disposição própria da mesma tecnologia que aponta a existência de uma mudança de paradigma. O cinema pode ser considerado o símbolo dessas transformações, enquanto a fotografia, cuja aparição marca a fronteira entre ambos os arranjos, constitui uma técnica de transição. Vilém Flusser disparou em seu livro *Una filosofia de la fotografia*, publicado em 1983 (2001), uma série de intuições geniais sobre essa questão crucial. Ele nos adverte que os instrumentos técnicos são a modelagem das ideias científicas, as quais provêm, por sua vez, de determinadas abordagens teóricas. Portanto, o que o funcionamento dos dispositivos faz primordialmente é colocar em prática o imaginário no qual se assentam essas ideias, de modo que, ao utilizar um instrumento, não nos comunicamos diretamente com o mundo como totalidade homogênea, mas apenas com aquela faceta dele que o imaginário do qual o dispositivo surgiu controla; na verdade, a ação tecnológica supõe uma primeira materialização desse imaginário, a materialização de uma possibilidade entre as tantas que o sociocosmos permite. Em resumo, a técnica não é transparente e, mais do que prolongar nossos sentidos, amolda-os à cena conceitual e cognitiva por meio da qual seu funcionamento se desenvolve.

Canguilhem enfrentaria essa abordagem ao afirmar que "as ciências aparecem sempre em um quadro no qual preexiste uma transformação das técnicas. Dessa forma, o sábio só interviria para explicitar, purificar ou precisar um saber de origem empírica"[43]. Essas duas perspectivas, a de Flusser e a de Canguilhem, nos colocam diante de uma aporia muito característica na qual se cai com facilidade quando se trata de questões genealógicas. Como não existe um ponto de partida verdadeiro do nascimento da técnica e da reflexão sobre o mundo (a ciência como tal pode ser mais

---

43. Comentado por Elisabeth Roudinesco (2005).

facilmente datada), não podemos dizer exatamente, em cada caso, o que aconteceu primeiro, se a tecnologia ou a reflexão.

É verdade que, se observarmos a era pré-científica, a técnica, mais desenvolvida e precisa do que as atividades reflexivas em torno do mundo material, esta abria sempre um campo de possibilidades ao qual a reflexão teórica logo dava as boas--vindas. Mas pode ser que Canguilhem extrapole em sua argumentação ao aplicá-la também ao âmbito científico moderno, aquele do qual Flusser fala ao se referir principalmente à fotografia. Se nos ativermos a ela, e a utilizarmos como exemplo do que acontecerá mais tarde, veremos que a técnica fotográfica concreta apareceu depois de séculos de reflexão em torno de determinadas ideias sobre a luz, a fisiologia do olho, a óptica etc., tudo isso em um âmbito filosófico mais amplo, dominado por famílias de metáforas que tinham como eixo central o modelo da câmara escura.

Não se pode negar que, uma vez desenvolvida, a técnica promove a aparição de uma série de novos problemas dos quais a ciência deve se encarregar, mas o paradigma no qual o conjunto se move não cria essa técnica, e sim o conjunto de teorias e hipóteses que sustentam o mundo possível no qual aquela aparecerá em forma de instrumentos, entre outras coisas, para verificar os parâmetros desse mundo com sua atuação prática. De fato, a distinção clássica entre os conceitos de *técnica* (pré-científica) e *tecnologia* (produto de uma ciência funcional) situa o enfrentamento em suas verdadeiras dimensões: as próprias técnicas primitivas estabeleciam marcos conceituais que podiam ser desenvolvidos filosoficamente, enquanto as modernas tecnologias são claramente o produto de ciências plenamente fundamentadas do ponto de vista teórico. Nesse sentido, poderíamos considerar que determinada tecnologia é como um conjunto de experimentos, consolidados em cada um dos dispositivos que surgem dela e cuja estrutura funcional constitui a materialização das hipóteses que formavam o marco teórico no qual essa tecnologia apareceu.

Uma vez que a relação entre teoria e prática é, de qualquer maneira, dialética, sobretudo em curto prazo, podemos considerar que tanto Flusser quanto Canguilhem têm razão, se não tentarmos transformar suas posturas em categorias absolutas. Mas, de toda forma, há algo de que damos pela falta nessa equação: o fator subjetivo que diz respeito ao usuário. Se não podemos negar que o saber prático dos equipamentos é determinado por uma série de saberes teóricos, sobretudo na era das máquinas complexas que tem início com a fotografia, tampouco podemos esquecer a vontade demonstrada pelo usuário de agir no mundo ao utilizar algum instrumento. Por conseguinte, quando nos valemos da técnica, impomos a ela, dentro do possível, uma atuação que é particularmente nossa. Pareceria, portanto, que o ser humano, como usuário, encontra-se com a tecnologia na metade do caminho: de um lado está sua vontade de usar o instrumento para um fim determinado; de outro, a condição apriorística desse instrumento com seus fins particulares que nem sempre coincidem com os do usuário. Logo, essa tensão entre duas forças – uma, a nossa, aberta e desejosa; outra, a tecnologia, fechada e sistemática – não produz uma situação tão equilibrada como parece, já que os dispositivos técnicos nos recebem com uma série de requisitos que não só canalizam nossa vontade e acabam adaptando-a a seus fins, mas também são condição *sine qua non* para o funcionamento destes. Esses requisitos nos são impostos por uma natureza tripla. De um lado, uma vez que os parâmetros dos utensílios são previamente adaptados às necessidades dos sentidos e do corpo com o qual vão se encontrar (essa função é chamada de ergonômica, mas o fenômeno ao qual me refiro tem ramificações maiores e é muito mais sutil), nossa coincidência com eles não causa estranheza, mas reconhecimento: como ocorria a McLuhan, nossa primeira impressão é que esses equipamentos foram feitos para nós e, portanto, são realmente parte de nós, extensões de nossos sentidos. Além de considerarmos que pertencem a cada um de nós individualmente, não compreendemos imediatamente sua condição de dispositivos sociais.

Um exemplo muito claro seria o telefone móvel, do qual tomamos posse com tanta rapidez precisamente porque sua chegada nos pareceu completamente natural, como se fosse uma destilação lógica de nosso corpo e de nossas necessidades vitais. Não atinamos que, do ponto de vista social, o que de fato acontece no momento de adquirir um celular é que ingressamos na esfera dessa tecnologia como peça integrante dela, além de também nos integrarmos ao âmbito econômico de determinada empresa de comunicação. Por outro lado, o pacto que supostamente estabelecemos com um dispositivo tecnológico não só significa que aceitamos a oferta amistosa de seu design (*user friendly*) como que nos comprometemos a nos adaptar a ele com base em uma série de aprendizados que, pouco a pouco, farão que passemos de simples usuários do dispositivo a seus servidores. Em nossa relação com os equipamentos mais automatizados da atualidade acabamos sendo um módulo a mais deles, necessário para que possam cumprir suas funções.

Pensemos, por exemplo, na relação que um usuário não especializado pode ter com sua câmera digital completamente automatizada: a única coisa que separa esse usuário de ser um simples servidor da câmera, que é quem realmente decide os parâmetros da foto a ser tirada, é o fato de que ainda pode determinar o enquadramento, apesar de não sabermos até quando, já que a automatização e a padronização estão aumentando diante do entusiasmo geral dos consumidores. Essa simbiose progressiva entre os usuários e os artefatos tecnológicos, que faz de cada um de nós um protótipo de *cyborg*, significa que nos instalamos no imaginário da máquina e operamos, daí em diante, por meio de normativas desse imaginário: vemos o mundo tal como os equipamentos, desenvolvidos em consequência de diversas hipóteses tecnocientíficas, determinam que se tem de ver. Então o representamos segundo esses parâmetros aprendidos por meio da tecnologia correspondente.

O problema se torna ainda mais escandaloso no campo artístico, especialmente no âmbito das novas artes digitais e eletrônicas. A pergunta que os teóricos dessa área se fazem é até onde o artista deve penetrar no coração da máquina, no que em princípio, como afirma Flusser, é uma caixa-preta de cujo interior o artista nada sabe. Deve adquirir os conhecimentos suficientes de informática ou de engenharia para dominar o meio em vez de ser dominado por ele? Pode considerar que seu trabalho é verdadeiramente artístico, ou seja, criativo e original, se o que faz se desenvolve em um cenário dado pela tecnologia e por certos parâmetros estabelecidos pelo *software* e o *hardware* correspondentes? São perguntas que indicam até que ponto as relações do artista com a tecnologia mudaram durante o último século, mas suas respostas se relacionam, de fato, com todos os âmbitos sociais nos quais esta tem um papel preponderante. Pensemos simplesmente no que as atuais cores industriais representam em relação à palheta anterior a esse processo de fabricação artificial, ou no fato de que as emulsões fotográficas e, sobretudo, cinematográficas estabelecem uma gama de tonalidades industrialmente predeterminadas que antecede a própria concepção do real de fotógrafos ou cineastas.

Propor, como solução para esse dilema, que o artista adquira um conhecimento profundo dos instrumentos que utiliza para desenvolver seu trabalho constitui, hoje em dia, uma saída falsa, porque transforma, queira-se ou não, o artista em engenheiro. Pode ser que, ao chegar ao fundo do dispositivo, o artista que tenha se proposto a dominar o meio consiga remontar de novo à superfície para expressar nela o domínio tecnológico que adquiriu, mas o lastro que o controle desses parâmetros traz consigo pesará sobre seu trabalho como uma lápide, já que constitui uma tarefa pormenorizada demais para que seja possível livrar-se dela uma vez que se tenha interiorizado. Não digo que não se possa realizar um trabalho expressivo, mas será uma expressão da tecnologia correspondente, em vez de uma expressão feita com base nessa tecnologia.

Nunca é possível, além disso, ser um especialista completo em determinada matéria, a menos que a pessoa se dedique plenamente a isso: por exemplo, um diretor de fotografia conhece a fundo os tipos de emulsão que utiliza e sabe a gama de suas possibilidades, mas, mesmo assim, não faz seu trabalho no mesmo nível do engenheiro que, ao lado de outros técnicos, toma as decisões necessárias para a criação desse material. Introduzir-se nesse âmbito a fundo suporia mudar de tecnologia, deixar a fotografia pela engenharia. Voltar se torna então complicado.

Essa situação é própria da área das tecnologias, que na maior parte das vezes são formadas, contrariamente às simples técnicas, pela confluência de um conjunto de saberes distintos. Anteriormente, a técnica relativa a cada meio artístico era própria dele, tinha sido criada com base na esfera específica para resolver os problemas que nela se propunham. Mas esse não é o caso atual, no qual os instrumentos utilizados por alguns artistas contemporâneos surgem de outros territórios e, geralmente, quem os criou não tem relação alguma com a atividade artística. Também é verdade que da experimentação artística saem soluções que logo são aplicadas à própria tecnologia. Mas esses circuitos, em princípio, são alheios à arte em si, e os artistas sempre se encontram em situação de dependência em relação aos engenheiros – que são os que cartografam de alguma maneira o território.

Lembremos que a opção de voltar-se para um dispositivo técnico para modificar sua conduta foi eleita pelos artistas de vídeo inicialmente quando tiveram de enfrentar, pela primeira vez na história da arte, uma tecnologia que resistia a permanecer em segundo plano[44]. O caso mais emblemático é o de Nam June Paik (1932-2006), que começou seu trabalho pioneiro penetrando no coração dos equipamentos, em seu caso os relativos à tecnologia do vídeo, para desarticular suas operações tradicionais. Sua finalidade era obrigá-los a produzir resultados diversos daqueles para os quais tinham sido criados, como nas obras apresentadas na mostra de 1963, "Exposition of Music-Electronic Television", na qual utilizou ímãs para alterar as imagens de uma série de monitores de televisão. Certamente, com isso, criou imagens inéditas, mas muito menos relevantes do que as que produziram em seguida os artistas que decidiram utilizar a tecnologia mais como meio com o qual expressar ideias do que como plataforma para produzir abstrações. O próprio Paik encontrou, posteriormente, um caminho mais frutífero na utilização alegórica da técnica, na qual esta, em vez de ser utilizada como instrumento, aparecia como monumento: compunha esculturas com monitores de televisão. No primeiro caso, quando se tratava de ir contra a técnica, acabava-se prisioneiro dela, já que, por mais que as imagens produzidas fossem contrárias ao protótipo industrial, a verdade é que eram pouco mais do que produtos técnicos. Ao contrário, a opção dos artistas que se limitam a usar os instrumentos sem pretender dominar seu funcionamento básico resulta, ainda que pareça paradoxal, numa liberdade maior em relação ao dispositivo – embora as imagens continuem pertencendo ao imaginário de determinada tecnologia, são propostas operações que estão acima do puramente técnico.

De qualquer maneira, nem a decisão de trabalhar no coração da máquina – típica do imaginário modernista – nem a de se esquecer da engenharia e trabalhar dentro dos limites operacionais que o dispositivo propõe – uma opção que poderia ser considerada clássica ou pós-clássica – resolvem todos os problemas trazidos pela mediação tecnológica na atualidade. Entre outras coisas, porque por mais penetrante que seja o saber sobre os dispositivos que compõem determinada tecnologia, isso não garante o conhecimento profundo de suas implicações metafísicas (Daston, 2000), implicações que a opção contrária, em princípio, tampouco se propõe a conhecer – ainda que não deixe de ser correto que quem trabalha com as ideias está mais capacitado a conceitualizar as contradições do meio do que quem simplesmente trabalha com a técnica em si[45].

---

44. O cinema nunca opôs esse tipo de resistência. Desde o início, e exceto no caso de alguns vanguardistas, apresentou-se como um meio em que o tecnológico e o conceitual estavam, ainda que ilusoriamente, separados.

45. Notemos que, nesse território da tecnologia, o conceito de metafísica se transforma em algo verificável, pois não é possível negar que a física dos equipamentos é envolvida por um conjunto de ideias que acompanharam sua concepção e seu desenvolvimento. É algo fácil de comprovar em qualquer laboratório científico, onde os instrumentos foram criados para funções muito específicas que estão ligadas às hipóteses de trabalho que regem seu funcionamento e sua finalidade. O mesmo acontece com os dispositivos utilizados fora dos laboratórios, ainda que a ausência material destes faça parecer que não existe envoltório algum semelhante ao redor de determinado instrumento, quando na realidade o "laboratório" e sua metafísica estão sempre presentes em seu interior.

Na atualidade existe uma tendência que, partindo de uma unificação conceitual e operacional da arte, da tecnologia e da ciência, pretende resolver esses conflitos, ainda que de forma eminentemente prática. Essa tendência se concentra principalmente nos denominados Media Lab (*Media Laboratory*), onde engenheiros e artistas trabalham de forma conjunta. Um exemplo desse sistema de trabalho pode ser encontrado no processo de produção da revista *Leonardo*, editada pelo MIT, o qual possui, por sua vez, um dos Media Lab mais importantes do mundo. No que diz respeito à Espanha, é no âmbito do Fecyt (Fundación Española de Ciencia y Tecnología) que atualmente se trabalha em torno da citada confluência.

Os Media Lab ocupam um lugar estratégico no âmbito da tecnologia industrial da atualidade, já que servem de ponte entre o complexo militar-industrial – que, ao longo das últimas décadas, desenvolveu uma série de novas tecnologias cujo alcance acabou superando o uso militar inicial – e a indústria geral do consumo. Nos Media Lab, essas inovações são recolhidas por artistas que, ao utilizá-las criativamente, descobrem todas as suas possibilidades e acabam criando aplicações passíveis de comercialização. Nesse caso, a arte serve de campo de provas, de espaço criativo capaz de limar as asperezas dos produtos tecnomilitares e colocá-los à disposição da indústria.

Se for verdade que esse funcionamento poderia ser lido como uma alegoria da própria situação da arte ou do design contemporâneos, cuja despolitização os transformaria em simples embelezadores das contradições sociais, quando não em mascaradores diretos de realidades eticamente reprováveis, nem por isso é possível menosprezar sua transcendência em muitos outros sentidos. É sinal dos tempos o fato de não podermos nos livrar dessas contradições tão facilmente[46]. Mas não é possível rechaçar a atividade dos Media Lab apenas por sua situação estratégica, como teria sido disparatado menosprezar as técnicas de realidade virtual ou internet pelo fato de serem produtos da indústria da guerra. Essa condição simbiótica que reúne diferentes esferas sociais, algumas delas pouco recomendáveis ideologicamente, é, como digo, uma condição do mundo atual, dificilmente evitável sem cair em reducionismos. Afinal, os mesmos conglomerados industriais, as corporações multinacionais, abrangem aspectos muito diversos e, às vezes, insuspeitos para os não especialistas, de modo que cada um dos objetos que nos acompanha em nossa vida, do automóvel ao livro, dos sapatos à comida, pode estar contaminado por uma prática moral ou politicamente reprovável de um setor do conglomerado.

É óbvio que, diante desse panorama delicado, faz-se necessário encontrar ferramentas críticas e políticas distintas das que temos utilizado até agora, já que continuar com os métodos antagônicos tradicionais não conduz a lugar algum porque estes carecem da sutileza que a nova realidade demanda. Mas o mais importante é

---

46. Na verdade, os artistas historicamente estiveram sempre nessa situação em relação ao poder. A novidade agora pode consistir no fato de sermos conscientes da gravidade dessas contradições, sem que por isso vejamos a maneira de resolvê-las.

tomar consciência de que essas novas ferramentas só podem surgir da compreensão profunda da nova situação e do aproveitamento positivo de suas possibilidades. Dito isso, é preciso acrescentar que os Media Lab e instituições similares não apenas constituem um poderoso dispositivo através do qual a ciência e a arte contemporâneas se alimentam mutuamente, mas também são, em princípio, um símbolo da condição híbrida do saber contemporâneo. É um fenômeno, portanto, a ser considerado, pois representa uma das fronteiras através das quais esse saber avança com maior energia.

Mas também é verdade que, em geral, algo fica fora dos Media Lab que os impede de ser a verdadeira oficina da arte contemporânea em sua relação com a ciência e a técnica. Ainda aceitando as premissas nas quais se baseia sua existência, fica óbvio, ao ler muitas das contribuições que os integrantes desses laboratórios publicam em revistas como Leonardo ou nas próprias páginas web dos Media Lab, que seus trabalhos se posicionam quase sempre em algum ponto de uma linha que vai do tecnológico ao criativo, mas sempre de maneira que a proximidade a um deles significa o afastamento equivalente do outro. É muito difícil encontrar uma proposta que suponha uma verdadeira simbiose de ambos os extremos e que, assim como as coisas estão, ou seja, com a atual hegemonia tecnológica, só seria efetiva se surgisse uma proposição radicalmente diferente: ou seja, se um meio artístico conseguisse traçar os parâmetros de um imaginário ao qual a tecnologia fosse o que tivesse de se adaptar e não o contrário, como acontece atualmente. Novamente temos de levar em conta os perigos da generalização, já que é muito possível que existam práticas em determinados Media Lab nas quais essa situação se produza, mas essa não parece ser a tendência habitual. Além disso, exatamente porque os Media Lab são um produto da constelação tecnológica e não da arte; exatamente porque são lugares em que a performatividade tende a prevalecer, por razões óbvias, sobre o reflexivo e o crítico, podemos afirmar que sua condição, ainda sendo muito positiva e sobretudo sintomática, de longe não é a ideal, pois não consegue responder à totalidade dos problemas atuais.

Para além dessas disputas, a verdade é que nos vemos imersos em uma determinada ecologia na qual o humano e o técnico se hibridizam profundamente, como podemos constatar, dia após dia, em um panorama social no qual se confundem desde as próteses corporais, de longa tradição, aos *chips* cerebrais de fornada mais recente, para não citar a crescente importância da engenharia genética. De qualquer forma, essa confluência material, cujas consequências Donna Haraway já explorou em seu famoso *Manifesto cyborg*, publicado em 1984 (1995), não marca o limite do fenômeno, pois, além disso, temos uma série de hibridações sociais, conceituais e até psicológicas que é preciso considerar. Tudo isso nos obriga a abordar o problema das formas tecnológicas atuais de uma perspectiva ontológica. A tecnociência está criando uma segunda natureza, cuja existência faz que varie a imensa maioria dos parâmetros que estávamos acostumados a utilizar em situações anteriores:

> O que acontece quando as formas de vida se transformam em tecnológicas? Nas formas tecnológicas de vida compreendemos o mundo por meio de sistemas

tecnológicos. Como criadores de sentido, agimos menos como *cyborgs* e mais como interfaces de humanos e máquinas; conjunções de sistemas orgânicos e tecnológicos. (Lash, 2005, p. 42)

O futuro é a interface

Com base no ponto de vista traçado, nos vemos obrigados não a estudar os antagonismos entre tecnologia e humanismo, mas a nos aprofundar na nova condição que, se no que concerne ao corpo humano abre caminho para o *cyborg* de Haraway, também está produzindo transformações importantes na estrutura social, como a chegada da internet e sua rápida implementação nos confirmam. Isso nos leva a detectar a aparição de um novo modelo mental que reúne o funcionamento das relações entre técnica, indivíduo e sociedade, e, por sua vez, produz uma plataforma na qual essas interações se desenvolvem de maneira mais análoga às novas realidades.

Essa plataforma é o que denominamos interface. Até agora se vem chamando de interface, no âmbito do computador, todos aqueles periféricos que, como o *mouse* ou o teclado, facilitam as relações com a máquina. Mas é necessário ampliar o conceito para afastá-lo desse âmbito técnico-funcional, apesar das evidentes relações que mantém com este. A verdade é que, diante da necessidade de desenvolver as interfaces, manifestaram-se duas posturas antagônicas que reproduzem um enfrentamento quase ancestral. De um lado estão os partidários de um funcionamento transparente do dispositivo, que advogam seu tratamento da perspectiva do *design* e da engenharia, para produzir interfaces o mais sensíveis possível que facilitem seu uso prático (Raskin, 2000). Seu lema, de clareza meridiana, não deixa dúvidas: "a melhor interface é a que não se vê". Em contrapartida, existem os que acreditam na transcendência dos atos técnicos, sociais e estéticos, aos quais atribuem um papel simbólico e, portanto, consideram capazes da criação de imaginários (Coyne, 1997): a melhor interface, para essa segunda linha de pensamento, envolve ampliar a visibilidade, já que se baseia na colocação crescente de seu funcionamento em imagens para um controle racional e profundo da própria interface. A primeira opção não tem escapatória, já que nos leva diretamente, como mencionei, ao território da engenharia e ao *design* utilitário, e não oferece nenhuma possibilidade de trabalhar seu significado epistemológico ou social, já que, em princípio, nega que exista algo além da pura funcionalidade. É a segunda que verdadeiramente sustenta o estudo e a discussão das relações complexas da tecnologia com o indivíduo e a sociedade, e a que nos interessa porque conduz à compreensão da interface como modelo mental.

O conceito de interface, além da simples relação entre máquina e usuário, tem um alcance transcendente para se compreender a nova situação híbrida produzida na natureza sociotécnica em que nos encontramos. Anteriormente, em outros momentos de nossa evolução cultural, os modelos mentais (Rorty, 1995; Johnson-Laird, 2000) foram construídos também com dispositivos que canalizavam as diferentes tensões do imaginário contemporâneo. O modelo mental mais conhecido é o da *câmara escura*, que nos acompanhou, com seus feixes de metáforas (Draaisma, 1998), desde o Renascimento até as fronteiras da era atual, ou seja, até a modernidade cinematográfica e essa técnica de transição que é a realidade virtual[47].

Mas anteriormente houve o próprio dispositivo teatral, assim como o criaram os gregos, o qual organizou a vida imaginária dessa sociedade quando começou a sistematizar a partir do caos anterior. Ainda que Nietzsche (1990, p. 40), que se interessou pelo nascimento da tragédia, considere que as tendências dionisíaca e apolínea convivam na obra de arte, a verdade é que essa combinação não chega a acontecer efetivamente até que apareça uma estrutura que disponha as regras de tal dialética. No caso da Grécia clássica, essa estrutura foi a teatral, que separa o aspecto da realidade do da ficção, o do espectador e o do drama, surge da organização das festividades dionisíacas anteriores, onde tudo estava mesclado, sem uma verdadeira canalização estética. A aparição do espaço teatral, com sua separação entre a cena e a área dos espectadores, dá margem a essa estrutura, de modo que a dialética entre o apolíneo e o dionisíaco se organiza de maneira efetiva, por meio dos dispositivos dramatúrgicos que Aristóteles estabeleceu em sua poética.

A interface, portanto, não deve ser considerada apenas da perspectiva de um determinado dispositivo que relaciona o usuário com a máquina, especialmente com o computador; sua fenomenologia deve ser encarada de um enfoque mais amplo, já que nela confluem todas as tensões que antes mencionei entre a técnica, o social e o individual. Os problemas básicos da interface devem ser resolvidos tecnicamente, como querem os partidários da funcionalidade dos dispositivos, mas essa resolução tem de ser efetuada no espaço de certos parâmetros que não são puramente técnicos e de forma aberta, para que o diálogo com a máquina não seja constantemente constrito pelos limites paradigmáticos que ela imponha[48]. Consequentemente, quando falamos de interface não nos referimos apenas a um instrumento técnico, mas também, de forma mais ampla, às possibilidades de diálogo entre o usuário e a máquina, em todas as suas dimensões. Ademais, a referência deve alcançar também uma forma de pensar e agir que adquire as características funcionais da interface do computador, daí seu caráter de modelo mental. Da mesma forma que o dispositivo teatral ou a câmara escura deram lugar a formas de pensamento e atuação, fora de seus âmbitos, que levavam a marca da disposição geral que as caracterizava, também a interface

---

47. Chamo de técnica de transição porque nela culmina o projeto ilusionista da imagem do Renascimento e se inicia, ou se insinua, a imagem do porvir, ainda que com muitas contradições.
48. Movemo-nos, evidentemente, em um terreno que ainda roça a utopia, já que existem muitas limitações técnicas para obter interfaces verdadeiramente livres, mas essa situação é a mesma com que uma pessoa do Renascimento poderia ter deparado tentando adivinhar até onde poderia chegar a câmara escura. De qualquer forma, os últimos avanços na tecnologia das interfaces, relacionados à imagem holográfica e às telas táteis, já estão alcançando as fronteiras dessa utopia.

cria um determinado imaginário social de alcance enorme que se concilia às próprias características dos intercâmbios sociais, estéticos e epistemológicos contemporâneos.

Podemos considerar, portanto, que a interface supõe também o surgimento de uma nova estética, uma forma de representação distinta que estabelece relações entre a persona e a imagem (ou o audiovisual) diferentes das que existiam no paradigma teatral ou, por acréscimo, no cinematográfico. Em geral, trata-se de formas que se afastam das que são características do espaço espetáculo, que acolhia em seu seio os dois modelos mentais anteriores, o teatro grego e a câmara escura. Ambos organizavam o espetacular, ainda que com matizes distintos: o primeiro era a realização pública da dialética entre realidade e ficção; o segundo, a extensão privada dessa primeira distribuição.

Agora, a contemplação a distância, unida à passividade corporal, deixa de ser o eixo central que organiza o olhar, e a efetividade deste se desloca para a atuação, em princípio tátil, sobre o objeto de interesse (o que tem sido chamado de interação). Dessa forma as representações, se é que podemos continuar chamando-as assim, se transformam no produto da interação entre a máquina e o usuário, e sua função primeira é a exibição audiovisual desse intercâmbio de interesses. Trata-se de uma plataforma técnico-conceitual que modifica constantemente seus parâmetros para adaptar-se ao diálogo, à hibridação entre os componentes deste, alguns dos quais podem ser uma máquina, como o computador, ainda que não necessariamente. No transcurso desse diálogo, os parâmetros técnicos variam para se adequar aos requisitos dos usuários, de maneira que também mudam as pautas cognitivas e epistemológicas nas quais eles se movem. Nessa conversa intervêm não só polos abstratos – que poderíamos considerar representados pelo corpo e pela máquina em si (como, de certa maneira, queriam os funcionalistas). A ela também se dirigem, de um lado, a memória, a imaginação, os conhecimentos e as emoções do usuário; de outro as bases de dados e as inumeráveis conexões que possam ser estabelecidas por meio do dispositivo, ou seja, a memória do computador em sentido amplo, tudo isso ligado a uma grande capacidade de adaptação.

O interessante é que essa série de capacidades do usuário se materializa no próprio movimento estético da interface, em sua forma, estabelecendo constantemente, portanto, novas plataformas que procuram possibilidades também novas de interconexão. A interface pode ser considerada, assim, um movimento mental, materializado na tela do computador (ou, muito em breve, em um espaço holográfico), movimento ou transformação que repercute no funcionamento deste e obriga-o a se adaptar consequentemente. De fato, podemos dizer que a tela ou o holograma são apenas parte da cena, um dispositivo a mais de sua intrincada complexidade, que se desenvolve em um espaço que é subjetivo mas que é objetivado constantemente através desses dispositivos que a máquina possui, controla e produz para esse fim. Esses dispositivos podem ser telas, mas também outro tipo de periféricos, pois é preciso considerar que, apesar de estarmos acostumados a uma conexão linear entre um computador e um usuário, a interface pode se referir a uma constelação mais ampla de usuários e tecnologias.

Estamos falando, portanto, de uma *forma interface* que implica uma mudança transcendente na relação do ser humano com a tecnologia e, por sua vez, se acomoda perfeitamente às novas concepções de espaço e tempo (por exemplo, as explicitadas pelas novas ideias da física e da cosmologia), de modo que sua capacidade de administrá-las é maior do que a de outros meios menos flexíveis. Essa *forma interface* refere-se também a uma maneira de pensar capaz de solucionar as aporias mecanicistas nas quais nosso pensamento mais tradicional[49] habitualmente tem estado encalhado. Nesse sentido, os Media Lab mencionados são os centros nos quais a eficácia da interface, tanto em sua vertente tecnológica como em sua condição de forma de pensar ou de modelo mental, pode ser colocada à prova com mais efetividade, ainda que neles se dê pela falta do fator reflexivo e crítico necessário para que sua condição adiantada seja verdadeiramente funcional.

Também a variável da subjetividade parece estar ausente dos interesses que os Media Lab costumam administrar, seguindo com isso uma tradição típica dos projetos tecnocientíficos do século XX – em especial dos das ciências da comunicação, nos quais a fenomenologia da interface deveria ter acolhida primordial, já que, no final das contas, o dispositivo supõe a materialização de seu imaginário mais fiel (Debray, 2001). O conceito de usuário constitui muitas vezes a máscara que oculta essa ausência do sujeito nas noções tecnoartísticas contemporâneas. Trata-se de um vazio que não pode continuar sendo ignorado e que constitui o horizonte do pensamento contemporâneo, em especial o relacionado a uma tecnologia onipresente em todas as facetas humanas e sociais.

A necessidade de articular tantas disciplinas diferentes, de colocar em funcionamento conjunto conceitos tão pluridisciplinares, de implicar facetas até agora tão díspares, põe em evidência a necessidade de um instrumento, tanto técnico quanto mental, capaz de levar a cabo tais tarefas de maneira eficaz. É precisamente o alcance dessa necessidade social e epistemológica que nos sugere o molde que há de configurar o desenvolvimento futuro das interfaces.

As formas fundamentais do espaço e do tempo, finalmente associadas de maneira efetiva, são os elementos pelos quais a interface desenvolve sua atividade hermenêutica. Tende-se assim para uma nova concepção desses parâmetros cujo alcance mal conseguimos intuir nas complexas interações que a forma interface atual produz, ainda que os físicos e os cosmólogos contemporâneos, em suas concepções barrocas do universo, nos estejam adiantando uma paisagem do real à qual a evolução do

---

49. O surgimento dessa nova maneira de pensar é interpretada, em alguns círculos, como uma diminuição do pensamento. Assim, Vicente Verdú, em seu artigo "El incesante vuelo de la atención" (*El País*, 21 set. 2006), nos informa sobre a síndrome CRC (*Continuous Partial Attention*), que seria o resultado do uso das tecnologias contemporâneas, as quais promoveriam esse voo superficial da atenção de um sistema para outro. Evidentemente, a aparição dessa síndrome é um sintoma de uma mudança social que a interface formaliza por meio de seu dispositivo – embora este não seja dirigido a um pensar com menos profundidade, mas à possibilidade de continuar pensando em profundidade em um âmbito completamente diferente.

dispositivo se adaptará paulatinamente, à medida que essas concepções se socializem pelo desenvolvimento das tecnologias. Dessa maneira, a forma interface acabará por se transformar em um modelo de representação realista: na forma simbólica contemporânea capaz de cumprir as mesmas funções que desde o Renascimento até hoje foram desempenhadas pela perspectiva pictórica.

Encontramo-nos habitando, consequentemente, um novo paradigma perceptivo e estamos sendo, ao mesmo tempo, interpelados por formações complexas de caráter audiovisual que nos levam a nos relacionar com a realidade de forma distinta de como acreditamos fazer por nossas inércias cognitivas, assim como pela própria rotina dos meios de comunicação habituais. O substrato do imaginário ocidental mudou drasticamente, mas há uma camada dele que conserva as formas do cenário anterior de maneira que nos faz acreditar que este ainda se encontre vigente. Isso afeta não só nossa compreensão da realidade como pessoas, que se vê esgotada pelo desconhecimento das verdadeiras dimensões daquela, como também os projetos científicos que investigam grande parte das fenomenologias sociais e comunicativas atuais. Muitas dessas pesquisas se colocam ainda como se nada tivesse mudado epistemológica e metodologicamente desde o século XVIII. O que é grave, sobretudo se levarmos em conta que o século XVIII, assim como se vislumbra de nosso ponto de vista, é uma entelequia que nunca existiu, uma utopia invertida que se fundamenta na crença de que a essência das coisas e nossa relação com elas nunca muda. Trata-se de uma atitude naturalista que Husserl já denunciava e serviu de base para a estética clássica:

> O mundo é representado como invariável em seus fundamentos, por mais que sua aparência local possa se modificar ao longo da história; a história é concebida como um assunto da superfície e praticamente epidérmico. Será inevitável, portanto, que a pintura, cuja função é atender à superfície e dar conta detalhadamente de suas manifestações locais, dê a impressão de uma mudança constante em termos de conteúdo: vestuário, arquitetura e as proximidades imediatas do corpo humano estão em fluxo contínuo, e a pintura captará esse fluxo com atenção devota. (Bryson, 1983, p. 5)

Ou seja, a representação visual típica não se preocupa com mudanças estruturais, relacionadas à compreensão do espaço e do tempo, as quais tende a ignorar, mas se dedica a expressar as variações superficiais como se a história estivesse atrelada a elas, enquanto a fábrica da realidade e nossa relação com ela não variariam nunca. As novas visualidades nos informam, porém, exatamente do contrário e nos obrigam a prestar atenção à complexidade do real, sustentada por diferentes concepções do espaço-tempo. É necessário tomar consciência disso e agir adequadamente, se quisermos compreender melhor os fenômenos que nos preocupam. Uma vez que as novidades não surgem do nada, é preciso ter sempre em conta as filiações do novo para compreender verdadeiramente seu alcance, a menos que o fulgor deslumbrante de sua novidade nos impeça de compreender sua diferença radical.

6. Transdisciplinaridade da imagem: cinema e arquitetura

O surgimento do fenômeno cinematográfico traça muito claramente, no fim do século XIX, a fronteira que separa a imagem clássica, tal como era entendida em suas formas básicas durante milênios, e a imagem do futuro. O cinema, durante um século, se constituirá no eixo que articula a passagem de um território a outro. Pois não se deve pensar que nesses processos de mudança, inclusive quando são tão dramáticos como esse, tudo que é antigo permanece de um lado da divisória, enquanto o novo começa a surgir do outro lado, a partir do zero. Produzem-se, ao contrário, uma série de transformações em que o velho e o novo se inter-relacionam e dão lugar a um processo de reestruturação dos distintos elementos que compõem uma e outra esfera: no caso do cinema, trata-se de elementos essencialmente visuais, mas que afetam outras áreas a partir da visualidade.

É essa situação transacional que transforma o cinema na arte do imaginário por excelência, já que, como indica Le Goff (apud Belinsky, 2007, p. 87), "o imaginário se distingue do real, do simbólico e do ideológico não tanto por seus conteúdos, mas por sua própria índole fronteiriça". Nesse sentido, pode ser produtivo contemplar o fenômeno cinematográfico, que é muito diverso, pela perspectiva de uma dessas inter-relações, a que pode se provar mais significativa do ponto de vista da representação visual. Dessa forma, comparar cinema e arquitetura nos permite vislumbrar a maneira como um novo meio, no caso o cinematográfico, absorve e transforma outro meio tão ancestral quanto a arquitetura. Em outro momento (Català, 2001) já fundamentei a poética na qual se baseiam as apreciações seguintes e propus uma análise da fenomenologia cinematográfica mais ampla, mas também mais clássica. Em contrapartida, o cinema já tem estudos aos quais se pode facilmente recorrer para compreender suas particularidades.

Encontros e desencontros

Basicamente duas analogias têm sido utilizadas para definir a atividade do diretor de cinema: a musical e a arquitetônica. O diretor de cinema, diz-se, é como um maestro ou um arquiteto. Em ambos os casos, o que se afirma está apenas parcialmente certo, ou é de uma certeza vagamente metafórica. Mas se combinarmos as duas analogias nos veremos realmente perto da verdade cinematográfica, já que o cinema é realmente na essência uma mistura muito original de música e arquitetura.

Ao estabelecer as relações entre a arquitetura e o cinema, tende-se tradicionalmente a procurar neste a representação de formações arquitetônicas ou até a incluir entre os ofícios cinematográficos aqueles que estão mais próximos da atividade arquitetônica, como *designers* de ambientes, cenógrafos, decoradores etc. É nessa linha que Juan Antonio Ramírez (1993) baseia, por exemplo, seu estudo sobre a arquitetura no cinema. Essa aproximação das duas disciplinas, que parece óbvia, não é nem a mais interessante nem a mais produtiva, pois não lhes penetra na essência e se limita a estabelecer conexões superficiais entre elas. Trata-se, portanto, de buscar as correspondências entre as duas atividades com base nas características de suas respectivas estéticas, ou seja, mergulhando em seus mecanismos profundos, onde precisamente são gestados os intercâmbios imaginários que verdadeiramente produzem as hibridações sobre as quais qualquer meio se fundamenta.

Ambas as disciplinas, o cinema e a arquitetura, trabalham com o espaço e o tempo, e em ambas esse conglomerado espaçotemporal se converte em imagem. É certo que tanto a arquitetura como o cinema são mais do que isso, especialmente a arquitetura, mas se se trata apenas de encontrar um campo funcional comum que realmente permita estabelecer analogias significativas, a espaçotemporalidade visual é o campo mais adequado. Por isso eu dizia antes que a combinação ideal de música (tempo, ritmo) e arquitetura (espaço, estrutura) pode ser a melhor equivalência com a estética cinematográfica que se pode encontrar, entre as diferentes disciplinas artísticas[50]. Dito de outra forma: se nos perguntássemos o que há de mais parecido com o cinema no campo das artes tradicionais, a resposta teria de ser uma combinação de arquitetura e música. Além do interesse das vanguardas históricas pela relação entre as artes plásticas e a música, começando por Kandinsky, somente Rohmer (2000) propôs uma relação parecida entre música e arquitetura – a qual, sendo ele próprio um cineasta, faz que se reúnam muito significativamente, em seu caso, os três elementos da equação que estou tentando delimitar[51].

Os estudos sobre a construção do espaço no cinema são os que mais se aproximam dessa visão que busca equiparar o cinema com a arquitetura partindo de seus tratamentos equivalentes do espaço e do tempo. Mencionemos, a título de exemplo, o clássico de Eric Rohmer, "L'organización de l'espace dans le Faust de Murnau"

---

50. A recente arte eletrônica e digital é um exemplo dessa frutífera combinação entre formas espaciais e musicais, com o tempo como interface entre ambas.
51. A esse respeito, creio que vale a pena mencionar as magníficas realizações videográficas que reúnem o trabalho do músico Yo-Yo-Ma em colaboração com paisagistas, arquitetos e urbanistas para apresentar projetos nos quais se equiparam as suítes para o violoncelo de Bach com diferentes realizações formais. Pertence à mesma série da Sony Classics um episódio em que se contrasta uma dessas composições musicais com as gravuras de Piranesi: "O som das prisões" (François Girard, 1998).

(Rohmer, 1977) ou um interessantíssimo estudo, praticamente desconhecido, publicado pela *Revue Belge du Cinéma*: "Espace plastique et espace filmique" (Osen, 1983)[52], embora aqui o campo de referência seja, como costuma acontecer nesses casos, a pintura e não a arquitetura. Curiosamente, no entanto, essa abordagem pictórico-cinematográfica se desenvolve, às vezes, de maneira muito arquitetônica, sobretudo quando se fala de encenação e de espaços globais. Esse problema é intuído – apenas intuído – por Jacques Aumont em um capítulo de *O olho interminável*, intitulado "Da cena à tela, ou o espaço da representação" (Aumont, 1996). De qualquer forma, cabe acrescentar que, nesse caso – como tantas outras vezes na fenomenologia cinematográfica –, é inevitável retornar ao conjunto da obra teórica de Eisenstein, que em grande medida ainda não foi superada, para encontrar uma reflexão que faça jus à qualidade complexa do cinema e, consequentemente, a suas relações com a arquitetura.

Fenomenologia espaçotemporal do cinema

No cinema deparamos com três estruturas espaçotemporais muito concretas: o plano, a cena e a sequência. Tudo mais são combinações dessas três possibilidades básicas que configuram os pilares do que poderíamos denominar *arquitetura* cinematográfica.

Antes de qualquer coisa, devemos compreender que as distintas manifestações históricas dos meios e das artes, por mais especializados que estejam e por mais essenciais que sejam suas estéticas e suas poéticas, têm raízes em imaginários comuns e carregam, portanto, em seus dispositivos formais, os traços não somente das disciplinas que lhes são contemporâneas, como também os do saber e da prática historicamente acumulados. Assim, quando falamos do *plano* cinematográfico, devemos levar em conta que suas características estéticas fundamentais provêm do teatro e da pintura. E que se considerarmos isso idealmente, ou seja, como espaço inicial da *demonstração espetacular*, as correspondências podem ser estendidas a elaborações tão aparentemente diversas quanto a fachada de um edifício ou uma cena literária. O que esses dispositivos têm em comum é que se apresentam como cenários nos quais se expõe ou se exibe determinado *conteúdo*. Todos implicam a ideia de um espectador a quem se encara frontalmente para oferecer, como em uma vitrine – outra analogia possível –, seus *produtos* visualizados.

Mas já digo que essa linha de pensamento se baseia em uma concepção idealista do plano cinematográfico. Não em sua realidade prática, mas naquela virtualidade

---

[52]. Podemos citar também alguns artigos publicados na revista *Screen*, como o de Edwar Branigan, "The spectator and film space – two theories" (*Screen*, v. 22, n. 1, 1981) ou "Space, place, spectacle", de Andrew Higson (*Screen*, n. 4-5, 1984).

que a chamada linguagem cinematográfica se encarrega de fundamentar: trata-se de que o espectador considere o filme inteiro um só plano prolongado no tempo, ou seja, um equivalente à cena teatral ou à cena pictórica à qual se acrescenta dinamismo e duração. Na realidade, porém, o conceito de plano é uma abstração que engloba diferentes casos concretos – planos gerais, primeiros planos, planos médios etc. que não ocorrem de forma isolada como acontece, por exemplo, com os quadros de uma exposição.

Dessa maneira, o problema se transfere, praticamente sem retoques, ao espaço da cena: os planos somente têm sentido verdadeiro quando se inter-relacionam em um contexto que os determina e ao mesmo tempo é fundamentado por eles. Mas aqui também voltamos a deparar com uma concepção idealista, equivalente à anterior, porque a cena é percebida, no cinema clássico, como um espaço homogêneo e contínuo e, portanto, carente de articulações. Se o conceito de plano mascarava a realidade pragmática dos diferentes tipos de plano, o conceito clássico de cena esconde a realidade dos planos que a formam. Em todos esses casos, nos movemos ainda em torno da metáfora da janela desenvolvida por Alberti, no século XV, para fundamentar o realismo pictórico perspectivista: o quadro tinha de ser como uma janela que se abre para a realidade e à qual, portanto, o espectador – ou seu olhar – deve poder espreitar sem interferência.

Não deixa de ser significativo o fato, já mencionado em outro capítulo, de que Ortega y Gasset, num momento em que o fenômeno cinematográfico estava definitivamente consolidado e em plena efervescência vanguardista dos anos 1920, recorresse à mesma metáfora da janela para fechar o ciclo do realismo, apontando que a pintura moderna era equivalente a olhar por uma janela, mas não através do vidro e sim focando o olhar nele – e nesse caso a realidade perde os contornos e aparecem apenas manchas de cores: a pintura abstrata (Ortega y Gasset, 1991). O cinema pertence a esse paradigma da abstração, mas ainda sonha com o mundo anterior da transparência mimética.

Não acreditamos, no entanto, que não existe esse espaço virtual da cena que a percepção idealizada do espaço fílmico nos induz a considerar, uma vez que a originalidade do espaço cênico cinematográfico se encontra precisamente nessa condição virtual que possui. Aqui a equivalência com a cena literária é mais eficaz até do que a que relaciona espaço cinematográfico e espaço teatral. O escritor constrói, com palavras, um espaço imaginário que se transfere para a mente do espectador. Pois bem, o aparato cinematográfico se encarrega de visualizar o equivalente desse espaço e o faz primordialmente pela articulação de uma série de unidades visuais, denominadas planos, que compõem uma cena. As cenas são, portanto, compostas por planos, mas constituem mais do que a simples soma destes, o que confere à cena uma ontologia própria. Da mesma maneira, o plano não pode esgotar sua fenomenologia em seu espaço, uma vez que se prolonga ao espaço dos demais planos que com ele formam a cena, nem esta consome a sua em sua circunscrição espacial, uma vez que esse espaço é uma virtualidade que surge através de uma complexa interação de tecnologia, fisiologia, psicologia e estética. Nesse sentido, o cinema é um instrumento complexo no qual se inicia, de maneira efetiva, a relação homem-máquina que pode ser considerada uma alegoria do século XX.

O dispositivo cinematográfico funciona, portanto, em coalizão com os poderes fisiológicos e cognitivos do ser humano, de modo que não existiria sem eles. Assim como a fotografia é um objeto que, como tal, é independente de nosso aparelho perceptivo, o cinema, ao contrário, não pode prescindir dele: sobre a tela de uma sala de cinema vazia não se projeta um filme – imagens em movimento – mas uma sucessão de fotos fixas e intervalos de escuridão. Isso nos leva a uma primeira constatação a respeito das relações entre cinema e arquitetura: a estética cinematográfica trabalha por meio da construção de arquiteturas virtuais que, embora tenham seu primeiro fundamento em uma visualidade objetiva, articulada temporalmente, adquirem todas as suas dimensões pelo trabalho subjetivo da memória e da imaginação do espectador.

O diretor e o arquiteto

Compreendida a característica virtual da cena, estamos preparados para considerar o verdadeiro funcionamento do espaço fílmico, para além de sua aparência. Dessa forma, temos de deixar de pensar no filme como uma sucessão de planos, ideia proveniente de uma comparação infeliz entre a retórica fílmica e a linguagem, de acordo com a qual os planos e as palavras (ou, quando muito, as frases) se igualam. Assim, da mesma forma que as frases, ou a expressão linguística, são formadas por uma sucessão linear de palavras, também o discurso fílmico estaria articulado por uma sucessão linear de planos. Mas, ao contrário, os planos se vinculam arquitetonicamente para formar um espaço global, o espaço cênico, que por sua vez constrói um espaço de caráter superior que chamamos de sequência.

Quais são as vantagens de deslocar o cinema do paradigma literário para o paradigma arquitetônico? Em princípio, a fundamentação de um processo visualizador necessário. A ancoragem do cinema no paradigma literário levava a considerar que sua produção de significado ocorria como na linguagem, pela diferenciação entre significante e significado. O significante, entendido nesse paradigma como símbolo arbitrário e portanto insubstancial, não é considerado mais do que um veículo para o significado, com o qual se conecta imaculadamente, sem contaminá-lo com suas supostas impurezas – de forma semelhante a como a luz do sol atravessa um vidro.

Recordemos a metáfora de Ortega e, a propósito, as teorias André Bazin (1966) sobre a transparência fílmica. Assim funciona a escrita no âmbito da cultura ocidental, especialmente depois que esta se liberta da presença da caligrafia como forma significante. No cinema, por analogia, a articulação visual não seria coisa alguma além um veículo, arbitrário e transitório, para apresentar significados (dramáticos, poéticos, emocionais ou intelectuais etc.) que chegariam descarnados à mente do espectador, como se transportados telepaticamente. Ao contrário, o cinema entendido como arquitetura restitui ao siginificante, ou seja, à forma, à visualidade, à imagem, toda sua potência hermenêutica. Faz o significado residir não em um espaço ideal ao qual o pensamento se resumiria à margem de sua enunciação, mas em sua materialidade concreta, sem que isso queira dizer que tal materialidade carece de atributos mentais ou imaginários.

O cinema entendido arquitetonicamente nos permite conhecer de maneira mais perfeita o trabalho concreto de seus diretores ou diretoras. Eles aparecem nem tanto como escritores que *passam a limpo seus pensamentos*, mas como construtores de formas significativas ou, em outras palavras, visualizadores de conceitos: conceitos dramáticos, narrativos, psicológicos, imaginários, ideológicos etc. Trata-se de uma profissão que nascia no final do século XIX, mas que só na atualidade adquire sua total transcendência, ao ter-se convertido em uma tarefa necessária em nosso meio social.

Para esse novo ofício convergem, como dizia antes, numerosas linhas de força, procedentes de distintas genealogias artísticas. O diretor de teatro, por exemplo, constitui um desses afluentes principais, e, de fato, a conexão profissional entre cinema e teatro foi intensa durante os primeiros anos do novo meio. Mas vale a pena considerar que a nova figura do diretor cinematográfico é algo mais do que a simples transposição de um ofício de um campo profissional a outro. O diretor de cinema herda do diretor cênico do final do século XIX uma sensibilidade especial para a importância da cena, não somente como entidade que envolve o espetáculo dramático, mas também como catalisador visual de seus problemas. Nesse momento, o campo da estética teatral destilou um novo nível visual, independente do texto dramático em si, que o cinema, em um próximo passo, se encarregou de formalizar e, portanto, de tornar plenamente funcional.

Não esqueçamos que, praticamente ao mesmo tempo que se produzia essa condição pré-cinematográfica no teatro, também no romance realista, de Victor Hugo a Jane Austen e Henry James, a elaboração de determinada cenografia é gerada: as histórias são contadas em situações localizadas que o escritor se encarrega de fazer que o leitor visualize mentalmente. É um desenvolvimento que coincide de maneira significativa com o que poderíamos denominar arquitetura metafórica, pela qual a forma dos edifícios, essencialmente sua fachada, expressa seu uso ou conteúdo, uma função que o racionalismo se encarregará logo de diluir, mas que acabará revivendo, a partir de Venturi, na arquitetura pós-modernista – a qual, fenomenologicamente, poderíamos rotular de *cinematográfica*.

Mas não termina aqui a constelação sintomática: basta considerar o nascimento dos quadrinhos como fenômeno industrial de massa, que se produz praticamente ao mesmo tempo que a primeira projeção cinematográfica, e recordar como a estética desse meio nasce com a página-cena das primeiras histórias de "The Yellow Kid", de R. F. Outcault (herdeiro dos desenhos satíricos, herança que depois será continuada por Winsor McCay de "Little Nemo" em seus "Sermons on paper"), para imediatamente fragmentar-se em diferentes vinhetas. Obviamente, a página-cena de Yellow

Kid é a tradução visual da cena ideal que naquele momento banha todo o panorama cultural, da literatura ao teatro, da pintura ao cinema, embora nestes dois últimos casos trate-se de uma cena enganosamente unitária ou que se encontra em crise. De fato, através do cinema e dos quadrinhos, a imagem entra em uma nova situação que a distingue das imagens tradicionais: as imagens cinematográficas, como as dos quadrinhos articulados em vinhetas, se separam da tradição pictórica, teatral e literária, e se aproximam da imagem arquitetônica, estruturalmente muito mais complexa.

A arquitetura cinematográfica

Sendo uma arte industrial amplamente socializada, é muito difícil determinar quem foi o primeiro a realizar um progresso ou uma descoberta concreta. Mas isso é irrelevante, exceto para ramos muito especializados da história ou da crônica local; o interessante é constatar as mudanças e estabelecer suas características fenomenológicas. Nesse sentido, a operação efetuada por Griffith durante a filmagem de "After many years" (curta-metragem, 1908) representa um momento crucial no desenvolvimento da linguagem cinematográfica.

Noel Burch (1987) dividiu a história inicial do cinema em dois períodos muito claros, o dominado por um modo de representação primitivo e o presidido pelo chamado modo de representação institucional. O primeiro período, que vai do nascimento do cinema até cerca de 1905, se caracteriza pela típica unidade cênica que detectamos antes em outros meios artísticos. Os filmes se dividem em cenas que a câmera capta unitariamente, como se estivesse diante de um cenário teatral[53], enquanto a ação se desenrola nelas. De fato, nesses casos, a câmera se situa em uma posição que mimetiza aquela que um espectador de teatro poderia ter, acomodado em um lugar privilegiado da plateia. Em 1908, durante a filmagem anteriormente citada, Griffth decide efetuar um primeiro plano para captar com mais intensidade a expressão de uma atriz (o primeiro plano já tinha sido utilizado antes, mas não com essa intenção dramática). Para isso, se vê obrigado a abandonar a situação privilegiada da câmera, situação claramente "espectatorial", externa à ação, e penetrar na área dessa ação. Trata-se de um verdadeiro salto epistemológico que ultrapassa a linha que separa o espectador do espetáculo: a câmera, uma vez dentro do espaço cênico, já não pode contemplar a cena em seu conjunto, mas se vê obrigada a escolher determinado ângulo para construir, portanto, um olhar que é relativo, enquanto o anterior era claramente absoluto.

---

53. Obviamente, os especialistas dedicados à micro-história discutem a homogeneidade desse período que Burch parece estabelecer e insistem na presença de formas híbridas, mas isso não é relevante para o que estamos discutindo.

Se a cena neoteatral do modo de reprodução primitivo se apresentava ao espectador em toda a sua totalidade, a partir de operação de Griffith apenas uma parte dela é visível na tela ao mesmo tempo, de forma que a cena global passa a ser o resultado da concatenação de diversas visualidades, ou seja, se transforma em uma construção virtual, fruto da conjunção dos distintos planos que a compõem. Dessa maneira, o diretor pode dirigir o próprio espaço da cena, e não apenas as ações de seus personagens, como ocorre no teatro. Também a cena teatral, a partir do início do século XX, sofrerá modificações drásticas, ao abrigo das vanguardas artísticas que modificaram a estrutura de seus respectivos espaços, mas nesses casos o resultado será sempre estático e objetivo: se apresentará unitariamente ao olhar do espectador. No cinema, ao contrário, o diretor pode jogar esteticamente com esses dinamismos e convertê-los em dispositivos dramáticos que penetram no imaginário do espectador. A nova estética cinematográfica descobre um espaço inédito para o qual convergem a objetividade e a subjetividade, a imagem material e a imagem virtual.

Walter Benjamim, no final de seu ensaio mais famoso, realiza uma interessante comparação entre cinema e arquitetura que vale a pena recordar aqui para compreender melhor a condição essencialmente virtual da dramaturgia cinematográfica. Contestando aqueles que, no início do século, desprezavam o espetáculo cinematográfico porque era uma arte de massas, "e as massas buscam a dispersão, enquanto a arte reclama recolhimento", Benjamin (1973) destacava que

> dispersão e recolhimento se contrapõem a tal ponto que permitem a seguinte fórmula: quem se recolhe diante de uma obra de arte submerge nela; adentra essa obra [...] Pelo contrário, a massa dispersa submerge a obra artística em si mesma. E de maneira especialmente patente para os edifícios. A arquitetura vem desde sempre oferecendo o protótipo de uma obra de arte, cuja recepção acontece na dissipação e por parte de uma coletividade.

Benjamin não faz aqui nada além de apelar para a distinção brechtiana entre a dramaturgia aristotélica e a dramaturgia moderna do teatro épico, aplicando-a ao campo da recepção. Mergulhar na obra de arte é, nesse sentido, identificar-se com ela e, portanto, passar a fazer parte de seu projeto. Brecht, ao contrário, pretendia um distanciamento produtivo, didático, consciente, uma forma de perceber a obra que Benjamin considera coincidente com a atitude *dispersiva* das massas. Siegfried Krakauer falava também, na mesma época, do *culto à distração* que caracterizava as massas das cidades modernas, disposição equivalente à desordem sensorial que definia essas cidades e era também promotora de uma recepção *distraída* ou distante (Krakauer, 1987). Podem ser comparados, portanto, os conceitos de dispersão e distração com que essas massas, essencialmente o público berlinês do entreguerras, encaravam ao mesmo tempo o espetáculo cinematográfico e o *espetáculo urbanístico*. Em ambos os casos, com uma mesma atitude distanciada e atenta à superfície, ao efeito. No entanto, Benjamin e Krakauer não estavam se referindo tanto aos filmes elaborados classicamente, segundo o modo de representação institucional, mas ao espetáculo completo que os acolhia nos grandes palácios do cinema da época, um espetáculo no qual se incluíam números de *music hall*, de circo etc. Essa multiplicidade de efeitos, como Krakauer a denomina, demandava e foi ao mesmo tempo a causa da recepção distraída que também acontecia nas ruas de Berlim[54]. Mas Krakauer (1987) faz uma observação sobre o perigo trazido pela tentativa de anular a capacidade subversiva que ele atribuía a essa atitude:

> inclusive se [os programas das grandes salas de cinema] se dedicam a estimular a distração, imediatamente roubam da distração seu sentido, amalgamando a multiplicidade de efeitos – que por sua natureza exigem permanecer isolados uns dos outros – em uma unidade "artística". Esses *shows* se esforçam para promover a variada sequência de externalidades em um todo orgânico. Para começar, a estrutura arquitetônica tende a enfatizar uma dignidade que normalmente caracteriza as instituições da alta cultura. Favorece o alto e o sagrado como se fosse destinada a acomodar obras de eterna significação.

Sem entrar na polêmica sobre o valor da arte de massas e tomando como base o fato de que a forma institucional do cinema se impôs sobre a dinâmica vanguardista – que poderia ter sido considerada mais próxima dos postulados de Benjamin, Krakauer e Brecht –, quero destacar que o que esses escritores evidenciam é a essência fragmentária do cinema (no caso das propostas da época, incluindo espetáculos igualmente fragmentários), que coincide com a experiência igualmente dispersa do urbanismo das grandes cidades, algo que Baudelaire já tinha detectado (1821-1867) ao falar de Paris, mais de setenta anos antes. O interessante é que, ao criticar o movimento considerado reacionário e que leva a compor uma unidade com esses fragmentos, os autores nos dão a medida da estética cinematográfica clássica, que é o resultado dessa composição.

No caso da arquitetura, não tenho tanta certeza se é possível tirar conclusões similares da reorganização das experiências fragmentárias que as grandes cidades promovem, especialmente quando Krakauer se refere a ela em relação aos chamados palácios do cinema – que, com uma estética essencialmente *kitsch*, promoviam ambientes globais de gosto duvidoso. Mas de qualquer forma, o que nos interessa é a dialética entre fragmentação e totalidade que esses escritos fundamentam, assim como o fato de que ela própria seja considerada comum ao cinema e à arquitetura: tanto a cidade moderna quanto o espetáculo moderno se baseiam em uma fragmentação óptica que tende a produzir globalizações virtuais. Ficar de fora dessa virtualidade

---

54. Neste contexto, é necessário referir-se a dois filmes fundamentais: "Berlim, sinfonia de uma grande cidade" (1927), de Walter Ruttman, e "Um homem com uma câmera" (1929), de Dziga Vertov, que expõem visualmente a experiência fragmentária da grande cidade: de Berlim e Moscou, respectivamente.

ou deixar-se cair em sua armadilha são opções possíveis que podem ser interpretadas ideologicamente, como vimos. Mas a globalidade virtual como efeito moderno, como experiência e como espaço artístico, existe e deve ser considerada[55].

O trabalho do diretor consiste, portanto, em trabalhar com essas globalizações, inicialmente no âmbito da cena, em seguida no do plano e finalmente no da sequência. A ordem é precisamente esta, e não a que se consideraria mais usual e que consistiria em começar pelo plano. Já comentei que basear a estética e a dramaturgia cinematográfica no plano supõe equiparar o discurso fílmico ao discurso linguístico: buscar unidades mínimas cuja articulação forme a sequencialidade da frase ou da narração fílmica. Pudovkin, ao comparar o plano com os ladrilhos que servem para construir um edifício, e Eisenstein, ao propor como alternativa crítica a fusão dialética dos planos, estavam se afastando dessa presunção linear, mas sem chegar, nem um nem outro, a intuir a fundamentalidade da cena[56].

Pensar a cena como um jogo de espaço e tempo que se articula segundo as necessidades dramáticas e narrativas da história que se está narrando é penetrar na essência do cinema, é tomar consciência do espaço no qual se deve realmente trabalhar e que é diferente das demais artes: seu espaço *poético*. A primeira coisa que o diretor enfrenta é, portanto, a cena; não a cena como um espaço material, comparável ao espaço real, mas a ideia da cena como uma forma concreta que responde aos elementos dramáticos que ela própria deve conter. E, a partir da formalização desse conceito, desse conjunto de ideias espacializadas, se estabelece o *planejamento* que visualizará tais relações dramáticas. Os planos formam a cena, mas não por uma soma sucessiva, por um acréscimo linear, nem mesmo por uma superposição sucessiva dos planos-ladrilhos de Pudovkin, mas, inversamente, como quem constrói um quebra-cabeças cujo desenho precede o próprio ato da construção.

Os planos contêm vetores, que são linhas de força dramática que relacionam uns planos aos outros e expõem visualmente o conteúdo dramático da cena, seu movimento, sua intenção. Por isso, os planos nunca acontecem de forma isolada, ao contrário do que as ilustrações dos livros nos levam a pensar; eles são sempre parte de uma estrutura mais ampla, unida por vetores. O conjunto dessas uniões define a cena, é o andaime material da forma virtual dessa cena, forma que corresponde ao compêndio de sua ideia global – trata-se da solução que o diretor deu aos vários problemas dramatúrgicos que lhe foram propostos. É uma solução que visualiza dinamicamente esses problemas, e nisso reside sua originalidade.

---

55. Isso poderia nos levar a uma nova leitura das propostas, supostamente progressistas, das vanguardas históricas, que ignoram a presença desse novo espaço de atuação – a globalidade virtual – ou o confundem com postulados regressivos.

56. Eisenstein falou, no entanto, de estruturações orgânicas a respeito de "O encouraçado Potemkin" (1927).

A sequência cinematográfica e o futuro do cinema

Se o trabalho do diretor com a relação entre os planos e a cena é um exercício de reflexão, de transformar as ideias em valores visuais, organizados em formas dinâmicas, sua função com a sequência é claramente de composição: trata-se de elaborar um relato a partir das unidades cênicas, entendidas como unidades de pensamento dramático; de conferir um ritmo a esses pensamentos.

As sequências englobam um conjunto de cenas com uma mesma unidade narrativa, um mesmo tema e, portanto, uma mesma finalidade. A cena é claramente uma unidade de espaço em que o tempo constitui elemento secundário, enquanto a sequência, ao contrário, se concentra no tempo e em sua arquitetura que permite elaborar uma estrutura com diversas cenas.

Talvez seja nesse aspecto que a analogia com a arquitetura apareça de forma mais clara, embora um aprofundamento adequado na fenomenologia da cena seria igualmente produtivo. Mas a sequência permite organizar a percepção dos espaços de maneira mais ampla do que a cena, graças a um ritmo mais geral que, por meio de analogias musicais como o contraponto, se relaciona mais diretamente com a estética da moderna arquitetura.

Existem diferentes formas de abordar a sequência, e a maneira como os diretores a utilizam depende tanto de seu estilo particular como do estilo geral da época, assim como do fôlego do filme: se é épico, dramático etc. Há casos em que o diretor se limita a posicionar uma cena atrás da outra, construindo uma linearidade simples, uma narração sem densidade formal. O cinema de Rohmer ou o de Bresson são característicos desse estilo, apesar da intensidade diferente dos filmes dos dois diretores. Em outros casos, ao contrário, as cenas que compõem uma sequência sucedem-se paralelamente sem esgotar-se, de maneira que o diretor pode jogar com esses diferentes níveis espaçotemporais ao longo da sequência, mostrando direta ou indiretamente esses níveis segundo sua conveniência e elaborando, portanto, uma complicada arquitetura com essa estruturação. Em alguns filmes de Hitchcock, como "Interlúdio" (1946), ou em "O poderoso chefão" (1972), de Francis Ford Coppola, assim como em "Falstaff – O toque da meia-noite" (1965), de Orson Welles, encontramos exemplos dessas formações.

Existe uma terceira possibilidade, menos mecânica, de relacionar as cenas de uma sequência, que corresponde a uma forma mais contemporânea de entender o cinema. Trata-se de jogar, elipticamente, com os tempos intercênicos que, nos casos citados antes, ou são ignorados e correspondem simplesmente ao desenvolvimento do tempo narrativo, ou são quase eliminados no tempo geral da sequência, em que as cenas se desenvolvem praticamente em paralelo. De fato, essa forma moderna de que estou falando seria fruto de uma nova concepção de diferentes mecanismos retóricos clássicos: o plano sequência e a elipse. A elipse, quando utilizada esteticamente, implica uma forma de esculpir o tempo, uma vez que constrói com ele, com sua demonstração ou sua eliminação, uma forma visual. O famoso plano-sequência, cavalo de batalha do realismo mais rigoroso, pode ser considerado também uma construção capaz de visualizar uma síntese espaçotemporal. Longe de ser o instrumento máximo da tranparência cinematográfica, como queria Bazin, o plano-sequência se apresenta, desse ponto de vista, como uma forma estética afinada, capaz de modular conteúdos dramáticos complexos.

Nesse sentido, as modernas sequências, de Lepage a Angelopoulos e Kitano, são formações fluidas que deixam ver, na articulação das distintas cenas, o tempo dramático e o tempo narrativo conjugados. São formações comparáveis às propostas de Gehry ou Koolhaas em arquitetura, não apenas porque também propõem formas instáveis, dissoluções do classicismo na temporalidade, mas porque estabelecem uma dialética negativa entre interior e exterior, a invertem e propõem como espetáculo a visão de sua própria configuração no ato de configurar-se. Estamos na linha do que foi manifestado por Jameson (2000) a respeito de determinada arquitetura que ultrapassou os limites do pós-modernismo e na qual

> persiste, no entanto, a existência necessária da multiplicidade interna, uma realidade para a qual a palavra heterogeneidade se torna fraca demais, pelo menos em parte, precisamente porque a multiplicidade está aqui incluída, contida de algum modo, e implica toda uma nova concepção da relação entre objetos individuais, que antes eram sempre figuras sobre um fundo, ou conjuntos combinados e construídos engenhosa e harmoniosamente.

Por último, caberia mencionar o retorno a um sistema que teve o seu momento nos anos 1970: a multitela. Atualmente, muitos filmes e séries de televisão (por exemplo, "24 Horas", de Stephen Hopkins), utilizam uma nova montagem, impulsionada agora pela facilidade oferecida pelos sistemas de montagem digital, com a qual se mostra várias telas no mesmo quadro, com cenas distintas ou pontos de vista diferentes da mesma cena. Se nos ativermos à dramaturgia das cenas e das sequências que expus anteriormente, não nos daremos conta de que se trata de uma revolução dessa dramaturgia, uma revolução inclusive no próprio conceito de plano. Os conceitos de simultaneidade e sequencialidade se transformam no quadro dessas novas disposições; a grande arquitetura clássica da sequência, baseada na montagem paralela ou alternativa, adquire aqui uma nova dimensão. Em geral, podemos dizer que a virtualidade que era a base fenomenológica sobre a qual se erguia a estética cinematográfica clássica parece reverter para uma fragmentação vanguardista, mas sem abandonar todas as qualidades daquela. É uma síntese de tendências, na qual as relações entre espaço, tempo e drama devem ser repensadas.

7. Retórica visual

O sentido figurado

Depois de longo tempo no esquecimento, a retórica aparece de novo nas pesquisas sobre a representação, especialmente as relacionadas com os estudos visuais. Não é de estranhar, uma vez que as formas retóricas são claramente figurativas. E se elas tinham sido esquecidas foi precisamente por essa tendência ao figurativismo que sempre esteve sob suspeita, especialmente quando relacionado ao conhecimento.

Em nossa cultura, o conhecimento tem sido desde sempre associado ao verbo, que o Gênesis coloca no início de todas as coisas: *no princípio era o verbo...* O paradoxo é que a retórica nasce como uma organização do discurso, mas continua sendo igualmente suspeita. Talvez porque esteja relacionada à persuasão, considerada alheia à verdade. Como diz Genette (1972, p. 23), "no centro do pensamento retórico se situa a oposição entre o próprio e o figurado". Dessa maneira, o figurado é sempre o oposto ao próprio. A expressão "no sentido figurado" carrega essa avaliação negativa – quer dizer um sentido que não é permanente, essencial, mas provisório, estabelecido somente como uma convenção com fins que se afastam do sentido próprio que deveria ter.

A retórica clássica descrevia uma multidão de figuras possíveis com as quais organizar o discurso, mas suas correntes modernas as sintetizaram em quatro formas principais: metáfora, metonímia, sinédoque e ironia. Delas, a metáfora acabou aglutinando o sentido geral do retórico: a metáfora, que é, curiosamente, a figura de retórica mais ligada à imagem.

A imagem tem sempre despertado desconfiança. É uma história muito antiga, mas tem sido desprezada especialmente no campo do pensamento abstrato, cujos caminhos conduzem à ciência. Vejamos um exemplo muito ilustrativo dessa fobia pelo visual, porque se produz em uma área como a da música, na qual não se esperaria encontrá-la. Daniel Boorstin narra, em um de seus excelentes livros de divulgação, a história de Johann Sebastian Bach e como sua elaboração da técnica contrapontística despertou os antigos temores sobre uma música sem palavras que Santo Agostinho e o Papa Gregório, o Grande já tinham expressado anteriormente. Eles suspeitavam que se a música perdesse sua conexão com a palavra, à qual estivera ligada desde os tempos antigos, se tornaria um ícone. As pessoas deixariam de prestar atenção ao que se cantava, ou seja, ao conteúdo, e se deixariam levar pelo canto em si, ou seja, pela forma. Boorstin (1993, p. 428) acrescenta que "o medo das imagens, que quase chegara a prevalecer sobre as artes visuais no seio da Igreja, sobreviveu para ser utilizado contra as artes da música".

Observemos como no campo musical a palavra é contraposta à imagem em um momento como o Barroco, em que a música se torna instrumental, ou seja, alcança uma pureza que as artes visuais só obterão um século e meio mais tarde, quando aparece a arte abstrata – uma arte sem conteúdo, simplesmente pictórica. A palavra, na música, servia para apagar a imagem: o importante era o que se cantava, ou seja, os hinos religiosos. Constituía, portanto, um perigo para a Igreja que os paroquianos deixassem de prestar atenção nisso e se deixassem levar pelas questões formais, emocionais, uma vez que a Igreja perderia assim um instrumento de propaganda. É curioso considerar isso do ponto de vista que faz da palavra o veículo principal da sedução, quando a palavra tem sido contemplada sempre como uma forma de racionalidade frente à irracionalidade supostamente essencial das imagens. Mas o que chama a atenção é que Boorstin, que aqui se mostra muito perspicaz, havia escrito nos anos 1970 uma das primeiras advertências sobre os perigos que a crescente presença das imagens na cultura ocidental implicava. Seu livro *The image* (1961/1992) foi editado praticamente na mesma época em que Guy Debord escrevia sobre os perigos da espetacularização da realidade em sua *A sociedade do espetáculo* (1967/2002). Ambos são alertas sobre o avanço da cultura visual em um momento culturalmente dominado pelo giro linguístico que levou, depois de vincular vários temas e disciplinas da linguística, à análise da imagem pela semiótica. Com essa disciplina, o visual ficava à mercê, por assim dizer, da interpretação verbal.

A figuração retórica, em especial a metáfora, tem sido retirada do método científico, que não pode suportar a ambiguidade que ela introduz tanto no discurso como na representação. Para a ciência não é possível utilizar uma linguagem "figurada", uma vez que seu lema é a exatidão. Isso não quer dizer que a metáfora não seja introduzida no fazer científico, já que é quase impossível livrar-se dela, mas a intenção é impedir que seja utilizada voluntariamente. É assim que o discurso científico se estabelece como polo oposto do discurso poético, no qual a metáfora é o mecanismo essencial da produção de significado.

Nietzsche dizia que nossas ideias são sempre metafóricas, embora não pareça. Na raiz de uma ideia nunca deixa de estar escondido o que em algum momento foi uma metáfora. Isso é fácil de entender se considerarmos que o mecanismo metafórico aparece na linguagem para designar o que espanta, o que causa estranheza, ou seja, aquilo que não é familiar e, portanto, não pode ser descrito facilmente. Por isso, recorre-se ao que é chamado de símile, que é uma forma fraca do mecanismo metafórico: busca-se *informação* em uma área conhecida para *explicar* o desconhecido.

Um exemplo muito claro, e relativamente recente (para as abordagens de Nietzsche), é a palavra "arranha-céu". Ela surge no momento em que edifícios inusitadamente altos começam a ser construídos, no fim do século XIX – em Chicago, por exemplo, onde esse tipo de edificação apareceu pela primeira vez. As pessoas contemplam com assombro esses edifícios, que despertam nelas uma emoção particular que tentam identificar. Como chamar essas torres tão altas que parecem tocar o céu, arranhá-lo ou tocá-lo, literalmente? *Skyscrapers*, ou seja, arranha-céus. A visão de algo novo, sobretudo algo que produz emoções intensas, desperta o instinto metafórico. A mente tenta encontrar uma equivalência em um campo conhecido daquele desconhecido que contempla. Mas com a condição de que não seja apenas uma equivalência formal, e sim que o elemento importado produza o mesmo tipo de emoção. Enquanto essa emoção permaneça viva cada vez que se apele para a metáfora, ela também continuará viva, porque nela sobreviverá a surpresa inicial. Quando a emoção desaparecer, a surpresa será esquecida e a metáfora estará morta. Isso ocorre quando a metáfora é utilizada com tanta frequência que acaba *gastando* e passa a ser um nome comum que é incorporado ao léxico de forma estável: nesse momento, ao utilizar a palavra arranha-céu, já não se está mais fazendo uma metáfora no sentido próprio do termo, mas utilizando uma palavra que carrega consigo o corpo de uma metáfora. É dessas metáforas mortas que se forma não somente nosso léxico, mas também nosso pensamento, segundo Nietzsche.

Portanto, a poesia, essencialmente metafórica, se revela a nós como o mecanismo produtor de conhecimento por excelência. A poesia é uma fonte constante de metáforas vivas, enquanto as metáforas mortas que pertencem ao discurso prosaico são exatamente o contrário. A poesia se baseia na curiosidade e no assombro que se encontram na base de todo conhecimento genuíno, enquanto o léxico comum, prosaico, ignora ser formado pelas cinzas daquele fogo inicial. A poesia transforma constantemente o brilho da descoberta em metáfora. No outro extremo se encontra, como eu disse, a ciência, cujo método procura evitar com tenacidade a presença da metáfora, mas a despeito disso se mostra incapaz de controlar a infiltração de metáforas mortas que se referem a descobertas ancestrais já assimiladas em seu discurso. Como tampouco o método científico consegue evitar, se a ciência é verdadeira, que as metáforas apareçam no momento da descoberta, quando a curiosidade e o espanto ainda são fortes – nessas circunstâncias, a ciência é uma forma de poesia, da mesma maneira que a poesia pode ser também um tipo de ciência.

O pesquisador britânico James D. Watson, um dos descobridores da estrutura do DNA, confessa que ele e seu companheiro Francis Crick depararam com a forma correta dessa molécula apelando em grande medida a seu senso estético para escolher entre os diferentes modelos hipotéticos que tinham em mente. Watson (2000, p. 185) disse que temia as críticas de uma colega quando lhe mostrou o protótipo, mas que ela considerou que "a estrutura era bonita demais para não ser adequada". Essa intuição de um cientista foi claramente poética. Foi o poeta John Keats (1795-1821) quem disse que "a beleza é verdade e a verdade é beleza".

Na realidade, a metáfora, como toda forma retórica, não é tanto um artifício agregado à linguagem com finalidades ornamentais ou persuasivas, apesar de também o ser, mas uma estrutura fundamental de nosso pensamento. Nossa forma de pensar se desenvolve com base em mecanismos que são o cerne do que então se desenvolveu como retórica propriamente dita. Assim como alguns linguistas, entre eles Noam Chomsky, consideram que existe uma estrutura básica da linguagem que é inata no ser humano e dela derivam todas as línguas, também existe uma estrutura paralela, ou sobreposta à linguagem, de caráter retórico que é igualmente comum a toda a família humana. Essa estrutura retórica básica pode ser considerada um padrão visual equivalente ao padrão linguístico: ou seja, a base de um pensamento visual que teria suas raízes na mesma profundidade do pensamento linguístico, ou talvez numa profundidade ainda maior.

Apesar disso, a metáfora continua despertando suspeitas ou sendo menosprezada. A metáfora, fora do campo poético, sempre é usada de maneira provisória, implícita ou explicitamente. É como se ao falar "com propriedade" (observemos como o mecanismo metafórico se introduz sub-repticiamente, sobretudo nos lugares comuns), ou seja, atendo ao sentido próprio das expressões, só se pudesse recorrer à metáfora como um parêntese explicativo. O discurso literal (entendido como o único confiável) se detém para abrir caminho para uma metáfora que o ilumina momentaneamente com seu resplendor originado em outro lugar (estou obviamente utilizando metáforas). Logo o discurso volta a se fechar sobre si mesmo e continua com sua literalidade. A metáfora é entendida, portanto, como uma ferida aberta no texto a ser curado imediatamente. Considera-se que, ao utilizar a metáfora, não se está fazendo nenhuma afirmação de peso. Não se diz, por exemplo, que Juan é realmente um leão, mas que seu valor o torna parecido com um leão: são apenas comparados. Essa iluminação é permitida se todos, autor e leitor, concordam que a comparação de Juan com um leão é provisória, momentânea, e não denota portanto uma informação sobre mudanças que realmente tenham acontecido a Juan.

A expansão da metáfora

Para Lakoff e Johnson (1999), que usam as ciências cognitivas para estudar os processos da mente que consideram intimamente relacionados com o corpo, a razão não é completamente consciente, nem literal, nem desapaixonada, mas é em grande parte inconsciente, metafórica e imaginativa e emocionalmente envolvida. Segundo essa abordagem, a metáfora não estaria apenas ligada intrinsecamente a nossos processos mentais, mas também aos corporais, uma vez que ambos formariam uma unidade íntima. Isso significaria que nossa presença no mundo, nosso envolvimento com o entorno, seriam baseados em processos metafóricos de muitos tipos diferentes: até nossos gestos e ações seriam em grande medida metafóricos, por exemplo.

Segundo esses mesmos autores, o processo metafórico não consiste apenas em estruturar um conceito nos termos de outro (*metáforas estruturais*: Juan estruturado como leão), mas também em organizar um sistema geral de conceitos em relação a outro (*metáforas orientacionais*). Esse segundo tipo de metáforas estabelece um campo semântico orientado espacialmente – acima e abaixo, dentro e fora, na frente e atrás etc. A existência desse tipo de metáforas está relacionada ao fato de que nossos processos cognitivos partem de um corpo que se encontra em determinado ambiente social. Dependendo de como os corpos se relacionam com o espaço em determinada sociedade, essas orientações espaciais terão um significado ou outro, ou se distribuirão de uma maneira ou outra (Lakoff e Johnson, 1999).

Na Figura 25, vemos como um desses campos semânticos se organiza espacialmente, como as metáforas aparecem em determinados enclaves dinâmicos deste. Segundo nossa tradição cultural, o bem se situa acima e o mal embaixo. A forma de nosso corpo (os pés no chão e a cabeça no ar) estabelece uma avaliação do espaço que se transfere imediatamente à experiência ambiental: o ar, para onde aponta a cabeça, obtém uma valorização superior à terra, onde se estabelecem os pés. Daí até se estabelecer a estrutura de determinadas crenças ou mitologias é um passo – pensemos na distribuição de Céu e Inferno. Consideremos ainda que esses mitos, uma vez constituídos, regressam a seu lugar de origem e reforçam as novas metáforas.

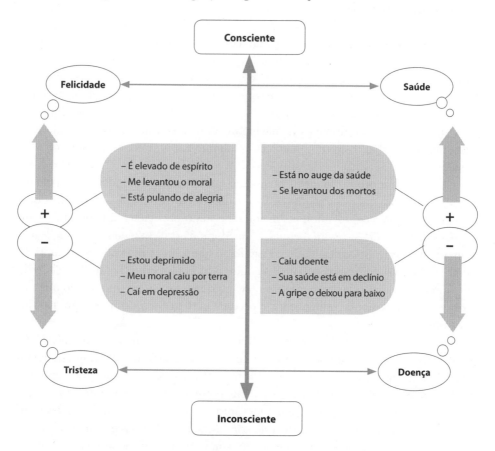

Figura 25

A Figura 25 nos permite apreciar também a divisão da atividade metafórica em uma região consciente e uma inconsciente. As metáforas relacionadas com a saúde e a felicidade pertencem à parte superior e expressam sentimentos plenamente assumidos, enquanto as relacionadas com a tristeza e a doença ocupam a parte inferior e, por regra geral, são expostas de maneira indireta. Por exemplo, não é o mesmo afirmar que alguém é elevado de espírito e dizer que está deprimido. No primeiro caso, a afirmação implica diretamente o conceito orientativo de elevação, enquanto no segundo o conceito de depressão se refere apenas indiretamente a uma tendência descendente. Nas metáforas conscientes, a operação retórica continua sendo visível, enquanto que nas inconscientes provém de um ato involuntário.

O fato de a metáfora ser considerada uma área complexa faz que este tropo se afaste da linearidade do texto linguístico com o qual antes se relacionava.

A imagem metafórica

Precisamente porque a metáfora é uma maneira de ilustrar o texto com imagens (mentais), tem-se prestado pouca atenção ao outro aspecto possível da metáfora, aquele que a relaciona diretamente com a imagem material, com as representações. Isso pode parecer um paradoxo, uma vez que é como dizer que as imagens metafóricas produzem a figuração de uma figuração: se a metáfora linguística significa produzir uma imagem dentro do discurso, a imagem metafórica constitui uma materialização dessa imagem verbal. Essa representação resultante é, portanto, a metáfora de uma metáfora.

A linguagem produz imagens mentais; quando lemos, o mundo criado pelo escritor se apresenta em nossa mente de forma mais ou menos precisa, dependendo de nossa imaginação e da do autor, assim como de sua capacidade para convertê-la em imagens. De seu lado, a retórica visual, a metáfora, dá origem a conceitos que levam a um discurso linguístico destinado a assimilar o que a imagem expõe esteticamente. Vemos nesses mecanismos certa simetria entre os dois processos (Figura 26), simetria que implica uma hibridação de ambos no campo mental, ao mesmo tempo que nos torna conscientes de que o linguístico e o visual pertencem a campos cognitivos intercambiáveis.

Na realidade, todas as imagens são metafóricas em um primeiro nível. De maneira ainda mais contundente do que no texto, a maioria das expressões e ideias tem raízes metafóricas. Uma imagem é a transposição do real a outro campo que modifica os traços dessa realidade; esse contato entre pelo menos dois mundos, o real e o representativo, ocorre a partir de um mecanismo basicamente metafórico. Isso sem contar as questões de técnica e estilo que aprofundam ainda mais esse mecanismo.

Todas as imagens são metafóricas, mas nem todas são metáforas em sentido estrito – há uma grande diferença entre um retrato e uma caricatura. Um retrato realista é metafórico assim como um texto cheio de metáforas mortas; ao contrário, uma caricatura é metafórica de maneira semelhante à forma como um poeta utiliza metáforas vivas.

São mecanismos parecidos, mas deveríamos qualificar o conceito de "metáforas mortas" da imagem realista: algumas delas são, as que pertencem a características de estilo tão enraizadas em uma cultura que parecem formas naturais, comparáveis ao real. Mas outras não.

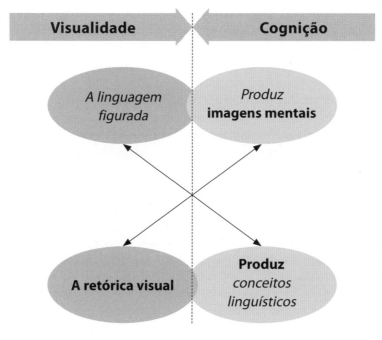

FIGURA 26

Roland Barthes (1980) falava de códigos de construção da realidade em casos parecidos: estudou uma história de Balzac (1799-1850), "Sarrazine", e descobriu nela a série de códigos (hermenêutico, de ação, semântico, simbólico e cultural[57]) por meio dos quais se constrói a sensação de realismo em um texto literário. Balzac teria utilizado inconscientemente em sua escrita esse conjunto de códigos, que constituíram um mecanismo de transformação do real no representativo. Além desses códigos inconscientes, dentro dos quais a cultura se combina com a experiência, estão aqueles que o escritor utiliza conscientemente, os que fazem parte de sua escolha estilística.

---

57. Nesta página web encontra-se uma apresentação interativa que explica o significado desses códigos: <http://www.arts.uwaterloo.ca/~raha/700_701_web/BarthesLO/codes.html>. Acesso em: set. 2008.

No caso da imagem acontece a mesma dicotomia, mas a construção visual, até agora, não teve a espontaneidade do texto: o artista visual era muito mais consciente do que o escritor da utilização de certos códigos culturais, já que estes não se escondiam atrás de uma construção textual padronizada, mas permaneciam visíveis em cada gesto aplicado à imagem. Aprender a escrever não é o mesmo que aprender a pintar: a primeira habilidade é internalizada rapidamente, enquanto a segunda é um ato de externalização contínua. As novas tecnologias podem estar mudando esse cenário, especialmente com os programas de tratamento de imagens como Photoshop ou de grafismo como CorelDraw etc. Neles, os gestos e as técnicas se automatizaram e, portanto, deixaram de ser tão visíveis como eram quando um artista os utilizava diretamente. Essa automatização corresponde ao processo de naturalização dos códigos que Barthes descobriu na literatura.

As imagens são sempre metafóricas, mas há algumas que são claramente metáforas – o equivalente das metáforas verbais, as relacionadas com a retórica propriamente dita. No entanto, há uma diferença fundamental com relação a essas metáforas verbais: se no texto é possível pensar que a imagem que produz a metáfora é transitória – e é possível porque, afinal, a imagem produzida é mental e portanto não acaba nunca de se estabilizar –, no terreno da imagem visual essa escapatória não é tão fácil, já que todo o conjunto da imagem se transforma de acordo com as propostas da metáfora, e o novo cenário da realidade que esta propõe se torna o único cenário visível. Em uma imagem metafórica equivalente à metáfora "Juan é um leão", o que vemos é uma figura parte humana e parte animal; trata-se de Juan transformado literalmente (visualmente) em um leão. A figura que produz a imagem metafórica não é provisória, mas modifica a ontologia da imagem, todo o seu ser. Encontramo-nos, portanto, em um terreno muito distinto do da retórica do discurso oral. No caso da imagem, não estamos diante de uma figura imaginada que se opõe fracamente à materialidade do texto que a originou e que está diante dos olhos do leitor, mas de uma representação estável que permanece imutável diante da forma hesitante e inconcreta do discurso (mental ou oral) que pretende explicá-la.

Formas da metáfora

Embora a metáfora e a metonímia sejam figuras de retórica próximas, não devem ser confundidas. Em geral, a metonímia atua por contiguidade, por proximidade: há sempre uma relação direta entre as partes que participam de sua construção. Por exemplo, quando se afirma que *dez mil fuzis cercaram a cidade*, está se falando em dez mil soldados, mas eles são caracterizados pelo poder dos fuzis que carregam. Fuzil e soldado formam uma unidade natural, já que a arma é um atributo do soldado. Antigamente, os marinheiros diziam, quando um barco se aproximava, que havia uma vela no horizonte. A metonímia se constrói, nesse caso, sobre a base de uma experiência visual: a primeira coisa que se vê de um barco no horizonte é sua parte mais elevada, a vela. Mas se o que se estava vendo no horizonte fosse realmente uma vela, o marinheiro que o anunciou não estaria usando uma metonímia, mas simplesmente fazendo uma afirmação. Quando a frase é usada para indicar que um barco se aproxima, embora seja plenamente visível apesar de sua distância, aí sim é que se produz uma metonímia, uma vez que se está utilizando uma parte do barco para se referir a sua totalidade.

Quando se utiliza uma parte para se referir à totalidade, efetua-se uma sinédoque, que é uma forma particular da metonímia. Se não é fácil, às vezes, diferenciar a metonímia da metáfora, menos ainda o é distinguir a sinédoque da metonímia. Digamos que o mecanismo geral pelo qual são construídas figuras retóricas com o uso de elementos que na realidade são contíguos é chamado de metonímia – por exemplo, quando se diz que uma pessoa *dormiu em seus louros*. Aqui não se expressa a parte pelo todo, mas se toma um elemento de um conjunto, o louro relacionado à antiga celebração em que se coroavam os poetas com louro, e se utiliza para descrever uma situação, a daquele que, uma vez bem-sucedido, relaxa. É também uma forma de criticar um preguiçoso. Na sinédoque, ao contrário, a relação da parte pelo todo é mais estrita: *tinha cem cabeças de gado* (não tinha só as cabeças); *seus olhos o perseguiram* (quer dizer que o olhou com intensidade, mas a totalidade do sujeito é expressa pela parte que corresponde aos olhos).

Um conto muito divertido do escritor de ficção científica californiano Philip K. Dick (1928-1982) ilustra bem o mecanismo da metonímia, levando-o ao absurdo. Seu título é "The eyes have it". Já no título aparece o primeiro movimento retórico, pois Dick utiliza uma combinação de metáfora e metonímia. Nos parlamentos anglo--saxões há o costume de que os deputados expressem seu consentimento dizendo em voz alta "I" (que se pronuncia "ai"). Quando a votação termina, se os votos afirmativos ganharam, diz-se "the *ais* have it", ou seja, os sins ganharam. Mas como "ais" tem o mesmo som de "eyes" (olhos), a frase que informa sobre votação pode ser confundida foneticamente com uma estranha afirmação sobre os olhos: "the eyes have it", ou seja, os olhos ganham, ou prevalecem. Na narração de Philip K. Dick os olhos efetivamente prevalecem, já que se trata de um indivíduo incapaz de compreender a linguagem retórica, que interpreta sempre literalmente (é um defeito relacionado, aparentemente, à esquizofrenia). Assim, quando lê um livro banal permanece em constante surpresa, uma vez que as afirmações, em princípio inócuas, como "perdeu a cabeça" ou "lhe deu uma mão" se transformam em atos absurdos e inquietantes. O personagem acredita que o escritor disse que alguém anda sem cabeça ou que um indivíduo entrega, literalmente, a mão a outro.

Essa incapacidade de compreender o sentido metafórico das expressões estaria, como afirmei, relacionada à esquizofrenia, pois aqueles que sofrem dessa doença mental não só interpretam literalmente qualquer sentido figurado como tornam literais todas as suas construções mentais. A extrema concretude de seu pensamento os impede de distinguir entre a realidade e suas elucubrações. Isso não quer dizer que a metáfora seja uma antessala da doença mental, mas ilustra a íntima conexão entre a mente e os mecanismos retóricos. O linguista Roman Jakobson chegou a conclusões parecidas ao relacionar a metáfora e a metonímia com os mecanismos de formação dos sonhos segundo Freud, e também com certas patologias da linguagem, como a afasia.

Na Figura 25 podemos ver os diversos níveis em que se desenvolvem os fenômenos metafóricos e metonímicos. A metáfora tem que ver com a analogia, pois estabelece processos de relação complexa entre elementos por meio de sistemas de semelhança mais ou menos concretos ou mais ou menos criativos, dependendo da intensidade da figura metafórica proposta. Do ponto de vista da linguística, se desenvolve no âmbito do paradigma determinado por Saussure, ou seja, por meio de relações estruturais que permitem selecionar uma palavra dentro de uma gama de possibilidades. Por outro lado, segundo Lacan, corresponde ao mecanismo da condensação que, para Freud, era um dos fenômenos básicos da elaboração onírica: ocorre quando, no sonho, figuras ou personagens se compõem pela reunião de uma série de elementos pertencentes a outras figuras ou personagens.

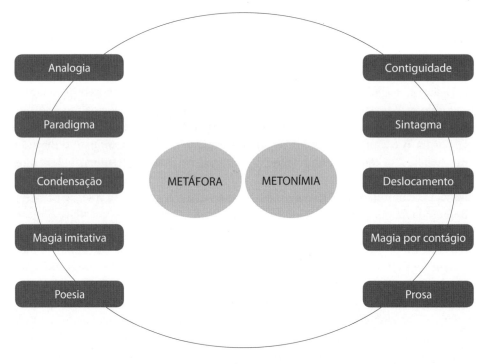

FIGURA 27

A metonímia, por sua vez, atua por contiguidade, e, ao estar relacionada com a frase, funciona no âmbito linear do sintagma. No que se refere a sua relação psicanalítica, tem que ver com o deslocamento, um mecanismo que, segundo Freud, o sonho utiliza para projetar determinadas emoções correspondentes a personagens e situações conhecidos sobre outros que, em princípio, são desconhecidos. Nesse caso, se produz um deslocamento da emoção para evitar enfrentar um problema relacionado com a figura que se pretende encobrir. Em geral, o deslocamento consiste em transferir as características de um objeto a outro.

Jakobson, além de corroborar essas relações das figuras retóricas com outras áreas do conhecimento, acrescenta a conexão delas com as duas formas adquiridas pelo distúrbio de linguagem chamado afasia, que impossibilita aqueles que sofrem da doença de se comunicar verbalmente ou por escrito, ou até de se comunicar por qualquer tipo de processo que envolva signos. Jakobson colocava em evidência uma estrutura bipolar da linguagem graças à qual o ser falante efetua sem saber dois tipos de atividade: uma se relaciona à semelhança e inclui a seleção dos paradigmas ou das unidades da língua; a outra se refere à contiguidade e inclui a combinação sintagmática dessas mesmas unidades. As afasias constituem, portanto, uma perturbação da capacidade de utilizar signos por semelhança ou por contiguidade. Segundo o próprio Jakobson (1973),

> a afasia apresenta numerosas variedades muito díspares, mas todas elas oscilam entre um e outro dos dois polos que acabamos de descrever. Toda forma de transtorno afásico consiste em uma alteração qualquer, mais o menos grave, da faculdade de seleção e substituição ou da faculdade de combinação e contexto. No primeiro caso se produz uma deterioração das operações metalinguísticas, enquanto o segundo prejudica a capacidade do sujeito de manter a hierarquia das unidades linguísticas. O primeiro tipo de afasia suprime a relação de semelhança; o segundo, a de contiguidade. A metáfora se vê impossibilitada no transtorno da semelhança e a metonímia no da contiguidade.

Quando a capacidade de utilizar a relação de semelhança falha, resta ao paciente estabelecer relações de contiguidade dos elementos – "faca é substituída por garfo, mesa por lâmpada, fumar por cachimbo, comer por torradeira". E o contrário: quando falha a capacidade de combinação, manipulam-se as semelhanças – "telescópio por microscópio e fogo por luz a gás".

Jakobson (1973) leva essas implicações ainda mais longe citando James George Frazer (1854-1941), que "reduzia a dois tipos os princípios que governam os ritos mágicos: encantamentos fundados na lei da semelhança e na associação por contiguidade. O primeiro desses dois grandes ramos da magia por afinidade tem sido chamado 'homeopático' ou 'imitador' e o segundo 'magia por contágio'". E acrescenta, por último, que

> o princípio da semelhança rege a poesia [...] A prosa, por sua vez, se desenvolve acima de tudo por contiguidade. Portanto, a metáfora, na poesia, e a metonímia, na prosa, constituem as linhas de menor resistência, e por isso o estudo dos tropos poéticos se dedica fundamentalmente à metáfora. A bipolaridade que

realmente existe foi substituída nessas pesquisas por um esquema unipolar amputado que coincide de maneira surpreendente com uma das formas da afasia, ou seja, com o transtorno da contiguidade.

Esse conjunto de implicações das formas retóricas indica, como afirmei, até que ponto essas formas se relacionam com os mecanismos básicos da nossa mente, e nos informa também dos limites de nosso pensamento.

8. Modos de exposição

Walter Benjamin (1990, p. 9), em seu estudo sobre o drama barroco alemão, chama a atenção sobre os modos de exposição do texto filosófico. Ele o equipara à matemática, cuja finalidade é eliminar totalmente o problema da exposição para chegar a um conhecimento genuíno. Talvez Benjamin fosse condescendente demais com a matemática em sua época, acreditando que não possuíssem um modo de exposição, ou que tivessem conseguido eliminá-lo, quando na realidade sabemos agora que também a matemática tem estilos expositivos.

Mas deixemos de lado a matemática e nos concentremos nas tecnologias contemporâneas da representação, uma vez que em cada uma delas podemos descobrir um modo de exposição característico que afeta o tipo de imagem ou estrutura visual que produz. Por comodidade, partimos das tecnologias contemporâneas, mas sabendo que todas as tecnologias de representação sempre tiveram um modo de exposição próprio que é necessário ter em conta para compreender os modos de exposição atuais. Além disso, prefiro que falemos de tecnologias e não de meios, porque os meios são a parte visível das tecnologias, mas os modos de exposição estão mais ligados à estrutura complexa dessas do que à visibilidade institucional daqueles, sobretudo nos casos – como o cinema, a televisão ou os *videogames* – em que a visualidade depende em grande medida da tecnologia.

Quando nos referimos às imagens técnicas contemporâneas, tendemos a esquecer que estão diretamente relacionadas aos instrumentos e as analisamos com base em considerações muito gerais. Por exemplo, tendemos a projetar nelas o imaginário de modos de representação prototípicos, como a pintura, ou referenciais dentro de uma mesma trilha tecnológica, como pode ser a fotografia para o cinema ou o cinema para a televisão. Até me atreveria a dizer que esses imaginários diferentes se sobrepõem no momento de pensar as imagens e assim, embora examinemos uma estrutura visual da televisão ou da internet, nos aproximamos delas pensando primeiro em um quadro, depois em uma fotografia e finalmente em um filme. O quadro nos oferece as coordenadas gerais da representação ocidental, a fotografia nos proporciona a referência das imagens analógicas de tipo mimético e o cinema termina de arredondar o conjunto adicionando a ele o fator movimento. Não digo que isso aconteça de forma tão precisa, nem que realmente tenhamos consciência do processo, mas que ao pensar hoje em dia em qualquer tipo de visualização contemporânea aplicamos a ela parâmetros que são, mais ou menos, a soma dos citados ou de outros parecidos. Por exemplo, o teatro não costuma entrar nessa sequência porque suas características não se enquadram diretamente no imaginário social contemporâneo, embora ele, como modo de exposição, seja a base de todos os modos de exposição que se conhecem. Esse tipo de regressão que surge na hora de considerar as formas de representação nos torna bastante insensíveis às diferenças essenciais entre as diversas representações. Ao mesmo tempo impede que nos equipemos com as ferramentas conceituais necessárias para enfrentar especificamente as imagens técnicas, entre outras coisas porque não existe uma teoria sobre elas. A tendência geral é considerar que todas são imagens e que a diferença entre elas depende do meio que as transmite.

Aqui aparece o primeiro problema com o conceito de meio, um problema que em parte já observei antes. Muito arraigada ao tema está a noção de transporte, um transporte asséptico, poderíamos dizer, que não se imiscui no que é transportado. Na realidade, os meios de comunicação ou de representação, seja por razões sociais, políticas ou tecnológicas, intervêm muito profundamente naquilo que transportam. De qualquer forma, é difícil desligar-se de um conceito profundamente enraizado na cultura. De modo que continuarei falando de meios visuais – teatro, pintura, fotografia, quadrinhos, televisão, vídeo, computador etc.[58] –, mas ressaltando o fato de que, a partir da fotografia, o fator tecnológico se torna dominante. É necessário levar isso em conta porque se superpõe ao conceito de meio.

Não se trata de criar agora uma teoria sobre esses modos de exposição em relação às tecnologias e aos meios, porque isso nos levaria muito longe. Também não podemos nos dedicar, pelo mesmo motivo, a desenterrar as mediações sociais e ideológicas que esses meios desenvolvem. Na verdade, é realmente necessário, no campo dos estudos visuais, destacar que uma aproximação das diferentes tecnologias da representação pela perspectiva dos modos de exposição é uma forma de solucionar muitos problemas e sobretudo de compreender a relação dessa tecnologia com seus receptores, sem esquecer do tipo de visualidade característica que os diversos equipamentos compõem. Ou seja, o modo de exposição nos permite relacionar a estrutura tecnológica, a estrutura da recepção e a estrutura da imagem de uma determinada tecnologia em um conjunto fenomênico de caráter sistêmico (Figura 28).

---

58. Meios como a literatura ou o jornalismo são igualmente importantes para a estruturação dos modos de exposição visual, já que intervêm neles como substrato. Os quadrinhos e o cinema estão, por exemplo, muito relacionados à tradição literária. Por outro lado, estou deixando de lado níveis conceituais como os que correspondem à impressão ou ao livro para não complicar excessivamente a exposição. Se quiséssemos aprofundar esses aspectos, poderíamos começar dizendo que a impressão está para o livro como o meio cinematográfico está para o filme. A tecnologia de impressão abrange diversos meios, como a literatura ou a imprensa, enquanto o cinema abre um espaço no qual se pode incluir o vídeo e a televisão, por exemplo. O computador seria então um terceiro grande paradigma tecno-epistemológico dentro de nossa cultura. Voltando no tempo, o primeiro de todos eles, o primeiro modelo mental, teria sido o configurado pelo teatro na Grécia antiga.

Os modos de exposição têm uma relação direta com os paradigmas culturais nos quais estão inscritos, assim como com os modelos mentais que determinam o paradigma, ou com vários deles, uma vez que estes também agem cumulativamente. Vários instrumentos podem, portanto, compartilhar modos de exposição parecidos, assim como um instrumento pode acumular diversos modos de exposição contemporâneos ou decorrentes de instrumentos ou meios antigos. O exemplo de mais destaque, e também o mais claro, talvez seja o cinema, no qual se reúne pintura, música, teatro, literatura, fotografia etc. Isso não quer dizer que se deva confundir com qualquer um desses meios, nem que a avaliação final sobre seu modo de exposição tenha de cair no vício antes apontado de considerar que todas as imagens são iguais e o meio não faz mais do que diversificar sua forma de distribuí-las.

Esse conglomerado também não justifica nossa preguiça mental que nos leva a compreender as imagens através dos parâmetros consolidados por outros meios. Que uma determinada tecnologia, agregada a um meio, proponha modos de exposição que surgem da acumulação dos modos anteriores não quer dizer que estes vão aparecer no novo modo com a mesma configuração anterior – os modos experimentam transformações ao passar de uma tecnologia a outra e, portanto, de um meio a outro. No primeiro capítulo deste livro já citei essa fenomenologia e agora remeto a ele para esclarecer conceitos.

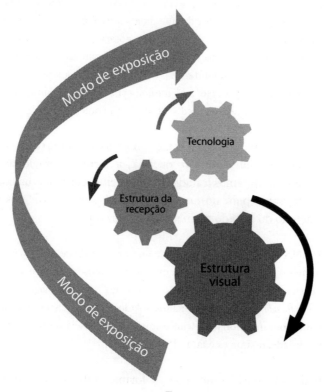

Figura 28

Um modo de exposição é a maneira como um instrumento tecnológico apresenta determinada construção visual a sua audiência. Dito de outra maneira: um modo de exposição é o resultado visual da interação de determinada tecnologia (ou seja, um conjunto de técnicas) com seus espectadores ou usuários. Não se trata, como afirmei, de elementos separados, mas de um conjunto cujos membros interagem entre si. Não existe, portanto, um instrumento que tenha certo modo de exposição por meio do qual apresenta ao público determinado produto visual. Na verdade, instrumento, público e produto formam em seu conjunto o modo de exposição. E podemos encontrar diferentes perspectivas desse modo no embasamento tecnológico, na forma como a audiência está situada em relação a este e, finalmente, na forma de representação visual.

Benjamin, no estudo citado (1990, p. 10), falava especificamente da forma *tratado*, que descreve da seguinte maneira:

> Os tratados podem ser, certamente, didáticos no tom; mas seu espírito mais íntimo lhes nega o valor conclusivo de um ensinamento que, assim como a doutrina, poderia ser imposto em virtude da própria autoridade. Os tratados também não recorrem aos meios coercitivos da prova matemática. Em sua forma canônica, a citação autorizada será o único elemento que responde a uma intenção quase mais educativa do que didática. A exposição é a quintessência de seu método. O método é o rodeio. Na exposição como de rodeio, portanto, é que consiste o método do tratado. A renúncia ao curso interrompido da intenção é seu primeiro sinal distintivo. Tenaz, começa sempre o pensamento de novo, minuciosamente retorna à mesma coisa. Esse incessante tomar fôlego constitui o mais autêntico modo de existência da contemplação.

Benjamin emprega em sua descrição o mesmo método sinuoso que considera representativo do objeto de sua descrição, ou seja, a forma operacional de um dispositivo literário que denominamos tratado. E, finalmente, chega a uma conclusão que parece muito interessante para nós, que o contemplamos a partir dos estudos visuais: equipara o método do tratado a um mosaico e diz que

> a contemplação filosófica não precisa temer uma perda de pressão por isso, do mesmo modo que a majestade dos mosaicos perdura apesar de seu corte em partículas caprichosas. Tanto o mosaico quanto a contemplação (*característica distintiva do tratado*) justapõem elementos isolados e heterogêneos, e nada poderia manifestar com mais força o alcance transcendente, seja da imagem sagrada, seja da verdade, do que esse fato. (1990, p. 10)

O mosaico pode ser considerado, pois, a forma simbólica que organiza a estrutura do tratado, e ambos, o tratado e o mosaico, pertencem em sua forma mais elevada, segundo Benjamin, a uma mesma época, a Idade Média. Portanto, ele considera que são perfeitamente equiparáveis.

É interessante como Benjamim acaba por resumir a estrutura expositiva do tratado a uma imagem, o mosaico: isso nos permite estabelecer a relação entre modos de exposição literários e modos de exposição visuais, já que ambos têm características intercambiáveis.

A título anedótico, vale a pena destacar que o livro de Benjamin sobre o drama barroco alemão ao qual essas citações pertencem foi apresentado como tese de doutorado à banca examinadora. Assim, sua descrição detalhada e entusiasta da forma tratado é a maneira do autor de defender o método empregado em sua tese, diante de acadêmicos que poderiam ser relutantes a essa forma – como realmente aconteceu, já que Benjamin não foi aprovado. Se em vez de remontar a uma forma, a um modo de exposição, que tinha tido seu apogeu na Idade Média, Benjamin tivesse se referido a um sistema mais próximo como é a forma ensaio, seguramente tampouco teria tido êxito diante da banca, cuja desconfiança em relação ao ensaio certamente era a mesma quanto ao tratado, mas pelo menos teria se situado em uma corrente expositiva mais contemporânea. A suspeita diante do ensaio vinha, e ainda vem, de uma extrapolação errada do método científico em relação às disciplinas distantes dele: da ideia equivocada de que o único conhecimento genuíno possível provém de uma rigorosa organização do discurso, que em todo caso somente ocupará uma posição secundária diante da estruturação matemática da prova.

É possível detectar nesses regulamentos do discurso a estrutura de um modo de exposição. O método científico constitui um modo de exposição que é reconhecido em determinado âmbito – a academia ou a comunidade científica em geral –, e serve nesses lugares de garantia para uma comunicação confiável. Diante dessa postura, devemos considerar a existência de diferentes modos de exposição, que como vemos não estão somente inscritos nos meios audiovisuais. O ensaio pode ser considerado também um modo de exposição, como apontava Benjamin, que foi um grande ensaísta e demonstrou com sua obra que o modo ensaio pode ser uma forma tão genuína quanto qualquer outra de produzir conhecimento. O filósofo Georg Lukács, no início do século XX, fez uma primeira descrição da forma ensaio, e Adorno (2004), em meados do mesmo século, elaborou um pequeno tratado promovendo o interesse por ela – que tem sido introduzida cada vez mais na sensibilidade contemporânea, a ponto de alcançar a área do audiovisual em sua vertente documental, com o filme--ensaio, cuja modalidade expositiva é também muito peculiar e muito interessante de estudar no contexto em que estamos.

Os quadrinhos como modo de exposição

Para ilustrar o tema dos modos de exposição nas tecnologias contemporâneas da representação, vou me referir, em primeiro lugar, a um meio como os quadrinhos, que têm a virtude de ser muito conhecidos mas pouco estudados no que se refere a seu sistema representativo. Além disso, também fazem uma ponte perfeita entre as formas estáticas e as formas móveis da imagem, entre as formas puramente espaciais e as espaçotemporais. De início, podemos dizer que nos quadrinhos o tempo se expressa espacialmente, enquanto no cinema o espaço se expressa temporalmente. Em outras palavras, os quadrinhos são um meio que surge da imagem estática, exposta sobre uma superfície bidimensional: ao inserir o fator tempo nesse meio, produz-se uma reconsideração do espaço unitário da página, que se resolve pela fragmentação de sua condição representativa. O cinema, ao contrário, é um meio baseado em um fenômeno virtual, o movimento, ligado ao tempo pela duração. É, portanto, um meio temporal, como a música.

Não se pode dizer, no entanto, que o cinema seja uma forma puramente temporal, pois não é formado apenas de sons, mas sua existência se apoia definitivamente no tempo, posto que os fotogramas por si sós, sem o movimento, não têm entidade expositiva: não são cinema em si mesmos. Ao contrário, as tomadas, como conjunto de fotogramas, o são, mas apenas quando estão ativas, em movimento. O espaço estático está presente, portanto, no cinema, mas de forma inversa à que está nos quadrinhos, ou seja, como substrato técnico e não como plataforma expositiva. Por isso, o espaço cinematográfico é uma construção que resulta da mistura do espaço estático com o tempo. O cinema é, assim, a primeira forma espaçotemporal, uma forma em que o espaço intervém no tempo, ao contrário do que ocorre nos quadrinhos, em que o tempo intervém no espaço. O espaço torna-se fluido no tempo do filme, enquanto o tempo se solidifica nos quadrinhos.

Vejamos como essa intervenção do tempo no espaço representativo se produz, ao longo de alguns poucos anos em que, paralelamente, uma série de artefatos lúdicos está sendo desenvolvida, ou às vezes de ciência recreativa, como são os brinquedos ópticos, nos quais também é possível ver essa intervenção de maneira muito clara. É nesse sentido que esses brinquedos ópticos constituem uma genealogia que conduz ao cinema, enquanto os quadrinhos se desviam para uma forma de expressão própria, de caráter muito diverso, como vimos.

Se tomarmos como ponto de partida as narrativas gráficas que o pintor William Hogarth realizou na segunda metade do século XVIII, depararemos com duas novidades interessantes[59]. Em primeiro lugar, o surgimento de uma narrativa em imagens que combina romance e pintura. Em segundo, o início de uma preocupação temporal na representação espacial de signo diferente do que a pintura tivera até esse momento. As duas novidades nascem de um mesmo fenômeno, a citada combinação entre pintura e literatura, da qual cada meio extrai consequências e

---

59. Para a versão pictórica dessas histórias, consulte o site Art Renewal Center: <http://www.artrenewal.org/pages/artist.php?artistid=894>. Acesso em: set. 2008. Para conferir as gravuras, visite a biblioteca da Northwestern University: <http://www.library.northwestern.edu/spec/hogarth/main.html>. Acesso em: set. 2008.

acrescenta particularidades: o romance se espacializa por intermédio da visualização de suas situações narrativas, enquanto a pintura se temporaliza ao ter de resumir dentro de seu espaço vários momentos que a narração organizava temporalmente de forma muito mais natural. No entanto, Hogarth demonstra uma grande maestria nesse cruzamento, pois consegue dominar em suas representações a tendência à fragmentação que essa temporalidade propõe ao penetrar no espaço. Trata-se de uma virtude do pintor, mas implica também uma resistência à fragmentação, um instinto de conservação do meio hegemônico, poderíamos dizer. Nesse caso, o meio hegemônico é a pintura, que é onde se produz a nova fenomenologia – a qual influi pouco, pelo menos não de forma direta, no meio literário. Este fica à margem das transformações, já que o que Hogarth se propõe a fazer, com suas séries de narrativas gráficas, é transformar a pintura em uma narração visual, e não transformar os romances em quadros.

Se contemplarmos qualquer representação das cenas visuais formadas pelas narrações de Hogarth, veremos que estão repletas de personagens e situações. O conceito ideal do tempo que a pintura tem começa a se dissolver com essas composições, pressionadas pela acumulação de acontecimentos. Cada cena é como o capítulo de um romance, mas o que seria narrado sequencialmente nele aparece condensado em um só momento gráfico. No entanto, esse momento é ilusório, constitui uma camada superficial que se rompe no instante em que se inspeciona de perto o quadro e surge a divisão de acontecimentos e personagens que revelam ser separados por temporalidades ligeiramente diferentes. Ou seja, as cenas de Hogarth não são o que em fotografia se denominaria um "instantâneo", ou seja, a captação de um momento único em que se reúne uma série de acontecimentos temporalmente relacionados, mas "sincronias" ou histórias acumuladas no espaço. Os instantâneos congelam um momento temporal, as sincronias formam uma constelação de momentos temporais distintos (que podem ser simplesmente sucessivos).

As narrativas gráficas de Hogarth batalham entre dois mundos, o da unidade pictórica e o da fragmentação modernista da qual os quadrinhos serão a forma mais destacada, antes de alcançar uma nova recomposição com o cinema.

O segundo ato dessa tendência é encontrado na figura do suíço Rodolphe Töpffer (1799-1846), igualmente interessado na narração gráfica e continuador do trabalho de Hogarth[60]. Não estamos ainda no terreno dos quadrinhos propriamente dito, não só porque se considera que ele nasce no final do século XIX, no seio da indústria jornalística norte-americana, mas porque tanto Töpffer quanto Hogarth estão ligados ainda ao âmbito do romance: pretendem fazer romances por outros meios.

Com Töpffer entramos já no século XIX, e é muito ilustrativo comparar o método do suíço com o do inglês. Onde Hogarth ainda conserva a integridade

---

60. Ver no site Metabunker um excelente artigo ilustrado sobre Rodolph Töpffer: <http://www.metabunker.dk/?p=768>. Acesso em: set. 2008.

pictórica de suas cenas, cada uma delas perfeitamente demarcada e separada das outras por grandes elipses temporais de escassa significação narrativa, Töpffer mostra uma maior sensibilidade em relação aos diferentes momentos gráficos. As vinhetas – porque não são quadros, mas elementos de um novo meio que nasce: as vinhetas – são reunidas em só uma página e, em determinados momentos, a atração entre elas é tão grande que acabam compondo estruturas rítmicas entre si.

Para Hogarth, o espaço da representação é pictórico – grandes quadros, logo transformados em gravuras, separados uns dos outros. Cada um deles representa um momento aparentemente unitário, apesar da tendência centrípeta de seu conteúdo. Töpffer, ao contrário, já descobriu o novo espaço da representação, o da página, que permite, uma vez concebido como plataforma, resolver os problemas temporais que ainda ficavam escondidos em Hogarth atrás da epiderme pictórica. Töpffer não é um pintor, mas desenhista, e isso lhe dá mais liberdade formal, é verdade, mas a revolução se produz porque ele adota um novo espaço de representação que rompe a concepção unitária da tela pictórica a partir da qual o pintor trabalhava no princípio. É preciso voltar à arte pré-renascentista para encontrar uma concepção do espaço pictórico parecida com a que Töpffer utiliza, ainda que ele já esteja desligado do espaço pictórico e tenha se transformado em algo diferente. Lembremos que Leonardo aconselhava aos pintores de sua época, o Renascimento, que procurassem concentrar os temas de seus quadros em espaços e tempos unitários: nascia uma nova forma de representação, baseada na invisibilidade de seu espaço.

Töpffer contempla o espaço da página como território capaz de conter as tensões temporais. É assim que o tempo começa a se introduzir no espaço e produz uma fragmentação dele através da qual o desenhista pode brincar com os ritmos e as elipses de uma forma que era praticamente impossível para o pintor realista.

A partir desse momento, o jogo do tempo através do espaço aparece como uma ampla possibilidade e, mesmo que poucos façam um uso tão radical do dispositivo como Töpffer o fez, é óbvio que se descobriu uma nova forma – que já não deve nada ao romance da qual quis divergir, nem à pintura de cujas ferramentas se quis servir para essa divergência. Basta ver as propostas de desenhistas como Wilhelm Busch (1832-1908) ou Caran d'Ache (1858-1909), que trabalham no final do século XIX, para se dar conta da nova sensibilidade temporal, assim como da incidência da fragmentação nas disposições.

O modo de exposição dos quadrinhos se baseia, portanto, em uma combinação da página e da distribuição em vinhetas ou espaços interiores da própria página. As formas de articular essa dualidade são muito variadas e abrirão caminho para períodos mais clássicos ou mais inovadores. Em princípio, os quadrinhos se padronizam em uma estrutura bastante estática que supõe dividir a página em vinhetas, muitas vezes de tamanho uniforme. Essa tendência não vem só da influência do cinema, ainda que esta contribua muito para que perdure. Caran d'Ache ou Busch, antes da invenção dos quadrinhos, já utilizavam a divisão da página em vinhetas de tamanho padrão, mas é óbvio que o que realmente faz que esse sistema acabe se transformando, durante vários anos, na forma canônica de exposição dos quadrinhos é a necessidade de produzir um relato transparente que o cinema trouxe da noção pictórica assentada sobre a perspectiva. O cinema, aparentemente tão fragmentário, ou mais do que os quadrinhos (fragmentação dupla ou tripla: nos fotogramas, nos planos e na montagem), se concentra desde o princípio, por suas formas populares, em criar um relato transparente que não o afaste da tradição realista (lembremos a advertência de Leonardo aos pintores). A solução encontrada na montagem de tipo clássica induz os quadrinhos a imitá-la, e o melhor que se pode fazer, em seu campo de representação, é padronizar o tamanho das vinhetas, de forma que o espectador acabe se esquecendo de que existem, como o espectador cinematográfico se esquece de que existem os diferentes planos e tende a pensar que vê um espaço unitário.

Mas assim como é fácil que o espectador de um filme clássico se esqueça da presença da planificação, já que esta se encontra sustentada no fluxo temporal que domina a exposição (permitindo, portanto, esconder embaixo dele mesmo a profusa fragmentação do espaço fílmico), não acontece o mesmo nos quadrinhos, nos quais é o espaço que domina a visualização, enquanto o tempo se situa em segundo plano. Por conseguinte, embora o leitor possa seguir novamente as vinhetas, da esquerda para a direita e de cima para baixo, imitando a sequência não menos transparente da leitura de um texto, em nenhum momento pode esquecer a presença da página como espaço completo que tem diante dos olhos. Portanto, sua aproximação da história em quadrinhos será dual, até em seus momentos mais clássicos: será formada por uma dialética entre a articulação das vinhetas e o conjunto que elas formam sobre a página.

Desenhistas como Winsor McCay, um dos grandes clássicos do meio, terão muita consciência desse fenômeno desde seu início. Apesar de compor narrativas através de vinhetas mais ou menos padronizadas, nota-se em seus trabalhos que existe uma aproximação estética da página em geral, pela estrutura de formas e cores que a soma dos espaços particulares dessas vinhetas organiza.

Existem certas variações nesse sentido que vale a pena apontar. Os quadrinhos não se apresentam sempre sob o formato de uma página dividida em vinhetas. Mas este é realmente o formato inicial, como comprovam as esplêndidas páginas que McCay publicou no *New York Herald* a partir de janeiro de 1905 com o título de "Little Nemo in Slumberlad". O tamanho e forma das vinhetas costumavam manter uma unidade em cada uma das páginas, mas a relação podia variar a cada nova edição. De fato, o primeiro quadrinho moderno, "The yellow kid", de Richard Outcault, publicado no *New York World* a partir de maio de 1895, era formado por uma página sem divisões, na qual se acumulavam os personagens e as anedotas à maneira de Hogarth. Os mencionados Caran d'Ache e Busch, assim como Adolphe Willette (1857-1926), publicavam, no último terço do século XIX, quadrinhos de página inteira nos quais a separação em vinhetas existia, mas sem os contornos que as distinguem formalmente. Esse formato aproximava todo o conjunto da fluidez cinematográfica e, na verdade, era bem semelhante, como vimos em outro capítulo, às tiras que eram utilizadas como base do movimento em brinquedos ópticos como o zootrópio.

É verdade que, na tradição norte-americana, a página logo deu lugar à chamada tira (*comic strip*), uma série de três ou quatro vinhetas articuladas horizontalmente que convinham mais à publicação diária nos jornais, mas as edições dominicais tendiam a conservar o formato página, e finalmente estas foram publicadas conjuntamente quando a tradição do *comic book* se popularizou, a partir dos anos 1960.

A tira de vinhetas promove uma leitura mais estritamente sequencial do que a das vinhetas organizadas em uma página, mas continua existindo a possibilidade de um olhar unitário que leve em consideração o conjunto de vinhetas e que leia estruturas rítmicas e formais nele. Isso se produz de maneira genuína, entretanto, com a página inteira. É interessante observar que o que constitui uma forma de aproximação do leitor aos quadrinhos (detectada, certamente, por autores como McCay) acaba sendo assimilado por desenhistas que, a partir de determinado momento, começam a brincar esteticamente com essa relação entre as vinhetas e a página. Isso aconteceu nos anos 1960 e atualmente é uma constante, de maneira que a relação página vinheta é um dos elementos de mais destaque na estética dos quadrinhos, o elemento básico de seu modo de exposição.

Nas vinhetas dos quadrinhos podemos ver sintetizada a transição entre diferentes modos de entender o espaço de representação gráfica, da pintura ao cinema, passando pela fotografia, sem esquecer o espaço teatral. Existem vinhetas teatrais, como as de Caran d'Ache; pictóricas, como as de Hal Foster (1892-1982); e fotocinematográficas, como as de Alex Raymond (1909-1956), em sua série "Rip Kirby", ou de Milton Caniff (1907-1988) em "Steve Canyon". Mas essas qualidades da vinheta não cumprem sua função mais do que quando estão relacionadas entre si e com a página como estrutura global. A maturidade do modo de exposição dos quadrinhos não é alcançada, no entanto, apesar das muitas conquistas anteriores, até a atual popularidade das chamadas *graphic novels*, nas quais os experimentos formais andam de mãos dadas com uma densidade narrativa maior.

Os quadrinhos estão experimentando agora a mesma revolução que o cinema representou, no início do século XX, com a passagem dos rolos de cinco ou dez minutos para os de maior duração. Essa ampliação de tempo possível para a narração abriu as portas para sua complexidade. Demorou muito mais para os quadrinhos alcançarem esse estágio. Não que a forma *graphic novel* não tenha sido produzida antes, mas não o foi significativamente. E não podemos supor que as séries, os capítulos, sejam exatamente iguais. Se relermos "El capitán Trueno" ou "Hugo Pratt", nos daremos conta de que, embora uma mesma aventura se prolongue semana após semana ao longo dos diferentes cadernos, não há uma acumulação real, apenas um acréscimo de peripécias.

Para que exista acumulação, densidade, é necessário poder pensar de antemão em um tempo amplo. Digamos que a complexidade cinematográfica aparece quando aparecem as sequências: as cenas, em si, podem ser muito intensas dramaticamente, mas não acumulam o dramatismo na narração. Isso só acontece quando há espaço para agrupar as cenas e criar sequências. O espaço da sequência é o do tempo complexo, e portanto o da formação complexa das ideias e emoções. Não se trata de comparar as sequências cinematográficas com as dos quadrinhos, mas reter a ideia desse espaço complexo fez que os quadrinhos abandonassem a mera linearidade narrativa, que era o espaço das simples peripécias. Os atuais desenhistas-autores que escolheram o meio dos quadrinhos para expressar suas ideias, suas histórias, às vezes íntimas, autobiográficas, já não partem da base de um espaço limitado e repetitivo, mas de um lugar que podem moldar a seu gosto e dar a ele toda a intensidade que desejarem.

Nesse sentido, a mão já não está "em contato" com o desenho da maneira tradicional, isto é, para produzir tecnicamente um desenho que ilustra um roteiro. Nesse caso, a mão era um instrumento técnico que acumulou destreza. Agora, ao contrário, a mão está em conexão mais direta com a imaginação: a destreza passa a segundo plano porque o imediato é a imaginação. Brusatin (2002, p. 10) dizia que há no desenho, no traço de uma linha, um componente heurístico que permite imaginar através dos traços: "As linhas são ideias que tanto seguem um curso tranquilo e se organizam em ritmos harmoniosos como ondas, quanto se cruzam no ar e se enfrentam como flechas". Ou seja, não tem porque haver uma passagem à reflexão que logo é ditada pela técnica do que se deve desenhar; o pensamento se desloca na própria superfície do papel e na linha que está sendo desenhada. Essa é a sensação que se depreende desses quadrinhos. É, seguramente, uma sensação errônea, já que ainda existe um processo técnico que separa a ideia de sua execução, mas parece que essa separação é mais curta do que a que existia nos quadrinhos mais industriais, da mesma forma que a separação do autor cinematográfico, armado com uma câmara digital, é mais curta no que diz respeito a seu produto do que é no caso do diretor industrial. Tampouco no filme-ensaio se pensa totalmente enquanto se filma, sequer enquanto se monta – pelo menos há essas duas distâncias que devem ser somadas. Mas realmente existem processos de pensamento que ficam impregnados nas imagens e em seguida se completam. Algo parecido pode acontecer com os novos quadrinhos. Seus desenhos estão mais impregnados de pensamentos e emoções diretas do que aqueles mais industrializados.

Imagem, texto, som

Existe outro tipo de articulação nos quadrinhos que sem dúvida é interessante explorar, ainda que apenas superficialmente. Trata-se da relação entre imagem e texto. É interessante por dois motivos. Primeiro porque o tema da relação entre a imagem e o texto é crucial nos estudos visuais, sobretudo na cultura contemporânea, em que as transferências entre as duas esferas são especialmente dramáticas e levantam muitas suspeitas baseadas, quase todas praticamente, em mal-entendidos. E também pelo paralelismo existente entre essa relação da imagem e do texto com outra não menos intrigante que é a da imagem e do som.

Em ambos os casos, é necessário delimitar o terreno em que se estabelecerá a análise da fenomenologia correspondente, já que desse ponto de partida dependerá sua produtividade. Texto e imagem têm nos quadrinhos uma relação muito parecida com a que a voz (e por acréscimo o som) tem com a imagem no cinema. Dito isso, é preciso acrescentar que o fenômeno na área cinematográfica é mais complexo porque não se trata apenas de avaliar a voz, mas também, como afirmei, o som em geral e, sobretudo, a música. Nos quadrinhos tudo isso fica, em princípio, reduzido à categoria de texto, embora eu destaque em breve que é possível considerar uma relação da música com os quadrinhos.

Além dessas considerações, é necessário levar em conta também que a fenomenologia das relações entre imagem e som não acaba no cinema (ainda que de alguma forma comece com ele), mas se prolonga para a televisão e alcança de forma notável as tecnologias multimídia. Em cada um desses outros meios, o modo de exposição é diferente em geral e particularmente no que se refere às relações da imagem e do som. A estrutura que imagem e som compõem na televisão não é a mesma que formam no cinema, nem a que estabelecem na multimídia ou nos *videogames*.

Significa que há um panorama geral que dita o tipo de aproximação que devemos adotar ao estudar a problemática das relações entre som, texto e imagem (nas novas tecnologias multimídia, os três níveis interagem), mas logo é necessário determinar como, a partir dessa coincidência de base, se formam diferentes modos de exposição ou, melhor dizendo, como essas particularidades contribuem concretamente para o modo de exposição geral de uma tecnologia midiática.

Vejamos o que acontece com os quadrinhos. O leitor, nesse estado de consciência dual e visual que o conduz de uma vinheta a outra e dessas para a página inteira ou vice-versa, se detém também para ler os textos que aparecem inseridos nas imagens, muitas vezes dentro do típico *balão*. Estes podem ser tão prolixos quanto os que se encontram em alguns quadrinhos dos anos 1940 e 50 (quando as histórias em quadrinhos imitam mais profundamente a linguagem cinematográfica) ou tão simples quanto se queira. Como exemplo dos primeiros estou pensando em uma história espanhola que imitava o cinema *noir*: "Inspetor Dan", de Eugenio Giner, que começa a ser publicada em 1952 e na qual os personagens "falam" muito e aparecem também longos comentários à narração visual. Demonstrações da segunda possibilidade podem ser encontradas atualmente nas obras de Chris Ware ou Dave Sim, nas quais o texto mal interrompe, de tanto em tanto, o silêncio visual das vinhetas. De qualquer forma, inclusive se o texto é composto simplesmente de onomatopeias (o que será o equivalente textual dos sons), o leitor não só lê o texto como também o vê.

A aparição nos quadrinhos de um texto que é ao mesmo tempo visível e legível aponta para a visualização textual que acontece no âmbito do computador e culmina na multimídia, assim como nos ambientes interativos. Uma prova de que os quadrinhos patrocinam essa tendência é que, nesse meio, o nome da pessoa que *escreve* os textos costuma ser mencionado entre os autores dos quadrinhos, junto com o desenhista, o roteirista e o colorista. Por exemplo, em "Batman, the dark knight"

(1986), Frank Miller aparece como autor da história e dos desenhos, mas o processo de contorno é compartilhado com Klaus Janson, enquanto a pintura e os efeitos visuais são de Lynn Varley e as letras de John Costanza[61]. Reaparece assim a esquecida caligrafia, que foi o último reduto da visualidade do texto antes de desaparecer com a padronização da escrita que se iniciou com a imprensa e culminou com a máquina de escrever. O computador, por sua vez, promove uma volta a esse aspecto *caligráfico* por meio da popularização da tipografia. Esta estava ligada à imprensa e, em princípio, fazia parte da tendência padronizadora, apesar da proliferação de tipos – que era de qualquer forma impessoal se a compararmos com a possibilidade cada vez mais minguada de uma escrita individual, quase subjetiva. Entretanto, com o computador a tipografia volta com ímpeto renovado: já não é um impulso à padronização da escrita e, portanto, um fator de transparência do texto, mas se apresenta exatamente como o contrário, como um fator de visualização do texto. Isso prova até que ponto o meio, o modo de exposição de uma tecnologia, determina os vetores de tudo que se introduz em seu campo.

Recordemos o que dizia Lyotard (1979, p. 219) sobre o visível e o legível: "Entre a oposição e a diferença está o espaço do texto e o espaço da figura. Essa diferença não é gradual, é constitutiva de uma separação ontológica, os dois espaços são duas ordens do sentido, que comunicam, mas que consequentemente estão separados". Antes de prosseguir, detenhamo-nos na delimitação desses dois espaços que são, segundo Lyotard (1979, p. 219), duas ordens do sentido, já que os espaços particulares que promovem diferentes ordens de sentido são equivalentes a nossos modos de exposição: "É mais conveniente dizer espaço textual do que espaço do texto, espaço figurativo do que espaço da figura. Essa preferência denota que o texto e a figura engendram, cada um respectivamente, uma organização própria do espaço que habitam". É verdade. O texto e a imagem têm dois modos diferentes de exposição. Mas nem sempre. Por exemplo, não acontece assim nos quadrinhos em que ambos os espaços confluem e contribuem para criar o modo de exposição típico desse meio que anuncia formas futuras, em particular a forma interface.

Lyotard não ignorava os processos de visualização dos textos que contemplava da ótica da elaboração freudiana do texto. Já vimos antes como essa perspectiva podia iluminar o funcionamento das metáforas e conduzir-nos sobretudo à compreensão das metáforas visuais em particular. Mas, nesse caso, obscurece uma fenomenologia como a dos quadrinhos, que abre seu campo de expectativas para além das funções metafóricas ou oníricas para constituir-se em um modo de exposição genuíno no qual o texto e a imagem se aliam.

---

61. Nessa autoria múltipla podemos ver o ápice da divisão industrial do trabalho que está na base dos meios contemporâneos, mas elevado à categoria autoral. O mesmo processo que parecia acabar com a figura romântica do autor único serve para recuperar a ideia de autor múltiplo ou de múltiplos autores, como também acontece no cinema.

Existe um antecedente que vale a pena considerar nesse sentido: por exemplo as combinações de texto e imagem nas propostas poéticas de William Blake (1757-1827). Nelas, o texto e a imagem se fundem para além da hibridez proposta pelo mecanismo da ilustração de certos textos. Em um livro ilustrado, imagem e texto realmente configuram cada um seu espaço de significação: ambos existem contiguamente, mas sem se misturar, constituindo um bom exemplo do que Lyotard propõe. Mas em Blake essa diferenciação evanesce para configurar o que tem se chamado de iconotextos: "Uma imagem pode ser analisada de forma muito proveitosa se a decodificamos como um iconotexto, como um constructo que funde textos com imagens enquanto requer do observador a ativação de seu conhecimento de ambos os meios" (Wagner, 1995, p. 162).

Nos quadrinhos, os textos são produzidos como destilações das imagens. Estas parecem determinar a cena visual na qual o texto, metaforicamente sonoro, aparece. Nesse sentido, os quadrinhos recorrem à imaginação teatral, primeiro, e à cinematográfica, depois – personagens falando em um cenário para o público. Mas nem o cinema nem os quadrinhos são teatro, embora devam ter herdado dele muitos elementos básicos que logo transformam. Pensemos em algo que já mencionei: a música nos quadrinhos. Evidentemente, não existe da mesma maneira que pode existir no cinema, sobretudo em sua forma extradiegética. Pode ser representada por notas musicais acrescidas como texto, mas só será incorporada adequadamente por aqueles que saibam ler a partitura, inaudível, de uma "banda sonora".

Mas existe outra possibilidade, também presente no cinema, ainda que nele sua visibilidade permaneça mais escondida. Trata-se da modificação do espaço visível pela incidência da música que se produz como acompanhamento, como sublinhado emocional. É óbvio que essa presença modifica a percepção que se tem das imagens cinematográficas às quais acompanha, mas essa modificação é subjetiva, a menos que a montagem, o tipo de enquadramento, a escolha das cores ou a própria ação que é mostrada incorpore o *espírito* da música. Nesse caso, a música se fará visível. Isso, que no cinema permanece em segundo plano, pode se elevar ao primeiro plano em um tipo de desenho ou em uma estruturação das vinhetas que expresse diretamente certa musicalidade. Nesse caso, não há uma música que intervenha para modificar a visão, mas é a visão que, ao observar determinadas modificações da composição visual, imagina a presença de uma música, ou melhor, a sente. O tratamento visual das páginas dos quadrinhos modernos ou das *graphic novels* adquire essa qualidade musical. Chris Ware, em *O menino mais esperto do mundo* (2000), confere um tratamento às vinhetas que é claramente *musical*. A alteração ou reiteração dos tamanhos, o tratamento de cor, tudo isso compõe um determinado ritmo visual tão penetrante que só pode ser compreendido com base em metáforas musicais.

Televisão, *videogames* e mundos possíveis

Examinamos, de forma superficial, um modo de exposição, o dos quadrinhos, que nos serviu para vislumbrar as possibilidades de outros, como a pintura ou o cinema. Não quero avançar mais nessa direção porque isso requereria um livro especializado. Apontarei apenas a necessidade de estudar os modos de exposição de meios tecnológicos como a televisão ou o computador, que permanecem na obscuridade, confundidos, sobretudo no caso da televisão, com formas anteriores.

No que diz respeito ao computador, já apontei em capítulos anteriores as características da imagem interface, cujos parâmetros expõem o modo de exposição do meio. A televisão deve ser abordada de uma perspectiva complexa porque o meio é um conglomerado de muitas outras coisas. Há muito de imprensa na televisão, como existe de rádio. E a retransmissão de um filme pela televisão não é a mesma coisa de um programa ao vivo. Por tudo isso, se disse muitas vezes que a televisão é só um recipiente, mas a verdade é que se trata de algo mais. Como recipiente, está muito perto da imprensa escrita, inclusive seu formato é parecido com o dela quando considerado globalmente. Assim, a variedade que se destila da grade de programação de uma rede é muito parecida com a diagramação da página de um jornal, no qual as notícias ocupam várias colunas, formando espaços contíguos mas não relacionados por alguma lógica visual (por acaso, por algum código jornalístico que as organiza segundo sua importância) e compartilham o espaço com as imagens fotográficas ou publicitárias.

Essa distribuição prolixa é equivalente ao conglomerado de espaços midiáticos de uma programação televisiva, na qual se passa de um tipo de programa a outro, ou se interrompe um deles para introduzir publicidade ou notícias. Nesse caso, produz-se uma variação no tempo, do mesmo tipo que a variação espacial de um jornal. Também podemos encontrar uma forma similar em algumas páginas web. O *zapping* televisivo é uma maneira de navegar por essa proliferação de espaços e equivale à navegação pela internet. Esse movimento visual, articulado pela mão no controle remoto ou no *mouse*, equivale ao movimento visual executado sobre as páginas barrocas de uma mídia impressa.

Mas a televisão oferece uma experiência audiovisual que não se encontra nesses meios e também difere radicalmente da cinematográfica. No cinema existe uma distância entre o espectador e o espetáculo que provém do teatro, por isso se considera que é um meio óptico, em contraposição ao meio tátil (háptico). No cinema, o espaço do espetáculo, o recipiente dele, desaparece na escuridão da sala, com a qual se cria um ambiente próximo ao do sonho, enquanto a televisão costuma agir cercada de luz – portanto, tornando plenamente visível o ambiente em que é desfrutada. Esse espaço é o da casa e está muito presente, enquanto o cinema acontece fora do lar, expressamente fora dele.

É verdade que cada vez vemos mais filmes em casa, em circunstâncias idênticas àquelas em que vemos televisão, inclusive quando são assistidos no computador.

Isso modifica, sem dúvida, a percepção profunda dos filmes e transforma de alguma forma a experiência cinematográfica, ainda que em nível primário pareça que o filme é desfrutado da mesma forma. Sem dúvida o processo de fragmentação perceptiva que é produzido entre os espectadores mais jovens tem relação com isso. É muito comum ver pedaços de filmes pelo YouTube ou ver filmes fragmentados em DVD, ou seja, com várias interrupções. Também é habitual estar assistindo a um filme ao mesmo tempo que se faz outras coisas, como falar ao telefone ou ler. É interessante, ainda, verificar como o tamanho das telas de reprodução diminui, por um lado, com o computador e os telefones móveis, enquanto de outro aumenta e melhora com a televisão de alta definição – e em alguns casos o próprio cinema (ainda que aqui a tendência tenha ido também no sentido da proliferação de salas de telas de tamanho médio). Essa reconfiguração do espectador e de sua experiência tem seu ponto de partida na televisão.

O espectador não vai assistir à televisão em um lugar especializado; é a televisão que se instala no próprio lar, validando o conceito de janela que Alberti tinha utilizado no Renascimento para definir como tinha de ser a pintura. Mas essa janela levou a metáfora de Alberti às últimas consequências, já que o que se mostra nela não é ilusoriamente real, mas se apresenta como a própria realidade com todas as suas qualidades de presença, movimento, som, cor etc. Do regime onírico que alimentava o cinema, conserva a proliferação de espaços que se produz nela, a carência de fronteiras precisas entre a realidade e a ficção, a condição hipnótica de suas imagens que agora é muito mais imponente que no cinema, por estar mais próxima. No cinema, o espectador fazia uma incursão aos sonhos. Na televisão, são os sonhos que se instalam no lar e introduzem nele seu regime onírico. Por sua condição háptica, ou seja, relativa ao mundo visual, a televisão também faz que o espectador se introduza nos sonhos, os quais deixaram de ser um espetáculo e se transformaram em um prolongamento de seus estados mentais.

Da mesma forma que, segundo a ideia de Gibson, percebemos o mundo visual como um conglomerado de impressões, que a pintura medieval representa convenientemente sem a ordenação lógica que logo a perspectiva proporia, também a televisão é experimentada como essa imersão em um mundo de sensações não discriminadas. É por isso que o cinema conserva a estrutura perspectivista, embora a transcenda por sua condição onírica e pelo tipo de assimilação cognitiva de suas propostas, que é mais complexa do que acontece na tela. Mas na televisão essa estrutura não existe além da experiência parcial em cada um dos enquadramentos. Acontece, portanto, como nos quadrinhos, nos quais uma coisa são as vinhetas e outra a relação entre elas e o todo que as contém. Aqui o todo é virtual, como o espaço cinematográfico.

Mas assim como o espaço cinematográfico construído a partir do planejamento tendia ao classicismo (se omitirmos o fato de que era um constructo no qual intervinham os elementos emocionais e dramáticos da cena), o da televisão é absolutamente barroco, do ponto de vista da experiência cognitiva. É um espaço, além disso, que se expande até envolver o espectador. Este se vê introduzido em uma experiência de *realidade virtual* que não se refere apenas às qualidades ilusoriamente espaciais dela, mas a uma construção arquitetônica, composta de imagens, sons, emoções, informações etc. Tudo isso se articula constantemente, passando de estados neoclássicos, perfeitamente equilibrados, como pode ser o formato de um telejornal, a outros absolutamente dinâmicos e inesperados, como os espaços publicitários ou um concurso espetacular.

A televisão supõe a culminação da ideia de montagem, mas agora não se trata de uma montagem estética e tecnicamente controlada, e sim de uma montagem sem centro nem perspectiva, destilada das próprias condições do meio. Cada um dos programas ou dos espaços tem, certamente, sua própria montagem, seu processo de edição técnico-racional. No entanto, não estou falando dessa montagem, mas de uma fase superior dela que, como afirmei, aparece como produto da própria ecologia do meio. É a forma da televisão, seu modo de exposição característico, sobre o qual se fundamentam todos os demais e que destila por tanto tempo uma linguagem própria que não é cinematográfica, nem jornalística, nem teatral. Também não é a linguagem da publicidade, ainda que esteja muito próxima dela. Talvez coincida melhor com os *videogames* – se bem que nesses a montagem, como reconfiguração de fragmentos, desapareceu em favor de um conjunto fluido. Mas esse conjunto fluido dos *videogames* só pode ser compreendido a partir da fragmentação anterior, é um estágio superior dela.

Os *videogames* propõem mundos possíveis e obrigam o espectador a desentranhar esses mundos de forma ativa, não intelectual. A televisão ativa a mesma tendência, não no âmbito dos mundos possíveis, mas nas fronteiras do mundo real e através de sua contínua recomposição, oferecendo inúmeras perspectivas dele. Um leitor de romances enfrenta mundos possíveis passivamente do ponto de vista corporal: a atividade é mental, instalada no imaginário. O jogador de *videogames* se vê obrigado a agir com o corpo, leva a leitura do que acontece na tela a seu corpo, em uma atividade na qual a imaginação está situada em segundo plano e age como frontão dos estímulos ou seu filtro. Mas o processo de decifrar o mundo está no corpo. No caso do espectador de televisão, ele se encontra a meio caminho entre o leitor e o jogador de *videogame*. É um espectador passivo que tem de fazer pouco, mas possui o controle remoto – que está a meio caminho entre o jornal ou a revista que segura na mão – e o *mouse* ou o *joystick* que ativam mundos possíveis. A imaginação do telespectador se encontra também em um estado intermediário entre a do leitor, em primeiro lugar, e a do jogador de *games*, situada no fundo da atividade.

9. Identidade visual

Imagem e forma

No campo da cultura visual, onde se desenvolveu em maior medida a análise das relações entre a identidade e a imagem, costuma-se enfocar o tema da perspectiva do conteúdo das imagens, deixando de lado, na maioria dos casos, sua forma. Nem sempre se entende bem essa diferença, pois apesar de parecer ter-se chegado à convicção de que forma e conteúdo constituem uma unidade dificilmente separável, na verdade é muito fácil cair na avaliação exclusiva de uma das partes, especialmente quando se trata do conteúdo.

No caso dos fenômenos relacionados com a identidade e a subjetividade, a questão se complica, pois parece que as características de gênero, raça, identidade nacional, classe etc. são expressas nas imagens principalmente por meio de sua figuração, e que essa figuração cai em cheio dentro do território da forma. Com isso, parece que a visualidade da imagem já se esgotou quando se contemplam e se discutem as peculiaridades dessas figuras. Entretanto, quando se alcança esse ponto, ao qual o aparato crítico da cultura visual chega muito rapidamente, na realidade só se roçaram as fronteiras da imagem, ali onde sua fenomenologia mal começa, como terá detectado o leitor que chegou até aqui em sua leitura deste livro. Mas não se trata de pretender concentrar-se, a partir dos estudos visuais, em um campo puramente formalista no qual devamos estudar a confluência de linhas, planos, volumes e cores para determinar, um tanto absurdamente, como essas geometrias estabelecem nossos sistemas de identificação e, ainda por cima, a construção de nossa identidade. Trata-se de algo mais sutil.

Quando Panofsky desenvolveu seu célebre sistema iconográfico para decifrar o tema das imagens nos casos em que não estava claro, teve de enfrentar um problema semelhante: onde começa a representação? Para resolvê-lo, dividiu seu mecanismo de análise entre os conhecidos parâmetros da forma e conteúdo. Depois, seguindo à distância os fundamentos da psicologia da Gestalt, descartou – considerando irrelevante – um primeiro nível analítico que denominou formal e se caracterizava, segundo ele, por essa parte básica das imagens que é composta por elementos visuais incertos: as linhas, os planos, os volumes etc. Essa atitude era gestáltica porque os partidários dessa teoria também rechaçavam a ideia de que as impressões chegassem desordenadas a nossos sentidos e em seguida fossem reunidas em nosso cérebro. Acreditavam, ao contrário, em unidades de percepção que organizavam a realidade *a priori*; consideravam a percepção uma espécie de linguagem composta por leis apriorísticas. Panofsky ia igualmente em busca das unidades de significado que constituíam as figuras já formadas, ainda que considerasse que, dessa forma, se situava diretamente no nível dos conteúdos, ou seja, aquele em que a imagem representava formas identificáveis. Nesse ponto, o espectador reconhecia objetos, situações, gestos etc., e era com base neles que conseguia resolver qual era o conteúdo da imagem.

Se prestarmos atenção a essa abordagem, nos daremos conta de que o método de Panofsky desconsidera o âmbito específico no qual a imagem se expressa por suas próprias características visuais, já que por um lado restam os elementos abstratos e, por outro, formas que, mesmo sendo visuais, são contempladas pela perspectiva de sua semelhança com suas contrapartidas reais. Panofsky, por exemplo, identifica o uso iconográfico de uma espada ou de um chapéu como poderia fazer se os contemplasse na própria realidade e, de fato, quando utiliza o exemplo do chapéu não indica se está se referindo à representação de um gesto ou ao gesto real. Não leva em conta de modo algum a construção visual desses elementos, sua inclusão em uma estrutura organizada visualmente.

São muitas as abordagens da imagem que, de uma forma ou de outra, recorrem a essa perspectiva iconográfica, por meio da qual se utiliza a imagem sem realmente vê-la, quer dizer, concentrando-se apenas no que informa sobre a realidade a que ela faz menção. É verdade que tanto Panofsky quanto os que se dedicam à iconografia (ou os que utilizam exemplos visuais como ilustração de suas matérias particulares), analisam construções visuais altamente simbólicas e, consequentemente, não relacionadas diretamente à realidade, mas continuam desdenhando dos recursos visuais através dos quais essas imagens se expressam e só consideram o que as imagens informam sobre a realidade que representam.

No campo da análise cinematográfica, tanto o genuíno – que se desenvolve nas disciplinas propriamente cinematográficas – quanto o que é usado em outras áreas, como ilustração (literária, histórica etc.), costuma-se cometer esse erro de não ver mais do que situações e personagens no que parece ser um modelo limitado da realidade, sem prestar atenção a como esse modelo é construído ou funciona. É uma atitude própria da ciência, de sua relação com a imagem, cuja sensibilidade se propagou por toda parte. Da mesma forma, nos denominados experimentos mentais, por exemplo, não se leva em conta a construção imaginária do modelo e só se presta atenção ao seu conteúdo que seja útil para o experimento. Pensa-se que a realidade pode ser transportada a um cenário sem que fique afetada por suas características. Do prisma dos estudos visuais devemos considerar exatamente o contrário.

Mas, embora a maioria de seus mecanismos de análise iconográfica se concentre nos aspectos já citados, restou a Panofsky a dúvida de se não estaria deixando de lado algo intrinsecamente relevante na imagem. Por isso, ele estabeleceu outro nível de análise, denominado *iconológico*, que foi percebido como o da significação das formas e estruturas para além de sua iconicidade estrita. Isso quer dizer que o significado revela a maneira como as imagens e suas combinações nos são apresentadas: agora já não olhamos "a espada" ou "o chapéu", mas "esta espada" e "este chapéu" reproduzidos de uma maneira específica: expressos visualmente por determinado estilo e compondo uma visualidade concreta.

É nesse âmbito que deveríamos nos situar na área dos estudos visuais em geral, mas especialmente quando queremos estudar a construção da identidade através das imagens. Deixemos que a cultura visual, disciplina afim em muitas ocasiões, se ocupe das imagens como ícones culturais e perguntemos como essas culturas intervêm na própria confecção da forma das imagens. Perguntemos também como os traços dessas culturas se expressam visualmente.

O retrato e o corpo

Não devemos tratar o conceito de representação simplesmente como uma nova palavra para denominar as atividades de mostrar, pintar, desenhar ou produzir imagens. Griselda Pollock (1994, p. 14), de uma perspectiva feminista, destaca que "a representação deve ser entendida como uma relação social promulgada e realizada por meio de exigências específicas à visão, assim como modos igualmente específicos de organizar espaços imaginários e corpos para o olhar". A abordagem feminista às formas visuais evidencia claramente como estas administram os problemas da identidade. Os esforços para compreender de que forma as imagens negociam as questões de gênero são uma maneira de expor a complexidade das representações visuais e ao mesmo tempo de reafirmar a própria identidade. Esse parâmetro duplo é encontrado sempre que determinada minoria – social, sexual, cultural – enfrenta as formas hegemônicas da representação. Já que representar significa uma entrada em cena ligada a certas estratégias das quais o observador também faz parte, a análise da imagem se transforma em uma luta ideológica para colocar em evidência o viés de determinadas formas de representar o corpo, as relações sociais, a subjetividade, tudo que a visão oficial esconde por trás do véu de um suposto realismo das imagens que só daria conta daquilo que se encontra diante dos olhos de quem as produz e de mais ninguém. Mas essa luta não se esgota em si, nem é apenas uma proposta de interpretação entre outras possíveis; revela uma determinada ontologia visual, certos mecanismos de representação que nos informam sobre a profundidade das atividades visuais. Além disso, a atividade analítica nos mostra também uma forma de promover visualmente a própria identidade do analista.

Uma das ideias fundamentais do feminismo é o fato de que a subjetivação se baseia na diferenciação dos corpos. A subjetivação é sinônimo de uma diferença sexual expressa figurativamente por intermédio do corpo, ao mesmo tempo em que se inscreve neles. Portanto, a subjetividade é inseparável da representação e da figuração do corpo (Pollock, 1994, p. 7). Isso nos leva a considerar a importância primordial do retrato nesse jogo de identidades através da imagem.

O retrato pictórico foi a forma habitual de representar a identidade através da imagem ao longo dos séculos, até a chegada da fotografia. Esse tipo de retrato era um espelho feito sob medida, por meio do qual alguém poderia se ver pelos olhos do outro. O fato de o retrato ser "feito à mão" implicava a possibilidade de certo compromisso entre o autor e o modelo: ficava claro que o resultado final, ainda que socialmente entendido como uma forma de verdade visual, surgia de um acordo entre a interpretação do pintor e os desejos do modelo. Quando vamos aos museus, afirma Rosa Martínez-Artero (2004, p. 15),

> fazemos um ato de fé diante dos quadros, contamos com o fato de que essa aparência física corresponde aos sinais da identidade (de um sujeito verdadeiro), e à margem de sua verossimilhança, lançada de um rosto que nos olha, reconhecemos principalmente à obra de arte em seu trabalho de superfície pictórica, traços, cores, pinceladas.

Esse ato de fé mencionado por Martínez-Artero fundamenta-se no fato de que consideramos os pintores clássicos capazes de captar a essência do sujeito – não só sua aparência externa em determinado momento, mas o sujeito fora do tempo e para a eternidade. O pintor se transforma assim em uma espécie de psicólogo visual, cuja destreza vai além das pressões que possa ter sofrido de seus patronos para pintar o sujeito de determinada maneira. O exemplo mais claro dessa convicção é encontrado nos retratos que Goya fez da família de Carlos IV, os quais nos mostram um olhar incisivamente crítico sobre esses personagens, embora eles tivessem encomendado os quadros a Goya e pago por eles. John Berger nos faz notar uma situação parecida nos retratos que Franz Hals (1580-1666) realizou, em duas pinturas diferentes, dos diretores e diretoras do asilo da cidade holandesa de Harleem. Diz Berger (1987, p. 15) que

> nessa confrontação entre o autor e seus modelos, os diretores e as diretoras observam Hals, um velho pintor destituído que perdeu sua reputação e vive da caridade pública; ele os examina pelos olhos de um mendigo que, entretanto, tem de ser objetivo, ou seja, deve tentar esquivar-se do modo como ele os vê de sua perspectiva de mendigo. Esse é o drama dessas pinturas. Um drama de contraste inesquecível.

Parecia que a invenção da fotografia transformaria completamente essa situação, já que sua atuação técnica deixava de lado toda ambiguidade possível: já não havia negociações e incertezas, sequer poderia haver aprofundamento psicológico. A máquina se limitava a captar o que estava diante dela, sem paliativos. O fenômeno do retrato ficava limitado, portanto, a um de seus aspectos, o mais idealista, aquele que sustentava a fé do espectador do retrato sobre a verdade dele, que agora ficava materializada em uma imagem técnica e, consequentemente, objetiva.

Sartre (1966, p. 21) faz a distinção entre imagem, retrato e caricatura na hora de expressar a fenomenologia da imaginação. Uma coisa é a lembrança do rosto de um amigo que surge na mente quando pretendo recordá-lo; a outra é a fotografia que tenho dele; finalmente, o último recurso é a caricatura. Cada uma dessas facetas tem suas vantagens e inconvenientes. A imagem mental, a consciência imaginária do rosto de meu amigo, não é muito clara, faltam-lhe detalhes ou alguns deles não são genuínos. A fotografia, ao contrário, é muito detalhista, mas carece de vida: apresenta de maneira perfeita os traços do rosto de meu amigo, mas não me mostra sua expressão. Por fim, com a caricatura me encontro diante de um rosto voluntariamente distorcido, mas nela está presente a vitalidade que falta à fotografia.

Na verdade, se reunimos essas três características, que aparecem dispersas em três meios distintos, depararíamos com algo muito próximo da pintura, do retrato pictórico em si. Nele, aparece o gosto pelo detalhe da fotografia, pelo aspecto superficial, mas ao mesmo tempo esses traços não são expressos de maneira mecânica, e sim com ligeiras distorções, como na caricatura: ainda que não cheguem ao exagero extraordinário dos traços que ela propõe, existe realmente no traço do pintor um afastamento do factual que tem raízes idênticas ao caricatural e, como ele, é um veículo para a análise psicológica. Da imagem mental, a pintura tem sua plasticidade, já que parte também de uma imagem mental que o pintor combina com a imagem real do modelo: a pintura é sempre parte imaginação, parte visão. É por isso que o retrato é sempre a imagem de alguém vista por outro: representa claramente o olhar do Outro sobre o corpo do modelo.

O mesmo acontece com a fotografia no momento em que ela própria adquire maturidade suficiente para compreender que não é apenas um produto mecânico, mas uma forma técnica de alcançar os mesmos propósitos da pintura por outros meios – o que não significa que sua meta seja acabar sendo idêntica a ela. Alguém poderá pensar que, se a essência da fotografia fosse ser como a pintura, sua invenção não teria suposto avanço algum no terreno da representação e até no terreno do conhecimento, e por isso não valeria a pena falar dela tanto quanto se fala. Mas se essa observação poderia parecer válida no início desse meio, a implementação da imagem digital e as técnicas correspondentes de tratamento de imagem, que provocam uma profunda hibridação entre os paradigmas da fotografia e da pintura, colocam as coisas em seu lugar.

A fotografia parte da realidade de maneira mais direta que a pintura, e nela o trabalho de aprofundamento representativo é executado sobre o real (ainda que se faça no mesmo momento do ato fotográfico, com o controle da luz etc.) e não para criar uma alternativa do real que será tratada para lhe dar realismo, como acontece com as formas pictóricas não abstratas. No momento em que a imagem digital permite a conjunção das duas intenções, vemos claramente que a finalidade da fotografia não era ficar só em sua função primária de ser testemunha de determinados parâmetros reais; também tinha o potencial de penetrar a realidade como a pintura – só que de seu lado oposto. A fotografia "codifica o corpo através da retórica da postura, do gesto, da posição no espaço, e o faz em relação a um espectador. Posiciona o corpo em uma representação, que é como dizer que produz um corpo para a representação" (Pollock, 1994, p. 20). A pintura também produz um corpo para a representação com os mesmos dispositivos, mas o faz a partir da ficção. Essas duas tendências juntas produzem no regime digital uma poderosa ferramenta representativa e epistemológica, dotada de uma enorme capacidade expressiva (que superficialmente nos deixam entrever as espetaculares produções de Hollywood, forma primária desse potencial), ao mesmo tempo que promete uma não menos intensa capacidade reflexiva.

Isso é crucial do ponto de vista da construção da identidade, já que, ao aumentar o realismo, incrementa-se a capacidade de sedução, mas também a possibilidade de autorrepresentação. Os *videogames* nos mostram as duas faces dessa moeda. Enormemente sedutores e, portanto, grandes canalizadores dos mecanismos de projeção psicológica, abrem também a possibilidade de um trabalho profundo de introspecção por meio de dispositivos audiovisuais, como já se pode adivinhar, contemplando os resultados obtidos nesse sentido por outro meio, ou seja, nas manifestações do novo documentário subjetivo que a partir do filme-ensaio, do autorretrato, dos diários audiovisuais, dos filmes autobiográficos etc. nos revela a vertente positiva da chamada pós-fotografia.

Formas do eu

Um dos postulados mais famosos do psicanalista Jacques Lacan é uma transposição perfeita do mito de Narciso de que falei anteriormente. Denomina-se *fase do espelho*. Lacan afirma que as crianças passam por uma fase de desenvolvimento psicológico na qual uma imagem externa do corpo refletida em um espelho produz uma resposta psíquica que dá lugar a uma representação mental do "Eu". As crianças se identificam com a imagem, que serve como figura das percepções emergentes da identidade, mas já que a imagem do corpo unificado não corresponde a sua condição vulnerável e fraca, ela se estabelece como o Eu ideal no sentido do qual o sujeito se vê compelido durante o resto da vida. Isso significa que, para Lacan, o espelho não é a sede do real, mas do imaginário. Nesse sentido, acompanha, quase ao pé da letra, o mito de Narciso, que também confundiu sua imagem refletida na água com a pessoa ideal que quer alcançar.

Para Lacan, a fase do espelho torna o ego fundamentalmente dependente de objetos externos, de outro (como reflexo ideal de si mesmo). A dialética entre esse outro (que é parte imaginária de si mesmo) e o Outro (representante de tudo que não é a própria pessoa) configura a identidade pessoal. Essa identidade tem, para nós, um ponto de partida fenomenológico muito concreto que nos transforma em espectadores subjetivos de uma realidade externa e objetiva. A teoria da perspectiva pictórica se baseia nessa divisão entre sujeito e objeto, ao mesmo tempo que reafirma e ajuda a construí-la como dispositivo de relação ideal entre o Eu e o Outro.

É no terreno do autorretrato, tanto pictórico quanto fotográfico, que mais diretamente são disputadas as contradições entre o olhar objetivo e o olhar subjetivo. A identidade aparece no autorretrato como uma tela situada entre o olhar pessoal subjetivo e o olhar objetivo do Outro. Nessa tela, a imagem é claramente a visualização do Outro, ou seja, da identidade ideal do autor expressa de maneira que se possa contemplar pelos dois polos – é uma imagem construída por meio do que o autor pensa sobre si mesmo mas oferecendo-a a outro, a um olhar que julga. O autor pretende extrair do olhar objetivo do Outro a constatação de que seu Eu ideal, seu outro, é fidedigno. Isso nos mostra até que ponto é complexa nossa identidade, que não depende de um vetor apenas, mas do equilíbrio estabelecido entre vários deles, equilíbrio dificilmente alcançável. Isso nos faz pensar que a identidade como elemento substancial não é possível e, portanto, o que chamamos de identidade não é mais do que o constante jogo de equilíbrios entre o Eu ideal – o outro –, o olhar externo do Outro e a representação que constantemente nos é oferecida por uma visão de nosso corpo que se situa exatamente em nenhum dos dois polos, tanto foi criada por nós mesmos como foi feita por outra pessoa.

Patologias como a anorexia nos oferecem um exemplo da importância desse jogo de equilíbrios em três faixas, já que os anoréxicos nunca conseguem se ver como são nas imagens que lhes são oferecidas deles mesmos, sejam imagens refletidas em um espelho ou fotografias. Podem estar extremamente magros, mas sua autopercepção não se ajusta à imagem "objetiva" que lhes é oferecida: o eu ideal e o olhar do Outro agem tão poderosamente sobre a percepção que distorcem a imagem do corpo oferecida ao julgamento da visão.

Nesse sentido, o autor norte-americano Don Ihde estabelece, em seu livro *Bodies in technology* (2002), uma diferenciação muito interessante e produtiva entre a experiência direta do corpo e a experiência externa dele. Uma coisa é, diz, o *here body*, o corpo como centro de experiências, típico da fenomenologia clássica; outra, o "corpo parcialmente descorporizado", que se manifesta quase como se fosse um corpo visto pela perspectiva de outro. Essa última experiência é considerada uma espécie de corpo virtual que se estabelece em uma projeção não tecnológica. É um corpo-imagem que combina as sensações do corpo-experiência por dar lugar àquilo que o autor denomina "ambiguidades multiestáveis", instituindo com isso um espaço fenomenológico que pretende se opor aos produtos de uma epistemologia de sinal contrário que se caracterizariam por ser claros ou transparentes e primordialmente estáveis.

Segundo Ihde, essa dualidade perceptiva inicial, que caracteriza a concepção moderna do corpo, se vê complicada pela intervenção da técnica em sua fenomenologia. Ambas as percepções do corpo, corpo experimentado e corpo concebido, podem ser implementadas tecnicamente. A sensação do corpo aqui excede seus limites físicos, de forma que as diferentes tecnologias, das mais simples (um martelo, uma bengala de cego etc.) até as mais complexas (um microscópio ou um telescópio) supõem uma extensão técnica dele (o cego "toca" a rua com a bengala: seu sentido de tato se estende ao longo dessa haste até chegar à rua), algo que McLuhan já tinha constatado em sua época.

Em contrapartida, as denominadas tecnofantasias ("a realidade virtual é um fenômeno que se encaixa perfeitamente em nossa relação existencial com as tecnologias. Aqui a questão é muito profunda e compreende nossos desejos e nossas fantasias, que se veem projetados no tecnológico") desempenham um papel essencial na ideia que fazemos de nosso corpo, especialmente do corpo como totalidade que complementa o corpo como presença. De fato, a ficção cinematográfica já instaurou essa percepção dual em seus filmes sobre realidades virtuais ("Matrix", por exemplo); neles são mostradas, de maneira objetiva, experiências que só podem ocorrer intensamente focalizadas em uma percepção corporal.

A técnica da realidade virtual, tal como se entende na atualidade, supõe a presença clara de um corpo perceptivo que age e se materializa por meio da cobertura técnica (capacete, vestimenta e várias próteses) que o reveste. O mundo virtual é feito expressamente para esse corpo e, entretanto, tendemos a imaginar a experiência tal qual o cinema nos mostra: como o espetáculo do corpo de outro. Por isso, do processo de somatização que a repentina materialização do corpo supunha – um corpo que tinha desaparecido, absorvido pela construção em perspectiva que se organizava tendo-o como centro ausente – passamos a uma excisão da consciência do corpo por meio de uma percepção dual dele. E parte dessa percepção é cultural e tecnicamente produzida, o que quer dizer que essa tecnologia que anteriormente tinha conseguido materializar nossa consciência volta a projetar ou inscrever suas leis sobre o corpo. Uma viagem circular do interior do corpo até seu exterior, passando por uma técnica que age como catalisadora do processo.

A publicidade se apodera desse espaço com muita facilidade. Nela aparece o corpo (e as fantasias e desejos) que o Outro quer que tenhamos, e com isso introduz um forte desequilíbrio no jogo vetorial de nossa identidade ao utilizar técnicas visuais altamente sofisticadas – o corpo segundo o Outro se transforma facilmente no outro, em nosso corpo ideal, de maneira que dois vetores se unem para nos convencer de que estamos equivocados com relação ao terceiro, a imagem objetiva de nosso corpo (e, por extensão, de nossa identidade). Não é que essa imagem "objetiva" possa ser realmente alcançada, nem que seja realmente "objetiva", já que também é uma construção, mas quando nosso corpo ideal se transforma na ideia social padronizada, as possibilidades de estabilidade se tornam escassas. Ihde fala de processos de multiestabilidade nas sociedades modernas, que são a forma mais adequada de compreender essa construção múltipla e instável que os processos de construção da identidade apresentam. Mas, como o nome indica, esses processos tendem a uma estabilidade que, ao ser múltipla, nunca é total, mas permite um certo repouso dentro da atividade que o sistema conserva. Bem, quando se introduz uma variável tão poderosa quanto a tecnologia publicitária, a multiestabilidade se converte forçosamente em uma múltipla instabilidade que mantém o sistema em constante estado de carência.

A identidade fragmentada

Do ponto de vista estritamente cultural, o autorretrato tradicional corresponde a uma mescla da ideia romântica com a ideia modernista de identidade pessoal. Em ambos os casos, o indivíduo é um centro unificado: para a primeira, um centro de criatividade e sensações; para a outra, de racionalidade e conceitos. Mas durante o século XX começa-se a produzir uma dissolução desse centro integrador:

> A saturação social nos proporciona uma multiplicidade de linguagens do eu, incoerentes e desvinculadas entre si. Para cada coisa que sabemos com certeza sobre nós mesmos, levantam-se ressonâncias que duvidam e até burlam. Essa fragmentação das concepções do eu é consequência da multiplicidade das relações também incoerentes e desconectadas, que nos impulsionam em mil direções distintas, incitando-nos a desempenhar uma variedade tal de papéis que o próprio conceito de "Eu autêntico", dotado de características reconhecíveis, se esfumaça. (Gergen, 1997, p. 26)

Ao desaparecer o conceito de "Eu autêntico", evanesce também o conceito de "Eu ideal", esse Eu imaginado que é representado nas imagens. No século XIX descreve-se a figura do "doppelgänger", expressão alemã que significa o duplo como sombra da própria identidade. Sobretudo na literatura romântica, mas também em seus desdobramentos, que chegam até a literatura fantástica (*William Wilson*, de Edgar Allan Poe; *O médico e o monstro*, de Stevenson etc.) prolifera esse desdobramento da personalidade, que Jung denominará claramente de "sombra", apelando como exemplo a um conto de Andersen com esse mesmo título, "A sombra". O Eu se fragmenta ao mesmo tempo que aparece a representação da parte negativa desse Eu.

Um bom exemplo desse impulso em busca da imagem perfeita de si mesmo pode ser visto em Van Gogh, que entre 1886 e 1889 pintou mais de 30 autorretratos. Parece que o pintor estava realmente perseguindo de forma obsessiva a representação impossível de uma presença que lhe escapava continuamente. O espelho de Narciso se quebrou em mil pedaços e já não é possível recompô-lo. Quando Andy Warhol (1928-1987) cria, nos anos 1960, seus retratos em série, a fragmentação do Eu já se padronizou. A multiplicação da identidade, que acontece paralela à proliferação de cópias industrializadas das representações, não significa necessariamente diferentes vetores da personalidade: é simplesmente a formalização estética de um fenômeno.

Essa padronização da identidade fragmentada traz consigo, no entanto, a culminação da crise da representação clássica da personalidade. A imagem já não pode servir de espelho em cuja superfície se forma uma identidade homogênea. Em todo caso, a imagem começa a ser expressão de conteúdo íntimo dessa crise. As pinturas de Francis Bacon (1909-1992) são, por exemplo, a crônica dessa dissolução da imagem superficial do eu que abre caminho para uma representação mais profunda dele. Nelas vemos o jogo destacado antes entre fragmentação e globalização: o corpo fragmentado dá lugar a uma recomposição imaginária desse corpo, que põe em evidência todas as contradições que permaneciam escondidas. Warhol e Bacon são, nesse sentido, artistas antitéticos – um representa eminentemente a estética do fragmento, o outro, a estética da recomposição imaginária, do novo corpo da pós-modernidade. A superfície da imagem será, de agora em diante, um cenário para o inconsciente. A representação do inconsciente se constitui como verdadeira identidade.

Uma história referente a Lewis Carroll, o autor de *Alice no país das maravilhas* (1865), pode ilustrar muito bem esses processos que articulam a fragmentação, os aspectos formais da representação visual da identidade, assim como a consequente modelação do corpo pelo inconsciente. Quando chegou o momento de buscar um ilustrador para seu livro, Carroll foi muito exigente com os diferentes candidatos. Um deles, Henry Furniss (1854-1925), conta como o escritor lhe dá instruções para desenhar os personagens, sobretudo Alice. Carroll parecia ter uma ideia muito clara de como devia ser a menina, mas essa ideia não era global. Estava dividida em uma variedade de modelos, e então ele dizia a Furniss que devia ir, por exemplo, a um determinado lugar de Londres onde havia uma padaria em que trabalhava uma menina cujo nariz era o que Alice deveria ter. Em outro lugar, encontraria outra garota com os lábios da menina e, em outro, poderia ver o modelo de seus olhos, e assim por diante. Dessa forma, a identidade de um personagem imaginário como Alice era, para o escritor, composta de fragmentos, pedaços de outras personalidades, de seu aspecto visual, cuja soma constituía a identidade ideal[62].

Finalmente, não foi Furniss que ilustrou a edição original do conto de Alice, mas John Tenniel (1820-1914), que não revelou se teve de suportar as mesmas exigências do escritor para criar o aspecto visual dos personagens, mas a história de Furniss – que no entanto criou um conjunto de ilustrações da narração – serve para propor o nível da forma de construção da identidade. Quando contemplamos as ilustrações de Furniss, sua textura visual não nos informa nada sobre a maneira fragmentária com que foram feitas, talvez porque afinal o desenhista não tenha dado atenção ao escritor. Mas o que nos resta é essa operação pela qual uma identidade se constrói com base em fragmentos. Tentemos ver aonde essa constatação pode nos levar.

Sabemos agora que Lewis Carroll tinha como modelo para sua Alice uma menina chamada Alice Liddel. Por trás da personagem de ficção, escondia-se a personagem real, da mesma forma que também por trás do nome do autor se

---

62. Na atualidade, os programas de tratamento de imagem permitem facilmente fazer composições desse tipo. A cirurgia estética, por sua vez, projeta sobre o rosto real os parâmetros estéticos que os rostos da moda oferecem.

escondia um personagem real, Charles Dogson. As relações de Charles com sua pequena amiga eram indubitavelmente ambíguas, sem que isso queira dizer que o escritor tenha se atrevido a ir além de uma fascinação platônica por ela, que expôs em diversas fotografias. Cabe perguntar por que, se Carroll tinha uma modelo original para seu personagem de ficção na figura da menina Alice Liddel, a quem dedicou o conto, se mostrava tão exigente na busca de outro modelo ideal composto por fragmentos dispersos pela cidade de Londres. Vamos propor uma especulação, sem ânimo de chegar a prová-la: será que o respeitável diácono não estaria tentando desviar a atenção das relações indubitáveis que existiam entre o personagem de ficção e o personagem real, relação que talvez fosse fonte de muitas inquietudes para ele?

Trata-se de uma hipótese que desejo que nos sirva para ver como podem se esconder diversas significações por trás de determinado gesto, todas elas trabalhando em torno da formação identitária. Nesse caso, são duas identidades que se embaralham, a de Lewis Carroll e a de Alice Liddel, e ambas se escondem em um processo de fragmentação de determinada visualidade. É verdade que não vemos essa fragmentação nas imagens da Alice desenhada, mas estão por sua vez na estrutura do próprio conto, que tem a forma de um sonho – não à toa sempre foi considerado um antecedente do surrealismo.

Lembremos que Freud, ao estabelecer os dispositivos pelos quais os sonhos se constroem, falava dos mecanismos de deslocamento e condensação. O mecanismo de condensação, que vimos relacionado com a metáfora em capítulo anterior, implica a reunião de diversos fragmentos (muitas vezes conectados com a identidade) em uma nova configuração visual – exatamente o que tentava fazer Carroll com a construção da imagem de Alice. Os mecanismos de deslocamento, por sua vez, significam a transmissão de um afeto de um elemento (uma pessoa) para outra com a intenção também de desviar a atenção sobre um ponto emocionalmente conflitivo. É também isso que pretendia Carroll, deslocar seu afeto pela pequena Alice para uma Alice inventada. Não se tratava seguramente de ações conscientes, mas de mecanismos inconscientes que se criavam e se colocavam em evidência por meio de visualidades fragmentárias, a da estrutura do próprio conto, a da tentativa do escritor de "decompor" a figura da Alice real.

Isso nos leva a considerar a importância desses processos de fragmentação e recomposição nas construções visuais da identidade. Outro exemplo que pode ser útil para aprofundar essa problemática, agora relacionada à identidade nacional, é o seguinte. Um grupo de geneticistas e antropólogos das universidades de Granada e Barcelona, depois de examinar a tumba do príncipe de Viana, morto em 1461 e enterrado no Mosteiro de Poblet, descobriram que os restos que continha não só não pertenciam a esse príncipe como na verdade eram uma construção feita com os restos de três corpos diferentes. Não fica claro se a composição foi um fato casual, resultado da recomposição das tumbas do mosteiro nos século XIX, ou se, ao contrário, foi ato voluntário de um erudito que nos anos 1930 do século passado quis dar corpo a um mito.

Jean Seznec (1987), em seu estudo sobre a sobrevivência dos mitos da antiguidade durante a Idade Média, descreve muitos processos parecidos com esse nas representações mitológicas. Ele os atribui a uma determinada inércia das formações culturais, pelas quais as imagens dos deuses se formam acumulando detalhes de diversas tradições. No mesmo estudo cita-se Ernest Renan (1823-1892) quando critica a forma alegórica, dando como exemplo a mitologia da Índia, na qual, para realçar seus deuses, são amontoados signos sobre signos, símbolos sobre símbolos.

Arquiteturas do imaginário

O sentido da visão nos oferece experiências que parecem tão imediatas que temos a sensação de ser capazes de compreendê-las rapidamente. E, em consequência, o mesmo acontece com as imagens, que parecem ser uma tradução direta do que viu seu autor. Em nossa cultura, ver é tão comparável a compreender que em muitas línguas existe a expressão "ver para crer": quando vemos alguma coisa, acreditamos nisso não só porque tê-la visto é para nós a prova máxima de sua existência, como também porque consideramos que basta tê-la visto para compreender seu significado. Entretanto, os dois polos estão muito mais separados do que parece, não só do ponto de vista da ontologia das imagens como também, e especialmente, de seu uso social. O fenômeno do simulacro demonstra isso, assim como expressa Joan Fontcuberta (1978, p. 71):

> Só nos resta notar que a sensibilidade contemporânea nos predispõe paradoxalmente à profecia e não à história. Vivemos em um mundo de imagens que precedem a realidade. As paisagens alpinas suíças nos parecem simples réplicas das maquetes dos trens elétricos de quando éramos crianças. O guia de safári fotográfico estaciona o jipe no local exato para que os turistas possam reconhecer melhor o diorama do museu de história natural. Em nossas primeiras viagens, nos sentimos inquietos quando em nossa descoberta da Torre Eiffel, do Big Ben ou da Estátua da Liberdade percebemos diferenças das imagens que já tínhamos prefigurado em postais e filmes. Na verdade não procuramos a visão, mas o *déjà-vue*.

Existe, portanto, uma série de padrões preconcebidos que delimitam, filtram e adjetivam o que vemos e, portanto, também estruturam em grande medida a maneira como representamos aquilo que vemos. Esses padrões formam nosso imaginário, que pode ser dividido em diferentes camadas acumulativas:

- O *imaginário pessoal*, relativo a nossa cultura visual particular. São aquelas imagens que conhecemos e que nos afetam pessoalmente. Varia de uma pessoa para outra, apesar de estar muito interconectado com outros imaginários.

- O *imaginário social*, correspondente à visualidade relativa à sociedade em que estamos imersos. Existem diferentes graus, que podem ir desde o entorno social imediato, por exemplo uma cidade ou um país, a estruturas sociais mais complexas, como uma classe social. Ainda que os meios de comunicação contemporâneos tendam a homogeneizar as visualidades e, portanto, diluir as distinções entre as diferentes visualidades pessoais, sociais e de classe, a verdade é que ainda se produzem diferenças profundas entre elas, devidas a questões psicológicas e ideológicas.
- O *imaginário cultural*, referente à visualidade cultural que estudamos em outro capítulo. Cada sociedade dita o que se pode ver, mas também como se pode ver.
- O *imaginário antropológico*, relacionado com as estruturas profundas que dão lugar à formação das imagens. Nesse aspecto encontramos desde o funcionamento do inconsciente freudiano até os arquétipos de Jung, passando pelos denominados *temas de enquadramento* de Bialostocki, de quem já falamos antes.

Sem menosprezar as teorias de Jung, muito interessado nos contatos entre as imagens culturais e a psicologia profunda (e só por isso já vale a pena levá-las em conta), considero as ideias de Bialostocki (1973, p. 117), que como eu disse se nutrem das de Jung, mais adequadas para uma compreensão simples da estrutura do imaginário:

> As imagens arquetípicas são a expressão dos fatos mais importantes da existência humana. O mal é expresso por meio de um dragão, uma serpente ou qualquer outro animal monstruoso; os conflitos entre potências humanas e inumanas, por meio de um homem que luta com um monstro (Mitra, Hércules, Perseu, São Jorge); a imagem da noite e do dia, travestida no mito dos heróis agonizantes e ressuscitados: todos eles e muitos mais são os motivos básicos arquetípicos mais geralmente difundidos. Essas imagens representam experiências concretas da humanidade, conservadas no inconsciente, que são transformadas em uma linguagem geral de símbolos. Jung destaca com frequência que quando diz "arquétipos" não quer dizer "imagens herdadas", mas transformações contínuas da psique, que cria imagens análogas, partindo de matéria conservada na lembrança humana, que corresponde aos "princípios reguladores" existentes no inconsciente.

Essa possibilidade de uma "memória arquetípica" da humanidade não deve ser entendida em sentido metafísico, mas de forma muito mais pragmática: trata-se de aceitar a hipótese de que, em um nível muito primário (antes da simbolização aportada pela linguagem), as situações básicas (e traumáticas) que uma comunidade enfrenta podem ser representadas no imaginário apelando às formas que estejam mais disponíveis a essa cultura – seja porque são elementares (um círculo, uma cruz etc.) ou porque já fazem parte do acervo cultural (o enfrentamento de bestas etc.). Isso dá lugar, ao longo da história, a determinadas representações que se repetem e servem de coringa na hora de expressar situações ou emoções parecidas.

Na atualidade, as grandes catástrofes (desastres naturais, grandes acidentes aéreos ou ferroviários, ou mesmo o ataque às Torres Gêmeas de Nova York) são acontecimentos que, para além de sua explicação racional, desencadeiam sentimentos que podem dar lugar a estruturas míticas parecidas com as de outras épocas. Esses mitos podem ser representados apelando a imagens arquetípicas tradicionais ou produzindo novas imagens de caráter mítico.

As imagens pertencentes às representações da alquimia funcionam de maneira parecida, ainda que em um nível menos profundo. Pretendem representar movimentos do espírito através de processos materiais, simbolizados por figuras básicas ou arquetípicas. Essas imagens querem simbolizar ao mesmo tempo os elementos químicos e os processos espirituais que esses elementos manipulam. De modo que, por meio delas, o cosmo e o microcosmo se inter-relacionam. As imagens religiosas têm um funcionamento similar:

- São formadas por elementos visuais fortemente codificados por uma tradição.
- Esses elementos representam ao mesmo tempo características escatológicas (do universo religioso) e emoções humanas.
- A imagem pretende conectar, portanto, dois mundos – o espiritual-religioso e o espiritual-pessoal.
- Essas imagens carregam, como as alquímicas, um componente "mágico", pois a crença popular considera que elas têm poder de atuação sobre o mundo material.

As imagens simbólicas (aquelas que se conectam diretamente com nosso imaginário para reformá-lo ou para expressá-lo) estão muito presentes em nossa vida:

> Em um primeiro momento, o simbolismo animal parece ser muito vago, já que é muito estendido. Parece capaz de se referir a avaliações tanto negativas, com os répteis, os ratos, os pássaros noturnos, como positivas, com a pomba, o cordeiro etc., em geral animais domésticos. De qualquer forma, apesar dessa dificuldade, toda arquetipologia deve se abrir a um bestiário e começar refletindo sobre a universalidade e a banalização do bestiário. De todas as imagens, são com efeito as de animais as mais frequentadas e comuns. Podemos dizer que nada nos é mais familiar, desde a infância, do que as representações de animais. Inclusive no pequeno cidadão ocidental, ursos de pelúcia, gatos de botas, Mickey, Babar veiculam estranhamente a mensagem teriomórfica. A metade dos títulos dos livros infantis é consagrada aos animais. Nos sonhos das crianças, relatados por

> Piaget, em cerca de 30 observações mais ou menos claras, nove se referem a sonhos sobre animais. Não deixa de ser marcante, além disso, que as crianças não tenham visto jamais a maior parte dos animais com que sonham, nem os modelos de imagens com que brincam. (Duran, 1992, p. 71-72)

Nas imagens dos super-heróis que aparecem nas histórias em quadrinhos e no cinema contemporâneo existe um grande componente mítico, não só porque se representam proezas que os aproximam de antigos heróis e deuses, mas porque, como o resto das imagens desse tipo, são capazes de se relacionar muito diretamente com nosso imaginário. Nesse sentido, não só são míticas como arquetípicas.

Essas imagens têm, como notamos, uma característica comum: são representações visuais das estruturas do imaginário – cultural, social e pessoal. Têm sido profundamente estudadas por antropólogos, historiadores culturais e das mentalidades etc., mas não se prestou muita atenção a elas no próprio campo da imagem. Por isso, fica por elucidar como funciona a conexão com o imaginário – como o representam e o influenciam enquanto estruturas formais.

Para Walter Benjamin (apud Buck-Morss, 1995, p. 246-7), seriam *imagens dialéticas*, capazes não só de representar elementos materiais de determinada sociedade, como também de seus estados mentais:

> De que forma deve ser entendida a "imagem dialética" como forma de representação filosófica? O que essa imagem desvela? A moda? A prostituta? As exposições? As mercadorias? As próprias passagens? Certamente sim, no entanto esses referentes não são, de certa forma, empiricamente dados, inclusive de certa forma não são criticamente interpretados como símbolos da sociedade de mercadorias, mas de certa forma são dialeticamente "construídos" como objetos históricos, mônadas politicamente carregadas, "arrancadas" do contínuo histórico e "atualizadas" no presente. Essa construção de objetos históricos implica a mediação da imaginação do autor. A experiência cognitiva da história, não menos do que a do mundo empírico, exige a intervenção ativa do objeto pensante.

Cada imagem que tem a capacidade de se inscrever no imaginário e, portanto, de passar à história como elemento característico de determinada configuração social, é um conglomerado que aglutina constituintes fundamentais da psique dessa sociedade. Uma imagem não é, portanto, um elemento histórico só porque pertence a determinado período e está ancorada nele por sua feitura e pela própria biografia de seu(s) autor(es). É, ou pode ser, dependendo de sua intensidade, porque supõe a visualização do imaginário naquele momento.

Modelos mentais

Próxima do conceito de imaginário, mais perto da psicologia cognitiva do que da psicanálise, encontra-se a teoria dos modelos mentais. Existem três ramos do pensamento que confluem em determinada explicação sobre as estruturas do imaginário que podem nos ajudar a compreender seu funcionamento. Vejamos cada um desses ramos.

De início, existem os temas de enquadramento como descritos por Jan Bialostocki (1973, p. 113):

> Não só podemos falar de uma "força de inércia" dos tipos iconográficos, como também de um fenômeno ao qual poderíamos chamar força da gravidade iconográfica. A força e a direção dessas transformações foram determinadas por leis diversas nas diferentes épocas. A força da gravidade iconográfica se concentra ao redor de imagens sobrecarregadas de um significado especial e típico, e nas quais também se podem encontrar misturados conteúdos tanto cristão-religiosos quanto profanos [...] Em certa ocasião, propus chamar essas imagens, de extraordinária importância humana, de "temas de enquadramento", quando empreendi a tentativa de encontrá-las em pinturas de Rembrandt. Acredito que consegui selecionar alguns "temas de enquadramento", como a figura do "herói de cavalaria", a cena do sacrifício, a da divindade que aparece ao homem ou a figura feminina nua, carregada de associações eróticas, que se encontra deitada na cama ou em uma paisagem.

Esses temas de enquadramento também podem ser localizados na literatura, como Vladimir Propp (2000) mostrou no que se refere ao ramo literário dos contos populares. Mas também por meio de exemplos literários pode-se observar de que forma a sociedade vai construindo diferentes tipologias que englobam personagens e situações conforme as diferentes fases vão se desenvolvendo. O estudo de René Girard (1995) oferece vários exemplos desse fenômeno, assim como possibilidades de continuar pensando em outros novos, por meio, por exemplo, do cinema e dos *videogames*, aos quais Girard não se refere diretamente.

Outra linha de pensamento é composta pelas ideias de Wittgenstein (1921) referentes à relação entre as imagens e os enunciados. Assim se expressa o filósofo (1989, p. 4.011): "A proposição é uma imagem da realidade [...] A proposição é um modelo da realidade, assim como nós imaginávamos".

Por último, temos a teoria dos modelos mentais propriamente dita: estes são representações psicológicas de situações reais, hipotéticas ou imaginárias. Segundo a teoria dos modelos mentais, postulada em primeiro lugar por Kenneth Craik (1914--1945), mas ampliada e popularizada por Johnson-Laird (1987), a mente constrói modelos em pequena escala da realidade com a finalidade de prever acontecimentos, argumentar e esboçar explicações. Esses modelos são o resultado de vários elementos, entre eles a compreensão do discurso ou a imaginação. Uma característica fundamental deles é que sua estrutura corresponde àquilo que representam – seriam parecidos com os modelos que os arquitetos criam de seus edifícios ou aos modelos de moléculas complexas que os químicos fazem.

Nos três casos mencionados, há uma vontade semelhante de delimitar as características de uma organização mental que administra a relação com a realidade por meio de estruturas espaciais básicas. Bialostocki, porém, se refere a imagens físicas (que não obstante estabelecem zonas de atração que são claramente perceptivas antes de se transformar em culturais e, uma vez culturais, determinam novamente a percepção), e em troca tanto os *espaços lógicos* de Wittgenstein como os modelos mentais de Craig e Johnson-Laird são estruturações do imaginário. Em todas essas hipóteses existe a ideia de que a mente e a realidade se relacionam por meio de uma arquitetura que pode ser considerada homóloga, mas serve de ponte entre o real e o perceptivo – ou até entre o real e as conexões neuronais, como pretendem agora as neurociências.

Essa localização intermediária do espaço em que se constrói o significado é um bom antídoto contra o fundamentalismo científico que, nas citadas neurociências, por exemplo, presume que muito em breve *poderemos ver nossos pensamentos*. O fenômeno da representação não pertence diretamente às atividades do córtex cerebral, por mais que haja atividade nelas quando percebemos, mas a zonas intermediárias, como explicam os modelos mentais, nos quais se estabelecem cenários em que o significado cultural e estético das imagens tem sua sede principal.

Essa zona intermediária pertence ao imaginário, como descreve Le Goff (apud Belinsky, 2007, p. 86): "Conjunto de representações e referências – em grande medida inconscientes – por meio das quais uma coletividade (uma sociedade, uma cultura) se percebe, se pensa e até se sonha, e obtém desse modo uma imagem de si mesma que dá conta de sua coerência e torna possível seu funcionamento".

Avatares

O emocional e o visual sempre estiveram intimamente ligados, o que faz da imagem uma interface entre essas duas esferas. O teatro talvez seja o exemplo mais claro e mais inicial da utilização do visual para organizar o emocional, como demonstram tanto a disposição do espetáculo desde a Grécia Antiga quanto as ideias de Aristóteles sobre a própria forma da tragédia e sua relação com o espectador. No teatro se cria uma cena que, por suas disposições, controla a visão do espectador, oferecendo-lhe a possibilidade de investir energia emocional em determinadas configurações – seja para identificar-se com elas ou para se distanciar delas. Acima do especificamente dramático ou narrativo existe essa arquitetura visual, composta em princípio pelo corpo dos atores transformados em personagens, bem como pelas relações que mantêm entre si. Logo, a essa visualidade básica se agregarão elementos complementares, como os cenários ou os efeitos de iluminação etc.

O personagem, encarnado pelo ator, se transforma assim em um importantíssimo eixo que articula a fusão dos diferentes imaginários que intervêm no processo de identificação, ou seja, de relação direta entre a imagem e o espectador. Esses imaginários são: o do espectador, o social e a modulação que o autor faz sobre esse imaginário social para conectá-lo com o do espectador. Nesse processo, o corpo do ator se transforma pela visualização que se produz sobre ele do próprio resultado das inter-relações desses imaginários. Previamente, terá havido um processo de transformação material do corpo por meio do vestuário, da maquiagem e do próprio uso do corpo que o ator faça para interpretar o personagem. Mas, com essa configuração, o corpo do ator, transformado em imagem, e em grande medida também em espelho, está preparado para acolher ou refletir a imaginação do espectador – que, à distância e passivamente (pelo menos do ponto de vista corporal), projetará sobre ele suas maquinações imaginárias, as quais correrão paralelas às da própria narração.

Essa estrutura de relação entre a imagem e o imaginário se desenvolve ao longo dos séculos sem grande variação até o cinematógrafo. Neste, o que varia fundamentalmente é a capacidade de manobra que tem o processo de transformação da imagem, do ator e do conjunto que o rodeia. O cinema aproveita da pintura a capacidade de transformar em imagem unitária o conjunto de elementos que configura uma cena, à qual o teatro acrescenta o movimento de toda a estrutura. Não deixa de ser uma novidade que reconfigura as potencialidades do meio teatral e do meio pictórico, para criar uma nova disposição. Mas o espectador continua se relacionando com a imagem de maneira essencialmente semelhante a como vinha fazendo desde a Grécia.

É no âmbito da imagem digital que se começam a produzir transformações profundas dessa estrutura relacional que acabam levando a uma configuração absolutamente distinta da anterior. Aparece então a figura do *avatar*. Diz-se que um avatar é uma representação gráfica construída para que um usuário de determinadas tecnologias atuais se identifique com ele. Nesse sentido, parece ser a continuação da figura do ator, que também era uma "representação" gráfica destinada a ser receptora de um processo de identificação. Mas o avatar apresenta uma novidade essencial nas configurações avançadas de determinados meios atuais, como os *videogames*: o processo de identificação não é só mental, mas também material, já que o usuário-espectador pode intervir tanto na aparência do avatar como em suas ações. Nesse sentido, o processo de identificação se transforma em uma atividade do próprio usuário.

O avatar é portanto um conglomerado formado pelo ator e pelo espectador. Como ator devemos entender, nessas circunstâncias, o representante do mundo criado tecnologicamente (atrás do qual se encontram múltiplas personalidades que exercem seus ofícios para desenhar esse mundo). É óbvio que o ator tradicional também cumpre essa função de representar o autor e todas as instâncias que intervêm para colocar a obra em ação, sobretudo quando ela requer uma trama complexa, como acontece no teatro, na ópera ou no cinema. Mas, nesse caso, a esfera da criação e a da interpretação permaneciam ligeiramente separadas, uma intervinha depois da outra. Da mesma forma que também havia uma distância entre o personagem e o espectador, embora este se aproximasse mentalmente, imaginariamente, daquele. No avatar, essas distâncias se eclipsaram: e na própria representação do corpo do avatar estão inscritas, por um lado, as articulações tecnodramatúrgicas, e de outro, os jogos do imaginário do espectador. O avatar é composto materialmente dessas duas facetas combinadas.

O desenvolvimento dos avatares apresenta duas fases de diferentes graus de complexidade. De um lado temos o avatar dos *videogames*, e de outro o de programas de internet como o Second Life. Os *videogames* são a primeira fase de transformação do ator teatral-cinematográfico. Na verdade, esse desenvolvimento é mais bem compreendido se levarmos em conta o que foi dito antes sobre o ator cinematográfico se transformar em personagem-imagem no cinema, trazendo assim para sua configuração visual o resultado do funcionamento dos múltiplos dispositivos que contribuem para formar o espetáculo cinematográfico. Essa passagem é uma preparação para a seguinte, que se produz nos *videogames*: trata-se da aparição da figura do avatar propriamente dita. Por esta perspectiva, podemos dizer que um avatar é a imagem de uma imagem, a reconfiguração digital da imagem que era do ator cinematográfico.

Mas nos *videogames* ainda existe certa distância entre o personagem que atua no mundo do jogo e o espectador que move seus fios de fora da tela. Os processos de identificação e as emoções correspondentes foram veiculados por meio dos dispositivos que permitem controlar as ações do personagem, mas ele continua sendo alguém diferente do espectador-usuário, embora este decida sua performatividade no mundo virtual. O personagem é uma forma que o espectador tem de se introduzir nesse mundo, mas é uma introdução que ainda conserva os últimos ecos da dramaturgia clássica. Esse tipo de introdução no mundo imaginário supõe um salto qualitativo em relação à forma clássica, mas continua realizando-se de forma indireta, através da imagem de outro.

Em programas como o Second Life, produz-se uma nova dobra nessa estrutura que reúne o espectador ao mundo imaginário. O avatar de Second Life é substancialmente diferente do personagem do *videogame*. No *videogame*, ainda podíamos falar de personagens, aqui essa ideia deixou de ter sentido, já que o avatar é uma projeção direta do corpo do usuário no mundo virtual. Não se trata de o usuário identificar-se com o personagem que o jogo lhe oferece e, a partir desse momento, levar essa identificação ao extremo de se apoderar do personagem, mas o avatar do Second Life é criado a partir dos desejos diretos dos usuários. O avatar, o corpo do avatar, nasce como prolongamento do corpo do usuário no momento em que este lhe dá um nome. Por intermédio desse processo de denominação, o usuário se projeta no mundo imaginário e se dispõe a agir nele. O avatar é uma construção direta do usuário, que acomoda a forma do corpo daquele a seus desejos. Nesse processo de transformação, o usuário cria um duplo de si mesmo. Esse duplo não será, porém, sua imagem no espelho, mas mostrará certamente o reverso dessa imagem, ou seja, o conteúdo imaginário dela. O avatar representa o corpo do usuário visto através de sua imaginação. O salto que se produz com esse sistema em relação à dramaturgia anterior baseada no personagem é considerável. O personagem deixa de ser uma mediação entre imaginários (o do espectador e o do autor) e se torna um duplo do espectador, que assim desdobra também a si mesmo para se transformar em ator.

Podemos dizer que, com o avatar, Narciso finalmente domina seu reflexo na superfície da água. Essa alienação fundamental que, miticamente, expressava o temor em relação à duplicidade da imagem – que em geral significava o desdobramento que se produz ao longo da história da cultura entre mundo real e mundo imaginário a partir da arte –, culmina aqui com essa nova fase na qual se borra a distância entre os dois mundos e desaparecem com ela todos os dispositivos criados para administrá-la, ao longo da história do teatro, da literatura, da pintura e finalmente do cinema. Apenas a música, com sua gestão sonora do imaginário do ouvinte e o oportuno envolvimento dele nas estruturas sonoras, conserva sua funcionalidade da qual o novo sistema de mundos virtuais frequentado por avatares é uma faceta clara. O mundo imaginário, de caráter abstrato, que a música patrocina encontra sua correspondência concreta nos mundos virtuais. Neles, o usuário experimenta a si mesmo duplamente, como ator e como personagem. Em ambos os casos, a experiência é envolvente, como a música, e assim como ela produz estados mentais de caráter emocional que se resolvem ativamente, proporcionando a transformação desses mundos, um pouco como se fossem notas musicais e como se o usuário fosse um diretor de orquestra.

O avatar em geral, tanto em *videogames* como em mundos virtuais, é uma imagem que produz, em uníssono, a experiência do retrato e do autorretrato. O retrato é uma imagem da própria pessoa realizada por outro, nesse caso o *designer* do *videogame*, por meio de uma trama tecnológica que oferece potencialidades. O autorretrato, ao contrário, é a imagem da pessoa criada por ela própria. É o próprio sujeito que se mostra, enquanto no retrato o sujeito é mostrado. Em ambos os casos, a pessoa se vê através da exterioridade da representação, mas no retrato essa exterioridade é completa, enquanto no autorretrato é parcial, já que essa imagem que é oferecida à visão é reconhecida como uma imagem organizada pelo próprio sujeito. O avatar faz, portanto, as duas coisas: mostra ao sujeito sua imagem do outro lado, ao mesmo tempo que permite a ele mostrar a si mesmo.

O avatar aparece nos novos meios como uma imagem fluida e mutante, fluidez e mutabilidade que pretendem reunir as formas da vida real, ou seja, sua expressão fenomênica consciente. Mas essa captação não é o resultado de um processo de mimese, isto é, o produto de um contato com o real que destila uma impressão de si mesmo, uma cópia idêntica de todas as suas facetas, mas surge através do abismo da representação que separa o mundo real do mundo imaginário. A representação continua presente, mas agora aparece não como nexo e sim como separação, como brecha entre o imaginário e o real que se vê selada pelo simbólico como acontecia com outro tipo de representações.

Na tela do computador ou do monitor de televisão se reúnem, quando um *videogame* ou um mundo virtual estão em funcionamento, os seguintes elementos ativos: 1) o tecnológico; 2) o sujeito através de um desejo; 3) o imaginário como elemento ativador; 4) o inconsciente estruturado pelo tecnológico.

Cada um desses níveis se apresenta cindido em duas partes que compreendem o subjetivo/pessoal e o tecnológico/persuasivo, que são seus dois grandes eixos. Qualquer que seja a maneira como o inconsciente, que se encontra na base de todo o processo que encerra, esteja estruturado afinal – não como linguagem, mas como uma imagem pelo tecnológico – o simbólico fica de fora da corrente principal do sujeito como seu epifenômeno. De maneira que o tecnológico se inscreve no sujeito e o sujeito no tecnológico. O sujeito se divide, por sua vez, em uma consciência pessoal, que pretende deixar fora do jogo ou do mundo, e uma consciência imaginária que projeta em seu interior. Mas, ao se projetar imaginariamente nesse interior – que é uma representação igualmente imaginária do tecnológico que o produz –, sua consciência pessoal experimenta transformações, pois só imaginariamente pode ficar fora de todo o processo. Tudo isso se produz dentro de um limite inconsciente tanto da perspectiva do sujeito como da tecnologia, embora a maneira como esse inconsciente age em ambos os casos seja diferente. A tecnologia age performativamente, atualizando formas de seu inconsciente tecnológico, e ao mesmo tempo se encarrega de materializar o inconsciente do usuário, ao que dá forma e visualidade a partir das imagens e dispositivos do mundo virtual correspondente. O imaginário apresenta também uma dualidade entre imaginário pessoal e imaginário do sistema. Todos esses processos configuram um ciclo que produz uma flutuação constante da qual se vão destilando os diferentes fenômenos que se depreendem do meio (Figura 29).

Encontramo-nos, portanto, diante de uma nova fase do espelho de nível superior à delimitada por Lacan: uma reconsideração adulta dela. Lacan (*apud* Belinksy, 2007, p. 46) concorda com Freud que "no princípio não existe uma unidade comparável ao eu, enquanto que as pulsões autoeróticas estão presentes desde o início, e por isso uma nova ação psíquica tem de ser agregada ao autoerotismo para que essa unidade que é o eu se constitua em narcisismo". Essa ação física é, para Lacan, a fase do espelho que constitui a "verdadeira matriz do imaginário, na medida exata em que supõe uma identificação na qual o eu é capturado como totalidade na imagem especular do semelhante ou em sua própria refletida no rosto da mãe" (*Ibidem*, p. 47). A fase do espelho é, portanto, a ação psíquica primária que configura a fase inicial da identidade, uma identidade constituída pelas relações entre o real e o simbólico que se produzirão a partir da plataforma psíquica criada por essa fase, e na qual o imaginário fica à margem.

Na segunda fase, promovida pelas novas disposições digitais, o imaginário volta para ocupar um lugar central, aquele que Le Goff lhe confere como força criadora com "capacidade de forjar algo novo que está estreitamente vinculado ao fantasiar e que, por isso, contradiz a capacidade imobilizadora do ideológico" (*Ibidem*, p. 83).

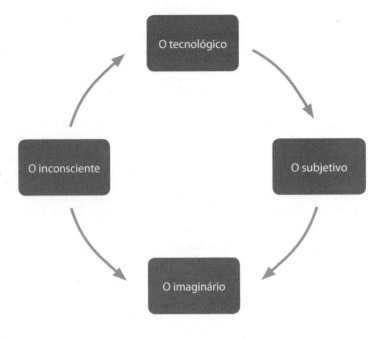

Figura 29

Castoriadis (1997, p. 84) era igualmente claro nesse sentido, quando afirmava que "a história humana – portanto também as diversas formas da sociedade que conhecemos na história – é definida essencialmente por sua criação imaginária. Nesse contexto, 'imaginário' não significa, obviamente, o 'fictício', o 'ilusório', o 'espetacular', mas a postulação de novas formas". Para Castoriadis, o imaginário se funde com o real para criar um sistema. É esse sistema que nutre as imagens contemporâneas, e o que permite que elas estejam tão relacionadas às identidades pessoais e coletivas.

Bibliografia

ADORNO, Theodor. *L'assaig com a forma*. Valência: Publicacions de la Universitat de Valéncia, 2004. [Em português: "O ensaio como forma". In: COHN, Gabriel. *Theodor Adorno*. São Paulo: Ática, 1986.]

ANCESCHI, Giovanni et al. *Videoculturas de fin de siglo*. Madri: Cátedra, 1990.

ANDERSON, Perry. *Los orígenes de la posmodernidad*. Barcelona: Anagrama, 2000. [*As origens da pós-modernidade*. Rio de Janeiro: Zahar, 1999.]

ARNHEIM, Rudolf. *Pensamiento visual*. Buenos Aires: Editorial Universitária, 1971.

_____. *Arte y percepción visual, una psicología del ojo creador*. Madri: Alianza, 1985. [*Arte e percepção visual. Uma psicologia da visão criadora*. São Paulo: Pioneira, 1998.]

AUMONT, Jacques. *El ojo interminable*. Barcelona: Paidós, 1997. [*O olho interminável*. São Paulo, Cosac Naify, 2004.]

BACHELARD, Gaston. *La formación del espíritu científico*. Buenos Aires: Siglo XXI, 1974. [*A formação do espírito científico*. Rio de Janeiro: Contraponto, 2002.]

BAKHTIN, Mikhail. *Esthétique et théorie du roman*. Paris: Gallimard, 1978.

BAL, Mieke. *Quoting Caravaggio: contemporary art, preposterous history*. Chicago: University of Chicago Press, 1999.

_____. "El esencialismo visual y el objeto de los estudios visuales". *Estudios Visuales*, n. 2, dez. 2004.

BAQUÉ, Dominique. *Pour un nouvel art politique (de l'art contemporain au documentaire)*. Paris: Flammarion, 2006.

BARTRA, Roger. *Antropología del cerebro: la consciencia y los sistemas simbolicos*. México: FCE, 2007.

BARTHES, Roland. *S/Z*. Madrid: Siglo XXI, 1980. [*S/Z*. Rio de Janeiro: Nova Fronteira, 1992.]

BAUDRILLARD, Jean. *Cultura y simulacro*. Barcelona: Kairos, 1987.

BAUMAN, Zygmunt. *Modernidad líquida*. México: Fondo de Cultura Econômica, 2006. [*Modernidade líquida*. Rio de Janeiro: Jorge Zahar, 2001.]

BAZIN, André. *¿Qué es el cine?* Madrid: Rialp, 1966.

BELINSKY, Jorge. *Lo imaginario: un estudio*. Buenos Aires: Nueva Visión, 2007.

BELTING, Hans. *Pour une atropologie des images*. Paris: Gallimard, 2004.

BENJAMIN, Walter. *Iluminaciones/2*. Madrid: Taurus, 1972.

_____. "La obra de arte en la era de su reproductibilidad técnica". In: *Discursos Interrumpidos I*. Madrid: Taurus, 1973. ["A obra de arte na era de sua reprodutibilidade técnica". In: *Obras escolhidas. Magia e técnica, arte e política: ensaios sobre literatura e história da cultura*. São Paulo: Brasiliense, 1985.]

_____. *El origen del drama barroco alemán*. Madrid: Taurus, 1990. [*Origem do drama barroco alemão*. São Paulo. Brasiliense, 1984.]

BERGER, John. *Modos de ver*. Barcelona: Gustavo Gili, 1975. [*Modos de ver*. Rio de Janeiro: Rocco, 1999.]

_____. *Selected essays*. Nova York: Vintage, 2003.

BERGSON, Henri. *Dureé et simultanéité*. Paris: PUF, 1992. [*Duração e simultaneidade*. São Paulo: Martins Fontes, 2006.]

BIALOSTOCKI, Jan. *Estilo e iconografía: contribución a una ciencia de las artes*. Barcelona: Barral, 1973.

BOORSTIN, Daniel J. *The image, a guide to pseudo-events in America*. Nova York: Vintage Books, 1992.

_____. *The creators: A history of heroes of the imagination*. Nova York: Vintage Books, 1993. [*Os criadores – Uma história dos heróis da imaginação*. Rio de Janeiro. Civilização Brasileira, 1995.]

BORDWELL, David. *El cine de Eisenstein*. Barcelona: Paidós, 1999.

BRADBROOK, Frank. "Samuel Richardson". In: *The pelican guide to english literature: 4. From Dryden to Johnson*. Baltimore: Penguin Books, 1968.

BREA, José Luis (org.). *Estudios visuales: La epistemología de la visualidad en la era de la globalización*. Madrid: Akal, 2005.

BRUSATIN, Manlio. *Historia de la imagen*. Madrid, Julio Ollero, 1992.

_____. *Histoire de la ligne*. Paris: Flammarion, 2002.

BRYSON, Norman. *Vision and painting: The logic of the gaze*. New Haven: Yale University Press, 1983.

_____ (org.). *Visual culture, images and interpretations*. Hanover: University Press of New England, 1994.

BUCK-MORSS, Susan. *Dialéctica de la mirada: Walter Benjamin y el proyecto de los pasajes*. Madrid: Visor, 1995. [*Dialética do olhar – Walter Benjamin e o projeto das passagens*. Belo Horizonte: Ed. UFMG; Chapecó: Argos, 2002.]

BURCH, Noël. *El tragaluz del infinito*. Madrid, Cátedra, 1987.

BURNETT, Ron. *How images think*. Cambridge: The MIT Press, 2004.

CALABRESE, Omar. *La era neobarroca*. Madrid: Cátedra, 1987. [*A idade neobarroca*. São Paulo: Martins Fontes, 1988.]

CAPRA, Fritjof. *Las conexiones ocultas*. Barcelona: Anagrama, 2003. [*As conexões ocultas – Ciência para uma vida sustentável*. São Paulo: Cultrix, 2006.]

CASSIRER, Ernst. *Filosofía de las formas simbólicas*. México: Fondo de Cultura Económica, 1998. [*Filosofia das formas simbólicas*. São Paulo: Martins Fontes, 2001.]

CASTORIADIS, Cornelius. *World in fragments*. Stanford: Stanford University Press, 1997.

CATALÀ, Josep M. *Elogio de la paranoia*. San Sebastián: Kutxa, 1997.

_____. *La puesta en imágenes*. Barcelona: Paidós, 2001.

_____. *La imagen compleja*. Bellaterra: Servicio de Publicaciones de la UAB, 2005.

COYNE, Richard. *Designing information technology in the postmodern age*. Cambridge: The MIT Press, 1997.

CRARY, Jonathan. *Techniques of the observer: on vision and modernity in the nineteenth century*. Cambridge: The MIT Press, 1993.

_____. *Suspentions of perception*. Cambridge: The MIT Press, 1999.

DASTON, Lorraine (org.). *Biographies of scientific objects*. Chicago: The University of Chicago Press, 2000.

DAUTUN, Jean-Pierre. *10 modèles d'analyse d'image*. Alleur: Marabout, 1995.

DEBORD, Guy. *La sociedad del espetáculo*. València: Pre-Textos, 2002. [*A sociedade do espetáculo*. Rio de Janeiro: Contraponto, 1997.]

DEBRAY, Régis *Cours de médiologie généale*. Paris: Gallimard, 2001.

DELEUZE, Gilles. *La imagen-movimiento. Estudios sobre cine*. Barcelona: Paidós, 1984. [*Cinema-1: a imagem-movimento*. São Paulo. Brasiliense, 1985.]

_____. *Foucault*. Paris: Les Èditions de Minuit, 1986. [*Foucault*. São Paulo: Brasiliense, 1988.]

_____. *La imagen-tiempo. Estudios sobre cine*. Barcelona: Paidós, 1987. [*Cinema-2: a imagem-tempo*. São Paulo: Brasiliense, 1990.]

DERRIDA, Jacques. *Glas*. Paris: Editions Denöel/Gonthier, 1981.

_____. *De la gramatología*. México: Siglo XXI, 2003. [*Gramatologia*. São Paulo: Perspectiva, 1973.]

DIDI-HUBERMAN, Georges. *L'image survivante. Histoire de l'Arte et temps des Fantômes selon Warburg*. Paris: Éditions de Minuit, 2002.

DIKOVITSKAYA, Margaret. *Visual culture*. Cambridge: The MIT Press, 2006.

DRAAISMA, Douwe. *Las metáforas de la memoria: una historia de la mente*. Madrid: Alianza Editorial, 1998. [*Metáforas da memória: uma história das ideais sobre a mente*. Bauru: EDUSC, 2005.]

DURAN, Gilbert. *Les estructures anthropologiques de l'imaginaire*. Paris: Dunod, 1992. [*As estruturas antropológicas do imaginário*. São Paulo: Martins Fontes, 1997.]

EISENSTEIN, S. M. "The cinematographic principle and the ideogram". In: *Film form*. Nova York: Meridian Books, 1964.

ELKINS, James. *The domain of images*. Londres: Cornell University Press, 1999.

_____. *Visual studies. A skeptical introduction*. Nova York: Routledge, 2003.

FINKIELKRAUT, Alain. *La derrota del pensamiento*. Barcelona: Anagrama, 1990. [*A derrota do pensamento*. São Paulo: Paz e Terra, 1988.]

FLUSSER, Vilém. *Hacia una filosofía de la fotografía*. México: Trillas, 1990.

FLUSSER, Vilém. *Una filosofía de la fotografía*. Madrid: Síntesis, 2001.

_____. *Filosofía del diseño*. Madrid: Síntesis, 2002.

FONTCUBERTA, Joan. *El beso de Judas: Fotografía y verdad*. Barcelona: Gustavo Gili, 1978.

Ford, Boris (org.). *The Pelican guide to English literature, 4: from Dryden to Johnson*. Baltimore: Penguim Books, 1968.

Foucault, Michel. *Ceci n'est pas une pipe*. Montpelier: Fata Morgana, 1986.

_____. *Las arqueología del saber*. Madrid: Siglo XXI, 1990. [*Arqueologia do saber*. Rio de Janeiro: Forense, 2000.]

_____. *Las palabras y las cosas*. Madrid: Siglo XXI. [*As palavras e as coisas*. São Paulo: Martins Fontes, 2006]

Francastel, Pierre. *La figura y el lugar: Orden visual del Quattrocento*. Caracas: MonteAvila Editores, 1969.

_____. *La realidad figurativa I: el marco imaginario de la expresión figurativa*. Barcelona: Paidós, 1988. [*A realidade figurativa*. São Paulo: Perspectiva/Edusp, 1973.]

Freedberg, David. *El poder de las imágenes*. Madrid: Cátedra, 1992.

Friedberg, Anne. *The virtual window, from Alberti to Microsoft*. Cambridge: The MIT Press, 2006.

Genette, Gérard. *Figures II*. Paris: Éditions du Seuil, 1969.

_____. *Figures III*. Paris: Éditions du Seuil, 1972.

Gergen, Kenneth J. *El yo saturado: Dilemas de la identidad en el mundo contemporáneo*. Barcelona: Paidós, 1997.

Gervereau, Laurent. *Voir, comprendre, analyser les images*. Paris: Éditions La Découverte, 2000.

_____. *Histoire du visuel au XXe. Siècle*. Paris: Éditions du Seuil, 2003.

Gibson, James Jerome. *The ecological approach to visual perception*. Cambridge: The MIT Press, 1979.

Girard, René. *Shakespeare, los fuegos de la pasión*. Barcelona: Anagrama, 1995.

Gleick, James. *Chaos: Making a new science*. Nova York: Penguim, 1988. [*Caos – A criação de uma nova ciência*. Rio de Janeiro: Campus, 2001]

Gombrich, Ernst H. *Arte e ilusión*. Madri: Debate, 1998. [*Arte e ilusão*. São Paulo: Martins Fontes, 2007.]

González Requena, Jesús. *El discurso televisivo*. Madrid: Cátedra, 1995a.

_____. *El espot publicitario: La metamorfosis del deseo*. Madrid: Cátedra, 1995b.

Goodman, Nelson. *De la mente y otras materias*. Madri: Visor, 1995.

Hall, Edward T. *La dimension cachée*. Paris: Éditions du Seuil, 1971. [*Dimensão oculta*. Rio de Janeiro: Francisco Alves, 1977.]

Hall, Stuart. *Representation: Cultural representation and signifying practices*. Londres: Sage, 1997.

Haraway, Donna. *Ciencia, cyborgs y mujeres*. Madrid: Cátedra, 1995.

Haskell, Francis. *La historia y sus imágenes: El arte y la interpretación del pasado*. Madrid: Alianza Forma, 1994.

Harvey, David. *The condition of postmodernity*. Cambridge: Blackwell, 1990. [*Condição Pós-moderna*. São Paulo, Ed. Loyola, 2003]

Hildebrand, Adolf von. *El problema de la forma en la obra de arte*. Madrid: Visor, 1989.

Hockney, David. *Hockney on photography (conversations with Paul Joyce)*. New York: Harmony Books, 1988.

HOFFMAN, Donald D. *Visual intelligence: How we create what we see*. New York: W.W. Norton & Company, 1998.

HOGG, James et al. (orgs.). *Psicología y artes visuales*. Barcelona: Gustavo Gili, 1975.

HOLLANDER, Anne. *Moving pictures*. New York: Afred A. Knopf, 1989.

HOUSEN, Jean. "Espace plastique et espace filmique". *Revue Belge du Cinéma*, n. 5, 1983.

IHDE, Don. *Bodies in technology*. Minneapolis: University of Minnesota Press, 2002.

JAKOBSON, Roman. "Dos aspectos del lenguaje y dos tipos de afasia". In: *Fundamentos del lenguaje*. Madrid: Ayuso, 1973.

JAMESON, Fredric. *Postmodernity or the cultural logic of late capitalism*. Durham: Duke University Press, 1991. [*Pós-modernismo ou a lógica cultural do capitalismo tardio*. São Paulo: Ática, 1997]

_____. *Las semillas del tiempo*. Madrid: Trotta, 2000. [*As sementes do tempo*. São Paulo: Ática, 1997.]

JAY, Martin. *Campos de fuerza*. Barcelona: Paidós, 2003.

JOHNSON-LAIRD, Philip. *Mental models: towards a cognitive science of language, inference, and consciousness*. Cambridge: Harvard University Press, 2000.

_____. *El ordenador y la mente*. Barcelona: Paidós, 2000.

KANDINSKY, Wassily. *La gramática de la creación: El futuro de la pintura*. Barcelona: Paidós, 1996a.

_____. *De lo espiritual en el arte*. Barcelona: Paidós, 1996b. [*Do espiritual na arte*. São Paulo: Martins Fontes, 2000.]

_____. *Punto y línea sobre al plano: Contribución al análisis de los pictóricos*. Barcelona: Paidós, 1996c. [*Ponto e linha sobre o plano*. São Paulo: Martins Fontes, 1997.]

_____. *Cursos de la Bauhaus*. Madrid: Alianza, 1988. [*Curso da Bauhaus*. São Paulo: Martins Fontes, 1996.]

KERN, Stephen. *The culture of time and space (1880-1918)*. Cambridge: Harvard University Press, 1983.

KRAKAUER, Siegfried. "Cult of distraction. On Berlin picture's palaces". In: *New German Critique*, n. 40, 1987.

KRISTEVA, Julia. *Les temps sensible*. Paris: Gallimard, 1994.

LAKOFF, George; JOHNSON, Mark. *Philosophy in the flesh*. New York: Basic Books, 1999a.

_____. *Metáforas de la vida cotidiana*. Madrid: Cátedra, 1999b.

LASH, Scott. *Crítica de la información*. Madrid: Amorrortu, 2005.

LAUREL, Brenda. *Computers as theater*. New York: Addison-Wesley, 1993.

LÉVI-STRAUSS, Claude. *Mirar, escuchar, leer*. Madrid: Siruela, 1994. [*Olhar, escutar, ler*. São Paulo: Companhia das Letras, 1997.]

LÉVY, Pierre. *Les technologies de l'intelligence (L'avenir de la pensée à l'ere informatique)*. Paris: La découverte, 1990. [*As tecnologias da inteligência: o futuro do pensamento na era da informática*. São Paulo: Editora 34, 2004.]

LOWE, Donald M. *History of burgeois perception*. Chicago: The University of Chicago Press, 1982.

LYOTARD, Jean-François. *Discurso, figura*. Barcelona: Gustavo Gili, 1979.

MALDONADO, Tomás. *Lo real y lo virtual*. Barcelona: Gedisa, 2007.

MANDELBROT, Benoit. *La geometría fractal de la naturaleza*. Barcelona: Tusquets, 1997. [*A geometria fractal da natureza*. Belo Horizonte: Autêntica, 2002.]

MANNONI, Laurent. *Trois siècles de cinéma: De la lanterne magique au cinématographe*. Paris: Cinémathèque Française, 1995.

MAREY, Éttiene-Jules. *Le mouvement*. Nîmes: Éditions Jacqueline Chambon, 1994.

MARTIN, Henri-Jean. *Histoire et pouvoirs de l'écrit*. Paris: Librairie Acadèmique Perrin, 1988.

MARTÍNEZ-ARTERO, Rosa. *El retrato: del sujeto en el retrato*. Barcelona: Montesinos, 2004.

MARTINEZ-CONDE, Susana; MACKNIK, Stephen L. "The neuroscience of illusion. How tricking the eye reveals the inner working of the brain". *Scientific American* (online), 28 maio 2008. Disponível em: <http://www.sciam.com/article.cfm?id=the-neuroscience-of-illusion>. Acesso em: set. 2008.

MATE, Reyes. *Medianoche en la historia. Comentarios a la tesis de Walter Benjamin "Sobre el concepto de historia"*. Madrid: Trotta, 2006.

McCLOUD, Scott. *La revolución de los cómics*. Barcelona: Norma, 2001.

_____. *Hacer comics: secretos del cómic, el manga y la novela gráfica*. Bilbao: Astiberri, 2007. [*Desenhando quadrinhos – Os segredos das narrativas de quadrinhos, mangás e graphic novels*. São Paulo: M. Books, 2008.]

_____. *Entender el cómic, el arte invisible*. Bilbao: Astiberri, 2005. [*Desvendando os quadrinhos – A arte invisível*. São Paulo: M. Books, 2005.]

MERLEAU-PONTY, Maurice. *L'oeil et l'esprit*. Paris: Gallimard, 1964.

MILLER, Arthur I. *Einstein y Picasso. El espacio, el tiempo y los estragos de la belleza*. Barcelona: Tusquets, 2007.

MINER, Earl. *Principles of classical Japanese literature*. Princeton: Princeton University Press, 1985.

MIRZOEFF, Nicholas. *Visual culture reader*. London: Routledge, 1998.

MITCHELL, W. J. T. *Iconology: image, text, ideology*. Chicago: The University of Chicago Press, 1987.

_____. *Picture theory*. Chicago: The University of Chicago Press, 2004.

MUÑOZ, Blanca. *Theodor Adorno. Teoría crítica y cultura de masa*. Madrid: Fundamentos, 2000.

NIETZSCHE, Friedrich. *El nacimiento de la tragedia*. Madrid: Alianza, 1990. [*O nascimento da tragédia*. São Paulo: Companhia das Letras, 1998.]

NUSSBAUM, Martha C. *Paisajes do pensamiento*. Barcelona: Paidós, 2008.

ORTEGA Y GASSET, José. *La deshumanización del arte*. Madrid: Alianza, 1991. [*A desumanização da arte*. São Paulo: Cortez, 2005.]

OUAKNIN, Marc-Alain. *Le livre brûlé (philosophie du Talmud)*. Paris: Lieu Commun, 1993.

PANOFSKY, Erwin. *Arquitectura gótica y pensamiento escolástico*. Madrid: Las Ediciones de la Piqueta, 1986.

_____. *La perspectiva como forma simbólica*. Barcelona: Edicions 62, 1987.

_____. *Estudios sobre iconología*. Madrid: Alianza, 1992.

PICON, Antoine. "Imaginaires de l'efficacité, pensée technique et rationalisation". *Réseaux*, n. 109, 2001.

PINKER, Steven. *Cómo funciona la mente*. Barcelona: Destino, 2007. [*Como a mente funciona*. São Paulo: Companhia das Letras, 2005.]

POE, Edgar Allan. *Complete poetry and selected cristicism*. New York: Signet Classics, 1968. ["Filosofia da composição". In: *Poemas e ensaios*. São Paulo: Globo, 1999.]

POLLOCK, Griselda. "Feminism/Foucault-surveillance/sexuality". In: BRYSON, Norman *et al. Visual culture*. Hanover: Wesleyan University Press, 1994.

PRAZ, Mario. *El pacto con la serpiente*. México: Fondo de Cultura Económica, 1988.

PROPP, Vladimir. *Morfología del cuento*. Madrid: Fundamentos, 2000.

RAMIREZ, Juan Antonio. *Duchamp: El amor y la muerte, incluso*. Madrid: Siruela, 1993a.

_____. *La arquitectura en el cine: Hollywood, la Edad de Oro*. Madrid: Alianza Forma, 1993b.

RASKIN, Jev. *The humane interface: New directions for designing interactive systems*. Boston: Addison-Wesley, 2000.

RHEINGOLD, Howard. *Realidad virtual*. Barcelona: Gedisa, 1994.

ROHMER, Eric. *L'organisartion de l'espace dans le Faust de Murnau*. Paris: Union Générale d'Édtions, 1977.

_____. *De Mozart a Beethoven: Ensayo sobre la noción de profundidad en la música*. Madrid: Ediciones Ardora, 2000.

RORTY, Richard. *La filosofía y el espejo de la naturaleza*. Madrid: Cátedra, 1995. [*A filosofia e o espelho da natureza*. Rio de Janeiro: Relume Dumará, 1995.]

ROUDINESCO, Elisabeth. *Jaques Lacan*. Barcelona: Anagrama, 1995.

_____. *Philisophes dans la tourmente*. Paris: Fayard, 2005.

RYCKMANS, Pierre. "Poesia y pintura (aspectos de la estética china clásica)". *El Paseante*, n. 20--22, 1993.

SACKS, Oliver. *Un antropólogo en Marte*. Barcelona: Anagrama, 1997. [*Um antropólogo em Marte*. São Paulo: Companhia das Letras, 2006.]

_____. *El hombre que confundió a su mujer con un sombrero*. Barcelona: Anagrama, 2002. [*O homem que confundiu sua mulher com um chapéu*. São Paulo: Companhia das Letras, 1997.]

SAMUELSON, Arthur H. "Let my people know". *The Nation*, 30 abr. 1990, p. 603-607.

SARTRE, Jean-Paul. *The psychology of imagination*. New York: Wahington Square Press, 1996.

SEBASTIÁN, Santiago. *Alciato. Emblemas*. Madrid: Akal, 1985.

SEZNEC, Jean. *Los dioses de la antiguedad*. Madrid: Taurus, 1987.

SIMMEL, Georg. *Filosofía del dinero*. Madrid: Instituto de Estudios Políticos, 1977.

SHAPPIN, Steven; SCHAFFER, Simon. *Leviathan and the air pump: Hobbes, Boyle and the experimental life*. Princeton: Princeton University Press, 1985.

STAFFORD, Barbara Maria. *Body criticism: imaging the unseen in enlightenment art and medicine*. London: The MIT Press, 1993.

_____. *Artful science: enlightenment entertainment and the eclipse of visual education*. London: The MIT Press, 1994.

STAROBINSKI, Jean. *L'oeil vivant*. Paris: Gallimard, 1999.

STIEGLER, Bernard. *Économie de l'hypermatériel et psychopouvoir*. Paris: Mille et une Nuits, 2008.

STOICHITA, Victor I. *La invención del cuadro: Arte, artífices y artificios en los orígenes de la pintura europea.* Barcelona: Ediciones del Serbal, 2000.

TARKOVSKI, Andrei. *Esculpir en el tiempo: reflexiones sobre el arte, la estética y la poética del cine.* Madrid: Rialp, 1991. [*Esculpir o tempo.* São Paulo: Martins Fontes, 1998.]

TAYLOR, Charles. *Imaginarios sociales modernos.* Barcelona: Paidós, 2004.

UEXKÜLL, Jakob von. *Monde animaux et monde humain.* Paris: Denoël, 1965.

VÁRIOS AUTORES. *Cinéma & architecture.* Paris: Iris (revue de théorie de l'image et du son), n. 12, 1991.

VENTURI, Robert. *Aprendiendo de Las Vegas.* Barcelona: Gustavo Gili, 1978.

WITTGENSTEIN, Ludwig. *Tractatus logico-philosophicus.* Barcelona: Editorial Laia, 1989.

WAGNER, Peter. *Reading iconotexts.* London: Reaktion Books, 1992.

WALSH, John (org.). *Bill Viola, the passions.* Los Angeles: The J. Paul Getty Museum; London: The Nacional Gallery, 2003.

WATSON, James D. *La doble hélice.* Madrid: Alianza, 2000.

WILLIAMS, Raymond. *Keywords.* New York: Oxford University Press, 1983.

WOLFFLIN, Heinrich. *Conceptos fundamentales de la historia del arte.* Madrid: Espasa Calpe, 1997.

WOLLHEIM, Richard. *On the emotions.* London: Yale University Press, 1999

WRIGHT, Elizabeth. "The uncanny and surrealism". In: COLLIER, Peter; DAVIES Judy. (orgs.). *Modernism and European unconscious.* London: Palgrave Macmillan, 1990.

YATES, Frances. *Giordano Bruno y la tradición hermética.* Barcelona: Ariel, 1994.

ZIELINSKI, Siegfried. *Deep time of the media: Toward and archeology of hearing and seeing by technical means.* Cambrige: The MIT Press, 2006.

ZUNZUNEGUI, Santos. *Pensar la imagen.* Madrid: Cátedra, 1989.

------------------------------- dobre aqui -------------------------------

CARTA-RESPOSTA
NÃO É NECESSÁRIO SELAR

O SELO SERÁ PAGO POR

AC AVENIDA DUQUE DE CAXIAS
01214-999 São Paulo/SP

------------------------------- dobre aqui -------------------------------

CADASTRO PARA MALA DIRETA

Recorte ou reproduza esta ficha de cadastro, envie completamente preenchida por correio ou fax, e receba informações atualizadas sobre nossos livros.

CEP: _____ - _____ Cidade: _____ Estado: _____ Tel.: ( ) _____
Fax: ( ) _____ E-mail: _____ Data de nascimento: _____
Profissão: _____ Professor? ☐ Sim ☐ Não Disciplina: _____

1. Você compra livros:
☐ Livrarias ☐ Feiras
☐ Telefone ☐ Correios
☐ Internet ☐ Outros. Especificar: _____

2. Onde você comprou este livro? _____

3. Você busca informações para adquirir livros por meio de:
☐ Jornais ☐ Amigos
☐ Revistas ☐ Internet
☐ Professores ☐ Outros. Especificar: _____

4. Áreas de interesse:
☐ Educação ☐ Administração, RH
☐ Psicologia ☐ Comunicação
☐ Corpo, Movimento, Saúde ☐ Literatura, Poesia, Ensaios
☐ Comportamento ☐ Viagens, Hobby, Lazer
☐ PNL

5. Nestas áreas, alguma sugestão para novos títulos? _____

6. Gostaria de receber o catálogo da editora? ☐ Sim ☐ Não
7. Gostaria de receber o Informativo Summus? ☐ Sim ☐ Não

Indique um amigo que gostaria de receber a nossa mala direta

Nome: _____ Empresa: _____
Endereço: ☐ Res. ☐ Com. _____ Bairro: _____
CEP: _____ - _____ Cidade: _____ Estado: _____ Tel.: ( ) _____
Fax: ( ) _____ E-mail: _____ Data de nascimento: _____
Profissão: _____ Professor? ☐ Sim ☐ Não Disciplina: _____

summus editorial
Rua Itapicuru, 613 – cj. 72 05006-000 São Paulo - SP Brasil Telefax (011) 3872 3322
Internet: http://www.summus.com.br   e-mail: summus@summus.com.br